南海海洋
灰色地帶

On Grey Zone
in the
South China Sea

孫國祥 著

五南圖書出版公司 印行

本書付梓獲得國科會專題研究計畫（一般研究計畫）東亞海洋「灰色地帶」挑戰與展望研究（110-2410-H-343-001-MY3）的支持，特此表示感謝。

序

　　本書探討所謂的「灰色地帶」策略，此日益重要的競爭和國策形式，時空跨越冷戰時期、後冷戰時期，以及大國戰略競爭時期，場域則致力聚焦於南海。事實上，世界範圍中從東歐到南海的許多地區，雄心勃勃的地區大國掌握著此類策略，不僅對美國和盟國的利益構成了挑戰，而且也對臺灣的生存構成日益嚴厲的威脅。雖然國內外對此已經有許多相關著作發表，但可能設限「灰色地帶」策略本身的界定即具有本質的模糊性，致使多數著作皆為片段或事件式的論述，相對較無架構性分析，本書即試圖打破此研究限制現象，並以海洋為重點。

　　本專著旨在對南海灰色地帶問題進行廣泛且專門的探討，以協助政策制定者以及更廣泛的研究機構更好地理解此一挑戰。本書認為，雖然許多灰色地帶工具和技術已經使用了數百年。然而，本書認為，這些方法在當前大國戰略競爭時期具有新的現實意義，尤其是在海上，因為一些新技術使它們比以往任何時候都更加有效，也因為數個大國正在廣泛使用灰色地帶活動。作者希望本書能引起我國各部門和研究同僚更廣泛的興趣。臺灣許多部門、研究單位和軍種都在致力於應對灰色地帶策略的實際影響。

目　錄

第一篇　總論

第二篇 分論

圖 目 錄

表目錄

前　言

　　本書是針對南海研究的探索性架構分析，旨在對「灰色地帶」問題進行內涵分類，以對此現象進行深入地探討。在南海遙遠的南沙礁鏈，中國填海造陸已經階段性完成，越南也完成力所能及的島礁改造，菲律賓與我國亦如是。事實上，從國際宣傳法律依據到經濟脅迫，再到蜂擁而至的漁船隊伍，填海造陸只是包括中國在內為鞏固自身在整個地區的領土和資源權利而採取的眾多行動中最明顯的部分。當然，或許是公開的祕密，中國正在等待時機，以維權、中華民族偉大復興之名，建設多極國際體系為目標，逐步侵蝕美國在包括南海的印太地區公信力，在北京認為可以改變之處改變當地的現實，並仔細調整在南海對對手的壓力。

　　一系列行動是有力的證據，說明愈來愈多的國家正在使用某種帶有一定程度，但明顯含有修正主義意圖的方法，換言之，該等國家對現狀不滿，並希望改變全球權力和影響力分配的重要面向，使其對自身有利。由於不願承擔軍事冒險主義升級的風險，該等國家正在採取一系列循序漸進的措施以確保戰略影響力。這些努力仍低於會引起諸如美國或國際社會強烈反應的臨界點，但卻充斥力量運用和深思熟慮，旨在獲得可計算的利益。

　　隨著時間的推移，該等灰色地帶策略也會產生牽引力。就某方面重要的意義而言，灰色地帶內涵是典型的「切香腸」策略，採用了一系列新興的灰色地帶或非常規技術，從網路攻擊到資訊行動，再到能源外交。它們在和平與戰爭之間模棱兩可的「灰色地帶」中游刃有餘，體現了現代戰爭所特有的侵略性、持久性和堅定性，但並不公開使用軍事力量。

　　就南海而言，灰色地帶具有深刻的海洋特色。中國採用包括法律戰在內的循序漸進、多種手段的策略，為自身在南海的主權聲索積累了決定性的法律基礎，即為「灰色地帶」此類方法的典型代表。本書認為，在未來數十年，包括在南海的「灰色地帶」此類模糊格局中的大規模行動將成為國家之間競爭的主要形式。從今爾後，國際競爭的主要特徵可能就是此類「灰色地帶」戰役，如今，此類戰役有一系列令人困惑的名稱，包括非常規戰役、混合戰役、漸進戰役、非線性戰役、超限戰等。本書旨在探討這些分析，並以架構性對此問題的分析鎖定於南海。

　　當然，需要釐清的是，本書並不認為灰色地帶是全新衝突的唯一形式。事實上，大規模戰鬥，即傳統戰爭仍有可能發生，而且以無人或人工智慧武器進行，儘管目前爆發的可能性不大。灰色地帶在衝突光譜中處於不同的位置，並有可能由不同的戰鬥人員所使用。對手仍可以透過傳統外交和祕密行動進行低端競爭。因此，「灰色地帶」戰役只是新出現的馬賽克衝突中的挑戰之一。

　　數世紀以來，各國一直在使用此類方法，在某些方面甚至使用了上千年。自古希臘城邦爭奪影響力以來，政治動盪、支持代理人和民兵、資訊宣傳等概念一直是國家策略的主要內容。然而，本書認為，至少有三個原因使世人應該更加關注灰色地帶問題。首先，一些主要的修正主義大國似乎正在廣泛使用此策略。其次，發動重大侵略的代價已變得非常高，各國經濟和社會的互賴也變得非常強，可以說，抱有某種程度侵略意圖的國家會尋找實現其目標的其他途徑。這些現實增加了使用灰色地帶手段的動機。最後，雖然有些灰色地帶工具自古以來就有，但其他工具，諸如網路武器、先進的資訊戰形式，以及海岸警衛隊等精心製作的民間國家工具則相對較為新穎，技術創新帶來人工島的建設，部分成熟的人工智慧武器也強化了這些行動。基於上述原因，一套歷史悠久、行之有效的戰略工具的重要性與日俱增。

　　過去多年來，灰色地帶衝突的概念在西方世界逐漸顯露，尤其是美國軍事著作中日益明顯。2015 年《國家軍事戰略》將未來的軍事環境描述為「連續體」，在此「連續體」上存在著許多形式的衝突，但不包括大規模戰爭。美國政府官員形容，對手正愈來愈多地使用「狙擊手」：在此情況下，美國的地面部隊傳統上不必在此類區域開展行動，但現在必須更加精通此區域。美國陸軍的研究也指出，特別是在特種作戰團體中，對灰色地帶問題給予了愈來愈多的關注。某種程度而言，作為灰色地帶運用主體兼客體的臺灣，對此領域的發展也必須全盤實時掌握。

　　本書最重要的發現之一是灰色地帶策略具有巨大的潛在成本和限制。它們不是解決基本戰略困境的法寶或靈丹妙藥。儘管它們試圖保持在某些會引發升級反應的臨界點之下，但它們往往會產生平衡行為，從而抵消其預期結果的很大一部分。即使是灰色地帶的侵略，受影響國家也會將其視為威脅，並在國家間規則、規範和制度的背景下，在可接受的行為界限之外行事。它可能在關鍵的門檻下滑行，但不能逃避作為一種侵略形式的注意。此類活動的侷限性意味著可以採取相當的應對措施，然而，本書並不探討應對措施，而是在最後一章提出了中國對應灰色地帶的戰略思維。

　　本書認為，修正主義意圖、戰略漸進形式和非常規工具三個要素，正在創造一種追求侵略目標的新方法，一種新的標準衝突形式。包括中國和俄羅斯正在進行的行動在內的許多來源的證據表明，漸進式灰色地帶策略可能正在成為那些希望在 21 世紀重塑全球秩序國家的首選工具。無論如何，本書認為，有理由相信灰色地帶衝突代表了一些國家的一種可識別、有意圖的策略，而且是一種日益重要的現象。如果此假設成立，那麼臺灣就必須善於在此環境中開展行動。

　　在結構上，本書由前言、五個核心章節與結論所組成。核心章節分為兩個相關的部分。第一部分共兩章，第一章與第二章試圖建立南海灰色地帶的架構和當前權力轉移時代的背景基礎，並為本書後面更深入的經驗分析提供必要的資訊。第二部分由三章組成，藉由對法律戰、人工島礁軍事化以及海上民兵海上灰色地帶主要的三要素進行研究分析，以說明南海「灰色地帶」的實際問題。

　　在整個研究之中，作者聚焦對南海「灰色地帶」策略視野的關注。換言之，以往使用「灰色地帶」的行為者之所以如此為之，是因為它有可能實現通常只能經由常規戰爭實現的目標。就戰略角度而言，此意味行為者實現了現狀國際體系所不認可的目標，因為他們打擊了國際體系內部權力平衡的基礎。「灰色地帶」不僅僅是有用的權宜之計；它也是解決國際體系中（實際的或感知的）不平衡的方式，而不會完全擾亂或顛覆之。迄今為止，「灰色地帶」策略的目標主要是位於戰略競爭主要舞臺的邊緣地帶。在以西方為主導的自由民主的國際秩序中，希望挑戰現狀的國家未來選擇的工具就是「灰色地帶」。

　　第一章詳細探討了南海地區的海洋灰色地帶活動及其影響。文中分析了南海作為全球戰略要地的特殊性，並聚焦於中國在該地區的活動。灰色地帶的概念是指在和平與武力衝突之間的模糊地帶，主要涵蓋低強度的軍事與非軍事手段。文章深入探討了中國在南海的主權聲索、人工島建設、海上民兵的使用以及法律戰的運用，並探討了這些行為如何影響地區穩定及國際法秩序。這些活動不僅改變了南海的戰略格局，也為周邊國家帶來了挑戰與壓力。總體而言，本章提供了全面的分析架構，以理解南海地區複雜的戰略現實及其未來的發展趨勢，對學界與實務界在海洋安全與國際法領域的討論具有重要參考價值。

　　第二章探討了在國際體系變動背景下，南海地區的海洋灰色地帶問題及其複雜性和挑戰。本文主要分析了中國在南海的灰色地帶活動，如何藉由模糊和平與衝突之間的界限，實現其戰略目標。本章強調了灰色地帶策略對國際秩序和地區穩定構成的威脅，並闡述了相關國家如何在面對中國日益增強的影響力時，經由外交和軍事手段應對這些挑戰。文中還討論了南海地區的重要性及其作為國際爭端和權力博弈焦點的角色。整體而言，第二章深入探討了南海灰色地帶活動的國際體系脈絡和戰略意涵，並為理解該地區的複雜局勢提供了重要的見解，對學界和政策制定者具有高度的參考價值。

　　第三章專注於探討南海爭端中的法律戰策略及其國際法意涵。文中詳細分析了南海仲裁案的裁決，尤其是該裁決對國際法和海洋法的影響。文中闡述了中國如何透過「法律戰」來捍衛其在南海的主權聲索，並討論了南海仲裁對區域穩定及國際法律秩序的深遠影響。本章探討了中國在南海的歷史性權利、九段線的合法性問題，以及仲裁庭在南海仲裁案中的角色。文中還提到，儘管中國不接受南海仲裁的裁決，該裁決仍對國際法，特別是海洋法的發展產生了深遠的影響。此外，文件中入探討了南海爭端中環境保護、海洋生態及新技術發展等問題，並分析了未來海洋衝突及國際法的演變趨勢。總體而言，本章為理解南海地區法律戰提供了豐富的理論框架與實踐分析，對國際法學者與政策制定者具備高度的參考價值。

　　第四章深入探討了南海地區島礁軍事化的現象及其對區域安全的影響。文中分析了中國在南海地區的島礁建設和軍事化活動，詳細介紹了這些活動對印太地區地緣政治格局的影響。文中指出，隨著中國在南海的擴張，這些島礁已被大規模改造並用於軍事用途，諸如修建機場跑道、部署導彈系統、設置雷達系統等，這些行為加劇了地區緊張局勢，也引發了國際社會的廣泛關注和擔憂。文中還從法律、軍事和戰略等多個角度探討了這些島礁軍事化行動的意涵，強調了這些行動對南海主權聲索的鞏固作用，以及對周邊國家及美國等外部力量的挑戰。整體而言，本章提供了對南海島礁軍事化問題的全面剖析，對於理解南海地區的複雜局勢以及未來可能的發展趨勢具有重要的參考價值。

　　第五章詳細探討了中國在南海地區的海上民兵組織及其運作方式。文中闡述了中國的海上民兵是全球最大規模的此類組織之一，積極參與海上維權行動，並在與周邊國家的對峙中扮演關鍵角色。中國海上民兵的活動被認為是中國「灰色地帶」策略的一部分，利用民間力量來實現軍事和戰略目標。文中深入分析了海上民兵的組織結構、指揮體系、訓練模式以及其在中國實現海洋強國目標中的作用。特別是海上民兵的「平戰轉換」身分，使其在國際法的地位上引發了諸多爭議。文中還探討了海南省、三沙市等地的海上民兵活動，並比較了越南和菲律賓的類似組織，以展現南海地區海上民兵活動的全貌。整體而言，文中對中國海上民兵的現狀及其在南海地區的戰略意義進行了全面的分析，為理解中國在南海的行動策略及其對地區和國際穩定的影響提供了寶貴的見解。

　　第六章為「結論」，是對整個南海灰色地帶研究的總結與反思。文中強調南海海域因其獨特的地理特徵、戰略位置及豐富的自然資源，長期以來成為多國利益交織的熱點區域。在國際形勢變遷與權力轉移的背景下，南海地區逐漸成為各國運用「灰色地帶」策略進行影響力擴張的場域。文中指出，「灰色地帶」策略的核心在於其戰略模糊性，這種策略介於和平與全面武裝衝突之間，通常利用法律、經濟、資訊等多種手段來達成政治或軍事目標，而不直接引發國際社會的強烈反應或軍事對抗。在南海，這些灰色地帶行動包括人工島嶼建設、海上民兵活動、法律戰及資訊戰等，這些行動逐漸改變了南海地區的現狀。南海的灰色地帶策略對國際社會構成了嚴峻挑戰，尤其是在維護基於規則的國際秩序方面。文中呼籲國際社會需要對這一策略有更深入的理解與應對，以維護地區穩定與全球和平。本書的結論為理解南海地區的複雜局勢提供了重要的洞見，並對未來可能的發展趨勢提出了深刻的反思與預警。

第一篇

總　論

第一章　南海海洋灰色地帶的探討

　　南海地區作為全球最具戰略意義的海域之一，其灰色地帶活動早已成為國際關注的焦點。南海灰色地帶指的是介於和平與武力衝突之間的戰略空間，主要涉及中國及其周邊國家在南海的主權聲索與海上活動。這些活動通常未達傳統戰爭的標準，但經由低強度的軍事與非軍事手段，試圖改變現狀或鞏固對某一地區的控制權。中國在南海的灰色地帶活動包括構建人工島、強化海軍與海警的存在，以及運用漁船等民間力量進行海域擴展。這些行為雖然不會立即引發直接的軍事衝突，但它們削弱了國際社會對南海地區國際法秩序的信心，並為東南亞地區帶來了不穩定因素。此外，這些活動也使得周邊甚至域外國家在面對中國時陷入戰略困境，因為直接的武力回應可能導致更大的衝突，而不回應則會被視為默認中國的行為。因此，對此議題的研究架構首先應加以釐清。總體而言，南海灰色地帶的活動正逐步改變地區的戰略格局，使得南海成為大國博弈的重要戰場。

　　作為海洋「灰色地帶」的主要和當前的案例，南中國海（South China Sea, SCS；以下簡稱「南海」）[1]是學界和實務界高度關注的地區，本書即以南海作為主要案例研究，以確定海洋「灰色地帶」的現實應用。[2]更具體而言，本書重點探討中國人民共和國（以下簡稱「中國」）在南海地區的行動和活動，當然，若以「灰色地帶」界定的廣泛性而言，南海海域利用的關係國家也採用相似的做法，甚至各國「灰色地帶」的做法具有相互的模仿性。就結構而言，本書的主體部分探討海洋環境如何影響海洋「灰色地帶」的進行，尤其對北京而言，本書以法律、島礁建設、海上民兵和未來取向的武器智慧化四個主要面向

---

[1] 越南稱為「東海」（Biển Đông），菲律賓 2021 年正式稱之為「西菲律賓海」（West Philippine Sea, WPS）。

[2] 由於海洋的獨特性，本文認為海洋灰色地帶與陸地灰色地帶的運用並非全然相同，故全書使用海洋灰色地帶。參見孫國祥，《論混合戰之概念與實踐：戰略的視角》（五南圖書，2022年）。

為基本，對南海「灰色地帶」進行架構分析。因此，與海洋相關的無人與人工智慧載具，甚至是仿真生物的開發與運用，是包括南海地區海洋灰色地帶的未來情境。

由於中國與周邊國家以及域外國家，在南海如此廣闊區域內的政治和戰略演習過程是在非常大、廣泛的地理區域內所發生，而且時間序列較長，因此將只使用一些最能說明問題的案例以支撐理論上的探究。當然，對其他國家的「灰色地帶」行動似乎對中國而言則是「海洋權益的維護」，本書也盡可能客觀陳述，儘管「灰色地帶」一詞已經有某種內涵。本書的最後部分是結論，並確定動能水準與每個獨立領域的灰色地帶的相關性。

廣義的海洋灰色地帶是指發生在海洋或來自海洋進行的灰色地帶，主要透過海洋能力進行。由於本文將主要聚焦探討中國在南海的行動，因此參照中國的海洋灰色地帶，從而具體定義行為者的行動，行為者採用常規部隊（海軍）、非正規部隊（海警、民兵、漁民）和其他活動（建島、法律戰、無人載具），經由精心控制、不透明的常規和非常規戰爭模式的合併而形成。

灰色地帶的有限性質在海洋領域尤其明顯。採用海洋灰色地帶的行為者不僅要將衝突程度維持在升級為常規戰爭的門檻以下，還必須保持在對海洋良好秩序造成重大破壞的門檻之下，以維持海洋對行為者的資源開採和貿易的可用性。由於全球貿易的 90%以上都是經由海路所進行，[3]因此必須謹慎控制海洋灰色地帶所造成的任何和所有破壞。

如果某一行為者的行動升級到超過該程度，即使沒有升級到公開衝突，這些行動也會獲得證明在經濟和外交上具有極大的破壞性。海洋灰色地帶的目標是在不訴諸常規戰爭的情況下，獲得對海洋的重大影響或控制。當然，海洋灰色地帶實施的過程更加艱難和緩慢，因為海洋戰略的實施需要更長的時間，而且任何需要的新能力建立也需要曠日費時。因此，海洋灰色地帶是基於一系列

---

[3]　International Maritime Organization (IMO), "International Shipping Facts and Figures," *Maritime Knowledge Centre*, 6 March 2012, http://www.imo.org/en/KnowledgeCentre/ShipsAndShipping FactsAndFigures/TheRoleandImportanceofInternationalShipping/Documents/International%20Shippin g%20-%20Facts%20and%20Figures.pdf.

個別的小步驟或階段，每一個步驟或階段都不會單獨顛覆海洋權力平衡，並盡可能長時間地保護行為者在現狀下使用海洋。

中國、周邊國家以及域外國家在南海活動的案例將構成本書探討的基礎架構，它們代表了常規和非常規戰爭不斷變形的融合。雖然有些方面，諸如使用海軍艦艇護送或恐嚇其他船隻，明顯屬於常規方面，但其餘的活動或多或少都是非常規的部分，主要取決於其目標。然而，中國在歷史上在西沙的戰鬥是否彰顯其在南海原本使用常規戰爭，直到最近才轉向灰色地帶的途徑是否，在學界與實務界仍有爭議。

1974 年 1 月，中國與越南就西沙群島（Paracel Islands）的控制權發生海軍交戰衝突，雙方都有小型軍艦涉入，而且最後一些越南船隻沉沒，100 多名水手死傷。[4]雖然這次行動確實包括拖網漁船，但急劇升級為槍戰和使用軍艦，表明此並非一場灰色地帶運用。與 2012 年的黃岩島（Scarborough Shoal）對峙相較，2012 年的事件似乎要小得多，因為它沒有涉及人員傷亡或槍擊。本書稍後將更詳細地探討南海重要區域的類似主權爭奪。

除了灰色地帶的「標準」面向外，南海海洋灰色地帶的特點是法律操縱的強烈影響。與海洋規則相關的複雜法律環境是海權的重要特徵之一。此不僅是指前述的明確識別軍艦的困難，也是指在南海大範圍內進行的國家行動。合法性和正當性問題在現代國際關係中扮演著重要角色，灰色地帶尤其更是如此。灰色地帶行為者必須始終意識到法律規範的界限在何處，一旦越過該等界限，可能會導致對手，可能是維持現狀的行為者，最可能是西方國家的壓倒性常規反應。

在海權的背景下，這些規範和條例尤其重要，因為在海上的邊緣戰術要困難得多，因為缺乏靈活性。陸地上的士兵可以根據需要進行分組，也可以單獨行動，而且一個士兵越過邊界不太可能導致一場全面的戰爭。然而，在海上，最小限度謹慎的海軍部隊通常攜帶數位水手和較陸地上使用更大的武器。因此，傳統的海軍缺乏一定程度的可控升級，此問題可以經由使用較小的船隻來

4　Toshi Yoshihara, "The 1974 Paracels Sea Battle: A Campaign Appraisal," *Naval War College Review*, Vol. 69, No. 2 (2016), pp. 46-51.

解決，這些船隻可能不是嚴格意義上的軍事船隻。

　　中國似乎特別擅於此道，為了進一步提升南海為自身的「國家核心利益」，2010 年 3 月，美國國家安全委員會亞太事務高級主管貝德（Jeffrey A. Bader）與常務副國務卿史坦伯格（James B. Steinberg）在訪中期間被告知南海是中國國家核心利益的一部分，此乃中方首次將南海列為國家核心利益問題。[5] 2010 年 11 月，時任美國國務卿希拉蕊（Hillary Clinton）在澳大利亞接受採訪時表示「確有此事」。[6] 然而，一段時間中國政府對此模糊處理，始終未在官方公開表態中將南海問題界定為國家核心利益。中美在核心利益問題上的爭論迅速引發國際媒體的關注。[7]

　　儘管如此，在南海局勢持續緊張的背景下，中國國家領導人和官方發言人此後的確密集提及國家核心利益，並經由中國政府白皮書闡述國家核心利益。[8] 中國海軍資訊化專家委員會主任尹卓指出，「南海主權是中國的核心利益關切，強壓中國退縮歷來沒有好結果。作為域外國家，美國聰明的做法，不是咄咄逼人、軍事訛詐，而應該保持客觀、中立立場，與中方加強戰略溝通，管控分歧、增進互信，共同推進新型大國關係的構建」。[9]

　　北京利用相互競爭的法律聲索作為擴大主權的掩護。人工島的目的，除了其直接的戰術價值之外，還在於展示和擴大中國對有爭議的大片島群事實上的主權。人工島並不創造法律權利或擴大領海；然而，透過改變地面上的狀況，中國正試圖規避其在南海地區利益的任何法律障礙。由於沒有明確的跡象表明南海地區的領土聲索即將得到解決，中國基本上可以按照自己的意願自由行事。

5　Edward Wong, "Chinese Military Seeks to Extend Its Naval Power," *New York Times*, 23 April 2010.
6　Greg Sheridan, "Interview With Greg Sheridan of the Australian, Hillary Rodham Clinton, Secretary of State, Melbourne, Australia," *U.S. Department of State*, 8 November 2010, https://2009-2017. state.gov/secretary/20092013clinton/rm/2010/11/150671.htm.
7　Michael D. Swaine, "China's Assertive Behavior Part One: On 'Core Interests'," *China Leadership Monitor*, Vol. 34 (2011), pp. 1-25; Toshi Yoshihara and James R. Holmes, "Can China Defend a 'Core Interest' in the South China Sea?," *The Washington Quarterly*, Vol. 34, Issue 2 (2011), pp. 45-59.
8　當中國國家領導人提出一個新概念時，這個概念通常比較籠統，需要學者不斷充實它。白皮書裡劃分的國家核心利益的內容更多是總的原則和立場，這留給學者大量的解釋餘地。
9　任沁沁、王建華，〈中國核心利益不容挑戰〉，《新華網》，2015 年 5 月 25 日，http://www. xinhuanet.com//world/2015-05/25/c_1115401978.htm。

如果有一天能協同推動南海島礁主權歸屬以及海域劃界問題的解決，中國在包括外交和地緣戰略上都將處於更強大的地位，在此期間其也能享受到此兩方面的好處。此類混淆視聽和故意濫用或利用法律的行為稱為「法律戰」（Lawfare）。此顯然是中國灰色地帶武器庫中的重要工具之一，因為它不僅可以實現自己的目標，而且經由聲稱自己的行動在它所挑戰的相同法律條款下是合法的，它還能使自己免受西方的報復。

海洋灰色地帶是一種進展緩慢得多的衝突類型，因此它大部分是以混合威脅的形式所出現，此為一種預期狀態，意味即將發生，或被認為即將發生，但尚未完全實現的動能衝突。威脅的混合性質，尤其是其不透明性，是其關鍵的區別特徵，而且它的目的與常規威脅不同。常規威脅的目的是向對手發出信號，以便嚇阻或恐嚇他們。混合威脅的目的是為了混淆視聽，掩蓋最終有限地升級為灰色地帶衝突的情況。在常規和非常規思維中，行為者希望他們的威脅受人知曉，以使其有效，而混合威脅則是微妙隱晦，盡可能不受人知曉，以避免影響升級的門檻。

就此而言，有必要指出的是，前面描述的海洋灰色地帶的理論定位是在西方視角下所完成。中國對灰色地帶的解釋也有很大不同。雖然由於政府系統的保密性和封閉性，中國在安全問題上普遍缺乏研究的資料，但有些來源還是具有重大意涵，其中最主要的是《超限戰》（*Unrestricted Warfare*）。該書由中國人民解放軍的兩位上校撰寫，於 1999 年出版。該書翻譯成英文之後，[10] 在國際安全界引起了一些不安，因為它被認為對中國如何在發生爭端時利用暗中手段打擊美國，而不直接挑戰美國的主導地位具有預見性。[11] 一般認為，這些都是弱國為挑戰強國，尤其是像美國如此嚴重依賴高科技戰爭的國家必須採取的手段。基本前提是，在這種戰爭中，一切都獲得允許，因為如果挑戰者僅限於按照霸權主義超級大國強加的規則作戰，而霸權主義超級大國因此從中獲益匪

---

[10] 喬良、王湘穗，《超限戰》（解放軍文藝出版社，1999 年）；喬良、王湘穗，《超限戰——中國人提出的新戰爭觀美國人如何應對》（長江文藝出版社，2016 年）。

[11] 喬良、王湘穗，《超限戰》（解放軍文藝出版社，1999 年）。

淺，那麼自身就註定要失敗。[12]

　　雖然此乃有趣的概念，但西方公眾的看法似乎將這本出版物視為中國全球支配的總體計畫。當然，此類看法顯然是某種過度的解讀。《超限戰》從中國人的角度對現代戰爭的進程進行了有趣的揭露，它說明了與西方戰爭方式有關的幾個重要、眾所周知的弱點。它從全球化的角度觀察戰爭，實際上與西方所謂的軍事事務革命（Revolution in Military Affairs）密切相關。[13]中國官方不承認該作品是外交或國防政策的基礎，意謂不能視《超限戰》為中國混合戰思想的明確來源。因此，儘管它有說明另一種觀點的價值，但本書不會進一步使用《超限戰》概念。

　　整體而言，中國在處理南海的海洋爭端，以及隨著時間的推移加強其在南海的地位方面的做法可概括為一些重點：中國似乎已將主張和捍衛其在南沙群島（Spratly Islands）的海洋領土聲索，以及加強在南沙的地位，視為重要的國家目標。為了實現這些目標，中國似乎採用了包括外交、資訊、經濟、軍事、準軍事／執法和民事因素在內的多元素策略。在實施此戰略的過程中，中國表現出堅持不懈，有耐心，戰術靈活，願意花費大量資源，並願意承擔其他國家因中國的行動而可能強加給中國的至少一定的聲譽和其他的代價。[14]表 1-1 總結了中國在南海的顯著目標，以及中國為支持這些目標所採取的行動類型。

---

[12] 同上註。

[13] 同上註，頁 220-222。

[14] 對此更多的討論，參見 Shuxian Luo, "The Rising Power's Audiences and Cost Trade-offs: Explaining China's Escalation and Deescalation in Maritime Disputes," *Asian Security*, Vol. 18, Issue 2 (21 December 2021), pp. 172-199; Patrick M. Cronin and Ryan Neuhard, "Total Competition, China's Challenge in the South China Sea," *Center for a New American Security*, 8 January 2020, pp. 5-28; Denny Roy, "How China Is Slow Conquering the South China Sea," *The National Interest*, 7 May 2020; Kerry K. Gershaneck, "China's 'Political Warfare' Aims at South China Sea," *Asia Times*, 3 July 2018.

表 1-1　中國在南海的目標

支持行動	明確的目標				
	在國內爭取支援	拒止美國（日、澳、歐）	嚇阻鄰國並鼓勵安撫／順從	誘惑鄰國合作以換取未來的經濟利益	強化中國作為經濟強國的形象
解放軍行動	✓	✓	✓		
海警行動	✓	✓	✓		
海上民兵行動			✓		
疏浚船隊和島礁施工隊的作業	✓	✓	✓		
國有銀行和國有企業的業務				✓	✓
官方媒體運作	✓	✓	✓		

資料來源：修改自 Patrick M. Cronin and Ryan Neuhard, "Total Competition, China's Challenge in the South China Sea," *Center for a New American Security*, 8 January 2020.

　　為了提煉出海洋灰色地帶的精髓，可以首先檢視當前在實踐中是如何推進。中國在南海的戰略和戰術行動是最重要和最有趣的海洋灰色地帶的體現。由於此乃正在進行中的當代案例研究，在開始深入分析之前，有數注意事項需要確定。首先，南海是位於中國、越南、菲律賓和馬來西亞之間的廣闊而定義鬆散的地理區域。在地理上，本書的重點是「九段線」（Ninedash Line, NDL）的南部和中部地區的島礁和地物；[15]主要是南沙群島、西沙群島和黃岩島（Scarborough Shoal）。其次，由於事件的時間線及其意義不容易確定，因此將以個別事件為例，說明南海內持續的衝突和緊張局勢，儘管還不能形成直接的歷史敘述。

　　對中國在南海活動的探討將分為四個關鍵面向：法律戰、島礁建設、海上民兵和武器的智慧化。之所以選擇此個方面，是因為它們代表了最重要的區別特徵，並提供了最清晰的案例，說明海洋灰色地帶在結合成邏輯和戰略整體後

---

[15]　「九段線」是對中國在南沙群島內的歷史聲索的劃定，這也是參與領土爭端的各個國家之間爭論的主要焦點之一。詳情參見 Chinese Submission to the UN Division for Ocean Affairs and the Law of the Sea; Notes Verbales CML/17/2009, http://www.un.org/Depts/los/clcs_new/submissions_files/mysvnm33_09/chn_2009re_mys_vnm_e.pdf.

是如何的運作。當然，技術推進導致無人船舶的出現與逐漸成熟，對於海洋灰色地帶帶來另類的「灰色地帶」。

第一節　海洋法律戰

　　灰色地帶的重要面向之一涉及國際體系的法律和監管性質。雖然在很大程度上無法執行，但國際法律規範還是具有一定程度的合法性和支持，因此對灰色地帶行為者而言是十分的有用。國際（法律）規範的影響在自由民主國家特別有影響力，在該等國家，公眾對軍事行動的支持不僅重要，而且也往往難以升高和維持。由於西方世界的大部分國家在對待國際關係方面傾向於法律主義，因此，利用合法性（Legality）和正當性（Legitimacy）可以成為對手的一個有力工具。雖然本書之前的一些部分已經涉及到了國際法的問題，但在南海的背景下將會特別強調，因為與之前的例子不同，當與海洋環境相結合時，國際法的使用和應用有很大不同。

一、法律戰術與之濫觴

　　「法律戰」（Lawfare）詞彙的起源難以追溯，但該詞的普及往往歸功於鄧拉普（Charles Dunlap）少將的文章。在文中，他將法律戰定義為「使用－或濫用－法律來替代傳統的軍事手段以實現作戰目標的戰略」。[16]鄧拉普進一步將法律戰定義為「利用真實的、被認為的、甚至是精心策劃的違反戰爭法的事件，作為對抗美國軍事力量的非常規手段」。[17]此定義可以擴展到美國之外，作為任何弱國挑戰強國的一種手段，而法律戰的核心正是強國和弱國之間的這種關係。大多數法律戰的定義來自於國際法律學者，他們總體上似乎接受了可

---

[16]　Charles J. Dunlap, "Lawfare Today: A Perspective," *Yale Journal of International Affairs* (Winter 2008), p. 146.

[17]　Charles J. Dunlap, "Lawfare Amid Warfare," *The Washington Times*, 3 August 2007, https://www.washingtontimes.com/news/2007/aug/03/lawfare-amid-warfare/.

以透過法律管道代替發動戰爭進行挑戰的觀點。事實上，鄧拉普鼓勵將法庭挑戰作為打擊法律戰和阻止未來不當行為的一種方式。[18]然而，在國際關係的世界中，這種邏輯可能不會自動適用。法律戰的另一個定義是「一種旨在透過使用、誤用和濫用法律制度和媒體來摧毀敵人的武器，以引起公眾對敵人的強烈不滿」。[19]

　　就本質上而言，此類觀點認為法律戰是戰略溝通（Strategic Communications）或宣傳（Propaganda）的一部分。戰略溝通，通常視之為是為實現國家戰略目標而透過語言或行動進行的溝通，[20]愈來愈被視為現代戰爭的重要方面，而將行動描述為合法或非法是這種辯論的重要部分之一。一些法律戰學者質疑合法形式的法律戰和非法形式的法律戰之間是否有區別。[21]在國際競技場上，如此的問題只能得到否定的回答，因為此純粹是觀點的問題。什麼被視為是法律戰，即透過不同的解釋利用國際法為行為者謀取利益的法律戰，以及非法的法律戰，即行為者聲稱因適用或違反國際法律規範而遭受損失，以使其喪失信譽的法律戰，此將根據那個行為者的定義而大不相同。對國際法律體系提出的主要批評之一是，它是由西方自由民主國家為自己的利益而建立。西方自身對該等規範的解釋和應用不一致，有時甚至是機會主義，只會加強反西方世界的觀點。諸如中國、印度和俄羅斯之類的崛起大國已經公開宣布，他們尋求改變以西方為中心的自由主義世界秩序，因為他們認為這種秩序對他們的侵略性太強，而且有偏見。

　　慮及此點，上述關於法律戰的定義並沒有充分涵蓋灰色地帶的法律戰因素，因為它們都遵循基本假設，即國際法受到各國所遵守。雖然此乃積極的法律立場，但灰色地帶的概念是專門為挑戰或混淆現有秩序而設計，以使灰色地

---

[18]　Dunlap, "Lawfare Today: A Perspective," pp. 148-149.

[19]　Susan W. Tiefenbrun, "Semiotic Definition of Lawfare," *Case Western Reserve Journal of International Law*, Vol. 43, Issue 1 (2011), p. 29.

[20]　Paul Cornish, Julian Lindley-French, and Claire Yorke, "Strategic Communications and National Strategy," *Chatham House Report* (September 2011), p. ix.

[21]　Gregory P. Noone, "Lawfare or Strategic Communications?," *Case Western Reserve Journal of International Law*, Vol. 43, No. 1 (2010), pp. 83-84.

帶行為者能夠在不招致西方（或得益於現有秩序）國家憤怒的情況下實現其目標。因此，需要更廣義的界定，以涵蓋在灰色地帶脈絡下使用法律戰的全部範疇。在此必須指出的是，以下定義不是法律界定，而是戰略定義，它只是試圖在灰色地帶概念中理解法律戰的必要程度上對其進行界定。在本書中，法律戰定義為對國際法律規範的應用或誤用，目的是為挑戰現狀行為者提供實現其政治目標的優勢。

　　這種優勢可以是非常的具體，例如在戰鬥中促使個別指揮官對正確的法律路線感到困惑，也可以是非常廣泛，例如利用國際法律合作的承諾作為某種拖延戰術。灰色地帶本身的限制性對以這種方式使用的法律戰的廣度提供了限制，因為直接或公然違反國際法規範可能會導致現狀得益國的軍事干預。當然，灰色地帶的設計具備模糊的性質，原因之一正是為了避免明確違法情境的發生。法律戰只是額外的組成部分，它經由質疑某行動是否真的可以明確地可以認定為非法，而有助於實現這種不透明性。相反地，其他灰色地帶行動可以協助行為者避免因違反既有的法律規範而受到懲罰，若此為他們的政治目標，那麼法律戰本身就是可能的目的。在海洋領域如此法律規範特別複雜的環境中，法律戰可以產生令人印象深刻的結果。

二、法律戰的兩面

　　在南海的脈絡下，本書探討中國法律戰的兩個面向。第一個面向說明中國如何利用國際法的架構作為防禦措施，在其行動的合法性問題上迷惑對手，而第二個方向說明中國可能利用法律戰作為向其他國家施壓的手段來接受中國的觀點。兩種途徑既由中國同時使用，也由中國單獨使用，此點係以「九段線」的歷史性權利、海上民兵的法律地位、《聯合國海洋法公約》（*United Nations Convention on the Law of the Sea*, UNCLOS）中有關填海造島的解釋，以及利用國際協定作為戰略拖延戰術的例子來證明。由於上述大部分議題已經在一定程度上涉及到了，因此本探討將充分關注其法律戰方面。

　　長期以來，海上民兵的確切法律地位一直是與中國在南海打交道的其他行為者爭論的焦點。他們的準軍事性質意味他們不能只以作為漁民對待，但他們在海上的大部分時間的實際情形的確作為漁船。中國的海上民兵代表了一種教科書式的灰色地帶策略。就形式而言，該等船隻是民用漁船，由民營企業擁有和經營，船員是文職人員，也就是非現役軍人。僅僅因為他們是民兵部隊的一部分，並不能立即剝奪他們的平民身分，否則每一個實行軍事徵兵制度的國家幾乎都沒有平民了。海上民兵成員的不同之處在於，他們不僅接受軍事訓練和裝備，而且還操作成不是漁船就是民兵船隻。

　　民兵船不僅配備了水砲，而且還配備了輕型個人武器，甚至是重機槍，儘管這些武器可以拆裝，因此並不總是存在。民兵船員都有人民解放軍的制服，他們在從事「民兵事務」時應該穿著這些制服，而在從事「漁業事務」時則脫下這些制服，儘管中國官員聲稱船員穿著軍用迷彩服是為了防曬。[22]這種區分在紙面上可能比較簡單，但當在海上遇到如此的情況時，面對民兵的船隻的指揮官就會有法律理由感到困惑。中國的模稜兩可的做法正是在尋求此類混淆。若如此的船隻受到攻擊，中國無疑會聲稱他們是無辜的漁民，而實際情況可能完全不同。公眾輿論可能會站在表現弱勢的一方，即漁民，而不是與他們交戰的任何一方，即使他們是出於合法的原因。這種情境不僅是不可想像的，而且與史塔夫里迪斯上將所想像的情況相似；[23]事實上，這種情況以前也發生過，既有暴力事件（1974 年、1988 年），也有 2012 年在黃岩島類似的緊張但不激烈的對峙。

　　中國經由疏浚和填海造島，不僅在南海地區，而且在全球引起了許多憂慮和關注。雖然緊鄰南沙群島的國家認為中國在填海造島的潛在軍事基地是對安全的直接威脅，但其全球影響則源於南海作為商業航運海上通道的重要性。在南沙群島和西沙群島的戰略要地建立島嶼基地可以使中國有效地監控，即令不是直接控制海上的通道。雖然中國不太可能擾亂航運，因為無論如何，大部分

---

[22] Christopher P. Cavas, "China's Maritime Militia a Growing Concern," *Defense News*, 21 November 2016, https://www.defensenews.com/naval/2016/11/22/chinas-maritime-militia-a-growing-concern/.

[23] Admiral James Stavridis, "Maritime Hybrid Warfare Is Coming," *U.S. Naval Institute*, December 2016, https://www.usni.org/magazines/proceedings/2016/december/maritime-hybrid-warfare-coming.

航運都是通往中國的港口，然而，作為重要海上交通線的守護者，有一定的權力和威望。如果發生這種情況，就中國而言，美國在地區的存在將毫無意義。僅僅是中國對南海的貨物流動的影響的威脅，就可以使中國對地區所有其他國家產生影響力，包括日本、韓國和臺灣，這些國家都對中國有相當的依賴性。

　　為了確定其對該等島礁的永久主權聲索，並在一定程度上獲得對地區行使主權和主權權利的合法性，中國已經宣布了對該等地物的海洋聲索。中國的聲索似乎是源於《公約》的主旨，如果不是文字的話，而中國正在進行某種程度的替代性解釋。雖然中國是《公約》的簽署國，但中國似乎已經決定某些條款對其不應有如此嚴格的約束力。例如，根據《公約》，人工島不產生任何權利，[24]而且領水以外的海洋地物不將領水擴大到 12 海里的界限以外。[25]雖然在國家海岸線 12 海里界限以外擁有的島嶼也產生與其位置有關的相同數量的領水，[26]因此也擴大了專屬經濟區，但並不適用於岩石[27]或水下地物。[28]雖然法律規定明確賦予了中國在南海填海造地的島嶼上或周圍的權利，但中國還是設法說服或施壓其鄰國，使其認為情況確實如此。

　　這種法律爭論的另一個方面是中國在東海（East China Sea）設立並實施了防空識別區（Air Defense Identification Zone, ADIZ）。中國要求所有經過東海的飛機在中國航空管制部門登記，表明中國正在管理世界的這部分空域，可能是聲稱對其擁有主權的前奏。[29]這種為滿足其戰略需要而擴大國際法律制度的模式正透過應用中國聲索地物所產生的權利，而在南海中重新複製。此外，在應對華盛頓的抗議時，北京指出美國尚未批准《公約》，從而維護了道德高地。雖然此論點可能不太有說服力，但它代表了一種相對成功的法律戰，因為它還是為中國的聲索提供了一些政治合法性。畢竟，法律戰不需要完美無缺，

---

[24] UNCLOS, art. 60-68.

[25] *Ibid.*, art. 3.

[26] *Ibid.*, art. 121.

[27] *Ibid.*, art. 121-123.

[28] *Ibid.*, art. 13.

[29] Zachary Keck, "Whit Air Defense Zone, China Is Waging Lawfare," *The Diplomat*, 30 November 2013, https://thediplomat.com/2013/11/with-air-defense-zone-china-is-waging-lawfare/.

也不需要受到普遍接受，它只需要在足夠長的時間內發揮作用，使灰色地帶行為者能夠實現其目標。

　　依據《公約》附件七設立的仲裁庭就菲律賓對中國有爭議的主權聲索所作的裁決表明，中國沒有歷史權利對其聲索的「九段線」（Nine Dash Line, NDL）內的大部分南海提出主權聲索。[30]該裁決還裁定，中國對其擁有的合法權利的聲索是毫無根據。[31]雖然該裁決在當時被稱讚為對中國的一次重大法律勝利，但中國立即宣布不遵守該裁決的事實，實際上使其失去了作用。裁決之後，中國在此問題上的立場更加強硬，而且自相矛盾的是，中國拒絕了基於法律的解決方案，而選擇了依賴傳統的權力工具。[32]中國甚至設法與菲律賓新總統杜特蒂（Rodrigo Duterte）談判，後者被認為比其前任更親中，並以改善關係和貿易的名義有效地擱置了該裁決。杜特蒂對中國的積極立場使這項被認為是法律上勝利的裁決從長遠來看成為他的政治問題，因此他除了在裁決宣布時粗略地承認之外，沒有提及這項裁決。[33]總體而言，雖然爭議地區的法律地位至少得到了部分解決，但當地的狀況實際上沒有改變。

　　基於前面的分析，最後的觀察集中在中國行動的戰略意涵上。如果考慮到進攻性和防禦性的法律戰，很明顯，中國的最終目標是在南海中施加影響，盡可能地接近於事實上的主權（de Facto Sovereignty）。雖然這種行為對於正在崛起的大國而言是實屬正常，但中國的做法表明，它還沒有準備好以傳統方式挑戰地區霸權（美國）或任何地區小國。無論它是在爭取時間建立自己的軍事能力，還是僅僅想避免貿易中斷，中國似乎都在採取戰略攻勢。在國際法領域，中國似乎在利用對各種法律協定的公開承諾，諸如《公約》或「行為準則」（Code of Conduct, COC），作為緩和與拖延的手段。「行為準則」是東

---

[30] Permanent Court of Arbitration, *The South China Sea Arbitration (Philippines vs China)* (Permanent Court of Arbitration, 2016), art. 1203-A1, https://pca-cpa.org/wp-content/uploads/sites/175/2016/07/PH-CN-20160712-Award.pdf.

[31] *Ibid.*, art. 1203-A.

[32] Feng Zhang, "Assessing China's Response to the South China Sea Arbitration Ruling," *Australian Journal of International Relations*, Vol. 71, Issue 4 (2017), p. 454.

[33] *Ibid.*, pp. 452-453.

南亞國家協會（Association of Southeast Asian Nations, ASEAN）在 2002 年首次提出的協議，是限制和緩和有爭議的主權聲索所引起的緊張局勢的手段。雖然正式的「準則」仍未制定，但為應對中國活動的增加，「準則」問題已被兩次提出（2012 年、2017 年）。中國在 2013 年首次承諾參與此進程，作為在黃岩島（Scarborough Shoal）事件後平息局勢的一種方式，並在 2017 年因中國填海造島而引發緊張局勢後重申了其承諾。[34]

因此，中國利用國際法律架構，展現北京將與南海中的其他各方合作，但只是在它擔心緊張局勢升級得太厲害時方會如此為之。如此的協定往往會在一段時間內打消世人的顧慮，降低公眾對此事的興趣，而且它們也沒有法律約束力。當其他各方因中國的明顯參與而感到欣慰時，中國可以利用這段時間來進一步加強自己的地位。領土爭端不解決的時間愈長，優勢就愈是轉移到中國身上，因為中國在此期間對該地區實行了事實上的控制。像任何其他形式的法律一樣，國際法最關注的只是正式的法律聲明，這種「以拖待變」的拖延戰術似乎產生了很好的效果。如果再加上上文所述的中國對《公約》的自我解釋，這種強有力的組合代表了成功的法律戰行動的典型。

第二節　島礁建築（基地化）

在南海的地形地物方面，最明顯和最有爭議的灰色地帶是填海造陸。無論地形地物歸何國所有，人工島的建設係以灰色地帶策略達到合法化自身對海洋地物享有主權的重要活動。中國活動無疑是填海造地。經由大規模填海過程，中國在其聲索擁有主權的南海各島群上創造了超過 3,200 英畝的新土地。[35]雖然中國的填海造陸在南海地區和全球都受到了極大的關注，但重要的是要注意到中國並不是唯一一個在南海從事填海造地的行為者。越南、菲律賓和臺灣也

---

[34]　Laura Zhou, "What Is the South China Sea Code of Conduct, and Why Does It Matter?," *South China Morning Post*, 3 August 2017, http://www.scmp.com/news/china/diplomacy-defence/article/2105190/what-south-china-sea-code-conduct-and-why-does-it.

[35]　Asia Maritime Transparency Initiative (AMTI), "Island Tracker," https://amti.csis.org/island-tracker/.

擴大了他們的南海領土；儘管他們分別擴大了填海造陸，但在規模和強度上都遠遠無法與中國相比。

　　中國在南海最廣龐大的三個填海計畫是渚碧礁（Subi Reef）、永暑礁（Fiery Cross Reef）和美濟礁（Mischief Reef），它們都位於南沙群島之內。三個島礁都受到大幅的擴建，現在都有相當長的跑道、飛機裝卸設施、大型港口設施以及水和燃料庫。[36]雖然中國對這些島礁的控制在某些情況下已經持續了數十年，但在很長一段時間內，該等島礁並沒有受到干擾，而且只有小型的基地。最近的一波填海和建設是迄今為止最大的一次，於 2014 年開始，並正式宣布在 2015 年中完成。在這段時間裡，由於中國的活動，中國受到了巨大的外交壓力，因此，停止的時間究竟是已完成原先規劃的造陸工程，還是中國向國際壓力低頭不得而知。

　　鑑於後來的發展可證，中國在 2015 年停止建島的原因並非受制於國際壓力，只是因為自身已經完成了填海的目標，[37]而在撰寫本書時，人工島上的建設仍在持續。2017 年，中國推出了一艘新的填海挖泥船，此乃亞洲最大的挖泥船「天鯤號」，[38]中國商務部發布的 2017 年第 28 號公告顯示為維護國家安全，從 2017 年 6 月 1 日起對大型挖泥船實施出口管制。此也再次引起了世人對另一波建島浪潮可能即將到來的擔憂。[39]雖然單邊擴張的地物引起了極大的興趣和爭論，但世人對中國的最終目標可能為何卻存在分歧。最有可能的兩種解釋是，中國正在打造軍事前哨站（島礁基地化），以便在整個南海投射力量，以及中國希望依據「九段線」獲得南海地區已經存在或可能存在的自然資

---

[36] US Department of Defense, *Annual Report to Congress: Military and Security Developments Involving the People's Republic of China 2017* (Office of the Secretary of Defense, 15 May 2017), p. 12. 該報告還根據衛星圖像，對軍事集結進行了有益的說明（頁 13-16）。

[37] Shannon Tiezzi, "Why China Is Stopping Its South China Sea Island-Building (For Now)," *The Diplomat*, 16 June 2015, https://thediplomat.com/2015/06/why-china-is-stopping-its-south-china-sea-island-building-for-now/.

[38] 「天鯤號」長 140 公尺，寬 27.8 公尺，吃水 6.5 公尺，設計航速 12 節，總裝機功率 25,800 千瓦，最大挖深為 35 公尺，最大輸泥距離 15,000 公尺，輸泥效率為每小時 6,000 立方公尺。

[39] Jesse Johnson, "China Unveils Massive 'Magic Island-Maker' Dredging Vessel," *Japan Times*, 4 November 2017, https://www.japantimes.co.jp/news/2017/11/04/asia-pacific/china-unveils-massive-island-building-vessel/.

源，主要是漁業和石油。當然，兩類解釋並不相互排斥。

　　中國官方一直堅持認為，中國在南海土地聲索的擴大主要是為了民用，而且目的是改善駐守人員的生活條件。中國特別強調將這些島礁作為海上搜救行動、航行安全和科學研究的基地。[40]雖然不能一概否定該等主張，但這些設施至少可以認為是多重的用途。即使主要用於科學研究或其他民用的目的，擁有3 公里長跑道的島嶼也很容易成為前方軍事集結地，因為它們幾乎可以容納任何飛機，包括重型運輸機、戰鬥機，甚至轟炸機，[41]2018 年 5 月中國空軍將一架轟-6K（H-6K）戰略轟炸機降落在永興島，進一步證明了此點。[42]

　　2015 年 9 月，中國國家主席習近平與美國總統歐巴馬（Barack Obama）的聯合記者會上，提到了在建設島礁的軍事化問題。在經常遭到過度解讀的提法中，他提出了中國的官方立場：「中國在南沙群島上進行的相關建設活動，並不針對或影響任何國家，中國不打算追求軍事化。」[43]後面提到的軍事化在很大程度上被解釋為一種承諾，但聲明中並沒有任何內容可以支持此類的假設。此外，「軍事化」一詞本身非常廣泛，可以包括一系列不同的活動。中國在西沙群島中的永興島部署了各種防空和反艦導彈，包括與俄羅斯 S-300 系統類似的先進的「紅旗9」（HQ-9）中遠程防空導彈。

　　當美國以軍艦駛過該地區作為其「航行自由」（Freedom of Navigation）計畫的一部分後不久，中國又部署了「鷹擊 62」（YJ-62）反艦導彈作為補

40　US Department of Defense, Annual Report to Congress: Military and Security Developments Involving the People's Republic of China 2017, p. 12.

41　IISS, "China's Land Reclamation in the South China Sea," *Strategic Comments*, Vol. 21, Comment 20 (August 2015), p. ix.

42　Ankit Panda, "South China Sea: What China's First Strategic Bomber Landing on Woody Island Means," *The Diplomat*, 22 May 2018, https://thediplomat.com/2018/05/south-china-sea-what-chinas-first-strategic-bomber-landing-on-woody-island-means/.

43　The White House, "Remarks by President Obama and President Xi of the People's Republic of China in Joint Press Conference," *Office of the Press Secretary*, 25 September 2015, https://obamawhitehouse.archives.gov/the-press-office/2015/09/25/remarks-president-obama-and-president-xi-peoples-republic-china-joint.

充。[44]雖然西沙群島位於南海的不同部分，因此不在習近平講話的範圍之內，但此舉可能預示著新建立的島礁將進一步軍事化。[45]雖然依據觀察，南沙群島的新建人工島上有高射砲和導彈點防禦系統（Contain Antiaircraft Guns and Missile Point Defence Systems, CIWS），但迄今為止，還沒有明確的證據表明該地部署了永久性的進攻性或防禦性遠程導彈。2018 年 5 月，中國在南沙群島的人工島礁上部署了反艦導彈和防空導彈。[46]然而，目前仍不清楚該等導彈是永久性部署還是僅僅作為 2018 年 4 月進行的大型海軍演習的一部分而暫時部署。[47]

無論中國的官方立場如何，著名的國際安全專家美國海軍上將哈里斯（Harry B. Harris）肯定傾向於結論：該等前哨站建成後，將有效地代表他所稱的「沙長城」（Great Wall of Sand）。[48]因此，「萬里石塘」成為「萬里沙城」。該等島嶼是否真的能增加中國的安全仍然是個疑問，因為人工島礁被視為非常脆弱的前哨站，遠離中國大陸，因此依賴於漫長的聯絡線路。

中國的存在也激發了地區其他的聲索國增加自身在南海的軍事足跡，以對抗中國的聲索。雖然南海周邊的其他國家都無法在軍事上與中國直接對抗，但它們正愈來愈多地轉向日本和美國，以提供額外的制衡力量。由於當地盟友願意承擔自己的那部分責任，如果中國的行動突破了衝突門檻，美國可能會更傾向於進行干預。在現階段，至少在軍事方面，中國的島礁建設可以視之為是為未來可能發生的衝突進行的預先部署。此也將導致南海地區海警和民兵的增

44　Sam LaGrone, "China Defends Deployment of Anti-Ship Missiles to South China Sea Island," *U.S. Naval Institute*, 31 March 2016, https://news.usni.org/2016/03/30/china-defends-deployment-of-anti-ship-missiles-to-south-china-sea-island.

45　*Ibid.*

46　Amada Macias, "China Quietly Installed Defensive Missile Systems on Strategic Spratly Islands in Hotly Contested South China Sea," *CNBC*, 2 May 2018, https://www.cnbc.com/2018/05/02/china-added-missile-systems-on-spratly-islands-in-south-china-sea.html.

47　Ben Westcott, Ryan Browne, and Zachary Cohen, "White House Warns China on Growing Militarization in South China Sea," *CNN*, 4 May 2018, https://edition.cnn.com/2018/05/03/asia/south-china-sea-missiles-spratly-intl/index.html.

48　Harry B. Harris, "ADM, Spoken Remarks Delivered to the Australian Strategic Policy Institute," *U.S. Pacific Fleet*, 31 March 2015, p. 4, http://www.cpf.navy.mil/leaders/harry-harris/speeches/2015/03/ASPI-Australia.pdf.

加，同時使解放軍可以選擇與地區保持一定的距離，以避免過度刺激中國的南海鄰國，同時為未來的軍事部署提供預先部署的設施，如果認為有必要的話。

　　雖然軍事化的爭論仍在繼續，其結果和影響可能會引起中、長期的擔憂，但中國的填海行動可能有短期的原因。任何航海國家追求海權的主要原因之一是資源開採。世界上的海洋是一些最重要的食物和能源資源的來源，而南海在這方面尤其寶貴。該地區有一些世界上最豐富的漁場，調查顯示，它可能含有大量的石油和天然氣儲藏。然而，南海地區的漁業和石油生產都存在重大問題。目前估計存在於南海海底的石油和天然氣儲量差異很大，從 50 至 1,250 億桶石油和 70 至 500 萬億立方英尺的天然氣。[49]雖然最高的估計值在很大程度上被認為並非現實，但有一些已證實的儲量可以幫助該地區的國家，尤其是中國，緩解他們的一些能源需求。大多數已知的儲量目前在財政上並不可行，因此對已探明的供應量的最佳估計是 110 億桶石油和 190 兆立方英尺天然氣，其中大部分位於無爭議的領域之內。[50]由於海上石油勘探和生產是風險最大和最昂貴的能源開採形式之一，因此，南海中相對較少的石油和天然氣可能不值得，至少對每年進口 27 億桶石油的中國而言是如此。[51]

　　另一方面，漁業無疑是重要的南海資源之一。漁業不僅為生活在沿海地區的大約 20 億人提供了重要的食物來源，而且還為當地社區提供了收入來源。[52]全球所有漁獲量的 12%來自於南海，儘管由於南海地區的許多國家沒有足夠的監測能力，此數字可能更高。[53]由於一些魚類資源目前已經因為過度捕撈而降

---

[49] US Energy Information Agency, *Report on the South China Sea* (7 February 2013), https://www.eia.gov/beta/international/analysis_includes/regions_of_interest/South_China_Sea/south_china_sea.pdf.

[50] *Ibid.*

[51] Scott L. Montgomery, "What's at Stake in China's Claims to the South China Sea?," *The Conversation*, 14 July 2016, https://theconversation.com/whats-at-stake-in-chinas-claims-to-the-south-china-sea-62472.

[52] Office of the Director of National Intelligence, "The Future of Indian Ocean and South China Sea Fisheries: Implications for the United States," *National Intelligence Council Report*, NICR 2013-38, 30 July 2013, https://www.dni.gov/files/documents/nic/NICR%202013-38%20Fisheries%20Report%20FINAL.pdf.

[53] U. Rashid Sumaila and William W. L. Cheung, "Boom or Bust: The Future of Fish in the South China Sea," *ADM Capital Foundation*, November 2015, pp. 3-4, https://www.admcf.org/research-reports/boom-or-bust-the-future-of-fish-in-the-south-china-sea/.

至 1950 年代水準的 5%，再加上必須將魚類作為食物來源，可能會導致嚴重的競爭，並可能導致公開衝突。[54]中國擁有最大的捕魚船隊，具有盡可能多地使用剩餘資源的最大潛力，由於中國聲稱人工島是擴大其專屬經濟區（Exclusive Economic Zone, EEZ）的基礎，它現在擁有的漁船基地更接近最豐富的漁場。由於有這麼多重疊的權利聲索和對日益減少的資源的爭奪，漁業爭端明顯升級，漁船經常被用作代理人，在沒有公開軍事衝突的情況下維護海洋權利聲索。[55]就中國而言，這些船隻往往也是海上民兵的一部分，這使它們在海洋爭端中具有額外的分量。本書現在要解釋的是中國海上民兵的性質和角色。

第三節　海上民兵

　　中國的海上民兵是中國對南海的影響中研究最不充分、理解最少的因素之一，但同時也是最重要的因素之一。因此，海上民兵的成功使用也意味著海上民兵是那些受到中國戰略擴張威脅的行為者最擔心的原因之一。就此而言，海上民兵可以被認為是一種混合力量（Hybrid Force），因此它的使用將被認為是灰色地帶的行為。

　　與中國人民解放軍或中國海警（China Coast Guard, CCG）不同，海上民兵不是現役軍人或軍警部門。顧名思義，它是一支非正規部隊，主要是為了在戰時補充軍事服務。然而，中國的海上民兵已經不僅僅是提供一批後備部隊，而是獲得了積極的責任。雖然缺乏官方資料說明海上民兵的確切職責，但一些關鍵領域已被確定。海上民兵的四個核心角色可以分成兩對。第一對角色通常與傳統意義上的民兵活動有關，包括：以後勤、隱蔽和水雷戰等方式協助解放軍

54　Marina Tsirbas, "Saving the South China Sea Fishery: Time to Internationalize," *Policy Options Paper*, No. 3 (National Security College, June 2017), p. 2, https://nsc.crawford.anu.edu.au/sites/default/files/publication/nsc_crawford_anu_edu_au/2017-07/policy_option_3_v3.pdf.

55　Clive Schofield, Rasheld Sumaila, and William W. L. Cheung, "Fishing, Not Oil, Is at the Heart of the South China Sea Dispute," *The Conversation*, 15 August 2016, http://theconversation.com/fishing-not-oil-is-at-the-heart-of-the-south-china-sea-dispute-63580.

和解放軍海軍，[56]以及應急反應，諸如處理海上搜救和在自然災害期間提供援助。[57]第二對責任和活動是較晚近甫出現，也與傳統的角色有更大的差異。海上民兵執行「權利維護」任務，包括執法，以及登島和在有爭議的地區工作，以「展示存在感，表明主權，並配合國家政治和外交鬥爭的需要」。[58]此成為與中國海警共用的角色，儘管兩者之間的確切關係或劃分難以確定，而且可能取決於現場情況。最後，海上民兵還準備執行獨立任務，諸如防空導彈或破壞活動。就此而言特別重要的是，民兵有能力協助蒐集情報、監視和偵察，因為他們可以在正常的工作過程中進行這些活動。[59]

　　由於面對如此多的職責，海上民兵顯然是中國海上灰色地帶的關鍵組成部分。然而，只有當民兵擁有相應的能力時，這些職責才會產生有意義的影響，從而需對對這些能力進行探討。海上民兵的主要能力是其船員和船隻。所有的中國民兵部隊都分為兩大類，即普通預備隊和主力部隊。普通預備役由所有符合條件的男性公民組成，而主力部隊主要由複員的現役軍人組成，他們接受專門的資源和訓練。[60]海上民兵的所有成員都屬於主力部隊，他們接受更頻繁的訓練並獲得更先進的技能。[61]海上民兵部隊往往比陸上民兵部隊規模更小，專業性更強，甚至在其內部結構中開始出現一支精銳的海上民兵部隊。[62]就正式而言，這些民兵與中國政府沒有任何關係，他們一直被描述為平民漁民。[63]他們的指揮結構以草根基層為基礎，遵循中國決策層常見的軍民雙重結構，從省一級往下。

---

[56] Andrew S. Erickson and Conor M. Kennedy, "China's Maritime Militia," *CNA*, 7 March 2016, https://www.cna.org/cna_files/pdf/chinas-maritime-militia.pdf.

[57] *Ibid.*

[58] *Ibid.*, p. 6.

[59] *Ibid.*

[60] Andrew S. Erickson and Conor M. Kennedy, "Directing China's 'Little Blue Men': Uncovering the Maritime Militia Command Structure," *AMTI*, 11 September 2015, https://amti.csis.org/directing-chinas-little-blue-men-uncovering-the-maritime-militia-command-structure/.

[61] Erickson and Kennedy, "China's Maritime Militia," p. 1.

[62] Erickson and Kennedy, "Directing China's 'Little Blue Men': Uncovering the Maritime Militia Command Structure."

[63] Cavas, "China's Maritime Militia a Growing Concern."

　　負責民兵活動的主要決策機構是中央軍事委員會（中央軍委）國防動員部，國防動員部在國家層次上由中央軍委的指揮，中央軍委是中國負責軍事事務的最高管理委員會。[64]因此，與民兵的日常運作有關的大多數決定都被歸入地方一級，而動員命令和指示則由上級傳遞。大多數民兵部隊是由商業捕魚公司所建立，然後它們與當地人民武裝部協調工作，[65]此就使民兵的確切組成、指揮和控制結構變得更加「模糊」，但顯然，儘管官方立場如此，這些部隊並沒有完全脫離中國政府的權力。

　　中國民兵建設工作旨在建立「新型民兵力量體系」、重點是確保中國的民兵儲備能夠有效地支援「信息（資訊）化戰爭，即在陸地、海上、空中、太空、電磁頻譜和（計算機）網路中的系統對抗」。[66]為了實現此目標，以及提高戰爭以外的軍事行動（諸如應急行動）的成果，新型民兵，也被稱為新質民兵，力求經由軍民融合戰略架構從中國的現代經濟和專業企業中吸收專業和職業技能。[67]中國海上民兵新質分隊職責，包括：海上特種偵察、海上遙感監測、水下目標探測、海洋環境監測、海上氣象水文、海上資訊（信息）支援保障、海上運輸、海上搜救、海上空中搜救[68]、海上特種救援、海上蛙人打撈、

---

[64] Erickson and Kennedy, "China's Maritime Militia," pp. 8-9.

[65] Conor M. Kennedy and Andrew S. Erickson, "Riding a New Wave of Professionalization and Militarization: Sansha City's Maritime Militia," *CIMSEC*, 1 September 2016, https://cimsec.org/riding-new-wave-professionalization-militarization-sansha-citys-maritime-militia/.

[66] 韓玉平，〈夯實人民武裝的根基〉，《中國共產黨新聞網》，2017 年 11 月 5 日，http://theory. people.com.cn/n1/2017/1105/c40531-29627338.html；李勝華、薛盛屹，〈加快構建新型民兵力量體系〉，《中國軍網》，2016 年 4 月 7 日。

[67] 解清，〈提高國防動員潛力轉化效率〉，《中華人民共和國國防部》，2017 年 7 月 11 日，http://www.mod.gov.cn/mobilization/2017-07/11/content_4785215.htm；宮玉聰、倪大偉、丁紹學，〈上海警備區提高應急應戰支援保障能力見聞〉，《中國共產黨新聞網》，2017 年 12 月 8 日，http://cpc.people.com.cn/n1/2017/1208/c415067-29694737.html；魏聯軍、焦景宏、王根成，〈形之變，備之變，訓之變，中國民兵從強大向精銳邁進〉，《新華網》，2018 年 12 月 17 日，http://www.xinhuanet.com/mil/2018-12/17/c_1210016924.htm；司李龍、臧晨雨，〈民兵隊伍轉型升級，成為遂行非戰爭軍事行動的重要力量〉，《中華人民共和國國防部》，2020 年 10 月 27 日，http://www.mod.gov.cn/power/2020-10/27/content_4873288.htm；張珈綺、苗鵬，〈探索新型民兵建設之路〉，《中國民兵》，第 7 期（2017 年），頁 27-30；Alex Stone and Peter Wood, *China's Military-Civil Fusion Strategy* (China Aerospace Studies Institute, 15 June 2020), pp. 30-31, 90-92.

[68] 1 型和 2 型海上運輸未標記為新質。

海上船舶維修、船舶裝備維修、海上工程搶修搶建保障、遠海防衛、深海支援保障、海上綜合保障，以及海上航道開闢。

三沙市[69]海上民兵的活動範圍最接近南海中一些最具爭議和價值的地區，是中國海上民兵如何組建和運作的代表性案例。尤其有趣的是，因為組織這些部隊的漁業公司在招聘訊息中偏愛退伍軍人，並承諾向他們支付工資。此點十分重要，因為通常情況下，民兵並不領工資。他們從捕魚的收入中獲得報酬，並在不能捕魚的情況下獲得對民兵工作時間的補償。提供工資可能意味著中國正在尋求使最關鍵的民兵部隊專業化，尤有進者，商業捕魚公司可能只是中國政府的名目。[70]漁船本身也使民兵有別於普通漁民。在最近的現代化浪潮中，三沙市在 2015 年至 2016 年期間建造了 84 艘新船。[71]尤有進者，該等船隻擁有普通漁船所不具備的特點，例如在船體外部焊接了加固欄杆，以減輕碰撞損失。該等船隻還配備了安裝在桅杆上的水砲，能夠進行更複雜的操縱，儘管它們比普通漁船更大，但卻吃水較淺，使其能夠在較淺的水域追擊其他船隻。[72]

在確定了中國海上民兵建立的原理原則後，探討這些原則在實踐中是如何實施就非常的有用。本文選擇了三起涉及海上民兵船隻的事件，因為以公開資料而言，此三起事件最能說明海上民兵的活動和角色。首先也是最重要的事件是 2012 年的「黃岩島事件」（Scarborough Shoal incident），第二個事件是 2015 年 10 月中國對美國海軍「拉森號」（USS Lassen）通過渚碧礁的反應，第三個是 2009 年 3 月圍繞美國海軍「無暇號」（USNS Impeccable）的事件。

黃岩島是中國、臺灣和菲律賓之間領土爭端的海洋地物。最初始於 2012 年 4 月 10 日的對峙，導致中國自此對該地物行使事實上的主權。在此次事件中，12 艘中國漁船，其中有數艘是海上民兵船，遭到回應非法捕魚報告的菲律賓海軍護衛艦的攔截。一些船隻被登船檢查，但更多的民兵船隻被召集到該地

---

[69] 三沙市是中國海南省最南部的市轄區，是中國在南海自身認為無爭議但國際上有爭議領土的行政中心。它位於西沙群島群中。

[70] Kennedy and Erickson, "Riding a New Wave of Professionalization and Militarization: Sansha City's Maritime Militia."

[71] *Ibid.*

[72] *Ibid.*

區，使護衛艦無法執行任務。[73]經過兩個月的緊張對峙，雙方都投入了更多的船隻，包括軍艦，並升級了外交活動，在美國斡旋下，所有船隻都撤離了該地區。然而，中國船隻幾乎立即返回，而北京方面則否認曾有任何交易的存在。[74]最初由海上民兵扮演的角色非常重要，因為它被認為是中國在爭議地區主權聲索的延伸。中國以更大、更全副武裝的船隻迅速作出反應，表明了該等漁民並不是遊離於常規捕魚區之外的普通漁民。因此，以欺騙和不透明的結合，再加上武力的展示，中國已經獲得了對具有重要戰略意義地物的控制。海上民兵能夠煽動對峙，並將事件傳達給其他中國海上保護船隻，從而使他們能夠進行干預。雖然他們沒有裝備來對付菲律賓海軍，但他們在對峙結束後奪取淺灘時扮演了重要角色，從而說明了海上民兵的優勢和劣勢。

　　關於「拉森號」的事件相對單純，但它表明中國如何處理美國在南海存在的趨勢。10 月 27 日，「拉森號」驅逐艦在駛過南沙群島有爭議的渚碧礁時，正在進行航行自由行動（Freedom of Navigation Operation, FONOP）。航行自由計畫的基礎是 1983 年的美國海洋政策，該政策使美國的政策與《公約》約略一致，儘管美國不是簽署國。文件的核心內容是，美國將遵循《公約》的精神，特別是關於國家准許或拒絕外國船隻在其領水或專屬經濟區內通行或飛越的權利，但如果美國認為這種聲索過度，或者此類限制會破壞「利益平衡」，則將不予理睬。[75]就本質而言，美國保留為其飛機或船隻行使無害通過的權利，即使在另一國的領水之內，《公約》規定，即使該國家已經實施限制。美國國防部每年都會公布它認為過分的權利聲索報告，而這些報告構成了進行航行自由行動的基礎。以中國為例，過度聲索包括聲稱對專屬經濟區內的空域擁

[73] Conor M. Kennedy and Andrew S. Erickson, "Model Maritime Militia: Tanmen's Leading Role in the April 2012 Scarborough Shoal Incident," *CIMSEC*, 21 April 2016, http://cimsec.org/model-maritime-militia-tanmens-leading-role-april-2012-scarborough-shoal-incident/24573.

[74] 更多細節，包括對峙的深入時程表，參見 Michael Green, Kathleen Hicks, Zack Cooper, John Schaus, and Jake Douglas, *Countering Coercion in Maritime Asia; The Theory and Practice of Gray Zone Deterrence* (*CSIS*, May 2017), pp. 95-123, https://csis-website-prod.s3.amazonaws.com/s3fs-public/publication/170505_GreenM_CounteringCoercionAsia_Web.pdf.

[75] US Department of State, *United States Oceans Policy* (10 March 1983), pp. 383-384, https://www.state.gov/documents/organization/14322 4.pdf.

有管轄權，禁止外國實體進行調查活動，以及要求軍艦在中國領海內無害通過時必須事先通知。[76]「拉森號」軍艦在中國聲稱擁有管轄權的有爭議水域（在其領海外但在聲稱的專屬經濟區內）行使無害通過權，此舉旨在抗議中國在該地區建島。

雖然這些水域通常可供任何船隻自由出入，而且人工島也不會擴大某國的領海，但中國試圖脅迫其他行為者接受其填海島嶼周圍事實上的領海，迫使他們像在其領海內一樣行事。領海和其他水域的關鍵區別在於允許進行的活動範圍，特別是海軍艦艇。雖然「拉森號」確實駛過了有爭議的地區，但它只將其活動限制在領海內允許的範圍內，此舉可能會對美國的立場發出混合的信號。[77]在驅逐艦穿越南海的大部分行程中，它都被解放軍的船隻遠遠地跟隨在後，但當它經過渚碧礁時，它受到了海上民兵船隻的騷擾。雖然他們沒有直接挑釁或衝撞，因為雙方的規模和武器裝備不同，如此的行動基本沒有意義，但他們以非動能（Non-kinetic）的方式清楚地表明了對美艦存在的不滿，至少象徵性地宣稱了中國對該水域的管轄權。[78]如前所述，渚碧礁是中國經由填海造陸擴大的南沙群島的地物之一，一般視為是該地區潛在的重要基地；因此，中國必須讓外國船隻盡可能遠離，或者將該等地物作為中國領海的一部分。

美國聲稱中國過度限制的另一案例是關於調查活動。2009 年，五艘中國船隻，包括二艘捕魚的海上民兵船，對美國調查船「無暇號」進行了騷擾，甚至試圖切斷其拖曳的陣列，並在距離該船 25 英尺範圍內進行了危險的操作，諸如在其行駛路線上停船，迫使其緊急停船以防止碰撞。[79]作為本章探討的三起

[76] US Department of Defense, "Freedom of Navigation (FON) Report for Fiscal Year (FY) 2016," 28 February 2017, p. 1, http://policy.defense.gov/Portals/11/FY16%20DOD%20FON%20Report.pdf?ver=2017-03-03-141349-943.

[77] Timothy Choi, "Why the US Navy's First South China Sea FONOP Wasn't a FONOP," *CIMSEC*, 3 November 2015, http://cimsec.org/why-the-us-navys-first-south-china-sea-fonop-wasnt-a-fonop/19681.

[78] Christopher P. Cavas, "China's 'Little Blue Men' Take Navy's Place in Disputes," *Defense News*, 2 November 2015, https://www.defensenews.com/naval/2015/11/03/chinas-little-blue-men-take-navys-place-in-disputes/.

[79] Raul Pedrozo, "Close Encounters at Sea: The USNS *Impeccable* Incident," *Naval War College Review*, Vol. 62, No. 3 (2009), p. 101.

事件中最早的一起，它的附加價值在於提供了公開資料，使世人能夠探討自該事件發生以來海上民兵如何運作的變化。一般認為他們的行動是建立在禁止調查活動的基礎之上，這些活動主要具有針對性，但不限於自然資源的開採。由於「無暇號」可能是在蒐集聲學數據，以幫助美國追蹤該地區的中國潛艇，因此中國認為它的行為具有挑釁性。[80]整個事件可被視為某種脅迫性外交行為，中國希望藉此發出盡可能明確的信號，即它不會容忍美國在其聲稱擁有管轄權的南海地區進行干涉。[81]雖然事件本身並不重要，但此類脅迫性外交的形式不涉及實際的軍艦這一事實是重要的。軍事力量的使用作為脅迫手段會帶來一些後果，諸如公眾的不滿（包括國內和國際）或可能升級。藉由使用非軍事手段，中國正試圖規避這些後果，同時仍能實現其目標。此外，中國將處理這種模糊性的負擔轉移給了其他相關方，向他們提供的只是民兵漁船作為直接對手。本章後面將探討這帶來的額外法律困難。

除海上民兵外，中國還利用海警作為海軍艦艇的替代選項。此乃代表整個地區的趨勢，日本、印尼和菲律賓都在加強各自的海警的角色。這種對海警的依賴背後的主要原因是，他們代表了一種不那麼軍事化的，因此不那麼具有威脅性的海軍替代方案。一艘在某國專屬經濟區內非法捕魚的外國船隻被海岸警衛隊的小艇處理，與同一船隻被海軍護衛艦逮捕的形象明顯不同。這也不太可能引發雙方的重大政治對抗。海岸警衛隊的船隻也更適合這種工作，因為他們的角色主要是執法而不是軍事。雖然增加海岸警衛隊的角色背後有合理的邏輯，但必須注意到，海岸警衛隊的輕裝上陣也可能是一個弱點，正是因為他們缺乏某些海上力量的質量。

2016 年春天，印尼和中國在納土納海（Natuna Sea）發生的兩起事件為執法和海軍艦艇的使用提供了有趣的對照。在兩起事件中（2016 年 3 月、5 月），印尼船隻試圖阻止中國漁船進入印尼專屬經濟區。3 月，漁船遭印尼執

---

[80] William Lowther, "US Ups Ante in South China Sea by Sending Destroyer," *Taipei Times*, 15 March 2009, http://www.taipeitimes.com/News/taiwan/archives/2009/03/15/2003438536/.

[81] Oriana S. Mastro, "Signalling and Military Provocation in Chinese National Security Strategy: A Closer Look at the Impeccable Incident," *The Journal of Strategic Studies*, Vol. 34, Issue 2 (April 2011), pp. 220-221.

法船攔截，在被拖往港口過程中，一艘中國海警船隻衝撞，致使印尼釋放了被俘的漁民。[82]此事件後，印尼政府決定將專屬經濟區巡邏的主要責任交給海軍。同年 5 月，在幾乎相同的情況下，中國海警護衛艦在抓捕和拖走中國漁船的過程中遠遠避開了印尼護衛艦。[83]雖然此例並不能最終證明海警比海軍艦艇更有用，但它確實表明，南海周邊國家正在努力充分解決中國海上行動不透明帶來的問題。在反應過度或反應不足都可能造成不良後果的環境中，採用正確的策略至關重要。此任務因複雜的法律狀況而變得更為複雜，此也是本書要深入探討的主題之一。

第四節　結語：南海海洋灰色地帶的分析架構

在探討海洋領域時，需要對其不同於陸地的規則和環境進行探討。如此根本不同的出發點需要不同的能力和作戰原則，而中國似乎正在迅速掌握該等原則。南海的人工島建設是國際關係中與灰色地帶相關的最明顯和最有爭議的問題之一。中國首屈一指的灰色地帶作戰部隊，即海上民兵已經取得了重大成果，而複雜的法律環境意味著海洋灰色地帶有可能對升級進行更細膩的控制，因此有能力比陸地上其他形式的灰色地帶產生更大的成果。雖然所有的現代戰爭都受到不同程度的法律影響，但此點在海洋尤其明顯。本書對中國對法律架構的使用和濫用進行研究，包括其本身以及與島嶼建設和海上民兵的關係。連接所有這些活動的關鍵特徵是行動的能動性，此情形在海洋領域尤為明顯。本章最後總結非動能性的海洋灰色地帶的特點及其對未來可能產生的影響。

「戰爭」一詞本身往往隱含著行動的動能性（Kinetic），與戰爭的形象相伴而生。然而，在灰色地帶的脈絡下，動能戰爭的首要地位在某種程度上受到削弱，而非動能手段，諸如資訊戰、網路戰和經濟戰，從一般認為是力量倍增

82　Lyle J. Morris, "Indonesia-China Tensions in the Natuna Sea: Evidence of Naval Efficacy Over Coast Guards?," *RAND*, 5 July 2016, https://www.rand.org/blog/2016/07/indonesia-china-tensions-in-the-natuna-sea-evidence.html.

83　*Ibid.*

器，轉變為其本身就是力量的一種。此並不是說灰色地帶行動完全不具備動能成分，灰色地帶的常規方面仍然需要包含動能成分，但它確實說明，在不透明的灰色地帶的低層次衝突的現實世界中，非動能途徑乃至關重要。灰色地帶中的動能程度可以有很大的不同，主要取決於環境，並與發動戰爭領域的性質直接相關。本書探討海洋領域的灰色地帶，並確定非動能灰色地帶已成為參與脅迫和地緣戰略競爭的首選方式。

就中國而言，它在南海的絕大多數行動都是非動能的性質，就此意義而言，它們不涉及發射魚雷或導彈，或發射子彈或砲彈。當民兵船隻衝撞對手或使用水砲時，會出現有限的動能操作，但在大多數情況下，動能只是一種背景威脅。中國人民解放軍對軍艦的使用也表明，他們採取的是非動能的途徑。它的艦艇、飛機和潛艇定期在南海巡邏，但往往不主動涉入爭端，儘管經常可以在地平線上看到它們。因此，雖然海軍艦艇仍對海洋灰色地帶有所貢獻，但就中國而言，它們已經退居二線，只是作為防止另一行為者升級的最後一道嚇阻線。主要的任務由海警，尤其是海上民兵來承擔。中國的海上民兵代表一支教科書式的灰色地帶部隊，他們能夠作為一支常規海軍部隊（儘管是有限的）行事，擁有此類活動所需的訓練和裝備，同時也能作為漁民背景混入之中。利用法律上的模糊性，他們實際上不受外國海軍的動能行動影響，除非是在戰爭時期。然而，灰色地帶的目的是保持在大規模常規戰爭的門檻以下，在此「灰色地帶」，中國的「小藍人」代表了完美的工具。

經由填海的島礁建設是中國海上灰色地帶最明顯的方面，而且也是非動能的性質。雖然此過程對環境造成了不可估量的破壞，進而對南海周邊所有國家造成了經濟損失，但它並不是以軍事化的方式所進行。當然，這種斷然的單邊行動代表了可能的威脅，飛機跑道和防禦性砲臺的安裝只是突出了軍事影響的潛力。然而，截至本書撰寫之時，雖然海上民兵利用南沙和西沙群島作為行動基地，但中國在南沙和西沙群島的基地還沒有發起過任何動能軍事行動。這些島嶼的價值在於其戰略地位和效用。中國不需要對它們進行大量的軍事化，因為它們不是常規的權力投射工具，而是混合型的工具。它們的存在使中國有能力，而且在其自身看來，有權利管理和爭奪南海大片地區的控制權，並獲得所有相應的經濟和政治利益。甚至這些島嶼本身也作為軍民混合單位運作，因為它們目前主要用於民用目的，並與該地區的其他島嶼「融為一體」，但可以很容易地藉由空運軍事裝備和部隊來動員，2018 年 4 月的演習證明了此事實。

　　已確認安裝在南沙群島的防禦能力並不代表動能挑戰，儘管對放置在西沙群島永興島（Woody Island）的先進導彈也不能如此界定。如果中國將永興島作為未來的範本，那麼這些島礁基地將成為強大的常規力量投射基地，甚至可能能夠嚇阻美國海軍。然而，如此的行動與低水準的灰色地帶途徑並不一致，很可能導致局勢升級，使中國已經實現的一些目標發生逆轉。另一方面，對島礁的臨時和快速動員，將使中國有能力衡量守護國對任何未來更永久性部署的反應。這種演習也將為中國在該地區的部隊提供寶貴的經驗，如果中國未來試圖升級壓力的話。

　　目前，對中國的海洋維權，似乎是外界眼中海洋灰色地帶策略的運用，以加強其在東亞和東南亞地區的地位。與其他灰色地帶行為者一樣，中國經由各種手段尋求有限的利得，以掩蓋其行動，從而避免引起壓倒性的反應。中國還在利用法律戰，試圖避免西方國家對其進行重大和破壞性的法律譴責，從而導致外交或潛在的軍事干預，同時以自我解釋這些法律規範，以轉移批評，合法化自身行為並爭取時間。縱觀歷史，中國一直是有耐心的大國，它在南海的精心布局是此特點的另一樣板而已。緩慢的步伐是由於這些行動發生的環境，以及中國不希望過度擾亂其區域競爭對手，以防止他們團結起來反對自身，以及來自域外國家，尤其是美國的支持。在這種情況下，灰色地帶途徑是最合適的選項，儘管聲稱中國有完全成型的「灰色地帶」策略是過度的解讀，但其行動的模式與西方術語中形容的灰色地帶策略相當的一致。當然也不能完全排除的是，中國自身並未高度意識灰色地帶行動的潛力，而是在試探性地觀察對手的反應和升級的界限。在中短期內，此類溫和的趨勢可能會持續，但就長遠而言，中國灰色地帶的天平很可能會從以非動能為主向動能傾斜，而且科技力量的動能可能會出現，即具備人工智慧的無人機具，因為它將積極尋求重新平衡當前的地區秩序。

第二章　國際體系變動中的南海
海洋灰色地帶

在國際體系不斷變動的背景下，南海地區的海洋灰色地帶問題日益複雜，並成為全球安全與秩序的重要挑戰之一。南海地區不僅是地緣戰略的重要場域，也是基於規則的國際秩序面臨考驗的前線。灰色地帶活動，尤其是涉及南海主權和海洋權益的爭端，展現了國家間在不達全面衝突的情況下，藉由模糊手段實現自身戰略目標的趨勢。隨著國際體系的變動，傳統的國際秩序面臨著來自新興大國的挑戰，這種挑戰在南海地區尤為突出。中國作為新興大國，試圖在南海問題上以自身國內法定義規則，不僅使周邊國家感到壓力，也引起了包括美國在內的全球大國的關注。美國及其盟友強調維護基於規則的秩序，並試圖藉由外交、軍事行動和國際法律手段來應對中國的灰色地帶活動。然而，這些努力面臨著中國靈活、持久且具創造性的挑戰。總之，南海灰色地帶的活動正在改變該地區的權力平衡，並對基於規則的國際秩序構成了嚴重威脅。

南海長期以來一直是地緣政治意義重大和經濟活力旺盛的地區，作為國際貿易和戰略軍事行動的重要海上交匯處。近年來，此地區日益成為各區域和全球大國之間爭議的焦點。南海的戰略重要性體現在其豐富的自然資源、重要的航運通道以及中國、越南、菲律賓、馬來西亞、汶萊和臺灣等多國重疊的領土聲索上。

隨著國際體系經歷深刻變革，中國崛起為全球強國，美國及其盟國的相對戰略調整，南海已成為海洋爭端中的關鍵「灰色地帶」。這些灰色地帶的特點是介於傳統和平與戰爭之間的行動，為國際社會帶來了一系列複雜挑戰。它們包括海上民兵的部署、人造島的建設和強勢的海軍巡邏等活動，這些活動使國際法的執行和地區穩定的維護變得更加複雜，影響到區域的秩序。

第一節　國際體系的變動

一、權力、規則與秩序

　　過去二十多年，世人逐漸清楚地認知，第二次世界大戰（World War II, WWII）後建立的自由主義國際秩序正受到挑戰，北京眼中則是「百年未有之大變局」。[1]由於新的（和舊的）強權對管轄國際行為的規範、法律和標準提出異議，權力轉移侵蝕了既有秩序。[2]在亞洲，美國及其區域盟友和夥伴主要擔心中國日益增長的影響力，及其修改國際（區域）秩序以適應其自身優先事項和世界觀的意圖和能力。[3]這種動態與國際關係中關於國際秩序如何「產生和合法化」的持久問題相交叉，[4]維持或改變秩序中的強制與同意之間的關係，以及規則、規範和法律約束或促進國家行為的條件，尤其是最強大的國家的行為。[5]

　　為了因應亞洲安全秩序面臨的新挑戰，區域大國採取了新的戰略敘事來促進和捍衛自身偏好的國際秩序願景。「印太」（Indo-Pacific）戰略敘事的出現主要是為了回應中國日益增長的影響力以及對其破壞、改寫或違反所謂「基於規則的秩序」的修正主義意圖看法。[6]澳洲、印度、日本、韓國、法國、德國和

---

[1]　李濱，〈「百年未有之大變局」：世界向何處去？〉，《人民論壇‧學術前沿》，2019年，https://china.chinadaily.com.cn/a/201905/24/WS5ce7b0dba310e7f8b157e9d3.html。

[2]　Trine Flockhart, "The Coming Multi-order World," *Contemporary Security Policy*, Vol. 37, No. 1 (2016), p. 3; Malcom Jorgensen, "Equilibrium & Fragmentation in the International Rule of Law: The Rising Chinese Geolegal Order," *KFG Working Paper Series*, No. 21 (2018), https://d-nb.info/1217812881/34.

[3]　關於修正主義，參見 Alexander Cooley, Daniel Nexon, and Steven Ward, "Revising Order or Challenging the Balance of Military Power? An Alternative Typology of Revisionist and Status-quo States," *Review of International Studies*, Vol. 45, No. 4 (March 2019), p. 697; Constance Duncombe and Tim Dunne, "After Liberal World Order," *International Affairs*, Vol. 94, No. 1 (January 2018), p. 29.

[4]　Michael Barnett, "International Progress, International Order, and the Liberal International Order," *The Chinese Journal of International Politics*, Vol. 14, Issue 1 (Spring 2021), p. 1.

[5]　Nico Krisch, "International Law in Times of Hegemony: Unequal Power and the Shaping of the International Legal Order," *European Journal of International Law*, Vol. 16, Issue 3 (June 2005), pp. 369-408.

[6]　Chengxin Pan, "The 'Indo-Pacific' and Geopolitical Anxieties about China's Rise in the Asian Regional Order," *Australian Journal of International Affairs*, Vol. 68, Issue 4 (2014), pp. 453-469.

英國等國家都採用了印太敘事來維護、穩定和捍衛以現有規範為基礎的秩序，因此將「基於規則的秩序」（Rules-Based Order, RBO）或「基於規則的國際秩序」（Rules-Based International Order, RBIO）概念融入他們的印太戰略敘事中。[7]因此，「基於規則的秩序」是一種與主導的印太戰略敘事相關的核心話語，採用者國家用它來呈現一種理想的秩序願景，在這種秩序中，所有國家，甚至是全球大國都遵守現有和共同商定的秩序依據行為標準。

在新的印太地區格局中，有關陸地地物、邊界、資源和航行權的海上爭端尤為突出。它們對於地區國家如何概念化和表達權力平衡的變化及其對「基於規則的秩序」願景的影響非常重要。尤其是，美國及其主要盟邦和夥伴利用中國與南海五個海上小國的海洋和主權爭端，聲稱北京在海洋爭端中「霸凌」（Bullying）鄰國，並以脅迫活動「單方面改變現狀」，從而「重新安排區域秩序」。[8]他們還表示，北京拒絕接受仲裁庭 2016 年的裁決，該裁決裁定中國在南海的「歷史性權利」（Historic Rights）主張不符合國際法，此乃對現行規範的挑戰。加上人工島建設、海軍現代化和軍事化，以及在南海和東海使用「灰色地帶」策略，北京被視為挑戰 1982 年《聯合國海洋法公約》（*United Nations Convention on the Law of the Sea*, UNCLOS；以下簡稱《公約》）的合法性。《公約》為建立和維護海洋秩序提供了普遍規則和法律文書，印太敘事

---

[7] Caitlin Byrne, "Securing the 'Rules-Based Order' in the Indo-Pacific: The Significance of Strategic Narrative," *Security Challenges*, Vol. 16, No. 3 (August 2020), pp. 10-15; Oliver Turner and Nicola Nymalm, "Morality and progress: IR Narratives on International Revisionism and the Status Quo," *Cambridge Review of International Affairs*, Vol. 32, Issue 4 (2019), pp. 407-428; Rebecca Strating, "Defending the Maritime Rules-Based Order: Regional Responses to the South China Sea Disputes," *East West Centre*, 24 April 2020, https://www.eastwestcenter.org/publications/defending-the-maritime-rules-based-order-regional-responses-the-south-china-sea; Christian Wirth and Nicole Jenne, "Filling the Void: The Asia-Pacific Problem of Order and Emerging Indo-Pacific Regional Multilateralism," *Contemporary Security Policy*, Vol. 43, No. 2 (2022), p. 214.

[8] *See* Strating, "Defending the Maritime Rules-Based Order: Regional Responses to the South China Sea Disputes"; 以及舉例而言 U.S. Department of State, 2019, pp. 4, 7.和 The White House, *Indo-Pacific Strategy of the United States* (Executive Office of the President National Security Council, February 2022), p. 5, https://www.whitehouse.gov/wp-content/uploads/2022/02/U.S.-Indo-Pacific-Strategy.pdf; Australian Defence Force, *2020 Defence Strategic Update* (1 July 2020), p. 12, https://www.defence.gov.au/about/strategic-planning/2020-defence-strategic-update.

鼓勵所有國家遵守海洋「基於規則的秩序」並和平解決海洋爭端。[9]

　　然而，這種「基於規則的秩序」的說法為印太國家帶來了潛在的問題。如果他們迫使崛起國家遵守規則，那麼它們就必須遵守同樣的標準。「基於規則的秩序」的敘述在多大程度上使這些區域國家的權力合法化或受到限制？國家在試圖透過戰略敘事來限制修正主義國家行為時，陷入自己言論陷阱的過程。修辭陷阱就是指當其他國家根據他們所表達的行為原則羞辱和／或讚揚時，國家可能會被自己的敘事所束縛。[10]區域性「印太大國」對其在自身海洋爭端中使用國際海洋爭端解決（International Maritime Dispute Resolution, IMDR）程序和裁決的反應可能帶來修辭上的陷阱。

　　各國尋求透過戰略敘事塑造區域和國際秩序。雖然自由秩序並不是客觀存在之物，但可以認為「自由世界秩序」是敘事的使用，扮演著重要角色的實踐。[11]秩序「意味著表演（Performative）元素」，透過言語和行動，可以出現新的秩序（或組成部分）。[12]敘述或故事「為集體行動提供了一個組織架構，定義了社群的身分、價值觀和目標，以及其鬥爭的利害關係⋯⋯它們可以（塑造）國際秩序的想像和建構方式」。[13]這種「表象策略」賦予物質世界意義，但「很少在政治上保持中立」。[14]政治行為者利用它們來追求自己的利益和價

---

[9] Strating, "Defending the Maritime Rules-Based Order: Regional Responses to the South China Sea Disputes," p. 1.

[10] Christina J. Lai, "Rhetorical Traps and China's Peaceful Rise: Malaysia and the Philippines in the South China Sea Territorial Disputes," *International Relations of the Asia-Pacific*, Vol. 19, Issue 1 (January 2019), pp. 117-146; Margarita H. Petrova, "Rhetorical Entrapment and Normative Enticement: How the United Kingdom Turned from Spoiler into Champion of the Cluster Munition Ban," *International Studies Quarterly*, Vol. 60, Issue 3 (September 2016), p. 388.

[11] Wirth and Jenne, "Filling the Void: The Asia-Pacific Problem of Order and Emerging Indo-Pacific Regional Multilateralism," p. 216.

[12] Christian Bueger and Timothy Edmunds, "Pragmatic ordering: Informality, experimentation, and the Maritime Security Agenda," *Review of International Security*, Vol. 47, No. 2 (January 2021), p. 174.

[13] Matthew Levinger and Laura Roselle, "Narrating Global Order and Disorder," *Politics and Governance*, Vol. 5, No. 3 (September 2017), p. 94.

[14] Megan Price, "Norm Erosion and Australia's Challenge to the Rules-Based Order," *Australian Journal of International Affairs*, Vol. 75, Issue 2 (2021), p. 166.

值觀，並傳播他們對國際秩序的理想願景。[15]以如此的敘述，國家透過合理化與規則和標準相關的行為以及「訴諸共同的規範和價值觀」來尋求合法性。[16]這種修辭上的合法化策略可以透過根據國家及其活動遵守規範、規則和價值觀來對國家及其活動進行分類，使其他國家的利益和行動失去合法性，並表明它們自身的約束和遵守社群標準的意願，從而提出認同主張。[17]他們也可以透過否認對手動員起來反對他們的理由來設置言辭陷阱。

因此，印太敘事的採用就成為首要的檢驗方式。包含美國和中國都是「印太大國」，具有全球主導地位的國家，然而，中國政府並不採用印太敘事。在某地理區域內擁有相當大的影響力或被視為全球二線大國，例如，印度和澳洲分別是印度洋地區和大洋洲地區的區域大國，印度與澳洲採用印太話語。[18]日本、韓國、法國、德國、荷蘭、捷克（歐盟）、英國、加拿大等國在其安全政策中採用了印太敘事，以維護 20 世紀美國主導條件下形成的秩序，並防止出現由競爭對手的區域霸主主導的新秩序逐漸出現。他們也不同程度地尋求透過戰略敘事和區域外交擴大整個海域的影響力。

儘管安全學者和分析人士傾向於關注以中國為代表的複雜而持久的海洋爭端，但此卻以犧牲對小國針對區域大國發起的海洋爭端解決的成功範例的理解為代價。海洋爭端解決計畫（Maritime Dispute Resolution Project）發現，國際海洋爭端解決程序已在世界各地用於解決海洋爭端。然而，對於區域大國在成為「較大」國家時如何使用國際海洋爭端解決程序，或者規範性爭議等更廣泛的地緣政治趨勢如何塑造它們在解決具體爭端時的利益，幾乎沒有進行比較分析。關於區域大國如何回應較小國家的要求，並倡導「規範一致性」（即遵守

15　Alister Miskimmon, Ben O'Loughlin, and Laura Roselle, eds., *Forging the World: Strategic Narratives and International Relations* (University of Michigan, 2017).

16　Stacie E. Goddard, *When Right Makes Might: Rising Powers and World Order* (Cornell University Press, 2018), p. 17.

17　*Ibid.*

18　Andrew Carr, "No Longer a Middle Power: Australia's Strategy in the 21st Century," *Focus stratégique*, No. 92 (September 2019), pp. 1-50.

基於規則的秩序的「規則」）的研究也很少。[19]

　　為了了解「灰色地帶」中關於言論與行動之間規範一致性的需要如何迫使印太大國改變政策。因此,「基於規則的秩序」的敘述限制了這些國家的行為,使它們更有可能遵守國際法。各國是否接受國際法律程序和法庭調查結果部分取決於「規則」如何適應其戰略計算,但也取決於它們透過言論和行動之間的規範一致性來展現合法性的需要。換言之,當前的南海爭端涉及地緣政治,遠非爭端國家之間的問題,還涉及印太大國的政策在南海海洋爭端中的演變;「基於規則的秩序」敘事在政策連續性或演變中扮演了重要角色;更廣泛的戰略緊迫性在印太大國使用國際海洋爭端解決程序和法律裁決方面也扮演了重要角色。最終,「基於規則的秩序」的敘述限制了採用該術語的國家的行為,對遵守國際法產生了積極影響。

二、印太戰略敘述和基於海洋規則的秩序

　　區域大國的秩序塑造利益透過「印太」概念得以體現。澳洲、日本和印度引領了本區域結構的全球傳播,隨後由美國及其夥伴和盟邦(例如法國、英國和德國)採用。[20]印太是模糊且有爭議的術語,廣泛用於描述戰略、方法或方向、戰略地理、概念圖和話語。[21]印太大國對印太秩序有不同的願景,反映了各自的地理、戰略文化和國內政治影響。多伊(Timothy Doyle)和蘭利(Dennis Rumley)認為,要理解印太的海洋想像,包括透過印太採用者所使用的戰略敘事,有賴於現實主義(Realist)和建構主義(Constructivist)的視角。[22]印太是否作為戰略現實存在爭議。學者們注意到,除其他外,支持國家

---

[19] U.S.-Asia Law Institute, "Maritime Dispute Resolution Project," https://usali.org/maritime-dispute-resolution-project.

[20] Wirth and Jenne, "Filling the Void: The Asia-Pacific Problem of Order and Emerging Indo-Pacific Regional Multilateralism," pp. 213-242.

[21] Monika Barthwal-Datta and Priya Chacko, "The Politics of Strategic Narratives of Regional Order in the Indo-Pacific: Free, Open, Prosperous, Inclusive?," *Australian Journal of International Affairs*, Vol. 74, No. 3 (2020), p. 244.

[22] Timothy Doyle and Dennis Rumley, *The Rise and Return of the Indo-Pacific* (Oxford University Press, 2019), p. 26.

之間對區域秩序的不同理解，缺乏包容性多邊論壇從而導致區域秩序制度化不足，印太話語與國家行動之間的脫節，以及作為戰略戰區的整合薄弱。[23]即使認為印太是戰略現實的分析人士在描述其形式和功能時也採用了建構主義想法。例如，在追蹤其發展過程中，梅德卡夫（Rory Medcalf）將其視為理解亞洲地理、地緣政治和地緣經濟的「心智地圖」（Mental Map），其範圍比它所取代的亞太地區概念更為廣泛。[24]

　　印太地區與其說是戰略現實，不如說是「戰略敘事」（Strategic Narrative），某種允許追隨者對亞太地區區域秩序現狀提出願景的政治建構。儘管各國的敘述存在差異，但有一致的主題。首先，他們傾向將中國定位為「修正主義」（Revisionist）強權。[25]學者們將印太的（重新）出現與對中國崛起和美國主導地位喪失的焦慮聯繫起來，因為它揭示了「有影響力的觀察者和實踐者」對該區域權力本質轉變的「地緣政治想像」（Geopolitical Imaginations）。[26]這些擔憂並非沒有根據；中國領導人歷來批評「美國領導的世界秩序」，認為它「不公平、不合理」或「不再適合」。[27]印太地區是在權力關係和規範競爭迅速轉變的背景下穩定、維護和捍衛區域秩序現有要素的努力。

　　其次，印太敘事與「基於規則的秩序」術語緊密且刻意地交織在一起。[28]

---

[23] 例如，參見 Barthwal-Datta and Chacko, "The Politics of Strategic Narratives of Regional Order in the Indo-Pacific: Free, Open, Prosperous, Inclusive?," pp. 244-263; Brendan Taylor, "Is Australia's Indo-Pacific Strategy an Illusion?," *International Affairs*, Vol. 96, Issue 1 (January 2020), pp. 95-109.

[24] Rory Medcalf, *Contest for the Indo-Pacific: Why China Won't Map the Future* (La Trobe University Press, 2020), p. 12.

[25] Strating, "Defending the Maritime Rules-Based Order: Regional Responses to the South China Sea Disputes."

[26] Pan, "The 'Indo-Pacific' and Geopolitical Anxieties about China's Rise in the Asian Regional Order," p. 453; Rajesh Rajagopalan, "Evasive balancing: India's unviable Indo-Pacific strategy," *International Affairs*, Vol. 96, Issue 1 (2020), p. 75.

[27] International Crisis Group, "Competing Visions of International Order in the South China Sea," *Asia Report*, N°315 (29 November 2021), https://www.crisisgroup.org/asia/north-east-asia/china/315-competing-visions-international-order-south-china-sea; Nadège Rolland, *China's Vision for a New World Order* (National Bureau of Asian Research, Special Report, January 2020), p. 5.

[28] Wirth and Jenne, "Filling the Void: The Asia-Pacific Problem of Order and Emerging Indo-Pacific Regional Multilateralism," pp. 213-242.

「基於規則的秩序」主要是政治術語，已經獲得了「全球治理話語中的霸權地位」，並且通常被認為較正式和權威的國際法「更廣泛、更具包容性」，因為它包含了軟法律、規範和協議。然而，作為印太話語的關鍵子敘事之一，「基於規則的秩序」具有特定的效用，亦即在突顯和限制亞洲的修正主義活動。舉例而言，英國 2021 年《競爭時代的全球化英國：安全的整合評估》（*Global Britain in a Competitive Age: The Integrated Review of Security*）表達了對「基於規則的國際秩序」的長期承諾。[29]在競爭更加激烈的國際環境中，《整合評估》承諾英國將加強受威脅的部分國際架構，透過制定共同規則來塑造國際秩序，並將其注意力轉向印太地區，該地區是「國際法、規則和規範談判的焦點」。[30]澳洲和印度在 2021 年發表的《首屆印澳 2＋2 部長會議聯合聲明》（*Joint Statement on Inaugural India-Australia 2+2 Ministerial Dialogue*）中提出，兩國的全面戰略夥伴關係基於「民主和法治的共同利益和共同價值觀」，並重申了推進「開放、自由、繁榮和基於規則印太地區」的重要性。[31]美日印澳的四方安全對話（Quadrilateral Security Dialogue, QUAD）成員也表示致力於「自由、開放、基於規則的秩序，植根於國際法⋯⋯（包括）法治、航行和飛越自由、和平解決爭端、民主價值觀和領土完整」。[32]澳英美三方安全夥伴關係（Australia, the United Kingdom, and the United States, AUKUS）協議表達了其對「穩定、安全和繁榮的印太地區」的「持久理想和共同承諾」，包括「基於規則的秩序」。[33]

---

[29] UK Government, *Global Britain in a Competitive Age: The Integrated Review of Security, Defence, Development and Foreign Policy* (March 2021), p. 60, https://assets.publishing.service.gov.uk/government/uploads/system/uploads/attachment_data/file/975077/Global_Britain_in_a_Competitive_Age- the_Integrated_Review_of_Security__Defence__Development_and_Foreign_Policy.pdf.

[30] *Ibid.*, pp. 12, 62.

[31] Australian Department of Defence, *Joint statement on inaugural India-Australia 2+2 ministerial dialogue* (11 September 2021), https://www.minister.defence.gov.au/statements/2021-09-11/joint-statement-inaugural-india-australia-22-ministerial-dialogue.

[32] The White House, "Quad Leaders' Joint Statement: 'The Spirit of the Quad'," 12 March 2021, https://www.whitehouse.gov/briefing-room/statements-releases/2021/03/12/quad-leaders-joint-statement-the-spirit-of-the-quad/.

[33] Australian Defence Force, "Australian, UK and US Partnership," 2022, https://www.defence.gov.au/about/taskforces/nuclear-powered-submarine-task-force/australian-uk-and-us-partnership/.

　　各國不確定未來的區域秩序是否將更多地基於物質權力和等級制度，而不是普遍規則或商定的行為標準。印太大國利用「基於規則的秩序」來拒絕大國違反既定規則的單方面主張。此乃修昔底德（Thucydides）著名成語「強者為所欲為，弱者為所必為」的解方。在 2017 年香格里拉對話（Shangri La Dialogue）上，時任澳洲總理騰博爾（Malcolm Turnbull）將基於規則的秩序描述為「正義」戰勝「強權」，以及「大小國家都同意遵守規則，並尊重彼此主權的秩序」。隔年，印度總理莫迪（Narendra Modi）在有關德里印太概念的公開聲明中同樣援引了「大小國家」平等的原則。[34]赫雷爾（Andrew Hurrell）表示，在權力動態變化的時代，印太地區和基於規則的秩序論述反映了維護國際秩序的核心挑戰，亦即「需要獲取共同和共通的利益、管理不平等權力，以及調解文化多元性和價值衝突」。[35]亞洲新興的權力等級制度與現有的美國領導的秩序發生衝突，而「基於規則的秩序」的捍衛者則試圖遏制這種趨勢。賴特（Nicholas Wright）指出，英國對該術語的使用「僅在其自身權力相對衰弱的時期才有所增加，因為它退出了帝國，並開始了超級大國競爭的時代」。[36]一些澳洲的學者也認為，此術語代表了以美國主導地位為基礎的區域秩序。[37]

　　重要的是要反思基於規則的秩序在印太地區的具體效用。為什麼不是基於法律的秩序？長期以來，國際法一直被視為合法化的基準，被定位為一種非政治性和二元標準，「據此衡量行動的適當性」。[38]事實上，中國也的確在國際場合對此反駁，提出「以國際法為基礎的國際秩序」（International Law-Based International Order, ILBIO）。[39]「基於規則的秩序」反映了美國對「集中執行

[34] Rajagopalan, "Evasive balancing: India's unviable Indo-Pacific strategy," p. 76.

[35] Andrew Hurrell, *On Global Order: Power, Values, and the Constitution of International Society* (Oxford University Press, 2008), p. 2.

[36] Nicholas Wright, "The UK and the International Rules-Based System," *The Foreign Policy Centre*, 8 September 2020, https://fpc.org.uk/the-uk-and-the-international-rules-based-system/.

[37] Nick Bisley and Benjamin Schreer, "Australia and the Rules-Based Order in Asia: Of Principles and Pragmatism," *Asian Survey*, Vol. 58, No. 2 (2018), p. 302.

[38] Shirley V. Scott, "The Decline of International Law as a Normative Ideal," *Victoria University Wellington Law Review*, Vol. 49, No. 4 (2018), p. 631.

[39] 蔡從燕，〈論「以國際法為基礎的國際秩序」〉，《中國社會科學》，第 1 期（2023 年），頁 24-43。

和裁決薄弱的國際法律秩序」的偏好，[40]它具有內在的靈活性，因為它納入了不願將權力委託給較小國家的大國青睞的「較軟法律」。其他人則認為，從國際法轉向「基於規則的秩序」作為判斷國家行為的規範標準，揭示了人們對權力平衡正在向美國傾斜的擔憂，影響了其在制定國際法方面的獨特權力。[41]這種擔憂在亞洲尤其嚴重，此地是美國的競爭對手中國的所在地。一些國際法專家表示擔心，「基於規則的秩序」架構破壞了「國際法的規範合法性和權威」，國際法治正在或將會被非法律規則的「準法律和政治概念」所取代。[42]當然，中國作為競爭對手，對此持反對態度。[43]作為一種經常用於支持自由主義國際秩序概念的戰略敘事（可以說這在亞洲從未存在過），國家也可能淡化國際法被不同解釋的程度。[44]儘管美國歷史上曾經迴避或違反國際法，但它們很少針對美國。[45]相反地，這些敘述的目標是在中國崛起的背景下，依賴美國在亞洲的持續存在，以維持「有利的」權力均衡。[46]

　　第三個統一主題是印太大國在塑造其「海洋民主國家」（Maritime Democracies）形象時所提出的道德主張。在向國內和國際受眾宣揚合法性時，

---

[40]　Krisch, "International Law in Times of Hegemony: Unequal Power and the Shaping of the International Legal Order," p. 392.

[41]　Scott, "The Decline of International Law as a Normative Ideal," p. 640.

[42]　Malcolm Jorgensen, "The Jurisprudence of the Rules-Based Order: The Power of Rules Consistent with but Not Binding under International Law," *Melbourne Journal of International Law*, Vol. 22, No. 2 (2021), pp. 221-258, https://www.proquest.com/scholarly-journals/jurisprudence-rules-based-order-power-consistent/docview/2671718562/se-2.

[43]　2024 年 7 月 16 日，中國常駐聯合國代表傅聰在安理會關於國際秩序和多邊合作公開辯論會上發言，「一些國家所謂『基於規則的國際秩序』，真實意圖是在現有國際法體系之外另搞一套，為雙重標準、例外主義尋求合法性。世界上只有一種秩序，那就是以國際法為基礎的國際秩序，只有一套規則，就是以《聯合國憲章》宗旨和原則為基礎的國際關係基本準則。」參見王建剛，〈中國代表呼籲國際社會共同推進平等有序的世界多極化〉，《新華社》，2024 年 7 月 17 日，http://big5.www.gov.cn/gate/big5/www.gov.cn/yaowen/liebiao/202407/content_6963268.htm。

[44]　Jorgensen, "The Jurisprudence of the Rules-Based Order: The Power of Rules Consistent with but Not Binding under International Law," p. 225.

[45]　Scott, "The Decline of International Law as a Normative Ideal," pp. 627-644.

[46]　Australian Government Department of Foreign Affairs and Trade, *2017 Australian Foreign Policy White Paper* (November 2017), https://www.dfat.gov.au/sites/default/files/2017-foreign-policy-white-paper.pdf.

他們強調自己的民主資格，並將自己與中國和俄羅斯的威權主義進行對比。例如，2021 年宣布美國、英國和澳洲建立奧庫斯三邊安全夥伴關係的聲明一開始就表達了「海洋民主國家」的共同傳統。[47]儘管中國和俄羅斯拒絕將印太戰略敘事視為遏制戰略，但「基於規則的秩序」提出了一個願景，即無論強國還是小國、民主國家還是非民主國家，都同意受共同規範、原則和協議的約束。

　　作為海洋區域的建構，印太地區的採納者對海洋爭端以及規則和規範維持海洋良好秩序的能力尤其感到興趣。它是在規範爭論的背景下出現，爭論的焦點是海洋規則的適用和解釋，該等規則被認為對於維護自由和開放貿易以及確保和平解決爭端至關重要。[48]在 2021 年 9 月的聯合聲明（Quad Leaders' Joint Statement: "The Spirit of the Quad"）中，四方安全對話宣稱他們決心「應對東海和南海基於規則海洋秩序的挑戰」。[49]各國也承諾優先考慮「海洋領域的國際法」，並加強合作，以加強南海內外的「基於規則的海洋秩序」。[50]印度和澳洲在 2020 年發表的聯合聲明，也強調了海洋是地緣政治競爭的戰場，並指出「未來的許多挑戰可能發生在海洋領域並源自海洋領域」。[51]

　　這些國家認為《聯合國海洋法公約》的持久性和可信度受到中國的挑戰。《聯合國海洋法公約》附件七第 287 條為各國提供了一系列國際海洋爭端解決選項，包括國際海洋法法庭（International Tribunal for the Law of the Sea, ITLOS）、臨時仲裁和強制調解。2013 年，北京拒絕馬尼拉在附件七規定的南海爭端中使用仲裁庭，此被視為中國修正主義意圖的案例。[52]中國的「違反規

---

[47] The White House, "Joint Leaders Statement on AUKUS," 15 September 2021, https://www.whitehouse.gov/briefing-room/statements-releases/2021/09/15/joint-leaders-statement-on-aukus/.

[48] Rebecca Strating, "A 'New Chapter' in Australia-Timor Bilateral Relations? Assessing the Politics of the Timor Sea Maritime Boundary Treaty," *Australian Yearbook of International Law*, Vol. 36, No. 1 (October 2019), pp. 58-68.

[49] The White House, "Quad Leaders' Joint Statement: 'The Spirit of the Quad'."

[50] Ibid.

[51] Indian Ministry of External Affairs, Government of India, "Joint Statement on a Comprehensive Strategic Partnership between Republic of India and Australia," 4 June 2020, https://www.mea.gov.in/bilateral-documents.htm?dtl/32729/Joint_Statement_on_a_Comprehensive_Strategic_Partnership_between_Republic_of_India_and_Australia.

[52] Strating, "Defending the Maritime Rules-Based Order: Regional Responses to the South China Sea Disputes."

則」為理解印太「基於規則的秩序」子敘述中基於海洋規範的核心地位提供了背景，尤其是航行自由、國際法治和根據國際法解決爭端。印太大國敦促中國遵守並尊重南海仲裁庭的裁決。例如，澳洲效仿美國，於 2020 年向聯合國發出普通照會（Note Verbale），駁回中國關於仲裁庭認為不符合《聯合國海洋法公約》的主張。[53]英國也廣泛反對中國根據仲裁提出的歷史性權利主張，並於 2018 年進行了美國式的航行自由行動，挑戰中國在南海的遠海群島聲索。[54]儘管印度在公共外交方面更加謹慎，但其官員表示支持菲律賓使用國際海洋爭端解決程序的決定，並重申各方應「最大限度地尊重《聯合國海洋法公約》」，分歧應「和平解決」。[55]

對此，中國認為，它在 2006 年合法地將自己排除在《聯合國海洋法公約》規定的強制爭端解決程序之外。第 298(1)(a)條允許各國不參加涉及海洋邊界爭議有約束力決定的強制性程序。儘管如此，仲裁庭認為自己有能力作出裁決，並最終駁回了中國在「九段線」（Nine-dash Line, NDL）以內的「歷史性權利」主張，認為其不符合國際法。它還發現，任何受仲裁管轄的地物都不能在法律上歸類為島嶼，因此不享有專屬經濟區（Exclusive Economic Zone, EEZ）或大陸礁層的權利。中國政治領袖拒絕參加仲裁庭，也拒絕接受仲裁庭的裁決。與許多大國一樣，中國更喜歡雙邊談判而非法院／仲裁解決；這些更「容易接受強國的特殊規則」，特別是在不對稱的背景下。[56]

地區大國也可能更喜歡透過雙邊談判來解決與較小國家的爭端，因為它們「比多邊談判更容易受到一方優勢力量的影響」，[57]或就此而言，國際海洋爭

53　Permanent Mission of Australia to the United Nations, *Submission to the United Nations N° 20/026* (23 July 2020), https://www.un.org/depts/los/clcs_new/submissions_files/mys_12_12_2019/2020_07_23_AUS_NV_UN_001_OLA-2020-00373.pdf.

54　Foreign, Commonwealth & Development Office, "UK Government's position on legal issues arising in the South China Sea," *data.parliament.uk*, September 2020, http://data.parliament.uk/DepositedPapers/Files/DEP2020-0516/UK_govt_analysis_of_legal_issues_in_the_South_China_Sea.pdf.

55　Strating, "Defending the Maritime Rules-Based Order: Regional Responses to the South China Sea Disputes," pp. 12, 36.

56　Krisch, "International Law in Times of Hegemony: Unequal Power and the Shaping of the International Legal Order," p. 390.

57　*Ibid.*

端解決程序。在阿斯蓋爾多蒂爾（Áslaug Ásgeirsdóttir）和史坦萬（Martin Steinwand）分析的 186 項雙邊海洋協定中，[58]74%的受訪者明確表示，雙邊談判是解決未來衝突的首選方式，而不是《聯合國海洋法公約》規定的國際海洋爭端解決選項。即使像澳洲這樣的規範保護主義國家也試圖「擺脫」之前商定的承諾，「以確保靈活性並最大限度地減少未來衝突的成本」，包括在雙邊海事爭端中。[59]然而，正如下面的案例研究表明的那樣，使用「基於規則的秩序」的修辭誘捕策略可以迫使地區大國改變其對國際海洋爭端解決機制的態度。

第二節　海洋安全中的灰色地帶

一、海洋灰色地帶的脈絡化

就灰色地帶活動如何挑戰戰爭與和平之間的界限而言，中國、伊朗和俄羅斯的例子在許多方面都是典範。然而，在某種程度上，在海洋使用灰色地帶戰術並不新鮮。[60]在有爭議的地區增加海軍存在、鳴槍示警或在有爭議的領土上豎立旗幟都是由來已久的做法，正如國家之間爭端時展現的那樣。通常所說的嚇阻或力量投送，例如美國的航行自由行動，也屬於灰色地帶。

就此而言，海上力量具有很多優勢。海洋空間相互連接，沒有邊界或領土障礙，此意味著艦船可以自由駛入或撤出壓力點或危機地區。它們還可用於執行一系列不同的任務，包括投射軍事力量、嚇阻對手、在有爭議的領土上維護主權權利或向盟國發出支持信號。

儘管如此，有理由認為，近來灰色地帶海上活動的增長具有一些特點，它

---

[58] Áslaug Ásgeirsdóttir and Martin Steinwand, "Dispute Settlement Mechanisms and Maritime Boundary Settlements," *The Review of International Organizations*, Vol. 10, No. 2 (2015), pp. 119-143.

[59] *Ibid.*, p.120.

[60] Ken Booth, *Navies and Foreign Policy* (Routledge, 2014 [1977]), pp. 34-36; James Goldrick, "Grey Zone Operations and the Maritime Domain," *The Australian Strategic Policy Institute*, 30 October 2018), p. 24, https://www.aspi.org.au/report/grey-zone-operations-and-maritime-domain.

們在性質上有別於傳統意義上的海軍外交（Naval Diplomacy）[61]或砲艦外交（Gunboat Diplomacy），[62]如果不只是在概念上的探討。尤其是 1982 年《聯合國海洋法公約》為國家間的海洋領土權爭端的解決創造了新的制度架構。然而，《聯合國海洋法公約》也開闢了新的爭議空間和模糊地帶，使灰色地帶策略得以應用。

此外，《聯合國海洋法公約》和其他海洋公約提高了海岸警衛隊等非海軍海事行動者的重要性。許多國家加強了該等機構，模糊了傳統執法和軍事角色之間的界限，有時甚至是刻意為之。正如南海情況所示，此類角色模糊化意味著非軍事機構的部署有時可以出於脅迫目的，低於傳統的軍事反應門檻，並將事態升級的風險降至最低。此外，技術發展為實施灰色地帶戰術提供了新的能力。此包括使用無人機或網路攻擊來破壞對手的利益或擾亂其活動，並以模糊責任和保持可抵賴性的方式進行。

因此，灰色地帶活動發生在戰爭與和平的交界處。其目的是實現戰術或戰略目標，同時避免赤裸裸的軍事衝突風險。灰色地帶戰術的特點是模糊性、可抵賴性和漸進性。這些行動低於武裝反應的公認門檻，對現有的海洋安全規範和機構構成重大挑戰。海洋領域的「灰色地帶」活動包括利用海事執法機構和測試具有爭議的海洋邊界，並且以無人機或其他方法（包括網路戰）對航運和航運基礎設施發動不可歸責的攻擊。

由於這些活動對法律義務和條約的解釋提出了挑戰，因此引發了現有國際機構能否處理此類爭端的問題。例如，雖然聯合國安理會（United Nations Security Council, UNSC）已經討論過伊朗的行動，但常任理事國俄羅斯和中國動用否決權，阻止了在此問題上採取任何有效行動。這些事態發展一方面引發了對國際機構侷限性的質疑，另一方面也有人認為，這些事態發展表明，有必要進行機構重組，並開發解決爭端和執行規範的替代形式。

---

[61] Joel Wuthnow and Margaret Baughman, "Selective Engagements—Chinese Naval Diplomacy and US-China Competition," *Naval War College Review*, Vol. 76, No. 1 (2023), pp. 73-96.

[62] Patrick C. R. Terry, "The Return of Gunboat Diplomacy: How the West has Undermined the Ban on the Use of Force," *Harvard National Security Journal*, Vol. 10 (2019), pp. 75-147, https://harvardnsj.org/wp-content/uploads/2019/02/Return-of-Gunboat-Diplomacy.pdf.

灰色地帶活動是國家或其代理人採取的強制行動，避免公開或可歸因地使用軍事力量，因此低於全面戰爭的範圍。[63]目的是實現戰術或戰略利益，同時避免軍事對抗的成本和風險。[64]在海洋領域，例子包括對港口等民用基礎設施的網路攻擊，或民事海岸警衛隊和商業漁船為爭奪（有時是激進的）海洋領土聲索而採取的行動。由於它們既不是戰爭行為，也不是遵循規則的活動，因此通常難以將其歸類為既定的法律類別。灰色地帶活動可能會破壞國際制度，並侵蝕其目的和意義。因此，灰色地帶成為海洋安全議程上日益突出的關注議題。

灰色地帶活動的特點是模棱兩可、可抵賴性和漸進性。它們可能具有挑釁性、好戰性或違反規範性，但其方式會使責任模糊不清，或低於普遍接受的武裝反應門檻。[65]通常很難確定國家是否授權了某行動，以及如何將其與實施行動的組織或個人聯繫起來。因此，追究罪魁禍首的責任具有挑戰性，因為他們可以輕易地否認自己的參與或將責任推給他人。

這些活動在本質上是漸進的情形，因為隨著時間的推移，它們會呈現出不同的面貌。事實上，它們經常被描述為「切香腸」（Salami Tactics）行動：單獨而言，每項行動似乎都相對微不足道，但結合起來，隨著時間的推移，就會產生重大的政治或戰略成果。因此，對手有責任不是接受新形勢，就是以代價高昂、與具體行動不相稱或具有高度升級潛力的方式做出回應。[66]因此，圍繞灰色地帶活動的敘事管理是促進意圖、理由和責任不確定性的關鍵。法律類別的模糊，再加上意圖、可接受性和反應的不確定性，使得灰色地帶活動難以處理。

---

[63] 一些分析人員更偏好「混合戰」（Hybrid Warfare）一詞，而且此兩個術語之間的關係具有爭議性。關於這兩個詞彙的討論，參見 Tahir Mahmood Azad, Muhammad Waqas Haider, and Muhammad Sadiq, "Understanding Gray Zone Warfare from Multiple Perspectives," *World Affairs*, Vol. 186, No. 1 (March 2023), pp. 81-104; Andrew Dowse and Sascha-Dominik Bachmann, "Explainer: What Is 'Hybrid Warfare' and What Is Meant by the 'Grey Zone'?," *The Conversation*, June 2019, http://theconversation.com/explainer-what-is-hybrid-warfare-and-what-is-meant-by-the-grey-zone-118841.

[64] Geraint Hughes, "War in the Grey Zone: Historical Reflections and Contemporary Implications," *Survival*, Vol. 62, No. 3 (May 2020), pp. 131-158.

[65] Michael J. Mazarr, Mastering the Gray Zone: Understanding a Changing Era of Conflict (US Army War College Press, 2015), p. 55.

[66] James Goldrick, "Grey Zone Operations and the Maritime Domain," p. 24.

中國開發並採用了一系列海洋灰色地帶戰術，尤其是在東海和南海，以及臺灣主權和地位爭端中。雖然參與這些爭端的其他國家也部署了自己的「灰色地帶」戰術，但中國的活動因其範圍、創新性和規模而顯得與眾不同。

或許最值得注意的是，自 2014 年以來，中國在南中國海的南沙群島和西沙群島地區開展了廣泛的造島工程。包括大型填海造地計畫，將七個島礁改建成大型人工島，能夠支持軍事基地，包括深水港和簡易機場。[67]在此情況下，島礁建設是中國對有爭議領土控制權的一種非常明顯的宣示，也使中國能夠建造新的軍事設施，在該地區施加影響，並為中國政府在地區的過度聲索提供理由。

中國還廣泛利用其民間海事安全機構，即以中國海警在有爭議的領土上聲索和實施其主權聲索，騷擾和恐嚇對手，試驗其反應的極限，並在如此為之的同時將自己維持在直接軍事對抗的門檻之下。[68]兩個機構經常在海上從事挑釁和脅迫性活動，包括在有爭議水域巡邏，在他國船隻附近進行危險演習，阻止逮捕被控非法捕魚的中國漁民，並在一次事件中強行解救了一艘遭到印尼海事當局扣押的中國漁船。[69]中國海警局和海事局在東海，尤其是在釣魚臺附近海域也採取了類似的策略，中國與日本對釣魚臺的擁有權存在爭議。它們還被用來干擾外國軍事行動，如美國海軍的行動。

在開展這些活動的同時，中國還部署了國有捕魚船隊。實際上，其中許多船隻隸屬於中國人民武裝力量海上民兵，此乃一支在解放軍指揮下開展行動的準軍事編隊。[70]例如，2021 年 3 月，約 200 艘中國漁船集中在菲律賓專屬經濟

---

[67] Robert Beckman, "China's 'Island-Building' in the South China Sea: Implications for Regional Security," in Ron Huisken, ed., *Regional Security Outlook 2017* (Council for Security Cooperation in the Asia Pacific, 2017), pp. 40-42.

[68] 中國海警最大的船隻是海軍巡洋艦的大小，重達 12,000 頓和攜帶艦砲、直升機和防空防禦系統。See Alessio Patalano, "When Strategy Is 'Hybrid' and Not 'Grey': Reviewing Chinese Military and Constabulary Coercion at Sea," *The Pacific Review*, Vol. 31, Issue 6 (2018), pp. 811-839.

[69] Douglas Guilfoyle and Edward Sing Yue Chan, "Lawships or Warships? Coast Guards as Agents of (in)Stability in the Pacific and South and East China Sea," *Marine Policy*, Vol. 140 (June 2022), pp. 5-6.

[70] Rob McLaughlin, "The Law of the Sea and PRC Gray-Zone Operations in the South China Sea," *American Journal of International Law*, Vol. 116, Issue 4 (October 2022), p. 834.

區內的牛軛礁（Whitsun Reef）下錨。雖然行動本身由於這些船隻並未實際從事任何捕魚活動，因此並不違法，但菲律賓政府將其解釋為蓄意挑釁，並提出了外交抗議。在其他時候，船隊與中國海警並肩作戰。例如，2014 年，約 100 艘漁船隨同石油勘探任務進入越南聲索擁有主權的水域。這次任務由中國海警護航，結果與越南海警部隊發生了直接衝突。中國漁船還經常在釣魚臺海域作業。

　　總之，中國的灰色地帶活動經由造島和建造新的軍事設施，擴大並鞏固了其在該地區的海上存在。中國還部署了中國海警和捕魚船隊，在阻撓和挫敗他國領土聲索的同時，將自己的領土聲索強加於人。中國以這些策略，試探了國際法和《聯合國海洋法公約》共識的限度，在有爭議地區建立了新的占領和占有現實，並努力使鄰國的行動失去合法性並對其加以限制。

二、灰色地帶爭端中的南海案例

　　東亞和東南亞地區國家間的海洋爭端層出不窮。許多爭端是殖民遺留問題或第二次世界大戰後達成的解決方案失敗的結果。該地區海洋爭端的特點是棘手和軍事化傾向。[71]該地區不斷變化的地緣政治，尤其是中國不斷上升的經濟和政治影響力及其領土主張也加劇了海洋爭端。該地區最廣為人知、實際上也是最危險的海洋爭端發生在南海。[72]

　　南海位於中國、臺灣、菲律賓、馬來西亞、汶萊、印尼和越南之間，是一個具有重要經濟和戰略意義的地區。世界上一些最繁忙的航道穿越南海，2019

---

[71] Cullen S. Hendrix, Sarah M. Glaser, Joshua E. Lambert, and Paige M. Roberts, "Global Climate, El Niño, and Militarized Fisheries Disputes in the East and South China Seas," *Marine Policy*, Vol. 143 (September 2022), pp. 105, 137. 另見 Chiyuki Aoi, Madoka Futamura, and Alessio Patalano, "Introduction 'Hybrid Warfare in Asia: Its Meaning and Shape'," *The Pacific Review*, Vol. 31, No. 6 (2018), pp. 693-713.

[72] 有關南海爭端的介紹見 Leszek Buszynski and Do Thanh Hai, eds., *The South China Sea: From a Regional Maritime Dispute to Geo-Strategic Competition* (Routledge, 2020); Jing Huang and Andrew Bilo, eds., *Territorial Disputes in the South China Sea: Navigating Rough Waters* (Palgrave Macmillan, 2014).

年的貿易額估計占全球國內生產總值的 5%。[73]該海域的海洋地理環境包括眾多小島嶼、岩石、暗礁和沙洲，形成了有爭議且相互重疊的海洋領土和專屬經濟區，錯綜複雜。許多瀕臨該海域的國家都是主要的捕魚國，它們為爭奪該地區大量但正在減少的魚類資源以及據信該地區大量未開發的石油和天然氣資源而展開競爭。對於主要聲索國中國來說，地區安全問題和地緣政治野心也岌岌可危。該地區的其他國家及其全球盟國（如美國）感到了中國聲索的威脅，並對該地區航行自由的潛在風險感到擔憂。對所有國家而言，這些問題都具有重要的政治和象徵意義。

事實上，這場衝突由環繞南海的七個沿岸國（即中國、臺灣、菲律賓、馬來西亞、汶萊、印尼和越南）之間一系列相互競爭的爭端組成。爭端的關鍵在於包括南沙和西沙群島在內的各種海洋地物的地位和所有權。這些地物有可能將大片海洋領土和資源錨定在各國的專屬經濟區或大陸礁層上。爭端之所以複雜，是因為爭端方數量眾多，而且相關領土的歷史和法律地位模糊不清，還有外部行為者的參與。[74]區域內多個國家對部分或全部島嶼提出主權要求，其中中國和臺灣提出的主權要求最為雄心勃勃，也最具爭議。例如，中國聲稱對幾乎整個南中國海擁有「無可爭辯的主權」，其依據是歷史上對被稱為「九段線」的一系列海上邊界標誌的主權要求。其他國家則提出了有爭議和相互競爭的主權要求，並通過占領實際確立了控制權。

對於爭議領土的法律地位也存在分歧。《聯合國海洋法公約》將島嶼定義為「自然形成的陸地，四周環水，漲潮時露出水面」。島嶼有別於「岩石」，後者「不能維持人類居住或其本身的經濟生活」。此區別非常重要，因為島嶼有專屬經濟區，而岩石沒有。因此，南海地貌是島嶼還是岩石的問題對該地區海洋資源的獲取具有重要影響。

南海爭端時有發生，甚至包括爭端國之間的武裝對抗。2010 年後，衝突明

---

[73] Lincoln F. Pratson, "Assessing Impacts to Maritime Shipping from Marine Chokepoint Closures," *Communications in Transportation Research*, Vol. 3 (December 2023), p. 4.

[74] Guilfoyle and Chan, "Lawships or Warships? Coast Guards as Agents of (in)Stability in the Pacific and South and East China Sea," pp. 105-148.

顯升級，各國紛紛採取挑釁和脅迫手段來推進自己的主張。這些行動包括在岩石和礁石上建造人工島、建造新的軍事設施、大量使用海岸警衛隊和漁業巡邏船騷擾或恐嚇敵對各方，以及向其他國家的專屬經濟區部署捕魚船隊和石油勘探船。雖然包括越南和菲律賓在內的幾個地區國家都使用過此類非常規手段，但中國的使用最為廣泛。包括美國、英國、法國和印度在內的外國海軍也在該地區開展行動，對中國的主權聲索提出質疑。

　　2013 年，菲律賓根據《聯合國海洋法公約》就九段線和其他問題對中國提起仲裁。此案被提交至聯合國常設仲裁法院。雖然法院沒有解決海洋邊界島嶼擁有權的問題，但它在 2016 年裁定，中國沒有法律依據主張九段線下的歷史權利，中國的造島行為違反了《聯合國海洋法公約》，中國沒有對其捕魚船隊的活動盡職盡責，中國非法阻礙了菲律賓漁民的捕魚活動，中國以危險的方式操作其執法船隻。中國沒有參與仲裁，並拒絕承認裁決，但到 2019 年，中國已採取措施遵守法院 11 項判決中的兩項。[75]

　　南海問題表明，國家間的海上衝突是多麼複雜和糾結。雖然就概念而言，爭端涉及的是對相對不起眼的海洋地理地物（諸如小礁與岩石）的占有，但對這些領土的控制卻賦予了相當大的經濟和戰略優勢。對南海地區周邊的所有國家而言，此爭端還具有重要的象徵意義，涉及歷史上根深蒂固的所有權主張以及地緣政治野心和競爭模式，對國內受眾而言具有強烈的民族主義色彩。與查戈斯群島（Chagos Archipelago）事件一樣，南海衝突顯示了當大國，此處係指中國選擇質疑或無視國際法庭和仲裁機構的裁決時，彰顯國際法的侷限性。南海衝突也是發展和使用非常規武力的熔爐，南海灰色地帶戰術就是極佳的探討案例。

　　圍繞國家間衝突是海洋安全議程的主要方面之一。雖然《聯合國海洋法公約》提供了總體法律架構和解決衝突的國際法庭，但許多海洋爭端仍未得到解決。即便如此，至少到目前為止，升級為軍事化爭端的情況仍屬罕見。事實

---

[75]　Asia Maritime Transparency Initiative (AMTI), "Failing or Incomplete? Grading the South China Sea Arbitration," 11 July 2019, https://amti.csis.org/failing-or-incomplete-grading-the-south-china-sea-arbitration/.

上，大多數國家之間的海洋爭端都得到了和平管理或遏制，即使並不總是友好解決，也沒有從根本上挑戰圍繞《聯合國海洋法公約》達成的國際共識。

問題在於這種模式今後是否會繼續下去。由於《聯合國海洋法公約》架構對國家和集體都有好處，因此很少有國家（如果有的話）願意直接對其提出異議。然而，有數項因素預示著未來這方面的不確定性。主要國家，尤其是英國和中國，沒有遵守國際法機構規定的解決方案。[76]對資源的渴望有增無減，漁業處於衰退期，化石燃料的收入仍大有可為，深海礦產的開採也有新的前景，因此，相互競爭的聲索將繼續出現。對灰色地帶策略的依賴也可能對國際機構解決爭端的現有形式構成挑戰。最後，氣候變化和海平面上升可能意味著，隨著計算海洋邊界的沿海基線發生變化，制度性爭端在未來會加劇。[77]

第三節　南海海洋灰色地帶的景象

當前國際體系變遷中，南海爭端已進入重要的階段，此階段由數個相輔相成的趨勢所決定。首先，自 2017 年底以來，中國在南沙群島人工島基地的大部分主要基礎設施已經完成，使其能夠在整個南海持續投射軍事與非軍事力量。對南海周邊鄰國而言，此主要意味中國海警和海上民兵的持續和壓倒性的存在，他們參與了愈來愈堅定自信的拒止行為；反之，相關聲索國也對各自占有的島礁造陸，當然，其他聲索國填海造陸的規模都無法與中國所為相提並論。其次，中國政府一度成功地化解了許多多邊外交壓力的壓力，尤其是在東南亞國家協會（Association of Southeast Asian Nations, ASEAN；以下簡稱「東協」）內部以及南海仲裁案的國際外交場域。此既與南海仲裁後菲律賓總統杜特蒂（Rodrigo Duterte）在其任期內溫和的南海政策有關，也與北京善於抓住機會有關。無論哪種情況，中國都成功地一一消解了國際壓力，同時利用中國

76　Keyuan Zou, "Peaceful Use of the Sea and Military Intelligence Gathering in the EEZ," *Asian Yearbook of International Law*, Vol. 22 (2016), pp. 161-176.

77　Jonathan Lusthaus, "Shifting Sands: Sea Level Rise, Maritime Boundaries and Inter-State Conflict," Politics, Vol. 30, Issue 2 (June 2010), pp. 113-118.

與東協南海行為準則（Code of Conduct of Parties in the South China Sea, COC）會談的持續和有限的雙邊海上管控意願，以阻止東南亞聲索國開展其他可能更有效的外交活動。然而，小馬可仕（Ferdinand Marcos Jr.）就任總統後，菲中南海爭端更為突出。最後，仍然有意回擊中國強硬態度的各方，主要是菲律賓、越南以及澳洲、日本、美國和一些歐洲國家等外部行為者，一直未能重新奪回他們在 2015 年至 2016 年期間短暫掌握的主動權，當時由於中國的造島運動和菲律賓提出的南海仲裁案，國際輿論對中國持反對的態度。

　　由中國海警和海上民兵領銜在南海的維權行動，成為許多國家眼中的中國灰色地帶行動，致使一些國家措手不及，因為他們不知道如何回應中國刻意迴避軍事力量、依賴所謂推諉的權力投射策略。相關利害關係者之間也未能進行有效的協調，或團結更廣泛的聯盟以支持他們的努力。依據持續的發展軌跡，南海似乎將成為中國湖。對海洋自由的國家而言，此將嚴重影響關注南海爭端志同道合外部各方的國家利益。他們也認為，此將嚴重破壞《聯合國海洋法公約》，從而開創危險的先例，即在中國崛起的過程中，國際法和國際規則並不一定適用於亞洲，並嚴重損害美國作為地區安全提供者的信譽。畢竟，東南亞國家憑什麼要支持美國的前沿部署，因為此似乎只是為了保護美國海軍的利益，而不是他們自己的利益？此涉及美中戰略競爭的脈絡，更符合「灰色地帶」策略的時代意涵。

　　因此，南海情勢無法因仲裁而逐漸轉向清晰，而是現狀持續的不穩定。本章將重點探討中國戰略的「灰色地帶」方面，尤其是從其他聲索國視之為脅迫的部分。當然，就北京而言，本身並無「灰色地帶」概念，「維權」是中方適當的自我界定。但必須認識到無論是「灰色地帶」行動還是「維權」，係與外交進程的密切互動關係，亦即外交倚賴的國際法。當然，中國政府釋放的脅迫力量無法排除有可能在某時刻導致武力的使用。而中國的外交博弈也終將耗盡，此主要是因為中國利用東南亞的期望，同時推遲實質性談判，以便在不承認中國不願妥協的情況下繼續談判。此兩個因素可能會相互促進，衝突可能會導致外交破裂，而外交破裂又會促使海洋冒險主義得以強化，如此反覆。中越、中菲關係都曾出現這種態勢。因此，主要問題不在於南海脆弱的現狀是否會破碎，而在於那些仍對南海問題有利益的各方是否能在南海問題發生時掌握主動。

一、中國的維權他國的脅迫

　　2016 年，中國完成了為擴建南海基地而進行的大部分疏浚和島礁建設，2017 年年中在西沙群島進行有記錄的填埋。[78]迄至 2017 年末，中國已基本完成了南沙島礁上硬體基礎設施的安裝。包括西沙群島和南沙群島的簡易機場、直升機停機坪、機庫、港口設施、燃料和彈藥庫，以及雷達和感測器陣列。[79]另外，2018 年年中開始在西沙群島極南的浪花礁（Bombay Reef）安裝了由中國電子科技集團公司建造的無人偵察和通信平臺「海洋 E 站」（Ocean E-Station）。[80]類似的平臺已安裝在海南島附近的海域。這些電子站彰顯中國將其監視能力擴展到南海的其他地區，諸如菲律賓沿海的民主礁（Scarborough Shoal；黃岩島），而無需承擔更大規模造島的金錢和外交成本。

　　隨著島礁建設和基礎設施建設的基本完成，中國迅速在南沙群島的新基地部署了軍事和執法平臺。2017 年至 2018 年期間，軍用巡邏機和運輸機首次降落在南沙群島的渚碧礁和美濟礁，干擾平臺被部署到美濟礁和永暑礁，地對空導彈和反艦巡航導彈被部署到所有這三個島礁設施。此外，殲-11（J-11）戰鬥機的輪換更加頻繁，**轟 6K（H-6K）轟炸機首次著陸**，部署在西沙永興島（Woody Island）的反艦和紅旗 9（HQ-9）防空導彈系統數量也有所增加。在整個南海，中國前哨基地的港口設施使中國人民解放軍海軍和中國海警的存在日益擴大，兩大力量幾乎所有現代化級別的艦艇都定期停靠南沙群島的主要前

78　AMTI, "China's Continuing Reclamation in the Paracels," 9 August 2017, https://amti.csis.org/paracels-beijings-other-buildup/.

79　AMTI, "A Constructive Year for Chinese Base Building," 14 December 2017, https://amti.csis.org/constructive-year-chinese-building/.

80　AMTI, "An Accounting of China's Deployments to the Spratly Islands," 9 May 2018, https://amti.csis.org/accounting-chinas-deployments-spratly-islands/.

哨基地。[81]

　　北京的島礁建設浪潮增強了海軍力量投射之能力，中國在南沙群島永暑礁臨時部署轟 6K，也增強了空中力量之投射能力。但南海態勢最重要的變化是中國在整個九段線範圍內的執法和準軍事存在的大幅增加。由於能夠在永暑礁、美濟礁和渚碧礁進行休整和補給，而不需要返回海南和廣州，中國海警船隻能以前所未有的方式開展長期行動。在與相互競爭的主權聲索國發生緊張對峙期間，以及在中國聲索對其擁有主權但並未長期駐紮的少數水下地物開展定期行動期間，這種存在最為明顯。

二、中國海警

　　中國的海警總人數為 10 萬，已成為世界上執法力度最大的隊伍，擁有的艦船噸位達到了 20 萬噸級，各型艦船總數量超過 270 艘。隨著各種先進戰力的不斷更新，執法的能力也愈發提升，近日中國海警登船檢查菲方船隻的消息，更是讓國人揚眉吐氣，敵對勢力是無法和我國抗衡的，而在海警的演習對比下，中國海警能夠帶艦炮巡航我國的釣魚島，粉碎日方的陰謀貪婪。

　　2024 年 6 月 15 日，中國《海警機構行政執法程序規定》正式生效；該《程序規定》乃為 2021 年《海警法》與《海上交通安全法》通過與修法後之行政措施規範，內容包含檢查、調查、取證、強制等行政與調查程序。

　　眾所周知，自 2012 年中國從菲律賓的控制下奪取黃岩島以來，中國海警

---

[81] Frances G. Mangosing, "China Military Planes Land on PH Reef," *Philippine Daily Inquirer*, 18 April 2018, https://globalnation.inquirer.net/165824/china-military-planes-land-ph-reef; Michael R. Gordon and Jeremy Page, "China Installed Military Jamming Equipment on Spratly Islands, U.S. Says," *Wall Street Journal*, 9 April 2018, https://www.wsj.com/articles/china-installed-military-jamming-equipment-on-spratly-islands-u-s-says-1523266320; Amanda Macias, "China Quietly Installed Missile Systems on Strategic Spratly Islands in Hotly Contested South China Sea," *CNBC*, 2 May 2018, https://www.cnbc.com/2018/05/02/china-added-missile-systems-on-spratly-islands-in-south-china-sea.html; AMTI, "China Quietly Upgrades a Remote Reef," 20 November 2018, https://amti.csis.org/china-quietly-upgrades-bombay-reef/; AMTI, "Exercises Bring New Weapons to the Paracels," 24 May 2018, https://amti.csis.org/exercises-bring-new-weapons-paracels/; AMTI, "China Lands First Bomber on South China Sea Island," 18 May 2018, https://amti.csis.org/china-lands-first-bomber-south-china-sea-island/.

的艦船一直長期駐紮在該地。事實上，中國海警在馬來西亞沿海北康暗沙與南康暗沙（Luconia Shoals）和仁愛暗沙（Second Thomas Shoal）附近的持續存在，菲律賓在該地坐灘的馬德雷山號（BRP Sierra Madre）上駐紮了一支 10 多人的小規模守備部隊。針對馬德雷山號的補給，中國還在美濟礁部署兩艘 300 噸級海警緝私艇，即中國海警 21551 艇和中國海警 21556 艇。中國海警對非法侵入中國仁愛礁附近海域的菲律賓船隻進行攔截、登船檢查和驅逐。

　　中國海警於 2013 年底開始定期在北康暗沙巡邏。2015 年底，在馬來西亞擔任東協主席國期間，作為政治橄欖枝，它曾短暫離開，但幾個月後又返回。近年來，這些部署的時間和頻率都有所增加，中國海警船隻似乎故意播放自動識別系統（Automatic Identification System, AIS）信號，以表明其對該水下地物的主權。亞洲海事透明度倡議（Asia Maritime Transparency Initiative, AMTI）收集的數據顯示，在 2018 年 9 月至 2019 年 9 月的 365 天中，至少有一艘中國海警船隻在北康暗沙駐紮了 258 天。在仁愛礁也出現類似的情況，但由於菲律賓在此地長期駐軍，因此風險更大。自 2013 年年中以來，中國海警的艦船就一直在仁愛礁附近巡邏，而距離該淺灘僅 20 海里的中國在美濟礁的設施為其提供了便利。但後來衝突逐漸變得更加激烈，在 2018 年 9 月至 2019 年 9 月的 365 天中，中國海警船隻至少有 215 天從仁愛礁發出自動識別系統廣播_bookmark33。[82]這些船隻偶爾也會將巡邏範圍擴大到菲律賓海岸附近，覆蓋半月礁（Half Moon Shoal）等其他水下地物。

　　中國海警存在的增加並不只是被動地表明中國對有爭議地物的主權。海警船隻愈來愈多地干擾對其他聲索國而言是合法的活動，並對其占領南沙群島爭議領土的部隊施加壓力。2018 年 5 月，一艘中國海警船騷擾了一艘向馬德雷山運送物資的民用船隻，該船隻出動了一架直升機，在菲律賓船隻上空危險地飛

82　AMTI, "Signaling Sovereignty: Chinese Patrols at Contested Reefs," 26 September 2019, https://amti.csis.org/signaling-sovereignty-chinese-patrols-at-contested-reefs; AMTI, "Seeking Clues in the Case of the Yuemaobinyu 42212," 15 October 2019, https://amti.csis.org/seeking-clues-in-the-case-of-the-yuemaobinyu-42212/.

行。[83]據報導，在這次行動中，中國人民解放軍海軍的一艘艦艇與中國海警的艦艇同行，但該艦艇在行動過程中一直保持後退，突顯了中國政府是如何利用中國海警作為此類行動的先鋒，同時又暗中威脅，如果其他聲索國做出過於強硬的反應，中國政府就會進行軍事干預。

2019 年 5 月，另一艘中國海警艦隻封鎖了三艘前往馬德雷山的補給船的航線。[84]這些行動引起菲律賓對 2014 年 3 月的回憶，當時中國海警封鎖了仁愛礁的駐軍長達數週，迫使菲律賓武裝部隊空投補給，並最終在美國偵察機在上空盤旋的情況下用民用船隻實施封鎖。[85]中國海警似乎還增加了對馬來西亞在北康暗沙附近石油和天然氣作業的干擾。2019 年 5 月，中國海警 35111 號船花了兩周時間騷擾沙普拉希望號（Sapura Esperanza）號鑽井平臺，該鑽井平臺受荷蘭皇家殼牌石油公司（Royal Dutch Shell）子公司委託，在 SK 308 區塊鑽探新的天然氣井。自動識別系統信號和發布在社交媒體上的照片顯示，該船多次以不安全的方式在鑽井平臺和沙撈越州海岸之間作業的近海供應船附近操縱，並威脅性地靠近沙普拉希望號主體。[86]

馬來西亞當局知道這些活動，馬來西亞皇家海軍艦艇不定期部署到北康暗沙監視中國海警即可證明。例如，兩艘馬來西亞軍艦「3502」號和「176」號於 2018 年 9 月和 10 月在中國海警 3306 號附近巡邏，而海軍輔助艦艇「卡邦加馬斯」（Ka Bunga Mas 5）號於 2019 年 9 月在距離中國海警 5401 號僅 2 海里的地方執行任務。但這些海軍艦艇的選擇有限。中國海警船隻經常遭控違反

[83] Paterno R. Esmaquel II, "China Chopper Harasses PH Rubber Boat in Ayungin Shoal—Lawmaker," *Rappler*, 31 May 2018, https://www.rappler.com/nation/203720-chinese-helicopter-harass-rubber-boat-ayungin-shoal-spratly-islands.

[84] Patricia Lourdes Viray, "China Coast Guard Blocked Resupply Mission to Ayungin Shoal—DND," *Philippine Star*, 19 September 2019, https://www.philstar.com/headlines/2019/09/19/1953204/china-coast-guard-blocked-resupply-mission-ayungin-shoal-dnd.

[85] Michael Green, Kathleen Hicks, Zack Cooper, John Schaus, and Jake Douglas, "Counter-Coercion Series: Second Thomas Shoal Incident," *AMTI*, 9 June 2017, https://amti.csis.org/counter-co-2nd-thomas-shoal/.

[86] AMTI, "Under Pressure: Philippine Construction Provokes a Paramilitary Response," 6 February 2019, https://amti.csis.org/under-pressure-philippine-construction-paramilitary-response/; East Pendulum (@HenriKenhmann) Twitter account, 30 June 2019, https://twitter.com/HenriKenhmann/status/1145338072818544641.

《國際海上避碰規則公約》（*Convention on the International Regulations for Preventing Collisions at Sea*, COLREGS），以不安全的方式進行機動，以恐嚇民用船隻，但他們沒有直接使用軍事力量。即使馬來西亞當局真的想將事態升級，他們的海軍艦艇也較小，而且在大多數情況下都比中國海警的同類艦艇要強（例如，海警 3306 號排水量為 4,000 噸，而海警 35111 號則裝備了 76 毫米口徑的大砲）。而到了越南，中國海警的騷擾就更上一層樓了。2019 年 5 月底，海警 35111 號離開馬來西亞海域後，短暫返回海南，然後前往越南海域，開始了長達數月的對峙，雙方數十艘艦艇參與其中。6 月中旬，海警 35111 號開始騷擾「白龍 5 號」鑽井平臺。「白龍 5 號」鑽井平臺與俄羅斯石油公司（Rosneft）簽訂合約，在萬安灘（Vanguard Bank）西北的 06-01 區塊鑽探新的天然氣井。自動識別系統信號顯示，35111 號採用了與馬來西亞海岸完全相同的方法，威脅性地靠近鑽井平臺，它還不繞過往返於 Vung Tau 和 Hakuryu-5 號之間的近海補給船。[87]

與馬來西亞外海的騷擾事件不同，35111 號並沒有在兩週後放棄。相反地，它在「白龍 5 號」附近活動了近一個月，於 7 月中旬短暫前往永暑礁休息和補充，然後再次返回。在永暑礁期間，其他中國海警軍艦接替了其在鑽井平臺周圍的巡邏任務，多艘中國海警軍艦繼續在「白龍 5 號」附近巡邏至 10 月中旬。與此同時，中國橫向升級，部署了一艘國有測量船「海洋地質 8 號」（Haiyang Dizhi 8），連同一支由中國海警船舶組成的龐大護航力量，對 06-01 區塊東北方向的越南大陸架進行測量。該船用了兩個多月的時間對這一區域進行勘測，然後向北駛去，在那裡一直活動到 10 月 23 日。直到「白龍 5 號」最終完成鑽探作業，它才離開。根據自動識別系統的數據，至少有四艘中國海警船舶一直為勘測船護航，但有報導稱護航船隻的數量要高得多。其中一度包括 12,000 噸級的海警 3901 號，此為世界上最大的海警船。[88]這種橫向騷擾也不僅僅發生在越南。自動識別系統傳輸顯示，另一艘中國調查船「石岩 2 號」（Shi Yan 2）在 8 月初至少花了一週的時間，在早些時候因「薩普拉－埃斯佩

---

[87] AMTI, "Under Pressure: Philippine Construction Provokes a Paramilitary Response."

[88] *Ibid.*

蘭薩」號（Sapura Esperanza）對峙事件附近的馬來西亞水域進行調查。至少從 8 月中旬到下旬，「海洋 4 號」調查船對馬來西亞和越南共同聲稱擁有的擴展大陸架的一部分進行了調查。[89]但與河內不同的是，吉隆坡既沒有對這兩起事件發表意見，也沒有部署海軍或執法船隻。越南派出了自己的執法船隻，試圖阻擋「海洋石油 8 號」和保護「白龍 5 號」。但與馬來西亞海軍在盧科尼亞淺灘附近的行動一樣，越南海軍在規模和武器裝備上都不占優勢。儘管如此，河內仍進行了頑強抵抗，拒絕取消鑽探行動，也不向中國的調查讓步。10 月中旬，越南人民軍少將、國會議員阮明黃聲稱，該地區有 40 多艘中國船隻和 50 多艘越南船隻，但不清楚其中有多少是中國海警，有多少是民兵。[90]

就在「白龍 5 號」鑽井作業和「海洋石油 8 號」勘探對峙不到一個半月之後，馬來西亞沿海又開始了新一輪的升級。12 月初，中國海警的兩艘船隻開始騷擾西卡佩拉（West Capella）號鑽井船，該船與馬來西亞國有石油公司簽訂合同，在沙巴附近海域進行勘探。12 月 21 日，西卡佩拉號轉移到沙撈越附近海域。它開始了為期數月的作業，在馬來西亞 200 海里專屬經濟區外的兩個區塊──ND1 和 ND2 鑽探油井。這些油井是在吉隆坡和河內都聲稱屬於其擴展大陸架的海底區域鑽探的。不出所料，到 1 月初，越南部署了幾艘民兵船隻進行監視，並試圖警告西卡佩拉號離開該區域。但更大的問題是，中國海警和中國民兵船隻很快開始騷擾該船。在將近六個月的時間裡，多艘中國海警和民兵船隻與馬來西亞近海補給船玩起了先前在 SK308 區塊和越南近海使用過的高風險「吃雞」遊戲。這種情況經常發生在馬來西亞海軍和海岸警衛隊巡邏隊的眼皮底下，以保護西卡佩拉的行動。[91]當馬來西亞國家石油公司（Petronas）毫不退讓時，中國政府再次出動了「海洋石油 8 號」（Haiyang Dizhi 8）。4 月 15

---

[89] Gregory B. Poling and Murray Hiebert, "Stop the Bully in the South China Sea," *Wall Street Journal*, 28 August 2019, https://www.wsj.com/articles/stop-the-bully-in-the-south-china-sea-11567033378.

[90] Laura Zhou, "As Coastguard Boats Circle, Vietnam Prepares for Bigger Challenge in South China Sea," *South China Morning Post*, 12 October 2019, https://www.scmp.com/news/china/diplomacy/article/3032536/coastguard-boats-circle-vietnam-prepares-bigger-challenge.

[91] AMTI, "Malaysia Picks a Three-Way Fight in the South China Sea," 21 February 2020, https://amti.csis.org/malaysia-picks-a-three-way-fight-in-the-south-china-sea/.

日，這艘勘測船與大型中國海警和民兵護衛隊一起抵達馬來西亞，開始在馬來西亞海域進行為期數週的勘測。[92]與早幾個月在越南近海發生的情況一樣，該船在「西卡佩拉」號完成作業並於 5 月中旬返航後才離開。

2024 年 6 月 17 日，中國海警 5901（CCG 5901）從海南出發。然後，於 6 月 19 日近距離巡航經過菲律賓占有的南沙群島北子島（Parola）和中業島（Pagasa）後，當天，該艦進入渚碧礁，在該地停留一夜，此後通過九章群礁（Bayani and Union Banks）繼續南下航行。6 月 20 日，中國海警 5901 艦進入永暑礁短暫停泊可能的後勤，此後該艦繼續前往南沙群島南部馬來西亞和汶萊的專屬經濟海域瓊台礁、南北康暗沙等周邊海域巡航。6 月 22 日起，中國海警 5901 艦折返沿著九段線向菲律賓巴拉望島方向航行。6 月 23 日，5901 艦選擇性的近距離經過菲律賓占據的司令礁（Lawak and Patag），隨後進美濟礁停靠。24 日，中國海警 5901 艦離開美濟礁，近距離抵近菲律賓占有的馬歡島和費信島，然後迅速向東南轉彎，通過仙賓礁。隨後，5901 艦直接向菲巴拉望島北部小鎮愛妮島（El Nido）附近海域駛去，離該地海岸線最近距離約為 34 海里。之後中國海警 5901 艦迅速轉向黃岩島方向，並於 6 月 26 日抵達黃岩島海域與部署在該海域的另外三艘海警執法艦艇會合。在黃岩島逗留了幾個小時之後，中國海警 5901 艦開始向西航行返回海南。

此外，中國曾以海軍 054A 型護衛艦為平臺，為海警打造過 818 型巡邏艦。中國海軍已改裝過 20 艘的 056 型護衛艦，拆除飛彈系統等武裝後，交予海警，而此次以 052D 型艦為平臺打造的新型海警船象徵最新趨勢。

三、海上民兵

過去十多年中，西方學者的研究重點轉向南海。在此之前，中共的海上民兵並不是國際社會的關注焦點。中國海上民兵的使用和編制在過去十多年中有所改變，規模也變得更大。此外，中國海上民兵參與了國際媒體大幅報導的數

---

[92] AMTI, "Update: Chinese Survey Ship Escalates Three-Way Standoff," 30 April 2020, https://amti.csis.org/chinese-survey-ship-escalates-three-way-standoff/.

個事件。這有可能會讓人以為，中國的海上民兵是近幾年才出現的。事實上並非如此，中共至少在四十多年前就開始在南海部署海上民兵。此後，海上民兵在中國主張南海主權的行動中一直扮演關鍵的角色。在過去十多年之中，中國比過去更努力試圖取得九段線海域的控制權。即使仲裁庭在 2016 年的判決否定了中國對於這個海域主張的合法主權，這個情況也沒有改變，而且中國還為了主張這個海域的主權而擴大海上民兵的數量和活動。

南海現狀的重要現狀為中國海上民兵的影響力日益擴大。中國法律規定，中國人民武裝力量海上民兵組織（Maritime Militia）必須服役。1984 年《中華人民共和國兵役法》第 36 條是該法第六章「民兵」的第 1 條，其中規定，「民兵是不脫離生產的群眾武裝組織，是中國人民解放軍的助手和後備力量。民兵的任務是：（一）積極參加社會主義現代化建設，帶頭完成生產和各項任務；（二）擔負戰備勤務，保衛邊疆，維護社會治安；（三）隨時準備參軍參戰，抵抗侵略，保衛祖國。」[93]要求公民參加民兵服役，但沒有區分陸上和海上服役。2013 年，《中國武裝力量的多樣化運用》白皮書特別加強了海上民兵在捍衛主權主張方面的角色。[94]同年，中國國家主席習近平訪問了海南潭門鎮船政民兵，並稱他們是其他國家學習的榜樣。[95]2021 年《兵役法》修訂，由「義務兵與志願兵相結合、民兵與預備役相結合」，改為「以志願兵役為主體的志願兵役與義務兵役相結合」的兵役制度。[96]中共新修訂《兵役法》將民兵組織力量隱藏。

美國海軍戰爭學院的艾里克森（Andrew Erickson）和甘迺迪（Conor Kennedy）花費數年時間整理了民兵在南海活動的公開文獻，這些活動在中文

93　《中華人民共和國兵役法》（2021 年修訂），https://law.pkulaw.com/falv/c1447378ed19b010bdfb.html。

94　Nguyen Hong Thao and Ton Nu Thanh Binh, "Maritime Militias in the South China Sea," *Maritime Awareness Project*, 13 June 2019, https://map.nbr.org/2019/06/maritime-militias-in-the-south-china-sea/.

95　Conor M. Kennedy and Andrew S. Erickson, "From Frontier to Frontline: Tanmen Maritime Militia's Leading Role Part 2," *CIMSEC*, 17 May 2016, http://cimsec.org/frontier-frontline-tan men-maritime-militias-leading-role-pt-2/25260.

96　《兵役法》第 3 條。

媒體和網路來源中並非機密。[97]海上民兵多年來一直參與南海周邊的行動。2009 年，他們中的一些人騷擾了美國海軍「無暇」（USS Impeccable）號驅逐艦。據報導，他們參與引發了 2012 年黃岩島對峙事件。最引人注目的是，2014 年，在長達數月的保衛中國「海洋石油 981」深水鑽井平臺鑽井作業的行動中，數十艘中國漁船與越南執法人員和民用船隻激烈摩擦，並且在 2021 年年初在無人占領的牛軛礁集結將近 200 艘民兵船隻。但與中國海警一樣，自中國在南沙群島的港口設施完工後，它們在「九段線」內的存在已大幅增加。如今，東南亞國家要想在南海的任何地方開展行動而不冒與這些準軍事組織發生衝突的風險，已變得愈來愈困難。

　　由於顯而易見的原因，民兵難以追蹤。對中國政府而言，民兵是軍民融合的人民戰爭一部分，但對西方國家而言，民兵的價值主要體現在可抵賴性；他們充當了中國人民解放軍海軍和中國海警的耳目，可以直接騷擾來自其他國家的船隻，而不需要明確證明他們是在為國家工作。此外，這些船隻往往攜帶較弱的 B 級自動識別系統收發器，衛星往往無法接收到這些收發器，而衛星是探測遠離海岸的自動識別系統的唯一手段。為了解決此問題，美國智庫結合使用了微光成像、合成孔徑雷達和高解析度衛星圖像，並與有限的自動識別系統相關聯，確定海上民兵是目前在南沙群島活動的最大船隊。這些船隻主要聚集在美濟礁和渚碧礁，但經常以較小的集體群聚集在菲律賓、越南和臺灣控制的地物周圍。它們的平均長度超過 50 公尺，噸位約為 550 噸，比任何鄰國的漁船都要大得多。而且它們的數量一直在增加。[98]

　　中國龐大的漁船船隊常常沒有商業原因的行動。遙感數據顯示，它們成群結隊地徘徊在海面上，一停就是數週。幾乎在所有情況下，當衛星圖像捕捉到它們時，它們都處於下錨之中，沒有漁網在水中。如果它們是全職漁民，大多

[97] Andrew S. Erickson, "The China Maritime Militia Bookshelf," *Andrew S. Erickson. China Analysis from Original Sources*, 21 May 2019, https://www.andrewerickson.com/2019/05/the-china-maritime-militia-bookshelf-complete-with-latest-recommendations-fact-sheet-4/.

[98] Gregory B. Poling, "Illuminating the South China Sea's Dark Fishing Fleets," *Stephenson Ocean Security Project*, 9 January 2019, https://ocean.csis.org/spotlights/illuminating-the-south-china-seas-dark-fishing-fleets/.

數早就破產了。如果他們開始捕魚，預計他們的捕獲量將在短時間內淹沒南沙群島的漁場。[99]從 2018 年 12 月開始，中國在數艘解放軍海軍艦艇和中國海警艦艇的支援下，在中業島周圍大規模部署民兵船隻，很快就證實了此調查的真實性。當時，馬尼拉開始了在島礁上修建搶灘坡道和修復跑道的工作。作為回應，數十艘中國民兵船隻湧出渚碧礁，在距離中業島 2 至 5.5 海里處下錨。12 月 20 日左右，最初部署的船隻達到了 95 艘的峰值，其中似乎沒有一艘在捕魚，只有一艘發出自動識別系統訊號。[100]

菲律賓武裝部隊證實，2019 年 1 月至 3 月期間，它在中業島附近監測到 275 艘中國船隻。[101]6 月，該等船隻短暫回撤，促使菲律賓特使圖福（Ramon Tulfo）大肆宣揚中國政府正在向杜特蒂（Duterte）總統傳遞善意資訊。[102]但到次月，他們又回來了，雖然數量有所波動，但他們繼續聚集在中業島附近。中國在中業島附近展示武力曾經是最大規模的民兵部署，但並不是唯一的一次。中國漁船經常在南沙群島其他聲索國的前哨附近集結，每次集結時間長達數天或數週，但並不從事任何實際捕撈活動。3 月和 4 月，菲律賓占有的南鑰島（Loaita Island）和南鑰沙洲（Loaita Cay）周圍的圖像都顯示出，有中國船隻在這些設施附近下錨停泊，最多時有 15 艘。3 月 29 日，4 艘中國船隻在距離南鑰島駐軍不到半海里的地方下錨，而南鑰沙洲是南沙群島最小、最脆弱的菲律賓前哨。如此的部署對孤立無援、在緊急情況下沒有獨立的補給或撤離手段的駐軍而言的確具有挑釁性。

與馬來西亞和越南的武裝部隊一樣，菲律賓武裝部隊也意識到了這些部署，它們經常得到中國海警和解放軍海軍艦艇的支援，但其應對措施卻十分有

99　*Ibid.*

100　AMTI, "Updated: China Risks Flare-Up over Malaysian, Vietnamese Gas Resources," 13 December 2019, https://amti.csis.org/china-risks-flare-up-over-malaysian-vietnamese-gas-resources/.

101　Jim Gomez, "Manila Protests 'Swarming' Chinese Boats Near Island," *Associated Press*, 1 April 2019, https://www.navytimes.com/news/your-navy/2019/04/01/manila-protests-swarming-chinese-boats-near-island/.

102　Frances G. Mangosing, "Chinese Militia Vessels Start Pull Out Near Pagasa Island—Mon Tulfo," *Philippine Daily Inquirer*, 6 June 2019, https://globalnation.inquirer.net/176005/chinese-militia-vessels-start-pull-out-near-pag-asa-island-mon-tulfo.

限。菲律賓海軍在南鑰沙洲部署了一艘第二次世界大戰時期的坦克登陸艦，以
應對那裡的部署。[103]但目前還不清楚該船是否準備好或能夠採取什麼措施來應
對民兵的武力行為。2019 年 12 月，為應對民兵在中業島的部署，菲律賓海軍
向該島部署了其旗艦之一，一艘重新服役為「艾卡拉茲號」（BRP Ramon
Alcaraz）的前美國海岸警衛隊巡邏艦。[104]但同樣不清楚的是，海軍艦艇可以或
應該如何應對民兵船隻的暴力行為。而且，即使海軍艦艇在發生暴力事件時做
出了反應，它也會被駐紮在那裡為民兵提供支援的中國海警和解放軍海軍艦艇
比下去。

　　越南也是中國海上民兵部署的目標。有調查顯示，中國民兵船隻經常聚集
在越南哨所周圍，包括九章群礁（Union Banks）。其中，粵茂濱漁船隊的九艘
船隻頻繁發送自動識別系統，顯示它們在東門礁（Hughes）和赤瓜礁
（Johnson Reef）附近作業時，經常靠近附近越南在鬼喊礁（Collins Reef）、
瓊礁（Lansdowne Reef）、染青沙洲（Grierson Reefs）和景宏島（Sin Cowe
Island）的設施。[105]隨後衛星圖像證實，在這些接近期間，他們似乎從未捕
魚，而且經常在距離孤立的越南基地不到 1 海里的地方下錨。海上民兵還在
2019 年的行動中加入了中國海警，在越南海岸附近為「海洋地質 8 號」調查船
護航。目前尚不清楚有多少船隻參與了這次行動，因為絕大多數船隻都沒有發
送自動識別系統訊號，但至少有一艘船，即瓊三沙漁 00114 號，發送了自動識
別系統訊號。[106]

　　當然，引發廣大報導的是「粵茂濱漁 42212」號漁船事件，2019 年 6 月，
該船在禮樂灘（Reed Bank）與一艘菲律賓漁船 F/B GemVer 號相撞並沉沒。這
起事件疑點重重，該船在夜間撞上了一艘下錨的漁船，據報導，撞船後漁船熄
了燈，並逃離了現場，如果不是一艘路過的越南船將其救起，菲律賓漁民將會
淹死。然而，中方表示，當時該船靜泊從事燈光圍網作業，遭遇七至八艘菲律

---

[103] AMTI, "Still Under Pressure: Manila Versus the Militia," 16 April 2019, https://amti.csis.org/still-under-pressure-manila-versus-the-militia/.

[104] AMTI, "Updated: China Risks Flare-Up over Malaysian, Vietnamese Gas Resources.".

[105] Poling, "Illuminating the South China Sea's Dark Fishing Fleets."

[106] AMTI, "Under Pressure: Philippine Construction Provokes a Paramilitary Response."

賓漁船圍攻，中方船隻撤離時，因避讓不及左舷燈光架的鋼絲纜鉤到一艘菲漁船駕駛室，菲漁船船體傾斜尾部入水；強調中方船長試圖施救，但又懼怕菲多艘漁船圍攻，故在目睹菲出事船隻漁民獲救後駛離現場。[107]

這些細節立即引起了菲律賓媒體的猜測，認為該船可能是海上民兵，是故意撞擊 Gemver 號。就公開數據而言，此點無從得知。然而，調查表明，該船不僅僅是一艘商業漁船。它曾多次受委託進行由中國政府支援的研究，它從電白區博賀港駛出，而博賀港駐紮著公開的海上民兵部隊，而且其不完整的自動識別系統歷史記錄非常可疑。[108]所有這些都表明，粵茂濱漁 42212 號很有可能至少在某些時候是作為民兵組織在航行。但是，很難找到證據加以證明，成為問題的關鍵所在，民兵之所以對中國有價值，在很大程度上是因為它能保持一定程度的可抵賴性，而這正是解放軍海軍和中國海警所不具備的。如果民兵船隻太過分，魯莽行事導致撞船事故，他們總是可以聲稱自己是不幸事故中的平民。

中國的行動表明，中國致力於實現控制九段線內所有之水域、領空和海底的目標，至少會阻止鄰國在未經中國事先許可的情況下在其專屬經濟區內採取任何單方面行動。菲律賓在中業島施工的騷擾表明，儘管中國政府目前並不準備動用軍事力量將其他聲索國趕出其占據的地物，但會愈來愈多地阻止他們升級這些設施。中國不得不接受其他聲索國的占領，但希望他們的設施盡可能保持脆弱，尤其是在未來遭到封鎖時，就像 2014 年對馬德雷山（Sierra Madre）試圖封鎖一樣。干擾馬來西亞和越南沿海能源開發的行動證實，中國不僅不願意接受南海新的石油和天然氣特許權，還認為自己的地位足以阻止在現有特許權內進行新的鑽探。迄今為止，越南和馬來西亞都在抵制這種壓力，至少在專案被認為足夠重要時是如此。但不能指望它們永遠這樣做。如果在萬安灘（Vanguard Bank）附近和沙撈越近海的行動是未來的藍圖，那麼直接抵抗將變得愈來愈徒勞。越南對第 5 白龍鑽井平臺（Hakuryu-5）的騷擾和「海洋石油 8

---

[107] 中華人民共和國駐菲律賓共和國大使館，〈關於中菲漁船相撞事故的聲明〉，2019 年 6 月 14 日，http://ph.china-embassy.gov.cn/sgdt/201906/t20190614_1215638.htm。
[108] AMTI, "Seeking Clues in the Case of the Yuemaobinyu 42212."

號」的勘測進行了盡可能直接的抗爭，而且可能比中國預期的更為強烈。馬來西亞在西卡佩拉號附近的巡邏也是如此。但他們不可能永遠保持這種行動節奏。

雖然越南和馬來西亞的這些努力取得了成功，就像河內在 2014 年抵制部署「海洋石油 981」號一樣，但它們不可能對今後的每一次油氣鑽探嘗試都做出同樣的反應。即使他們願意，面對中國的公開施壓，又有多少外國公司會像俄羅斯石油公司（Rosneft）一樣願意接受這種程度的風險並進行鑽探呢？如果一艘海上補給船因誤判或故意而沉沒，會發生什麼情況？如果未來在南海的所有鑽探都必須接受這種程度的風險，那麼馬來西亞和越南將發現很少有人願意在其近海領域投資。如果這種行為模式蔓延開來，其他聲索國也會如此。中國海警和海上民兵的這些行動並不一定是為了說服鄰國在每次事件中都退讓，而是為了將在南海作業的風險逐步提高到不可接受的水準。如果此類情況繼續下去，東南亞聲索國最終將只有兩個選擇：在其專屬經濟區和大陸礁層內的所有活動中與中國合作，或者完全放棄其海洋權益。

此戰略將不可避免地導致暴力。中國政府已授權數百艘訓練不足、未著軍裝的民兵船隻故意以魯莽和非法的方式靠近其他船隻。下一次類似的「寶石－維爾」號事件可能會導致東南亞有關各方喪生。這很可能會破壞目前的外交表象（包括行為準則談判和雙邊談判），除非這些努力因為頻繁的石油和天然氣對峙而首先分崩離析。那麼，接下來會發生什麼呢？當前現狀的崩潰將為東南亞聲索國和外部夥伴提供機會，讓他們開始更現實的努力來管理爭端。這一努力的一部分應包括聲索國之間就漁業管理和海底資源等具體問題在東盟範圍外進行談判，並邀請中國參與。東協的非聲索國成員沒有理由參與此類討論（他們並不想參與，而且在東協層面進行的任何努力都註定會失敗，就像 1990 年代以來的情況一樣）。東協之外的多邊努力將首次允許聲索國制定切實可行的計畫來管理暴力的近因——漁業爭端、石油和天然氣開發以及執法互動。如果他們能提出自己的共同談判要點，就可以將其提交給中國政府。

對域外國家而言，為什麼中國會同意進行如此的外交努力，因為這將首次要求中國做出真正的讓步？這需要中國政府改變成本效益分析。中國正確地計算出，自 2016 年以來，它一直在穩步取得進展，幾乎沒有付出任何代價。但如果它開始為自己的不良行為付出具體的外交和經濟代價，它可能會決定，尋求面子上的妥協來管理爭端比目前的強制手段更有利。與 2015 年和 2016 年相同程度的公開點名羞辱將是這種方法的一部分。但除此之外，地區國家和美國等外部各方也應合作，揭露並更好地宣傳中國軍隊，尤其是海上民兵的行動。如果他們不能披著隱蔽的外衣行動，他們對中國政府來說就會失去很多價值。而且，如果能公開識別它們的身分並追蹤其實際擁有權，就能對它們實施直接經濟制裁，就像對參與烏克蘭準軍事行動的俄羅斯實體或已知向北韓走私的中國公司一樣。這些努力，再加上地區國家不斷增強的海域感知能力，以及美國和外部各方持續、強有力的安全存在，都可能使中國的算盤轉向妥協。這不會一蹴而就，也不會是一帆風順或毫無風險的過程。但唯一的選擇似乎是中國當前的戰略引發衝突，或者東南亞默許中國控制其專屬經濟區和大陸礁層。

中國海上民兵參與了在南海因為石油和天然氣發生的對峙行動。他們在 2019 年底和 2020 年初與中國海警共同護送一艘中國的勘測船海洋地質 8 號，中國海警船，在越南與馬來西亞外海單獨進行為期數月的勘測作業。中國出動的民兵船隻的確切數量並不清楚，但有消息來源指出，大約有 40 艘到 80 艘船隻參與行動，有些是中國海警和解放軍的船隻，但大多數可能是中國海上民兵的船隻。

中國海上民兵的活動顯示，他們在南沙群島的部署型態會隨著時間的推移而有所變化。在 2017 年底和 2018 年底期間，中國在南沙群島常態部署的海上民兵的船隻可能增加到大約 300 艘，其中大多數船隻會不時停泊在渚碧礁和美濟礁的港口數週。2018 年 12 月以後，這些船隊的分布位置就較為分散，在中業島附近集結的船隊規模最大。2020 年初，在九章群礁附近集結的中國海上民兵船隻數量開始增加，尤其是牛軛礁。2020 年 5 月，上述船隊的船隻數量達到 100 艘，之後數量有減少，但是在 2020 年底前又增加到將近 200 艘。

2021 年 4 月，海上民兵船隻的活動逐漸停止，但是他們的移動自此變得更為頻繁，而且數量沒有減少。此時大多數在牛軛礁的中國海上民兵船隻移動到附近的東門礁，最高數量一度超過 150 艘。其中一支船隊也前往鄭和群礁的北方，包括中國在南薰礁的基地和越南在鴻庥島上的基地。2021 年 5 月，幾乎所有位於東門礁船隻都移動到鄭和群礁，在此集結的船隻數量超過 230 艘。一個月之後，這些船隻大多數回到九章群礁，在東門礁附近停留。2021 年 6 月中旬以前，東門礁附近的船隻數量將近 240 艘，南薰礁仍有 70 艘。自 2018 年 8 月以來，中國大致在南沙群島部署了總數約 300 艘左右的海上民兵船隊群，他們依靠中國的人工島礁提供後勤支援，但活動範圍不再限於這些港口內。

第四節　結語：基於規則的國際秩序

就戰略競爭以及以規則為基礎的秩序脈絡而言，若美國、澳洲、日本和歐洲國家等志同道合的夥伴不能協助南海東南亞聲索國避免向中國政府屈服，達成更加公平的妥協，那麼他們將發現整個印太地區的開放性和穩定性將大打折扣。如果南海爭端以對中國政府有利的方式得到解決，而中國政府卻沒有為此付出重大代價，此將為日益強大的中國如何處理該地區的其他問題開創重大的先例。因為此還會暗示國際法不必適用於中國的後院，此可能是嚴重破壞穩定的轉折。這相當於回到了第二次世界大戰前的國際政治，法律、規範和制度不再約束大國行使權力。華盛頓認為基於規則的國際秩序將鞏固美國在印太地區的勢力。很難想像美菲同盟能在美國如此赤裸裸地不協助維護盟國合法權利的情況下存活下來。就更廣泛的意義而言，當美國顯然無法確保東南亞地區的利益不受中國的脅迫時，他們不太可能繼續支持美國的前沿軍事存在。當前最大的挑戰就是灰色地帶策略的運用。

第二篇

分　論

第三章　南海法律戰

　　南海引發的爭端，不僅來自和平時期對《聯合國海洋法公約》的詮釋之爭，並在南海海域浮現介於和平與戰爭的「灰色地帶」，而且進一步引發在海洋浮現的新興技術為基礎的海軍戰爭法的探討。南海因其重要的地緣政治和經濟地位，成為多國領土和海洋權益爭端的熱點。尤其是中國與菲律賓、越南、馬來西亞等國之間的領土爭議，已經引發了多次國際性的法律和外交交鋒。南海爭端中的法律戰（Lawfare），尤其是 2016 年菲律賓針對中華人民共和國（以下簡稱「中國」）提起的南海仲裁案（*The South China Sea Arbitration; The Republic of Philippines v. The People's Republic of China*）。此仲裁案成為國際海洋法史上的重要案例，不僅因為其涉及的複雜法律問題和廣泛的國際關注，更因為它展示了法律在國際爭端中的戰略性使用，亦即所謂的「法律戰」。法律戰係指利用國際法律制度和司法機構來達成政治和戰略目標的一種手段。

　　2009 年 5 月 7 日，中國政府阻止提交給《聯合國海洋法公約》（*United Nations Convention on the Law of the Sea*, UNCLOS；以下簡稱《公約》）所有締約國和聯合國會員國的普通照會。照會表達了中國對其「對南海諸島及其附近海域擁有無可爭辯的主權」。照會還確立了其對相關水域、海床和底土的權利和管轄權。當然，這些說明是對 2009 年 5 月馬來西亞和越南向大陸礁層界限委員會提交的聯合劃界案（涉及 200 海里以外的大陸礁層外部界限）的回應。中國政府要求委員會不要考慮這兩個國家提出的要求，並提供了「九段線」呈 U 形的南海地圖，聲稱對南海擁有無可爭辯的主權。

　　南海仲裁案的裁決對國際法的發展具有深遠影響。裁決結果不僅涉及《公約》對於領土主權和海洋權益的解釋，還對環境保護義務、人類共同遺產的保護等議題提出了重要見解。此外，隨著新興技術的發展，南海地區的法律戰和軍事對抗日益複雜化，新技術如無人機、自主航行系統的應用，進一步挑戰了現有的海戰法規則。

　　本章旨在經由分析南海仲裁案，探討法律戰在現代國際關係中的角色和意涵，特別是其對國際法和海洋法的影響。透過對南海爭端的法律分析，世人可以更清晰地理解國際法律在解決複雜地緣政治爭端中的力量和侷限，並思考未來如何完善國際法律制度，以應對不斷變化的全球挑戰。

　　在法律戰的基礎上，本章探討南海仲裁案的國際法意涵。儘管仲裁庭在其案情裁決中強調雙方有義務「和平解決他們的爭端，並善意遵守公約和本裁決」，[1]然而，中國並不接受南海仲裁的裁決。2016 年 7 月 12 日，中華人民共和國外交部明確表示，「（關於案情）的裁決無效，不具有約束力。中國既不接受也不承認」。[2]北京在 2016 年 7 月 13 日的《中國堅持通過談判解決中國與菲律賓在南海的有關爭議》也強調，「中國不接受也不承認這些裁決。中方反對並且永遠不會接受基於這些裁決的任何聲索或行動」。[3]然而，根據《公約》附件七第 296 條第 1 款和第 11 條，裁決是終局裁決，對雙方具有約束力。[4]

1　*PCA Case No 2013-19. The South China Sea Arbitration Award (Merits)* (12 July 2016), p. 1200.

2　中華人民共和國外交部，〈中華人民共和國外交部關於應菲律賓共和國請求建立的南海仲裁案仲裁庭所作裁決的聲明〉，2016 年 7 月 12 日，https://www.mfa.gov.cn/nanhai/chn/snhwtlcwj/201607/t20160712_8521047.htm，重新出版於 Chinese Society of International Law (CSIL), *The South China Sea Arbitration: A Critical Study* (Foreign Languages Press, 2018), p. 561, https://academic.oup.com/chinesejil/article/17/2/207/4995682. 此一立場得到了中國外交部長王毅的確認，他表示：「其裁決明顯擴權、越權，不可能產生任何法律效力。」參見南海問題，〈中國外長王毅就所謂南海仲裁庭裁決結果發表談話〉，2016 年 7 月 12 日，https://www.mfa.gov.cn/nanhai/chn/wjbxw/201607/t20160712_8524569.htm。對於其他中國的聲明，參見 https://www.mfa.gov.cn/nanhai/chn/. 中國國際法學會採取了同樣的立場，指出「仲裁庭顯然對菲律賓的呈件沒有管轄權，其裁決在事實上和法律上都是毫無根據的，因此是無效的。」*See* CSIL, *The South China Sea Arbitration: A Critical Study*, p. 517.

3　中華人民共和國中央人民政府，〈中國堅持通過談判解決中國與菲律賓在南海的有關爭議〉，2016 年 7 月 13 日，http://www.gov.cn/zhengce/2016-07/13/content_5090812.htm，重新出版於 CSIL, *The South China Sea Arbitration: A Critical Study*, p. 567.

4　*The South China Sea Arbitration Award (Merits)*, p. 1180. 亦可參見 Ted L. McDorman, "The South China Sea Arbitration: Selected Legal Notes," *Asian Yearbook of International Law*, Vol. 21 (2017), pp. 1, 6; Alfredo C. Robles, *The South China Sea Arbitration: Understanding the Awards and Debating with China* (Liverpool University Press, 2019), p. 247. 不遵守仲裁裁決也將違背誠信原則，因為司法裁決必須由訴訟各方真誠地執行。Robert Kolb, *Good Faith in International Law* (Hart Publishing, 2017), p. 240. 亦可參見《聯合國憲章》第 2(2)條。

即令中國持續否認南海仲裁裁決的約束性質，但此並非意味裁決沒有任何價值。換言之，國際司法裁決的有效性（或影響）並不總是由爭端國或相關國家的直接反應來評估。[5]南海仲裁案的價值必須從多個視角檢驗。本章探討南海爭端的國際法檢視，聚焦於南海仲裁裁決的角色和法律意涵，重點關注以下問題：南海仲裁對和平解決菲律賓與中國之間的爭端有什麼角色？南海仲裁裁決對國際法的發展有何意涵？南海仲裁裁決對保護社群的海洋利益有何意涵？時間要素的考慮對國際法相關規則的解釋或適用有何影響？以及技術的進步如何影響未來海戰法的發展？

在前言之後，本章探討法律戰的起源與定義，尤其是國際法的重要性；然後探討中國依據法律戰本質的堅持與捍衛自身權益，再次視南海仲裁在和平解決菲中爭端中的角色、南海仲裁對國際法尤其是海洋法發展的影響。此外，本章探討了南海仲裁是否以及在多大程度上影響了海洋社群利益的保護。其後探討仲裁中時間要素的考慮。最後，在結論之前，必須了解海洋衝突已經出現前所未有的情形，南海爭議不僅影響和平時期的國際海洋法，還應探討戰爭時期的戰爭海洋法。

第一節　法律戰的起源與定義

雖然法律作為戰爭武器的概念在鄧拉普（Charles Dunlap, Jr.）的文章中首次稱之為「法律戰」，但此既為概念又為術語早於鄧拉普將渠等聯繫起來前即已使用。一般而言，將法律作為戰爭武器的做法可以追溯到「國際法之父」格勞秀斯（Hugo Grotius）。在 1600 年代前十年，包括格勞秀斯荷蘭在內的歐洲國家，為爭奪航海貿易路線的控制權而激烈競爭。[6]葡萄牙經由部署自身的海軍，試圖將荷屬東印度公司（Dutch East India Company, DEIC）排除在印度洋

5　Ted L. McDorman, "The South China Sea Tribunal Awards: A Dispute Resolution Perspective," *Asia-Pacific Journal of Ocean Law and Policy*, Vol. 3, Issue 1 (2018), pp. 134, 143.

6　Hugo Grotius, *The Freedom of the Sea* (1608) (CreateSpace Independent Publishing Platform, 2018).

之外，以保護其利潤豐厚的香料貿易。[7]荷屬東印度公司聘請格勞秀斯設計理論，據此「可以正當地對葡萄牙人發動攻勢，並從葡萄牙獲取戰利品」，理由是葡萄牙人「錯誤地試圖排斥荷蘭人」。[8]

為了回應荷屬東印度公司的委託，格勞秀斯撰寫了他的經典著作《海洋自由論》（*Mare Liberum*），1609 年首次出版，他在書中提出，依據《萬國公法》（*Law of Nations*），「海洋屬於所有人」，而且所有國家都可以自由使用海洋進行海上貿易。[9]到了 1700 年代，「大多數國家」都採納了格勞秀斯「海洋自由的思想」。[10]因此，「格勞秀斯利用法律來實現荷蘭軍事力量無法實現的目標，從而在現代國際法中鞏固了海洋自由的概念」。[11]

格勞秀斯的成功之所以如此引人注目，部分原因是他提出的學說較許多社會經濟和技術因素早了大約四百年，而這些因素正在使法律成為 21 世紀衝突中更加強大和普遍的武器。這些因素在 1990 年代中期開始突顯出來。因此，在鄧拉普的文章發表之前的五年裡，許多國際法、政策官員和分析家都提到了法律作為戰爭武器日益強大的力量，在許多意義上預示到了鄧拉普的論點，儘管沒有使用「法律戰」一詞。舉例而言，1996 年，中華人民共和國國家主席江澤民向一群中國國際法專家建議，中國「必須善於利用國際法作為武器」。[12]

1999 年，兩名中共解放軍上校撰寫《超限戰》（*Unrestricted Warfare*）一書，並由中國軍方出版社出版，書中反覆提到了以法律為武器的概念，有時將

---

7 R. P. Anand, "Maritime Practice in South-East Asia Until 1600 A.D. and the Modern Law of the Sea," *International and Comparative Law Quarterly*, Vol. 30, No. 2 (April 1981), pp. 440, 442.

8 *Ibid*. p. 442.

9 Grotius, *The Freedom of the Sea* (1608), p. 28.

10 Glenn M. Sulmasy and Chris Tribolet, "The United Nations Convention on the Law of the Sea," in Paul Rosenzweig, Timothy J. McNulty, and Mary Ellen Shearer, eds., *National Security Law in the News: A Guide for Journalists, Scholars and Policymakers* (American Bar Association, 2012).

11 John W. Bellflower, "The Influence of Law on Command of Space," *Air Force Law Review*, Vol. 65 (2010), pp. 107, 112.

12 Dong Wang, *China's Unequal Treaties: Narrating National History* (Rowman & Littlefields Publishers, 2005), p. 128; Jonathan G. Odom, "A China in the Bull Shop? Comparing the Rhetoric of a Rising China with the Reality of the International Law of the Sea," *Ocean and Coastal Law Journal*, Vol. 17, No. 2 (2012), pp. 201, 223, https://core.ac.uk/download/pdf/234108873.pdf.

其稱為「法律戰」（Legal Warfare）。[13]該書列舉了「非軍事戰爭的案例」，其中包括「制定主要有利於某個國家的國際法」。[14]列表還包括「在國際舞臺上使用國內貿易法」，該書聲稱「這種做法的破壞力與軍事行動相當」。[15]

鄧拉普在 2001 年 11 月發表的開創性文章中首次使用了「法律戰」一詞，其部分內容是對前一年芮福金（David Rivkin）和凱西（Lee Casey）一篇具有影響力文章的呼應。芮福金和凱西在他們的文章中斷言，包括美國的盟友和對手都「選擇使用」國際法「作為一種手段來制約，或者至少是駕馭美國的權力。」[16]芮福金和凱西指出的案例包括當時新興的國際刑事法院（International Criminal Court, ICC），國際刑事法院有能力起訴違反國際刑法行為的美國官員，然而「其含義模糊不清，從而在應用上非常的不穩定」。[17]芮福金和凱西警告，「若讓 1990 年代的國際法趨勢成熟」，「國際法似乎得以證明是針對美國最有力的武器之一。」[18]

芮福金和凱西認為，「好消息是國際法可以作為積極的力量發揮功用，能夠促進更加穩定的國際環境，並推動我們的國家利益」。[19]為了實現此目標，他們敦促美國「積極努力塑造國際法」，就像荷蘭人利用格勞秀斯宣導海洋自由那樣。[20]芮福金和凱西指出，「作為世界上最傑出的大國」，美國「在塑造國際法方面既有最大的機會，也有最迫切的需要」。[21]他們建議，如果美國將國際法納入「美國的治國之術」（American Statecraft），「有意識地協調外交政策和國際法的必要性」，而且「從整體上，而不是從單一問題上處理國際法

---

[13] 舉例而言，參見喬良、王湘穗，〈第三章，背離經典的經典〉，收錄於《超限戰》（解放軍文藝出版社，1999 年）；以及後續的喬良、王湘穗，《超限戰——中國人提出的新戰爭觀美國人如何應對》（長江文藝出版社，2016 年）。

[14] 同上註，〈第三章，背離經典的經典〉。

[15] 同上註，〈第三章，背離經典的經典〉，http://www.cryptome.org/cuw.htm。

[16] David B. Rivkin, Jr. and Lee A. Casey, "The Rocky Shoals of International Law," *National Interest*, No. 62 (Winter 2000/2001), pp. 35-45.

[17] *Ibid.*, p. 38.

[18] *Ibid.*, p. 36.

[19] *Ibid.*, p. 36.

[20] *Ibid.*, p. 41.

[21] *Ibid.*, p. 36.

所帶來的當前問題」，[22]就能最有效地抓住該機會。

　　雖然「法律戰」一詞首次出現在 1975 年卡爾森（John Carlson）和約曼斯（Neville Yeomans）一篇相關的論文中，但他們並非將法律作為戰爭武器的概念。[23]卡爾森和約曼斯對西方法律體系變得過於敵對表示關切，他們認為：「法律戰取代了戰爭，決鬥是用語言而不是用劍。」[24]對卡爾森和約曼斯而言，法律戰顯然是混合詞，換言之，此術語的形式和意義是由「法律」和「戰爭」兩個不同的詞語混合而成。卡爾森和約曼斯創造的「法律戰」術語在很大程度上或完全沒有受到國際法和政策領域所注意，迄至鄧拉普在 2001 年將其與法律作為戰爭武器的概念結合起來，使「法律戰」一詞在國際法律和政策領域廣泛傳播。[25]

　　鄧拉普認為，「法律戰」即使用法律作為戰爭武器，是 21 世紀戰鬥的最新特徵。[26]他還提出了第二個略有不同的定義，稱「法律戰描述了一種戰爭方法，在此方法中，法律被用作實現軍事目標的手段」。[27]在隨後的文章中，鄧拉普採用了第三個也是略有不同的定義，他將法律戰定義為「使用或濫用法律作為傳統軍事手段的替代品，以實現戰鬥目標的戰略」。[28]

　　當然，鄧拉普所有三種法律戰的定義都是保持價值的中立。按照如此的界定，法律戰本質上既非善，亦非惡，但與大多數其他武器一樣，可以「由交戰雙方中的任何一方運用」，[29]並「根據運用者的心態，用於善或惡的目的」。[30]

---

[22] *Ibid.*, pp. 36, 41.

[23] John Carlson and Neville Yeomans, "Whither Goeth the Law—Humanity or Barbarity," in M. Smith & D. Crossley, eds., *The Way Out—Radical Alternatives in Australia* (Lansdowne Press, 1975), http://www.laceweb.org.au/whi.htm.

[24] *Ibid.*

[25] Charles J. Dunlap, "Law and Military Interventions: Preserving Humanitarian Values in 21st Conflicts," paper prepared for the Humanitarian Challenges in Military Intervention Conference, Carr Ctnter for Human Rights Policy, Kennedy School of Government, Harvard University, Washington, D.C., 2001, November 29), http://people.duke.edu/~pfeaver/dunlap.pdf.

[26] *Ibid.*

[27] *Ibid.*

[28] *Ibid.*

[29] *Ibid.*

[30] *Ibid.*, p. 122.

鄧拉普在他的文章中解釋：「法律戰……主要集中在法律能夠產生與常規戰爭手段所追求的相同或類似效果的情況。」[31]鄧拉普說，法律戰「只是另一種武器，比喻說，是透過將法律書籍打造成刀劍而產生」。[32]

後來，他對法律戰一詞的價值中立的定義出現了不同的想法，鄧拉普描述了法律戰的影響，至少從美國國家安全的角度來看主要屬於惡性。舉例而言，他認為：「有令人不安的證據表明，法治正被劫持為另一種戰鬥方式（法律戰），從而損害了人道主義價值觀和法律本身。」[33]他還說，「美國的敵人」「不再能夠嚴肅對抗美國，遑論在軍事上擊敗美國了……，從而訴諸一種可以稱之為『法律戰』的戰略」。[34]

然而，在隨後的文章中，鄧拉普提供了許多法律戰對美國國家安全產生有益影響的案例。他指出，許多此類的「『司法武器』之使用……避免了訴諸物理暴力的需要」，同時較傳統的軍事手段同樣有效或更有效。[35]鄧拉普舉例說明，「建立法治」[36]以確保人民不受叛亂主義者的侵害，以及「利用司法程序來解構恐怖主義融資」。[37]作為後者之例，他提到美國國務院正式指定巴基斯坦塔利班（Taliban）為「外國恐怖組織」，此「具有將提供給他們物質支援定為犯罪的效果」。[38]鄧拉普指出，雖然攻擊恐怖組織的資金「可能被一些人稱為『金融戰』而非『法律戰』，但某種程度而言「它仍然取決於司法文書和方法」。[39]

鄧拉普還將有針對性的貿易制裁列為「美國採取的可稱為『法律戰』的行動」的範例，並指出這種「司法『武器』所產生的效果與它們的動能類似物完

---

[31] *Ibid.*, p. 122.
[32] *Ibid.*, p. 122.
[33] *Ibid.*, p. 38.
[34] *Ibid.*, p. 38.
[35] *Ibid.*, p. 17.
[36] *Ibid.*, p. 124.
[37] *Ibid.*
[38] *Ibid.*, p. 125.
[39] *Ibid.*, p. 124.

全沒有區別」。[40]舉例而言，在 2003 年美國入侵伊拉克期間，「伊拉克空軍發現自己被一種法律手段——制裁——所束縛，就像被傳統空戰的任何結果所束縛一樣」。[41]「透過阻止購買新飛機和現有機隊的備件，伊拉克空軍遭到削弱了。」鄧拉普表示，「沒有一架飛機能夠對抗聯軍的空中艦隊」。[42]

　　本章主要是關於法律作為戰爭武器的使用（而不是，例如，關於法律戰一詞的不斷演變的使用）。本章為「法律戰」此概念和術語賦予了中立的內涵，主要的原因在於用中立的術語來描述將法律作為戰爭武器的使用，同時能夠將一些（而不是所有）法律戰的使用稱為「非法法律戰」（Illicit Lawfare），是有明顯的價值。為此概念賦予中立的內涵也符合中國的術語「法律戰」（Falu Zhan），它是中華人民共和國戰略理論的主要組成部分，並被用於中國相對先進的關於使用法律作為戰爭武器的文獻中。換言之，南海周邊國家皆試圖利用國際法與國內法作為達成南海聲索標的工具，以達到與戰爭同樣的效果。

第二節　中國對「九段線」的捍衛

　　南海爭端的核心是「九段線」（又稱「U 形線」）的合法性問題，中國和其他沿岸國對九段線的看法不盡相同。中國透過各種聲明表明，它將九段線區域和區域內的資源視為其領土和海洋邊界的一部分，並基於自身在九段線區域傳統捕魚和航運路線的歷史，聲索合法權利。中國以國內法合法自身在南海的權益，並且利用強大的海上執法力量，反證自身的合法權益，因為國內法需要國家組織機構的有效支持。除了與中國海洋問題相關的國內法體系外，制度結構、角色和範圍也是一國政治目標的全貌。

　　「九段線」最早出現在 1948 年的中國官方地圖之上。[43]雖然 1948 年的地

---

[40]　*Ibid.*, p. 123.
[41]　*Ibid.*
[42]　*Ibid.*, pp. 123-124.
[43]　*The South China Sea Arbitration Award (Merits)*, p. 181. 此外，仲裁庭指出「類似的段線也早在 1933 年就出現在私人製作的製圖中」，參見上註。根據李金明的說法，「九段線」的起源可以

圖原先有十一條段線，然而，1953 年，東京灣的兩條段線遭到刪除。[44]仲裁庭認為，九段線中聲索的權利範圍只有在 2009 年 5 月 7 日的中國「普通照會」中才清楚可見。[45]中國政府在普通照會中表示：中國對南海及其附近海域的島嶼擁有無可爭辯的主權，對相關海域及其海床和底土享有主權和管轄權。上述立場是中國政府一貫堅持的立場，在國際上廣為人知。[46]

　　普通照會附有一張「九段線」的南海地圖。此乃中國首次正式使用「九段線」來捍衛其對南海的主權。[47]就此論點而言，中國外交部條約法律司司長於 2016 年 5 月 12 日發表聲明：1948 年初，段線被繪製在中國的官方地圖之上。這是對中國在南海歷史上形成權利的確認，而不是提出新的主張。[48]

追溯到 1947 年。Li Junming and Li Dexia, "The Dotted Line on the Chinese Map of the South China Sea: A Note," *Ocean Development and International Law*, Vol. 34, Issue 3-4 (July 2003), p. 287. 亦可參見 US Department of State, *Limits in the Seas No. 143 China: Maritime Claims in the South China Sea* (5 December 2014), p. 3. 但高聖惕認為，1946 年 12 月出版了一張有「十一段線」的地圖，即「南海島嶼位置圖」，*See* Michael Sheng-Ti Gau, "The U-Shaped Line and a Categorization of the Ocean Disputes in the South China Sea," *Ocean Development and International Law*, Vol. 43, No. 1 (January/March 2012), p. 58. 弗蘭克斯（Erik Franckx）和貝納塔（Marco Benatar）也持相同的觀點：Erik Franckx and Marco Benatar, "Dots and Lines in the South China Sea: Insights from the Law of Map Evidence," *Asian Journal of International Law*, Vol. 2, No. 1 (January 2012), pp. 89-91.

[44] *The South China Sea Arbitration Award (Merits)*, para. 181.亦可參見 Zhuguo Gao and Bing Bing Jia, "The Nine-Dash Line in the South China Sea: History, Status, and Implications," *Asian Journal of International Law*, Vol. 107, No. 1 (January 2013), pp. 98, 103.

[45] *The South China Sea Arbitration Award (Merits)*, p. 275.

[46] CML/17/2009 and CML/18/2009, Memorial of the Philippines, Vol VI, Annexes 191 and 192. CML/17/2009, http://www.un.org/Depts/los/clcs_new/submissions_files/mysvnm33_09/chn_2009re_mys_vnm_e.pdf.

[47] Keyuan Zou, "China's U-Shaped Line in the South China Sea Revisited," *Ocean Development and International Law*, Vol. 43, Issue 1 (February 2012), pp. 18, 23. 亦可參見 Clive R. Symmons, "Rights and Jurisdiction over Resources and Obligations of Coastal States," in Tran Truong Thuy and Le Thuy Trang, eds., *Power, Law, and Maritime Order in the South China Sea* (Lexington Books, 2015), pp. 145, 153. 此段線包括約 2,00 萬平方公里的海洋空間，約相當於中國陸地面積的 22%。US Department of State, *Limits in the Seas No. 143 China: Maritime Claims in the South China Sea*, p. 4.

[48] 中華人民共和國外交部，〈外交部條法司司長徐宏就菲律賓所提南海仲裁案接受中外媒體採訪實錄〉，2016 年 5 月 12 日，https://www.mfa.gov.cn/web/gjhdq_676201/gj_676203/yz_676205/1206_676452/1209_676462/201605/t20160512_7977721.shtml。

　　然而，中國尚未闡明其對「九段線」含義的理解。[49]顧名思義，「九段線」係由九條段線組成的系列；它缺乏精確的地理坐標。[50]段線不是均勻的分布。「九段線」的地理描述更加複雜，因為段線的大小和位置會根據所查詢的地圖而有所不同。[51]此外，2009 年的普通照會上附有「九段線」的地圖沒有顯示基準，此為大地測量中使用的參考數據。[52]2013 年，中國地圖出版集團發布了具有「十段線」的新直版地圖，隨後在 2014 年由湖南地圖出版社複製。[53]新直版地圖包括位於臺灣東部的第十條段線。但是，與之前的「九段線」一樣，「十段線」也缺少坐標以指明十段線的確切的位置。[54]

　　至於地圖是否應被理解為支持中國對南海聲索的證據，目前尚不清楚。[55]

---

[49] *The South China Sea Arbitration Award (Merits)*, p. 180. 就此而言，美國國務院表示有三種不同的詮釋：段線是對島嶼的聲索；段線是國家邊界；以及段線是歷史聲索：US Department of State, *Limits in the Seas No. 143 China: Maritime Claims in the South China Sea*, p. 11.亦可參見 Junming and Dexia, "The Dotted Line on the Chinese Map of the South China Sea: A Note," p. 291; Keyuan Zou and Liu Xinchang, "The U-Shaped Line and Historic Rights in the Philippines v China Arbitration Case," in Shicun Wu and Keyuan Zou, eds., *Arbitration Concerning the South China Sea: Philippines Versus China* (Routledge, 2016), pp. 127, 132; Taisaku Ikeshima, "China's Dashed Line in the South China Sea: Legal Limits and Future Prospects," *Waseda Global Forum*, No. 10 (2013), pp. 17, 19, https://core.ac.uk/download/pdf/144455129.pdf.

[50] Masahiro Miyoshi, "China's 'U-Shaped Line' Claim in the South China Sea: Any Validity Under International Law?," *Ocean Development and International Law*, Vol. 43, Issue 1 (January 2012), pp. 1-17; Florian Dupuy and Pieere-Marie Dupuy, "A Legal Analysis of China's Historic Rights Claim in the South China Sea," American Journal of International Law, Vol. 107, No. 1 (January 2013), pp. 124, 132; Clive R. Symmons, "Historic Waters and Historic Rights in the South China Sea: A Critical Appraisal," in Shicun Wu, Mark Valencia, and Nong Hong, eds., *UN Convention on the Law of the Sea and the South China Sea* (Ashgate, 2015), pp. 191, 221.

[51] US Department of State, *Limits in the Seas No. 143 China: Maritime Claims in the South China Sea*, pp. 4-5; Symmons, "Historic Waters and Historic Rights in the South China Sea: A Critical Appraisal," p. 221. 亦可參見 Ikeshima, "China's Dashed Line in the South China Sea: Legal Limits and Future Prospects," pp. 31-32.

[52] Franckx and Benatar, "Dots and Lines in the South China Sea: Insights from the Law of Map Evidence," p. 111.

[53] *Ibid.*, p. 3. 湖南地圖出版社的地圖是 http://en.people.cn/n/2014/0624/c90882-8745925.html. 然而，目前尚不清楚中國政府如何認可 2014 年的新地圖。評論家對此似乎意見不一。就此而言，參見 Symmons, "Historic Waters and Historic Rights in the South China Sea: A Critical Appraisal," p. 215.

[54] Symmons, *ibid.*, p. 219. 由於南海仲裁庭一直稱「九段線」而非「十段線」，因此本章也以「九段線」指稱。

[55] Dupuy and Dupuy, "A Legal Analysis of China's Historic Rights Claim in the South China Sea," p. 131.

無論如何，國際法院在「邊境爭端」（Frontier Dispute）一案中指出，「地圖僅構成資訊，其準確性因案件而異；但其（地圖）本身，並僅憑其存在就不能構成領土所有權。」[56]

仲裁庭認為，唯有將地圖附在構成組成部分的官方文本之後，方能獲得法律效力。[57]鑑於 2009 年 5 月 7 日的中國普通照會缺乏地理坐標，對於 2009 年普通照會是否可視之為提供中國對南海聲索依據的官方文本，人們可能會表示懷疑。無論如何，由於缺乏精確性、清晰度和一致性，表明「九段線」的地圖是否可以作為中國對南海聲索的依據，[58]勢必成為法律戰的標的。就此而言，帕爾馬斯島（Island of Palmas）案的仲裁員胡伯（Max Huber）認為：「要作為法律依據的地圖，首先要具備的條件是其地理準確性。」[59]因此，2011 年 4 月 14 日中國的普通照會並未提及「九段線」，但聲稱南海擁有主權，相關權利和管轄權並得到「豐富的歷史和法律證據」的支持。[60]

[56] Frontier Disputes (Burkina Faso/Republic of Mali), Judgment, [1986] ICJ Rep 554, 582, p. 54.

[57] *Ibid.* 此外，小田（Oda）法官在 *Kasikili/Sedudu* 案的個別意見中指出，「單憑地圖本身，沒有其他輔助證據，無法證明政治主張的合理性」。Separate Opinion of Judge Oda in Kasikili/Sedudu Island (Botswana/Namibia), Judgment of 13 December 1999, [1999] ICJ Rep1045, 1134, p. 40. 亦可參見 Dupuy and Dupuy, "A Legal Analysis of China's Historic Rights Claim in the South China Sea," pp. 133-134; Miyoshi, "China's 'U-Shaped Line' Claim in the South China Sea: Any Validity Under International Law?," pp. 4-5; Luicus Caflisch, "Les frontières, limites et délimitations internationales-quelle importance aujourd'hui?", *Recueils des Cours de l'Académie de Droit International de La Haye* (2013), pp. 9, 36-38; Hugh Thirlway, "Territorial Disputes and Their Resolution in the Recent Jurisprudence of the International Court of Justice," *Leiden Journal of International Law*, Vol. 31, No. 1 (March 2018), pp. 117, 134-135; Katherine Del Mar, "Evidence in Territorial Disputes," in Marcelo G. Kohen and Mamadou Hébié, eds., *Research Handbook on Territorial Disputes in International Law* (Edward Elgar Publishing, 2018), pp. 417, 424-428.

[58] US Department of State, *Limits in the Seas No. 143 China: Maritime Claims in the South China Sea*, p. 18; Dupuy and Dupuy, ibid., p. 132.

[59] Island of Palmas (Netherlands v USA), Award of 4 April 1928, (1949) 2 RIAA, pp. 829, 853.

[60] 中華人民共和國常駐聯合國代表團提給聯合國秘書長普通照會，CML/8.2011，2011 年 4 月 14 日，https://www.un.org/depts//los/clcs_new/submissions_files/mysvnm33_09/chn_2011_re_phl.pdf。亦可參見 Franckx and Benatar, "Dots and Lines in the South China Sea: Insights from the Law of Map Evidence," p. 93. 就此而言，杜佩（Florian Dupuy and Pieere-Marie Dupuy）認為，2011 年普通照會遺漏「九段線」可視為該地圖與歷史權爭論無關的表示：Dupuy and Dupuy, "A Legal Analysis of China's Historic Rights Claim in the South China Sea," p. 133.

中國在其各種聲明中聲索擁有其對南海的歷史性權利。[61]然而，根據仲裁庭的說法，中國從未明確澄清其要求保護的歷史性權利的性質或範圍。[62]在審查中國聲索的南海權利的合法性時，歷史性權利的概念是關鍵要素。

《聯合國海洋法公約》沒有關於「歷史性權利」的規定。它也沒有提供有關歷史水域的任何規定。[63]儘管《聯合國海洋法公約》第 15 條和第 298(1)(a)(i)條提到了「歷史所有權」（Historic Title）一詞，[64]但《公約》在此概念上沒有提供進一步的明確性界定。即使第 10 條第(6)款和第 298 條第(1)款(a)項提到了「歷史海灣」（Historic Bay）一詞，也沒有試圖闡明《公約》中「歷史海灣」的概念。[65]因此，時間概念的問題，即歷史所有權、歷史性權利、歷史水域和歷史海灣，皆受習慣國際法管轄。[66]

就此方面尤其重要的是「歷史性權利」和「歷史所有權」之間的區別。因此，根據第 298(1)(a)條，「有關海洋劃界的第 15、74 和 83 條的解釋或適用的爭端，或涉及歷史性海灣或擁有權的爭端」，被排除在附件七仲裁庭的管轄權之外。因此，在確立仲裁庭管轄權時，歷史性所有權的概念是否涵蓋歷史性權利的概念是關鍵的問題。

---

[61] *The South China Sea Arbitration Award (Merits)*, p. 200. 事實上，中國一再提到「在歷史長河中」形成的權利。舉例而言，參見中華人民共和國外交部，〈外交部條法司司長徐宏就菲律賓所提南海仲裁案接受中外媒體採訪實錄〉；中華人民共和國駐瓜亞基爾總領事館，〈2011 年 9 月 15 日外交部發言人姜瑜舉行例行記者會〉，2011 年 9 月 15 日，http://guayaquil.china-consulate.gov.cn/fyrth/201109/t20110915_5046693.htm。Memorial of the Philippines, vol V, 30 March 2014, Annex 113. 中國也直接提到其「歷史權利」。舉例而言，參見 Memorandum from the Embassy of the Republic of the Philippines in Beijing to the Secretary of Foreign Affairs of the Republic of the Philippines, No ZPE-064-2011-S, 21 June 2011, 6, para 8. Memorial of the Philippines, vol IV, 30 March 2014, Annex 72.

[62] *The South China Sea Arbitration Award (Merits)*, p. 180.

[63] 布歇（Leo J. Bouchez）將「歷史水域」定義為「沿岸國違反一般適用的國際法規則，在相當長的時間內，在國家團體的默許下，明確、有效、持續地行使主權權利的水域」。Leo J. Bouchez, *The Regime of Bays in International Law* (Sijthoff, 1964), p. 281.

[64] 此外，《公約》第 10(6)條提及「歷史性海灣」。

[65] Symmons, "Historic Waters and Historic Rights in the South China Sea: A Critical Appraisal," p. 191.

[66] *Ibid.*, p.8; Zou Keyuan, "Historic Rights in the South China Sea," p. 242. 公約序言申明「本公約未規範之事項繼續依一般國際法之規則與原則辦理」。亦可參見 Continental Shelf (Tunisia/Libyan Arab Jamahiriya), Judgment, [1982] ICJ Rep 3, 74, p.100.

　　值得注意的是，仲裁庭在其實質裁決中，對歷史性權利的概念和歷史所有權的概念做了明確的區分。仲裁庭的觀點認為：「歷史性權利」一詞在性質上是一般性，可以描述一國可能擁有的任何權利，如果沒有特殊的歷史情況，根據一般的國際法規則，這些權利通常不會出現。歷史性權利可能包括主權，但也可能包括更有限的權利，諸如捕魚權或進入權，該等權利遠未達到主權的聲索。相較之下，「歷史所有權」特別用於指陸地或海洋區域的歷史主權。歷史水域是對海洋區域的歷史主權，通常作為對內水的聲索或對領海的聲索來行使，雖然「一般國際法……」並未規定單一的「歷史主權」，並未規定「歷史水域」或「歷史海灣」的單一「制度」，而只是為「歷史水域」或「歷史海灣」的每一個具體、公認的情況規定特定的制度。」最後，「歷史海灣」是一國聲稱擁有歷史性水域的海灣。[67]

　　仲裁庭的觀點似乎與此先例一致。就此而言，國際法院在挪威漁業（Norwegian Fisheries）案中認為，「歷史水域」通常是指被視為內水的水域，但如果不是因為存在歷史所有權的存在，就不會具有此類性質。[68]鑑於內水屬於沿海國的領土主權，可以將法院的判決解釋為意味將歷史所有權與領土主權相聯結。[69]此外，1962 年聯合國秘書處（UN Secretariat）編寫的研究報告指出：「原則上，繼續行使主權所產生的歷史所有權的範圍不應大於實際行使的主權範圍。」[70]歷史水域「是內水還是領海，取決於在發展歷史所有權過程中對其行使的主權是內水主權還是領海主權」，[71]將歷史所有權與主權聯繫起來。仲裁庭認為，研究報告似乎認為「歷史水域」一詞等同於歷史所有權。[72]

---

[67] *The South China Sea Arbitration Award (Merits)*, p. 225.

[68] Fisheries (United Kingdom v Norway), Judgment of 18 December 1951, [1951] ICJ Rep 116, 130.

[69] 經由提及《關於領海及鄰接區的日內瓦公約》第 12 條，仲裁庭在其關於案情的裁決中認為，「正如 1958 年公約第 12 條中所使用的，『歷史性所有權』顯然意在與其在 Anglo-Norwegian Fisheries 中的用法具有相同的含義，即作為內水（或可能作為領海）而例外主張的海域。*The South China Sea Arbitration Award (Merits)*, p. 221.

[70] Juridical Regime of Historic Waters including Historic Bays: Study Prepared by the Secretariat, A/CN.4/143, *Yearbook of the International Law Commission*, Vol. 2 (1962), pp. 1, 23.

[71] *Ibid.*, p. 167.

[72] *The South China Sea Arbitration Award (Merits)*, p. 222.

　　在卡達訴巴林（*Qatar v Bahrain*）一案中，國際法院判決，有歷史意義的珍珠捕撈「似乎在任何情況下都不會導致承認漁場本身或鄰近水域的專屬準領土權利（Exclusive Quasi-territorial Right）」。[73]儘管「專屬準領土權利」的概念並非完全明確，但法院的判決似乎被解釋為暗含歷史性的珍珠捕撈並不等同於領土主權。[74]更清楚的是，仲裁庭在厄立垂亞／葉門仲裁（Eritrea/Yemen Arbitration）第一階段中指出，歷史權利之類的權利是不屬於領土主權的權利。[75]仲裁庭的觀點得到一些專家的贊同。例如，鄒克淵認為，「歷史權利」一詞還涵蓋了某些不涉及完全主權聲索的特殊權利。西蒙斯（Symmons）還指出，「歷史權利與歷史水域的不同之處在於，它們……不構成對管轄權或主權的區域性主張」。[76]鑑於各種「歷史性」概念缺乏精確性，可能會帶來鼓勵各國提出對海洋空間擴大範圍的歷史性主張的風險，[77]因此仲裁庭對歷史性權利和歷史性所有權概念的澄清可以視為值得歡迎的發展。[78]

　　在區分歷史權利和歷史所有權的基礎上，有必要研究中國在南海聲索權利的性質。就此而言，仲裁庭強調了三個可以被視為獨立於《公約》而產生的中國歷史權利的例子：中國國家海洋石油合作公司在九段線的西邊劃設了一塊開

---

[73]　Maritime Delimitation and Territorial Questions between Qatar and Bahrain (Qatar v Bahrain), Merits, Judgment, [2001] ICJ Rep 40, pp. 112-113.

[74]　Territorial Sovereignty and Scope of the Dispute (Eritrea and Yemen), Arbitral Award of 9 October 1998, (2001) 22 RIAA 209, 244. 高之國和賈冰冰支持此類解釋：Gao and Jia, "The Nine-Dash Line in the South China Sea: History, Status, and Implications," p. 122.

[75]　Zou, "China's U-Shaped Line in the South China Sea Revisited," p. 241.

[76]　Symmons, "Historic Waters and Historic Rights in the South China Sea: A Critical Appraisal," pp. 5, 108-113.

[77]　Symmons, *ibid.*, p. 192.

[78]　西蒙斯（Clive R. Symmons）認為，「仲裁庭順帶澄清了以前交替使用的各種與歷史性海洋聲索有關的詞彙的含義，……例如『歷史性權利』……此一澄清在以前神祕而晦澀的國際法領域中是一個值得歡迎的發展」。Symmons, "Historic Waters and Historic Rights in the South China Sea: A Critical Appraisal," p. 125. 麥克多曼（Ted L. McDorman）也保留地表示，「仲裁庭對歷史性所有權、歷史性權利和歷史性水域之間差異的分析是值得歡迎的澄清。」McDorman, "The South China Sea Tribunal Awards: A Dispute Resolution Perspective," pp. 134, 138.

放的石油勘探區塊的公告；[79]中國反對菲律賓在九段線內劃設石油區塊的授權；以及中國宣布的「海洋伏季休漁制度」。[80]

就此而言，必須指出的是，中國明確接受了南海的航行自由和飛越自由。實際上，中國外交部副部長曾明確表示：中方尊重和維護所有國家依據國際法應享有的在南海的航行和飛越自由……對南海的航行和飛越自由已有並將不會有任何阻礙。[81]中國的立場文件還強調，「中國始終尊重國際法規定的南海所有國家享有的航行和飛越自由」。[82]2017 年 1 月 24 日，中國外交部發言人確認了南海的航行自由。[83]

在國際法中，除無害通過權外，[84]國家不享有領海的航行自由。他們也不享受領海上空的飛越自由。因此，仲裁庭認為中國尊重航行自由和飛越的承諾表示中國不認為「九段線」內的海域等同於其領海或內水。[85]還必須指出，中國宣布了海南和西沙群島周圍領海的基線。[86]仲裁庭指出，如果這些島嶼 12 海里以內和以外的水域已經透過「九段線」的歷史性權利聲索而構成中國領海或內水的一部分，那麼中國就沒有必要宣布基線。[87]

總體而言，可以得出的結論是，中國沒有將「九段線」所涵蓋的水域視為其領海或內水的一部分。[88]此與中國援引其在南海中的歷史權利而不是與主權

---

[79] 其中一個區塊（BS16 區塊）距離中國聲索擁有的南海任何地物 200 海里以外，也在任何可能的延伸大陸礁層之外：*Ibid.*, p. 208. 亦可參見 US Department of State, *Limits in the Seas No. 143 China: Maritime Claims in the South China Sea*, p. 17.

[80] *The South China Sea Arbitration Award (Merits)*, pp. 208-211.

[81] *Ibid.*, p. 212. 亦可參見 Philippines' Supplemental Documents, vol I, Annex 645.

[82] Position Paper of the Government of the People's Republic of China on the Matter of Jurisdiction in the South China Sea Arbitration Initiated by the Republic of the Philippines, 7 December 2014, p. 28, http://www.fmprc.gov.cn/mfa_eng/zxxx_662805/t1217147.shtml.

[83] 2017 年 1 月 24 日，中國外交部發言人華春瑩例行記者會的聲明，其中指出：「我們一直強調的是，中方維護各國根據國際法在南海享有的航行自由，但反對損害沿岸國家主權和安全的侵擾性航行。」參見 http://www.fmprc.gov.cn/mfa_eng/xwfw_665399/s2510_665401/t1433525.shtml。

[84] UNCLOS, Art 17.

[85] *The South China Sea Arbitration Award (Merits)*, p. 213.

[86] *Ibid.*, p. 176.

[87] *Ibid.*, p. 213.

[88] *Ibid.*, p. 214.

相關的歷史所有權的事實一致。[89]套用仲裁庭的文本，「關於中國的聲索不是歷史所有權之一的肯定證據在於中國的行為……與聲索南海構成中國的領海或內水的聲索不相容」。[90]

此點得到高之國和賈冰冰的確認，他們指出，「根據中國的法律體系，九段線並不是要在國際法允許的範圍之外，對線所圍繞的海域宣示歷史主權」；[91]他們還補充說，「鑑於中國的長期慣例，九段線可以被最好地定義為既保留其領土所有權，又保留其歷史權利的線」。[92]他們還認為，「中國過去從未阻礙過航行和飛越自由，無論是否有九段或十一段線」。[93]

仲裁庭認為，「《公約》第 298(1)(a)(i)條提及『歷史所有權』因此是指由於歷史情況而產生的對海域的主權聲索」，此條文無意排除對未達主權程度的廣泛而未指定類別的可能歷史性權利主張的管轄權。[94]由於第 298(1)(a)(i)條的管轄權範圍例外僅限於涉及歷史所有權的爭端，而中國並未主張對南海水域的歷史所有權，因此有關中國歷史性權利的爭議並沒有被該條文排除。因此，仲裁庭的結論是，仲裁庭具有審理菲律賓提交的第 1 號和第 2 號呈件的管轄權。[95]

---

[89] *Ibid.*, p. 227.

[90] *Ibid.*, p. 228.

[91] Gao and Jia, "The Nine-Dash Line in the South China Sea: History, Status, and Implications," p. 108. 他們還表示，「也沒有證據顯示中國在這些水域執行了國內法，猶如這些水域是內水的一部分。」*Ibid.*, p. 109.

[92] *Ibid.*, p. 123.

[93] *Ibid.*, p. 119.

[94] *The South China Sea Arbitration Award (Merits)*, p. 226.

[95] *Ibid.*, p. 229. 貝克曼（Robert Beckman）和伯納德（Leonardo Bernard）提出，「雖然第 15 條提到歷史性所有權，但並沒有提到歷史性權利，而《聯合國海洋法公約》中也沒有關於歷史性權利的條文。因此，如果中國辯稱其根據國際法有權在九段線內的水域行使歷史性權利，則可能會就此等權利是否符合《聯合國海洋法公約》產生爭議，而此等爭議不會被聲明排除在外。Robert Beckman and Leonardo Bernard, "Disputed Areas in the South China Sea: Prospects for Arbitration or Advisory Opinion," paper at the Third International Workshop, South China Sea: Cooperation for Regional Security and Development, Hanoi, 2011, November 15-16, http://cil.nus.edu.sg/wp/wp-content/uploads/2009/09/Beckman-Bernard-Paper-DAV-Conf-3-5-Nov-2011.pdf.

第三節　南海仲裁裁決的國際法意涵

一、南海仲裁（案情）裁決的雙重角色

　　首先需要考慮的問題是南海仲裁在解決菲中爭端中的角色。仲裁庭認為，南海仲裁中爭端的根源在於雙方在南海海域《公約》下對各自權利存在根本不同的理解。仲裁庭表示，「在此情況下，爭端解決程序的目的是澄清雙方各自的權利和義務，從而根據兩國政府明確承認的一般誠信義務以促進雙方未來的關係。」[96]此處有趣的問題是仲裁庭是否可以以及在多大程度上有助於菲中及其他的爭端解決。在慮及此問題時，兩點值得討論：縮小問題範圍；以及為南海地區的國際合作奠定基礎。

（一）縮小問題範圍

　　由於仲裁庭無法處理領土和海洋劃界爭端，仲裁裁決僅涉及南海爭端的某些法律層面。就此意義而言，裁決的範圍受到限制。然而，南海仲裁的範圍狹隘是菲國法律戰的一部分。菲指稱，「裁決將是履行法律和司法程序以促進合作方面最重要的功能之一：即縮小問題的範圍」。[97]因此，菲採取了分階段的做法來推進爭端的解決。

　　仲裁庭裁定，「中國對『九段線』相關部分所涵蓋的南海海域的歷史權利聲索，違反了《公約》。」[98]仲裁庭還認為，南沙群島的高潮地物都無法產生專屬經濟區或大陸礁層的法律權利，因為它們是《公約》第 121 條第 3 款規定的岩礁。[99]因此，先前聲索有爭議的大部分地區構成公海或菲國的專屬經濟區。此外，仲裁庭還裁定美濟礁（Mischief Reef）和仁愛暗沙（Second Thomas Shole）位於菲國專屬經濟區和大陸礁層之內。因此，中菲爭端的主要問題將僅

---

[96] *The South China Sea Arbitration Award (Merits)*, p. 1198.
[97] Hearing on Jurisdiction and Admissibility, Day 2, 由 Oxman 發表, p. 49.
[98] *The South China Sea Arbitration Award (Merits)*, p. 1203B(2). 亦可參見 pp. 277-278.
[99] *Ibid.*, p.1203B(7).

限於某些高潮地物的領土主權和圍繞這些地物的領海。[100]透過中和該地區的許多有爭議的海洋爭端，南海仲裁被認為有助於縮小菲中之間的爭端範圍。[101]因此，白珍鉉（Jin-Hyun Paik）法官聲明表示，即「希望裁決透過減少圍繞其長期、激烈爭端的法律不確定性，可以協助當事方在長期內找到建設性的解決方案」。[102]

（二）國際合作的基礎

　　國際法院或法庭裁決的決定角色不僅限於國際義務違反的宣布。在裁決的基礎上，爭議各方（以及在適當情況下，可能與裁決有利益的其他國家）還需要探索相關手段，以有效履行法院或法庭確定的義務。就此而言，似乎有一些空間可以考慮南海仲裁裁決（實質）可以為國際合作奠定基礎，尤其是在漁業和海洋環境保護方面。

　　仲裁庭認知到「黃岩島（Sc）一直是許多國家漁民的傳統漁場，包括菲律賓、中國（包括臺灣）和越南等」。[103]為了協調多國國民的捕魚活動，將需要國際合作。就此而言，仲裁庭的認定可以為在黃岩島周圍的領海建立傳統捕魚的國際安排提供基礎。[104]在這種安排下，建立所有締約方的國民都可以從事捕

---

[100] Yen Hoang Tran, "The South China Sea Arbitral Award: Legal Implications for Fisheries Management and Cooperation in the South China Sea," *Cambridge International Law Journal*, Vol. 6, Issue 1 (2017), pp. 87, 90; Aileen S. P. Baviera, "Arbitration Over, Time for China to Lead Responsibility," *Global Asia*, Vol. 11, No. 3 (Fall 2016), http://appfi.ph/publications/commentaries/865-arbitration-over-time-for-china-to-lead-responsibly.

[101] Maximo Paulino T. Sison III, "Universalizing the Law of the Sea in the South China Sea Dispute," *Ocean Development & International Law*, Vol. 49, Issue 2 (2018), pp. 157, 167; Hao Duy Phan and Lan Ngoc Nguyen, "The South China Sea Arbitration: Bindingness, Finality, and Compliance with UNCLOS Dispute Settlement Decisions," *Asian Journal of International Law*, Vol. 8 (2018), pp. 36, 50; Collin Koh, "Cause for Optimism in the South China Sea," *Asia Times*, 2 January 2023, https://asiatimes.com/2023/01/cause-for-optimism-in-the-south-china-sea/.

[102] Jin-Hyun Paik, "South China Sea Arbitral Awards: Main Findings and Assessment," *Max Planck Yearbook of United Nations Law*, Vol. 20 (2016), pp. 367-407.

[103] *The South China Sea Arbitration Award (Merits)*, p. 805.

[104] S. Jayakumar et al., "Conclusion," in S. Jayakumar et al., eds., *The South China Sea Arbitration: The Legal Dimension* (Edward Elgar, 2018), pp. 277,285.

魚活動的聯合捕魚區可能是選項。[105]鑑於南海的漁業目前永續性不足，[106]建立傳統漁業的國際安排有其意義。為了建立如此的安排，需要解決一系列廣泛的問題，諸如允許進行傳統捕魚的海洋空間的地理範圍；傳統捕魚的定義；允許進行傳統捕魚國民的範圍；海洋生物資源的永續利用；確保合規（Compliance）的機制；將傳統捕魚與領土爭端分開。[107]事實上，除非政治氣候變得更加有利，否則很難就該等問題達成協議。[108]

在海洋環境保護方面，仲裁庭強調了《公約》關於封閉或半閉海合作的第123 條和關於環境影響評估的第 206 條中規定的合作義務。第 123 條規定了封閉或半封閉海域周邊國家之間的合作義務，包括「協調履行其在保護和保全海洋環境方面的權利和責任」的義務。為履行此義務，有必要探索確保南海周邊國家之間國際合作的機制。為履行環境影響評估的義務，有必要建立制度安排，以確保有關國家之間就環境影響評估進行溝通。就此而言，還應建立合作機制，共同蒐集和共享資訊，並使環境影響評估的程序標準化。[109]然而，與傳統漁業一樣，環境合作的進展取決於有關國家的意願。

二、仲裁裁決的不遵守

對南海仲裁而言，必須考慮不遵守仲裁裁決的問題。在現實中，爭議一方當事國質疑仲裁裁決的有效性，並拒絕執行的情況並不罕見。在此情況下，有兩種選擇：將關於不遵守仲裁裁決的爭議提交國際法院（International Court of Justice, ICJ）；在適當的情況下，透過談判以及第三方的斡旋或調解來解

---

[105] *Ibid.*

[106] Joanna Mossop, "Can the South China Sea Tribunal's Conclusions on Traditional Fishing Rights Lead to Cooperative Fishing Arrangements in the Region?," *Asia-Pacific Journal of Ocean Law and Policy*, Vol. 3, Issue 2 (2018), pp. 210-213.

[107] 在內水和 12 海里以外的水域會發生什麼事；如何處理強制執行；協議中的任何內容都不會影響主權主張：同樣地，莫索普（Joanna Mossop）列出了以下內容：「權利適用於那些地物；相對於工業化捕魚而言，什麼是傳統捕魚；每個國家將如何在內水和 12 海里以外將如何限制捕魚量以確保永續性；如何執行；協定中沒有任何內容影響主權要求。*Ibid.*, p. 229.

[108] *Ibid.*

[109] Jayakumar et al., "Conclusion," p. 287.

決。[110]因此，除非中國接受國際法院的強制管轄權，或與菲國達成協議，將有關南海仲裁有效性的爭端提交給法院，否則第一種方式（提交國際法院）將無法使用。因此，目前外交手段是解決與不遵守南海仲裁裁決有關問題的唯一選項。[111]

不遵守並不直接意味著僵局。就此而言，特別值得注意的是，美國和中國在 2014 年簽署了兩項不具有法律約束力的諒解備忘錄（Memorandums of Understanding, MOU）：[112]《關於空中和海上相遇安全行為規則的諒解備忘錄》（*MOU regarding Rules of Behaviour for Safety of Air and Maritime Encounters*）；[113]以及《關於重大軍事活動通報信心建立措施機制的諒解備忘錄》（*MOU on Notification of Major Military Activities Confidence-Building Measures Mechanism*）。[114]

《空海相遇安全行為規則》附件一要求，一方軍事船隻和軍用飛機在行使國際法賦予的權利，自由和對海洋和空域的合法使用時，應充分考慮到另一方軍事船隻和飛機在國際法下的權利、自由和對海洋和空域的合法使用。[115]尤有進者，關於行為規則的諒解備忘錄附件二規定了地對地相遇的安全行為。具體而言，附件二第一節指出：在海上相遇的軍艦應遵守 1972 年《國際海上避碰

---

[110] Tanaka, pp. 120-121.

[111] Tara Davenport, "Island-Building in the South China Sea: Legality and Limits," *Asian Journal of International Law*, Vol. 8, No. 1 (2018), pp. 76-90.

[112] 關於美國和中國之間的諒解備忘錄的詳細分析，參見 James Kraska, "Maritime Confidence-building Measures for Navigation in the South China Sea," *International Journal of Marine and Coastal Law*, Vol. 32 (2017), pp. 1-30, https://maritimearchives.wordpress.com/wp-content/uploads/2017/08/james-kraska-2017_maritime-confidence-building-measures-for-navigation-in-the-south-china-sea-signed.pdf.

[113] 全名是《美利堅合眾國國防部和中華人民共和國國防部關於空中和海上相遇安全行為規則的諒解備忘錄》（*Memorandum of Understanding Between the Department of Defence of the United States of America and the Ministry of National Defense of the People's Republic of China regarding the Rules of Behaviour for Safety of Air and Maritime Encounters*），參見 https://archive.defense.gov/pubs/141112_MemorandumOfUnderstandingRegardingRules.pdf。

[114] 《美利堅合眾國國防部和中華人民共和國國防部關於空中和海上相遇安全行為規則的諒解備忘錄》的全文參見 https://dod.defense.gov/Portals/1/Documents/pubs/141112_MemorandumOfUnderstandingOn Notification.pdf。

[115] Annex I, Section II(vi).

規則公約》（*Convention on the International Regulations for Preventing Collisions at Sea*, COLREGs）及其所載的避碰規則（Collision Regulations），並真誠地執行由西太平洋海軍研討會（Western Pacific Naval Symposium）制定並通過的海上意外相遇準則（Code for Unplanned Encounters at Sea, CUES）。[116]

　　與此相關，關於行為準則的諒解備忘錄指出：確保雙方軍艦在空中和海上領域的和平意圖的主要方法是遵守《公約》和《國際海上避碰規則公約》中反映的現有安全規則和標準，並結合積極與及時的溝通以澄清行動。[117]值得注意的是，中國與美國雙方都承認《公約》和《國際海上避碰規則公約》在各自軍事船隻上的適用。2015 年，中國與美國雙方還就關於行為準則諒解備忘錄達成了的補充協議。[118]

　　根據關於通報的諒解備忘錄，「雙方尋求藉由定期交流與主要官方出版物和聲明有關的資訊，以促進對彼此安全政策、戰略和意圖更多的理解」。[119]尤有進者，「雙方意圖自願交換有關各自國家安全政策、戰略和法律訊息的資訊，……透過提供有關演講、以及主要政府出版物的簡報和資訊」。[120]

　　雖然雙邊諒解備忘錄不限於在南海的互動，但這些文書與南海地區特別相關，因為兩國軍隊之間的大部分危險事件都發生在南海。[121]諒解備忘錄是否能夠以及在多大程度上真正有助於促進南海航行的信心建立還有待觀察。[122]無論如何，值得注意的是，中國與美國為解決南海的各種問題採取了一些倡議。

---

[116] Annex II, Section I.
[117] Annex II, Section VI(i).3.
[118] 全稱是《美利堅合眾國國防部和中華人民共和國國防部關於空中和海上相遇安全行為規則的諒解備忘錄的補充》（*Supplement to the Memorandum of Understanding on the Rules of Behaviour for Safety of Air and Maritime Encounters between the Department of Defense of the United States of America and the Ministry of National Defense of the People's Republic of China*），文本參見 http://china.usc.edu/sites/default/files/article/attachments/US-CHINA_AIR_ENCOUNTERS_ANNEX_SEP_2015.pdf。
[119] Annex I, Section I.
[120] Annex I, Section II.
[121] Kraska, pp. 269-270.
[122] 克拉斯卡（Pete Kraska）指出，為了促進其海洋聲索，中國使用了一支由漁船和其他民用船隻以及海警船隻組成的船隊，這些船隻不在美中雙邊諒解備忘錄的範圍之內。因此，克拉斯卡認為，這些諒解備忘錄不太可能加強航行安全或安保。*Ibid.*, pp. 294-295.

三、南海仲裁案對國際法發展的影響

　　一般而言，國際的法院和法庭具有雙重功能：國際爭端的和平解決和國際法的發展。[123]顯然，國際的法院和法庭的首要任務是透過適用國際法的現有規則和平解決國際爭端。同時，可以認為國際的法院或法庭對國際法的發展做出了重要貢獻。具體而言，它至少在四方面有助於發展法律。[124]一是澄清國際法的規則。二是涉及國際法規則的進一步鞏固。三是涉及程序法的闡述。四是司法裁決可能對國際法的發展產生形塑性影響。由於這些功能是相互的關聯，因此區分四種方式並不明確。舉例而言，將國際法規則含義的澄清與司法創造性區分開來可能不太容易，尤其是在應用演變性條約解釋時。無論如何，在南海仲裁案中，前三項功能似乎值得特別討論。

（一）國際法規則的澄清

　　至於澄清包括海洋法在內的國際法的規則，有四點值得關注。第一個值得注意的重點是對歷史權利和所有權（Title）概念的澄清。如第 3 章第 II.B 節所述，在其關於案情的仲裁裁決中，仲裁庭明確區分了歷史所有權（Historic Title）和歷史權利（Historic Rights）的概念，前者是指對陸地或海洋區域的歷史主權，而後者包括遠未達到主權聲索的更有限的權利。鑑於《公約》沒有包含歷史所有權或歷史權利的定義，可以說，仲裁庭為澄清這兩個概念做出了貢獻。[125]如前所述，第 298 條第 1 款 a 項 i 中的管轄權例外僅限於涉及歷史所有權的爭端。因此，此種區分也影響到《公約》下強制程序的範圍。

　　第二個值得注意的點與《公約》第 121 條第 3 款的解釋和適用有關。南海仲裁案案情裁決對該條款的解釋進行了詳細審查。該裁決可以說是第一個對其解釋進行深入研究的國際裁決。尤其重要的是，仲裁庭澄清了《公約》第 121

---

[123] Paik, South China Sea Arbitral Awards: Main Findings and Assessment, p. 406.

[124] Yoshifumi Tanaka, "The Impacts of the ITLOS Jurisprudence on the Development of International Law," in International Tribunal for the Law of the Sea, ed., *The Contribution of the International Tribunal for the Law of the Sea to the Rule of Law: 1996-2016* (Brill/Nijhoff, 2017), p. 161.

[125] *Ibid.*, ch 3, section II.B.

條第 3 款規定的質量和時間要求。與此相關，特別值得注意的是，仲裁庭對第 121 條第 3 款的解釋側重於對人民的利益，而不是單一國家的利益，以及對人類共同遺產的保護。在適用此條款時，仲裁庭採用了兩階段做法。第一階段審查海洋地物的自然條件。如果地物的物理特徵不能明確表示地物的能力，在第二階段，將依據「歷史上的人類居住地」和「歷史上的自身經濟生活」確定地物的法律地位。

第三點是關於《公約》中環境義務的解釋和適用。透過適用系統性條約解釋，仲裁庭裁定，第 192 條中「保護和保全海洋環境」的一般義務包括「盡職義務」（Due Diligence Obligation），以防止捕撈國際公認的滅絕風險並需要國際保護的物種。這種解釋對於保護海洋生物多樣性方面具有特別重要的意義。此外，仲裁庭將根據第 206 條通報評估結果的義務視為絕對義務。仲裁庭對《公約》規定的環境義務的解釋似乎可能對保護海洋環境產生積極的影響。[126]

第四點與傳統捕魚權的概念有關。仲裁庭明確指出，傳統捕魚權不是國家的歷史權利，而是私人權利。然後，它將傳統捕魚權同化為人工捕魚。此外，仲裁庭澄清，既定的傳統捕魚權在領海仍受國際法的保護，而這些權利在專屬經濟區已消失。

最後，仲裁庭指明了三項與在司法程序中不加劇爭端的義務相違背的行為。如前所述，仲裁庭對這些問題的解釋在某些方面並非沒有爭議。即便如此，至少可以這樣說，南海仲裁案（案情）裁決為《公約》相關條款的解釋提供了值得借鑑的先例。

（二）國際法現行規則的鞏固

南海仲裁裁決在鞏固現有國際法規則方面的角色，對低潮高地的領土性解釋就是很好的例子。提到 2012 年尼加拉瓜訴哥倫比亞（*Nicaragua v*

---

[126] Zoe Scanlon and Robert Beckman, "Assessing Environmental Impact and the Duty to Cooperate: Environmental Aspects of the Philippines v China Award," *Asia-Pacific Journal of Ocean Law and Policy*, Vol. 3 (2018), pp. 5-30.

Colombia）案，仲裁庭在其案情裁決中裁定，低潮高地不構成法律意義上的國家陸地領土的一部分，而是該國被淹沒陸地的一部分，並屬於領海或大陸礁層的法律制度。[127]仲裁庭的觀點與國際法院的判例一致。透過認可國際法院在此問題的觀點背書，仲裁庭為鞏固低潮高地作為海床一部分的法律地位做出貢獻。

　　另一個例子是不加劇爭端的義務。仲裁庭在其關於案情的裁決中，在常設國際法院和國際法院關於臨時措施和條約實踐的判例中找到了不加重義務的法律依據。然後宣布，該義務構成「適用於參與爭端解決的國家本身的國際法原則」。[128]仲裁庭的判詞似乎有助於鞏固不加劇爭端義務作為國際法原則的地位。

（三）程序規則的制定

　　南海仲裁裁決對管轄權和國際爭端解決程序的問題有所啟示。就此而言，有兩個問題特別值得討論：領土和海洋問題的分離，以及專家的利用。

1.領土和海洋問題的分離

　　南海仲裁案關於管轄權和可受理性爭議最大的問題是附件七仲裁庭能否對涉及領土和海洋問題的混合爭端行使管轄權。就此而言，三類爭端之間的關係存在爭議：(1)領土爭端；(2)海洋劃界爭端；以及(3)其他海洋爭端，諸如海洋所有權、環境保護爭端等。[129]

　　在南海仲裁案中，仲裁庭採取了將第三類爭議與第一類和第二類爭議分開的做法。與此相關，仲裁庭一再申明菲律賓的陳述意見書狀並未反映有關主權或海洋劃界的爭端。[130]仲裁庭的做法可以稱為分離途徑，此處引發了兩個問題。

---

[127] *The South China Sea Arbitration Award (Merits)*, p. 309.

[128] *Ibid.*, p. 1173.

[129] Tamada, p. 149.

[130] *PCA Case No 2013-19. The South China Sea Arbitration (Jurisdiction and Admissibility)* (29 October 2015), pp. 394-412.

　　首先的問題是第三類爭端，即海洋法律權利爭端，是否可以獨立於第一類爭端（即領土的爭端）而存在。海洋地物的法律權利受《公約》第 121 條的管轄，而獲得領土的國際法適用於領土爭端。第 121 條的適用和領土取得法的適用是兩個截然不同的問題。第 121 條的適用並不取決於海洋地物的領土主權問題。因此，就理論而言，海洋法律權利爭端有別於領土爭端。似乎同樣的邏輯也適用於海洋環境爭端。《公約》第 192 條規定了海洋環境保護的一般義務，包括生物多樣性。該義務適用於國家，無論所指控的有害活動發生在何處。[131] 環境義務的適用並不取決於對特定海洋地物的主權問題。因此，關於海洋環境保護爭端不同於領土爭端。

　　其次的問題是，第三類爭議是否可以與第二類（即海洋劃界爭端）爭端分開。雖然有關海洋地物法律權利的爭端屬於《公約》第 121 條的範圍之內，但海洋劃界受《公約》第 15、74 和 83 條的管轄。因此，適用於海洋劃界的規則不同於適用於海洋地物法律權利的規則。第 121 條的適用不依賴關於海洋劃界規則的適用，還必須注意兩類爭端的性質差異。海洋劃界爭端僅發生在沿海國海洋空間法律權利重疊的情況之下。因此，海洋劃界主要是透過有關國家之間的協議來實現。相較之下，諸如沖之鳥礁（Oki-no-Tori-Shima）的案例所示，即使海洋空間的法律權利沒有重疊，也可能出現海洋法律權利爭端。海洋地物的法律權利是客觀確定的問題，而不依賴於國家之間的協議。因此，海洋法律權利爭端亦可獨立於海洋劃界爭端而存在。[132]

　　綜上所述，南海仲裁案（案情）展現了第三類海洋爭議可以與第一類和第二類爭端分開的可能性。在審查根據《公約》規定的法院或法庭對混合爭端的管轄權時，此途徑提供了值得考慮的替代方案。

2.專家的利用

　　南海仲裁案的顯著特點是，仲裁庭任命專家們就中國在南海的活動和航行

---

[131] *The South China Sea Arbitration Award (Merits)*, p. 927. 亦可參見 *The South China Sea Arbitration Award (Jurisdiction and Admissibility)*, p. 408.

[132] Tamada, pp. 154-55.

安全造成的環境損害提供獨立意見。[133]《程序規則》第 24 條規定了仲裁庭任命專家的權威。[134]根據第 24 條第 1 款：在徵求當事方意見後，仲裁庭可以任命一名或多名獨立專家。該專家可能會被要求以仲裁庭確定的方式報告具體問題。仲裁庭確定的專家職權範圍（Terms of Reference）的副本應發送給當事方。

就此而言，第 24 條規定了確保仲裁庭任命的專家的獨立性和公正性的程序。事實上，第 24 條第 2 款要求任何專家「向仲裁庭和當事方提交對他或她資格的描述，以及他或她的公正性和獨立性的聲明」。根據同一條文，當事方是否對專家的資格、公正性或獨立性有任何異議，應通知仲裁庭，而且仲裁庭應及時決定是否接受任何此類異議。任命決定之後，一方可以對專家的資格、公正性或獨立性提出異議，但前提是當事方告知反對的原因。在此情況下，仲裁庭應立即決定採取某種行動（如果有的話）。

尤有進者，《議事規則》第 24 條第 3 款規定，當事方有義務「向專家提供任何相關資訊，或出示他或她可能要求的任何相關文件或物品以供其檢查」。根據同一條款，當事方還有義務「在專家的職權範圍考慮訪問案件相關地點的情況下，為專家提供一切合理便利」。根據《程序規則》第 24 條第 4 款，如果被要求準備專家報告，仲裁庭必須將報告副本傳送給當事方；當事方必須有機會以書面形式表達各自對報告的意見。一方還可以審查專家在其報告中所依賴的任何文件。第 24 條中包含的比較詳細的規則遠遠超出了《國際法院規約》第 50 條規定的簡單規則，該條沒有包含確保專家公正性和獨立性的

---

[133] 一般而言，就此問題，可參見 Yoshifumi Tanaka, "The South China Sea Arbitration: Environmental Obligations under the Law of the Sea Convention," RECIEL, Vol. 27 (2018), pp. 90, 95-96；Tara Davenport, "Chapter 4: Procedural Issues Arising from China's Non-participation in the South China Sea Arbitration," in Jayakumar et al., eds., *The South China Sea Arbitration* (NUS Centre for International Law, October 2018), pp. 65, 86-95.

[134] 第 24 條的靈感來自 2013 年 UNCITAL 仲裁規則第 29 條。Makane Moïse Mbengue, "The South China Sea Arbitration: Innovations in Marine Environmental Fact-Finding and Due Diligence Obligations," *American Journal of International Law*, Vol. 110 (2016), pp. 285-289.

程序。[135]

　　南海仲裁庭在仲裁程序中任命了五位獨立專家，分別是：博耶斯（Grant Boyes）（水文專家）、佛斯（Sebastian CA Ferse）（珊瑚礁生態學家）、芒比（Peter J Mumby）（珊瑚礁生態學家）、沃德（Selina Ward）（珊瑚生物學家）、辛歐達（Gurpreet S Singhota）（航行安全專家）。[136]專家們向仲裁庭提交了包括：「佛斯報告」（Ferse Report）：評估南海南沙群島七個珊瑚礁建設活動的潛在環境後果（Assessment of the Potential Environmental Consequences of Construction Activities on Seven Reefs in the Spratly Islands in the South China Sea）（2016 年 4 月 26 日）；「辛歐達報告」（Singhota Report）：由荷蘭海牙常設仲裁法院任命的國際航行安全專家的報告（2016 年 4 月 15 日）。[137]菲律賓還向仲裁庭提交了數份專家報告。[138]

---

[135] *Ibid*.《國際法院規約》第 50 條規定，「法院得隨時委託其所選任之任何個人、團體、局、委員會或其他組織，執行調查或提供專家意見之任務。

[136] *The South China Sea Arbitration Award (Merits)*, pp. 58, 85, 90. 菲律賓批准了對這些專家的任命：*Ibid.*, pp. 58, 86, 90. 中國對此事未作評論：*Ibid.*, pp. 58, 87, 90.

[137] 兩份報告可在常設仲裁法院的網站上查閱，https://pca-cpa.org/en/cases/7/。

[138] 專家報告包括：Dr. Ryan T. Bailey, *Groundwater Resources Analysis of Itu Aba* (9 March 2016) (First Bailey Report); Dr. Ryan T. Bailey, *Supplemental Report on Groundwater Resources Analysis of Itu Aba* (20 April 2016) (Second Bailey Report); K. E. Carpenter, *Eastern South China Sea Environmental Disturbances and Irresponsible Fishing Practices and their Effects on Coral Reefs and Fisheries* (22 March 2014) (First Carpenter Report); K. E. Carpenter and L. M. Chou, *Environmental Consequences of Land Reclamation Activities on Various Reefs in the South China Sea* (14 November 2015) (Second Carpenter Report); *Declaration of Professor K. E. Carpenter* (24 April 2016) (Third Carpenter Report), p. 5; P. P. Motavalli, *Expert Report on Soil Resources and Potential Self-Sustaining Agricultural Production on Itu Aba* (Expert Report, 9 March 2016) (First Motavalli Report); Dr. Peter P. Motavalli, *Second Supplemental Expert Report on Soil Resources and Potential Self-Sustaining Agricultural Production on Itu Aba* (2 June 2016) (Second Motavalli Report); J. W. McManus, *Offshore Coral Reef Damage, Overfishing and Paths to Peace in the South China Sea* (rev ed., 21 April 2016) (McManus Report), pp. 10-11; Camilo Mora, Iain R. Caldwell, Charles Birkeland, and John W. McManus, "Dredging in the Spratly Islands: Gaining Land but Losing Reefs," *PLOS Biology*, Vol. 14, No. 3 (31 March 2016) (Mora Report), p. 1; Professor Clive Schofield, Professor J. R. V. Prescott and Mr. Robert van de Poll, *An Appraisal of the Geographical Characteristics and Status of Certain Insular Features in the South China Sea* (March 2015) (Schofield Report).

仲裁庭給予專家報告相當的權重，尤其是在海洋環境的保護脈絡。[139]舉例而言，在審查採收碑碟的不利影響時，獨立專家的報告為仲裁庭提供了重要證據。[140]仲裁庭在審查中國建設活動對珊瑚礁的影響時，也參考了獨立專家的報告。[141]尤有進者，對船舶執法行動的評估是否符合《國際海上避碰規則公約》需要專家的知識和經驗。因此，仲裁庭任命的獨立專家在評估中國船舶執法行動的合法性方面扮演了關鍵角色。

在南海仲裁中積極利用專家與國際海洋法庭和國際法院的實踐形成鮮明對比。[142]根據《公約》第 289 條規定專家的利用規定：「在涉及科學或技術事項的任何爭端中，根據本節行使管轄權的法院或法庭可應一方當事方的請求或自行與當事各方協商，根據附件八第 2 條準備的相關名單中優選選出不少於兩名科學或技術專家，在法院或法庭開庭一起審理，但無表決權。」

此規定適用於《公約》規定的所有爭端解決機構的案件，即國際法院、國際海洋法法庭、附件七仲裁庭和依據附件八規定的特別仲裁庭。[143]雖然仲裁庭規則第 15 條規定了根據第 289 條任命專家的詳細規則，但國際海洋法庭尚未任命專家。雖然國際法院根據《法院規約》第 50 條有權尋求專家的意見，但它很少使用此權威。[144]鑑於作為司法機關的國際的法院或法庭不能很好地處理複雜的科學問題，由司法機構任命獨立專家可能是值得考慮的替代方案。[145]在國際裁決中使用獨立專家方面，南海仲裁裁決（案情）似乎為提供了有趣的

---

[139] 就此而言，姆賓奇（Makane Moïse Mbenge）認為，「最重要的是，仲裁庭賦予科學知識以新的功能，使其成為健全國際司法和確保爭端各方平等的核心工具」：Mbengue, p. 288.

[140] *The South China Sea Arbitration Award (Merits)*, pp. 957-958.

[141] *Ibid.*, pp. 978-983.

[142] 亦可參見 Davenport, pp. 86-90.

[143] Tullio Treves, "Law and Science in the Interpretation of the Law of the Sea Convention," *Journal of International Dispute Settlement*, Vol. 3, Issue 3 (November 2012), pp. 483, 485.

[144] 在科孚海峽案（*Corfu Channel Case*）中，法院任命了專家，因爲有必要就雙方爭議的某些問題取得專家意見。Corfu Channel (United Kingdom of Great Britain and Northern Ireland v. Albania), Order, [1948] ICJ Rep 124. 在緬因灣案（*Gulf of Maine Case*）中，國際法院應各方的聯合請求，利用《規約》第 50 條規定的權力任命了一名專家。Delimitation of the Maritime Boundary in the Gulf of Maine Area (Canada/United States of America), Appointment of Expert, [1984] ICJ Rep165. 對於國際法院的專家類別。*See* Tanaka, pp. 183-184.

[145] Mbengue, pp. 287-289; Tanaka, pp. 95-96.

先例。[146]

四、南海仲裁案對社群利益保護的啟示

保護包含國家集團或整個國際社會共享的基本價值觀的共同利益，正成為國際法中的關鍵問題，同樣適用於國際海洋法。南海仲裁案中有兩面向值得討論：仲裁庭裁決對海洋權利的對所有國家整體（Erga Omnes）影響；以及非直接受害國對違反對締約國義務行為的反應。

（一）仲裁庭關於海洋法律權利裁決的整體影響

首先，有必要探討仲裁庭關於海洋法律權利裁決的法律效力。對此，菲方強調，南海中的海洋法律權利的問題是「不僅對菲律賓，而且對所有與南海接壤的沿海國家，甚至對所有《公約》的締約國而言都是重要的問題。此乃觸及《公約》本身的核心問題」。[147]菲方還強調，法律權利的問題涉及國際社群的整體利益。[148]

附件七仲裁庭在其案情的裁決中認為東門礁、南薰礁、渚碧礁、美濟礁，以及仁愛暗沙為低潮高地，它們不產生領海、專屬經濟區或大陸礁層的法律權利。[149]它還裁定，南沙群島的所有高潮地物因此為《公約》第 121 條第 3 款規定的法定岩礁，不產生專屬經濟區或大陸礁層的法律權利。[150]就此而言，可以提出三點。

首先，海洋地形地物的所有權是客觀確定的問題。事實上，對海洋地物的法律權利不能透過爭議各方之間的協議來改變。海洋法律權利的客觀性質也可

---

[146] Davenport, p. 95.

[147] Hearing on Jurisdiction and Admissibility, Day 1, 7 July 2015, 羅薩里歐（Del Rosario）發表，p. 13.

[148] 由奧克斯曼（Oxman）發表，Jurisdictional Hearing Tr (Day 2), 42. 亦可參見 Rüdiger Wolfrum, "Identifying Community Interests in International Law: Common Spaces and Beyond," in Eyal Benvenisti and Georg Nolte, eds., *Common Interests Across International Law* (Oxford University Press, 2018), p. 33.

[149] *The South China Sea Arbitration Award (Merits)*, pp. 383 and 1203B(3), (4), (5).

[150] *Ibid.*, p. 646; 1203B(6) and (7).

以從一些事實中得到證明，即使爭端各方聲索的法律權利沒有重疊，也可能存在對聲索法律權利的爭議。[151]第三國很難就對同一海洋地物的法律權利提出不同的解釋。[152]因此可以說，仲裁庭關於海洋地物法律地位的決定具有普遍效力。

其次，南沙群島的高潮地物都沒有產生專屬經濟區或大陸礁層的法律權利。仲裁庭還認為，中國對所謂「九段線」所包圍的南海海域的歷史權利聲索違反了《公約》。[153]因此，位於沿海國家專屬經濟區之外的南海中部仍然是公海。鑑於所有國家都享有公海自由，包括航行和飛越自由，可能會爭論說，仲裁庭的決定影響了公海航行權利和自由的社群利益。[154]

其三，仲裁庭對南海海洋法律權利的裁決影響「區域」（Area）的空間範圍，此乃人類的共同遺產。鑑於「區域」的活動是為了人類作為整體的利益，「區域」空間範圍的確定直接關係到人類的共同利益。[155]就此而言，「區域」的範圍取決於沿海國對 200 海里以外大陸礁層提交的劃界案和聯合國大陸礁層界限委員會（Commission on the Limits of the Continental Shelf, CLCS）的建議。[156]事實上，2009 年 5 月 6 日，馬來西亞和越南聯合向大陸礁層界限委員會提交了關於南海南部 200 海里以外大陸礁層界限的資料。[157]2009 年 5 月 7 日，越南向委員會提交了關於越南北部地區 200 海里以外大陸礁層界限（VNM-

---

[151] *The South China Sea Arbitration Award (Jurisdiction and Admissibility)*, p. 156.

[152] Naomi Burke O'Sullivan, "The Case Law's Handling of Issues Concerning Third States," in Alex G. Oude Elferink, Tore Henriksen, and Signe Velerud Busch, eds., *Maritime Boundary Delimitation: The Case Law Is It Consistent and Predictable?* (Cambridge: Cambridge University Press, 2018), p. 273.

[153] *The South China Sea Arbitration Award (Merits)*, p. 1203B(2).

[154] 亦可參見 Jayakumar et al., "Conclusion," pp. 277, 284; Tamada, p. 155.

[155] UNCLOS, Art 140(1).

[156] Tran, "The South China Sea Arbitral Award: Legal Implications for Fisheries Management and Cooperation in the South China Sea," pp. 87, 90. 亦可參見 Supplemental Written Submission of the Philippines, Figure S8.4.

[157] 參見 http://www.un.org/Depts/los/clcs_new/submissions_files/submission_mysvnm_33_2009. htm。作為回應，2009 年 5 月 7 日，中國提交普通照會 Note Verbale CML/17/2009，附有「九段線」地圖。亦可參見 Ted L. McDorman, "The South China Sea after 2009: Clarity of Claims and Enhanced Prospects for Regional Cooperation?," *Ocean Yearbook*, Vol. 24 (2010), pp. 507, 508-509.

N）的資料。[158]2019 年 12 月 12 日，馬來西亞提交其在南海 200 海里外大陸礁層延伸案。此外，菲律賓也準備了涵蓋南海／西菲律賓海地區劃界案的提交。[159]因此，南海中的「區域」的空間範圍尚未確定。

（二）未直接受害國家對違反環境規範的訴訟地位

由於健康的海洋環境是所有生命的基礎，海洋環境的保護，包括海洋生物多樣性，事關國際社群的共同利益。[160]在此脈絡中的特殊問題是，除了受害國以外的任何國家，即非直接受害國，[161]是否可以對另一個國家就違反《公約》規定的環境義務的行為向國際的法院或法庭提出聲索，以維護社群利益，即令起訴國沒有直接受到損害。此問題涉及有關遵守「對所有締約國整體的義務」（obligations erga omnes partes）爭端的出庭權。

根據國際法研究院（Institut de Droit International, IDI）2005 年相關決議第 1 條，「對所有國家整體的義務」（Obligation Erga Omnes）定義為：鑑於其共同價值觀和對遵守的關切，國家在任何特定情況下對國際社群負有的一般國際法規定的義務，因此，違反該義務使所有國家都能夠採取行動；或者考慮到所有其他締約國的共同價值觀和對遵守的關切，該條約的締約國在任何特定情況下對同一條約的所有其他締約國承擔的多邊條約規定的義務，因此，違反該義

---

[158] 參見 Submissions to the Commission: Joint submission by Malaysia and the Socialist Republic of Viet Nam, May 2009, http://www.un.org/Depts/los/clcs_new/submissions_files/submission_mysvnm_33_2009.htm. 作為回應，2009 年 5 月 7 日，中國提交 Note Verbale CML/18/2009，附有「九段線」地圖。

[159] Supplemental Written Submission of the Philippines, 8.4.

[160] 此外，可以說，對整個環境的保護可以被視為一種社群利益。就此而言，沃爾夫魯姆（Rüdiger Wolfrum）指出，「1972 年斯德哥爾摩會議之後的發展繼續朝著保護社群利益的方向發展。」Rüdiger Wolfrum, "Enforcing Community Interests Through International Dispute Settlement; Reality or Utopia?," in Ulrich Fastenrath et al., eds., *From Bilateralism to Community Interest, Essays in Honour of Judge Bruno Simma* (Oxford University Press, 2011), pp. 1132, 1135.

[161] 「非直接受害國」（Not Directly Injured States）術語係用於 Kyoji Kawasaki, "The 'Injured State' in the International Law of State Responsibility," *Hitotsubashi Journal of Law and Politics*, Vol. 28 (2000), pp. 17, 22, https://hermes-ir.lib.hit-u.ac.jp/hermes/ir/re/8152/HJlaw0280000170.pdf.

務使所有締約國家能夠採取行動。[162]

第 1 條 a 款界定了整體適用（Erga Omnes）的義務，第 1 條 b 款提到了締約方整體適用（Erga Omnes Partes）的義務。本文特別聚焦於「對所有締約國整體」（Erga Omnes Partes）的義務，而在一定程度上，關於「對所有締約國整體」義務和「對所有國家整體」的義務論點可能會重疊。此處有趣的問題是，受害國以外的任何國家，即非直接受害國，是否可以在國際的法院或法庭面前援引另一國違反條約規定的「對所有締約國整體」義務的責任，即使該條約中沒有明文規定承認此出庭權的條款。在國際的法院或法庭上捍衛社群利益的主張可稱為「社群利益訴訟」（Community Interest Litigation）。[163]南海仲裁裁決在此提供了有趣的案例。[164]

菲律賓在其修正後的第 11 號陳述意見書狀中聲稱：中國在黃岩島、仁愛暗沙、華陽礁、永暑礁、南薰礁、赤瓜礁、東門礁和渚碧礁違反了《公約》規定的保護和保全海洋環境的義務……。

在第 11 號意見書中提到的海洋地物中，華陽礁、永暑礁、南薰礁和渚碧礁位於菲律賓海岸 200 海里以外的區域。對這些海洋地物的領土主權仍未確定。因此，菲律賓並未因中國在其管轄區內的活動而遭受物質損失。對此，仲裁庭發表了重要聲明：「由於第十二部分中的環境義務適用於各國，而不論被指控的有害活動發生在何處，（仲裁庭的）管轄權不取決於對任何特定地物的主權問題，不取決於對任何海洋地物地位的事先確定，不取決於中國或菲律賓在該地區享有專屬經濟區的法律權利，也不取決於任何重疊法律權利的事先

---

[162] Institut de Droit International, Resolution: Obligation Erga Omnes in International Law, Krakow Session 2005, https://www.idi-iil.org/app/uploads/2017/06/2005_kra_01_en.pdf.

[163] 塔姆斯（Christian J. Tams）使用了「公共利益訴訟」一詞。Christian J. Tams, "Individual States as Guardians of Community Interests," in Fastenrach et al., eds., *From Bilateralism to Community Interest: Essays in Honour of Bruno Simma* (Oxford University Press, 2011), pp. 379, 383.

[164] 關於這個問題，亦可參見 Yoshifumi Tanaka, "Reflections on Locus Standi in Response to a Breach of Obligations Erga Omnes Partes: A Comparative Analysis of the Whaling in the Antarctic and South China Sea Cases," *The Law and Practice of International Courts and Tribunals*, Vol. 17 (2018), pp. 527, 545.

劃定。」[165]

仲裁庭認為，「（《公約》）第 297 條第 1 款 c 項明確重申，對於涉及『指稱違反海洋環境保護和保全的國際規則和標準』的爭端，可採用強制爭端解決方式。」[166]仲裁庭因此得出結論，它對審議菲律賓的第 11 號陳述意見書狀有管轄權。此似乎意味，仲裁庭接受了菲律賓的訴訟地位，即使菲律賓沒有發生實質性損害。事實上，哈里森（James Harrison）指出，仲裁庭並沒有要求菲律賓證明其遭受了任何環境損害。[167]

仲裁庭認定中國在 7 個礁石上的島嶼建設工程違反了環境義務，其中包括 4 個珊瑚礁位於距菲國海岸 200 海里以外的區域。與此相關，它還認為中國沒有履行《公約》第 206 條規定的關於環境影響評估和監測的義務。南海仲裁裁決（案情）透過國際裁決對海洋環境保護的社群利益保護提供了先例。然而，附件七仲裁庭對其對《公約》規定的環境義務的法律性質理解解釋甚少。

五、南海仲裁裁決中時間要素的考慮

就廣義而言，國際法中時間要素的影響可分為兩類：對規則解釋或適用的影響，以及對空間的影響。同樣地，時間要素在南海仲裁案的影響也可分為兩類。

（一）《公約》條款解釋中的時間要素

南海仲裁裁決的顯著特點之一是，仲裁庭在解釋或適用《公約》相關規則時加入了時間要素。對此，可以提出四點。

首先，仲裁庭將時間要素嵌入了對第 192 條的解釋。根據仲裁庭的說法，第 192 條下的「一般義務」涵蓋了維持或改善當前海洋環境狀況意義上的「保全」，及其同時未來免受損害的「保存」。由於海洋環境本質是動態性質，海

---

[165] *Ibid.*, p. 927. 亦可參見 *South China Sea Arbitration Award (Jurisdiction and Admissibility)*, p. 408.
[166] *The South China Sea Arbitration Award (Merits)*, p. 928.
[167] James Harrison, *Saving the Oceans Through Law: The International Leal Framework for the Protection of the Marine Environment* (Oxford University Press, 2017), p. 25.

洋的生態和物理條件可能會隨著時間的推移而發生變化。與海洋有關的環境知
識和技術也在迅速發展。因此，在解釋和適用有關海洋環境保護的國際法規則
時，有必要考慮時間要素。[168]因此，仲裁庭對第 192 條的解釋是相關的。鑑於
環境損害的不可逆轉性質，事後責任在保護海洋環境方面只能扮演有限的角
色。因此，重點應放在預防環境的破壞，[169]而且預防途徑在環境保護方面尤為
重要。仲裁庭的解釋似乎與預防途徑有相似之處，[170]即使它在其關於案情的裁
決中沒有提到此種途徑。

　　其次，時間要素被納入「現實前景」檢驗。仲裁庭將此一檢驗應用於中國
在南海生物資源方面的暫停捕撈，並宣布中國違反了公約第 56 條關於菲律賓
對其專屬經濟區生物資源的主權權利。根據「現實前景」檢驗，確定一項聲明
的合法性的依據是，是否存在「現實前景」，即未來可能因違反聲明行為而採
取懲罰的措施。如果一項聲明可能阻止沿海國未來在其專屬經濟區內行使主權
權利，該聲明構成管轄權的非法主張，相當於違反《公約》第 56 條。雖然
「前景」涉及未來事件的可能性，但關於「現實前景」是否存在的決定屬於現
在。因此，「現實前景」檢驗可以被認為是跨時際的概念。然而，對「現實前
景」存在的評估方式和前景的程度需要進一步澄清。

　　第三，時間要素從兩方面納入傳統漁權的概念中。首先，建立傳統的捕魚
權需要「長期的實踐」。就此意義而言，時間的流逝是確立此種權利的先決條
件。然而，仲裁庭在其關於案情的裁決中，對此問題保持沉默。其次，「傳
統」的概念並非靜態，而是演進，就某種意義而言，由於技術的發展，傳統捕
魚模式可能會隨著時間的推移而演變。雖然仲裁庭將傳統捕魚等同於人工捕
魚，但人工捕魚與現代捕魚之間的界限並不總是明確。必須審查「傳統」或

---

[168] Yoshifumi Tanaka, "Reflections on Time Elements in the International Law of the Environment," *ZaöRV/Heidelberg Journal of International Law*, Vol. 73 (2013), pp. 139, 141; Yoshifumi Tanaka, *The International Law of the Sea*, 3rd ed. (Cambridge University Press, 2019), p. 324.

[169] 參見 Yoshifumi Tanaka, "Land-based Marine Pollution," in André Nollkaemper and Ilias Plakokefalos, eds., *The Practice of Shared Responsibility* (Cambridge University Press, 2017), pp. 294, 309.

[170] 在仲裁庭上的口頭陳述中，博伊爾（Boyle）認為《海洋法公約》第 192 條和第 194 條要求適用預防途徑。由博伊爾所發表，Merits Hearing Tr (Day 3), pp. 23, 29-30.

「人工」捕魚的範圍，同時考慮到技術發展等演變因素。

第四，隨著時間的推移，國際爭端可能會升級。因此，各國有義務不加劇這些爭端。由於國際爭端的解決是持續的過程，因此必須在一定的時間框架內設想。就此意義而言，不加劇國際爭端的義務可以被認為包含跨時際因素。該義務本質上是面向未來，因為它的目的是防止未來爭端進一步惡化。在此情況下可能出現的具體問題涉及第 298 條第 1 款 b 項規定的軍事活動例外的適用性。在決定該條款的適用性時，關鍵因素是引起國際爭端的原始行動與原始行動的附屬行動之間的連續性。如果原始行動涉及軍事活動，而加劇爭端的行動是原始行動的附屬行動，則適用第 298 條第 1 款 b 項規定的軍事活動例外。如果加劇爭端的行動與原始行動相分離，則軍事活動例外的適用性取決於加劇爭端的行動的性質。因此，在考慮軍事活動例外的適用時，需要結合原始行動來審查加劇爭端行動的性質。

（二）時間要素對國際空間秩序的影響

其次，要考慮時間要素對國際空間秩序的影響。國際法的主要功能涉及國家管轄權的空間分布。國際社群中空間秩序的建立是國際法的重要功能。時間要素或許以三種可能的方式影響國際空間秩序：1.對領土主權獲得；2.邊界的確立；3.海洋空間的法律權利。南海仲裁裁決（案情）中對時間要素的考慮涉及海洋空間的法律權利。然而，在探討這個問題之前，為了比較分析的目的，有必要扼要討論前兩種方式。

1.時間要素對取得領土主權的影響

最重要的是，時間要素可能會影響對領土主權的獲得。由於領土是國際法空間秩序的重要組成部分，時間要素對領土主權獲得的影響應該是關鍵的問題。[171]此處要點涉及在管理領土獲得的國際法中的變化與穩定之間的協調。雖

---

[171] 一般而言，在這個問題上，參見 Giovanni Distefano, "Time Factor and Territorial Disputes," in Marcelo G. Kohen and Mamadou Hébité, eds., *Research Handbook on Territorial Disputes in International Law* (Edward Elgar Publishing, 2018), p. 397.

然基於所有權的領土穩定需要維持現狀，但有效者透過考慮國際關係的變化來強調領土治理的現實。由於穩定與變化之間的緊張關係源自於時間的推移，因此時間要素的考慮成為關鍵。

2.時間要素對邊界建立的影響

時間要素或許也影響邊界的建立。由於領土被邊界分隔，[172]邊界的建立對於穩定國際空間秩序至關重要。在某些情況下，時間要素或許會顯著影響國家之間邊界的建立。海洋邊界可能會受到時間要素的影響。相關海岸是海洋劃界的關鍵要素之一。隨著時間的推移，海岸可能會發生變化。當相關海岸可能會隨著時間發生顯著變化時，就會出現困難。根據移動邊界（Mobile Boundary）的概念，時間要素，即相關海岸隨時間的推移而發生的未來變化，將被構建到邊界本身之中。移動邊界線似乎是一個有趣的解決方案，非常值得考慮以應對不穩定的海岸線。

3.時間要素對海洋法律權利的影響

由於領土爭端被排除在南海仲裁案仲裁庭的管轄範圍之外，因此本案沒有提出時間要素對領土主權取得的影響問題。同樣的道理，海洋劃界問題也排除在南海仲裁案的仲裁庭的管轄範圍內。因此，關於時間要素對確定邊界的影響問題沒有出現。儘管如此，南海仲裁裁決（案情）確實證明了時間要素可能以不同的方式影響國際空間秩序，即對海洋空間權利的確定。在本次仲裁中，仲裁庭對此問題採取了兩種截然不同的方式。

時間的流逝可以被認為是歷史權利的核心。然而，仲裁庭在審議中國是否在歷史上對南海領海界限以外的生物和非生物資源擁有權利的問題時，並未審查中國在南海活動的「長期歷史進程」。[173]取而代之的是，仲裁庭關注的是公海自由和歷史權利的特殊性質。尤有進者，仲裁庭裁定，在中國加入《公約》並生效後，中國可能對「九段線」內的生物和非生物資源享有的任何歷史權利

---

[172] 一般而言，在這個主題上，參見 Caflisch, «Les frontières, limites et délimitations internationales—quelle importance aujourd'hui?», p. 9.

[173] *The South China Sea Arbitration Award (Merits)*, p. 264.

都被《公約》規定的海域界限所取代。[174]在仲裁庭看來，與《公約》相悖的歷史權利不能基於漫長的歷史進程來捍衛。因此，可以說仲裁庭在其關於案情的裁決中，在確定中國在南海所聲索的歷史權利的合法性時，最大限度地減少了時間要素的角色。

相較之下，仲裁庭將時間要素納入到《公約》第 121 條第 3 款之中。具體而言，時間要素反映在：人類居住地的「非暫時性」（Non-transient Character）、支持一群人在「不確定的時間段」生活在海洋地物因素的存在、「非一次性或短期」的支持和提供的存在、在「連續一段時間」內為維持人類存活和健康所必需的供應、海洋地物自然條件的「歷史證據」、「歷史上」的人類居住地，以及海洋地物其自身的「歷史」經濟生活。

在上述要素中，自然條件的「歷史證據」、「歷史上的人類居住地」和「歷史上的自身經濟生活」等概念，都有助於凍結過去某個時期海洋地物法律的地位。[175]在此意義上，仲裁庭對第 121 條第 3 款的解釋本質上是靜態的。時間要素緊扣第 121 條第 3 款規定的條件。藉由嚴格適用此一條款，仲裁庭似乎是為了防止出現一種情況，以微小地物不公平和不公正地產生對海洋空間的巨大權利，從而相應地縮小人類共同遺產的範圍。

總體而言，時間要素對仲裁庭關於南海海洋空間的海洋法律權利的裁決產生了重大影響。一方面，在審查中國對「九段線」所包含的海洋空間的歷史權利聲索時，它最大限度地減少了時間或歷史因素的影響。另一方面，仲裁庭將時間要素納入了第 121 條第 3 款的解釋和適用。如此一來，仲裁庭嚴格地將第 121 條第 3 款適用於南海的海洋地物。儘管存在差異，但兩種做法通常都試圖防止沿海國對公海管轄權的片面擴張。無論如何，對海洋空間的法律權利直接影響到海洋中的國際空間秩序。因此，南海仲裁案為時間要素如何影響國際空間秩序提供了一個有趣的例子。

---

[174] *Ibid.*, p. 262.
[175] Natalie Klein, "Islands and Rocks after the South China Sea Arbitration," *Australian Year Book of International Law*, Vol. 34 (2016), pp. 21, 27.

第四節　海洋戰爭法規則的挑戰

當代海戰將出現在意想不到的國際體系中。隨著世界政治分裂成多極世界，就西方世界而言，俄羅斯和中國試圖侵蝕基於規則的國際秩序，他們有資源投資於開發和部署世界上技術最先進的武器。就其性質而言，這些武器能夠將力量投射到整個海洋和空域，以及全球公域的網路空間和外層空間。軍事技術也正在改變海戰的性質，使其更加分散和致命。因此，美國正在回到離岸制衡（Offshore Balancing）和有選擇地從海上進行交戰的戰略，以保持在戰略海洋區域的決定性存在，同時避免陸地戰爭的政治和物質成本。

資訊是強權競爭的貨幣，而資訊技術是未來海洋戰爭的決定性特徵。任何重大的國際衝突都將發生在網路空間的虛擬領域和外層空間、大氣空間和海洋等物理領域內進行。技術將這些領域聯繫在一起，只有海軍部隊方能在這些領域中無縫作業。來自海上的海軍力量最終會影響陸地上的地緣政治事件，但升級的風險和核戰爭的幽靈意味涉及美國、俄羅斯或中國的大國衝突更有可能從海上發生，而不是在陸地上。

國家領土的控制是戰爭的終極目標，然而地面作戰是最繁瑣和最不靈活的軍事力量形式。陸地作戰在攻擊中是最緩慢和最薄弱，在防禦中是最靜態和最脆弱。相較之下，從海床、水中、水面、空域和外太空發動的海軍作戰，本身就是遠征性。海洋作戰的速度、敏捷性和靈活性在和平時期的商業運輸中就顯露無遺。同樣地，海軍部隊在本質上是機動、可操縱、多變、可擴展、持久和永續，並且在整個衝突範圍內的力量投射方面通常優於陸地部隊。此外，最先進的海軍部隊在物理領域之間以及在它們與網路空間之間的網路化程度愈來愈高。

新興技術影響著海軍作戰的方方面面，從部隊維護和戰備的基本面向到高端衝突。舉例而言，新的複合材料可以密封軍艦上層建築的裂縫。[176]配備雷射器的無人機可以識別船體的變形和腐蝕，從而減少艦艇在船廠的時間。[177]同

---

[176] Michael Fabey, "High Maintenance," *Jane's Navy International* (January/ February 2020), pp. 10-11.
[177] *Ibid.*

樣，自主航行船舶（Autonomous Ships）和潛艇可以降低對大量船員和岸邊維修工人的需求，增強部隊的存在和持久性。[178]這些系統在作戰中可能會整合人工智慧的特徵，以尋找和攻擊敵軍。

對華盛頓而言，自美西戰爭以來，美國外交政策和國家安全的基石始終是防止敵對、霸權主義的強權在歐洲或亞洲的崛起。致力於削弱航行自由和飛越或控制連接美國和這些地緣政治權力中心的海上通道，實際上構成了生存威脅，因此可能導致對抗和武裝衝突。北京的海洋圈地和控制戰略體現在其在東海、南海和臺灣海峽的脅迫和擴張，以及其建立從中東到大洋洲的勢力範圍的努力。[179]關鍵問題是，全球海洋系統是保持自由和開放，還是演變成以中國為中心的世界。[180]如果和平時期的競爭真的爆發為武裝衝突，海戰法將制定遊戲規則。

一、民船

在武裝衝突中使用民間力量並不新鮮，但新技術使其更有可能成為海戰的重要因素。在海上，交戰方可能利用漁船和商船透過後勤支援海軍部隊，傳遞情報，布放水雷，甚至參與攻擊。新興技術使民用船舶，包括漁船、貨船和油輪，能夠完成更廣泛的進攻性和防禦性海軍任務。此包括作為廣泛分布的目標感測器的平臺和作為導彈發射器。民用航運的運作使戰鬥空間複雜化，並透過擴大作戰機動區域、在「殺傷鏈」中分布和分層的感測器和武器來加強防禦，以及增加進攻的打擊選擇來迷惑敵人的計畫。雖然先進的軍艦十分的昂貴，但商船可以作為廉價力量的倍增器。

---

[178] Kelley M. Sayler, "Emerging Military Technologies: Background and Issues for Congress," *Congressional Research Service* (22 February 2024), pp. 2-10, https://crsreports.congress.gov/product/pdf/R/R46458/13.

[179] Christopher Wray, "The Threat Posed by the Chinese Government, and the Chinese Communist Party to the Economic and National Security of the United States," *FBI*, 7 July 2020, https://www.fbi.gov/news/speeches/the-threat-posed-by-the-chinese-government-and-the-chinese-communist-party-to-the-economic-and-national-security-of-the-united-states.

[180] Michael Pillsbury, The Hundred-Year Marathon: China's Secret Strategy to Replace America as the Global Superpower (ST. Martin's Press, 2016).

　　就灰色地帶而言，民用和海軍力量的蓄意混合引發了關於海戰法、中立法和戰利品法的適用問題。中立國可能會以有利於一方的方式使用他們的商船，例如運送違禁品或為敵方的軍事或公共服務。互相補充的法律領域的重疊使法律和行動規劃變得複雜，使民用船隻和船員處於更大的危險之中，並有可能擴大未來的衝突。

二、無人海上系統

　　無人系統（Unmanned Systems, UxS）在海戰中的預期任務和工作，以及在這種衝突中適用於它們的規則是另外探討的重點。許多國家正在開發和試驗無人系統，它們有時被稱為「無人機」（Drones），而且包括無人水面艦艇（Unmanned Surface Vessels, USVs）、各種水下無人潛水器（Unmanned Underwater Vehicles, UUVs）和無人航空系統或飛行器（Unmanned Aerial Systems or Vehicles, UAS/UAVs）。[181]

　　無人飛行器可以從陸地、船舶、潛艇，甚至從海底的集裝箱發射。這些系統以較低的成本和較小的生命風險，在對手海岸附近的高威脅環境中增強了生存能力和持久性，因此它們正在成為某些枯燥、航髒或危險任務中載人平臺的首選替代品。無人系統將戰士解放出來進行更重要的行動，同時通過分散式網絡節點提高復原力、連接性和實時感知。[182]在未來的衝突中，機器人作戰系統將無處不在，無論是陸地、空中、海上和外太空。例如，中國的白皮書設想了「多維度、多領域的無人駕駛作戰『系統中的系統』在戰場上的應用」。[183]

　　美國、中國和俄羅斯正在開發更大、更複雜的無人海上系統（Unmanned

---

[181] U.S. Naval Institute Staff, "Unmanned Campaign Framework," *U.S. Naval Institute*, 16 March 2021, https://news.usni.org/2021/03/16/document-department-of-the-navy-unmanned-campaign-framework.

[182] US Department of Defense, *Unmanned Systems Integrated Roadmap: FY2013-2038* (Office of the Secretary of Defense, 2014), p. 20; U.S. Naval Institute Staff, "Unmanned Campaign Framework," p. 10.

[183] Elsa B. Kania, *Battlefield Singularity: Artificial Intelligence, Military Revolution, and China's Future Military Power* (Center for a New American Security, 2017), https://s3.us-east-1.amazonaws.com/files.cnas.org/documents/Battlefield-Singularity-Kania_November-2017.pdf.

Maritime Systems, UMSs），以取代傳統平臺（戰艦和潛艇）在繁瑣或危險的海上安全和海戰任務中的角色。此趨勢意味傳統平臺可能扮演「母艦」的角色，並對龐大的無人海上系統網絡進行指揮和控制。

轉變為更加分散的部隊，對實現此轉變的海軍而言有關鍵優勢。首先，將感測器和武器分散在更多的平臺上，透過增加需要探測、識別、跟蹤和打擊的敵方單位的數量，使對手的目標定位更加複雜。在武器數量固定的情況下，分散式部隊增加了對手在確定目標方面所面臨的複雜性。其次，廣泛分布的部隊減少了單一平臺遭摧毀的總損失。其三，在武裝衝突中，大量部署的無人機、無人水面艦艇和水下無人潛水器促進了那些在戰術上有優勢，但對載人艦艇而言風險太大的任務。指揮官有膽量發揮優勢。其四，廣泛分布的部隊有助於提高艦隊的模組化和可配置性，加速適應性變化。[184]其五，成本曲線有利於無人系統，它比裝備精良的載人戰艦和潛艇的成本低很多。其六，無人系統更小，更容易隱藏，因此通常更難發現和瞄準。

無人系統的部署需要發展新的作戰概念，提出了關於其法律地位和主權豁免的問題，並需要考慮這些船隻在海上航行的權利和義務，以及海戰法規定的交戰方權利。[185]無人系統的法律地位受船旗國法律和習慣國際法的管制，並反映在國際海事組織（International Maritime Organization, IMO）的文書中。這些系統在和平時期在海洋和空域享有的航行權利和義務也反映在《公約》和《國際民用航空公約》（*Convention on International Civil Aviation* 《芝加哥公約》）中。[186]進行交戰行動的無人系統必須遵守海戰法，尤其是當該等系統獲得更高水準的自主權時。致命性自主武器系統（Lethal Autonomous Weapons Systems, LAWS），在《特定常規武器公約》（*Convention on Certain Conventional*

---

[184] Kelley Sayler, *A World of Proliferated Drones: A Technology Primer* (Center for a New American Security, June 2015), pp. 6-7, https://www.files.ethz.ch/isn/191911/CNAS%20World%20of%20Drones_052115.pdf.

[185] James Kraska, "The Law of Unmanned Naval Systems in War and Peace," *Journal Ocean Technology*, Vol. 5 (October 2010), pp. 44-68; James Kraska, "Autonomous and Expendable Marine Instruments in U.S. and International Law," *Ocean Development & International Law*, Vol. 26 (1995), pp. 311-355.

[186] United Nations Convention on the Law of the Sea, Dec. 10, 1982, 1833 U.N.T.S. 397; Convention on International Civil Aviation, Dec. 7, 1944, 61 Stat. 1180, T.I.A.S. No. 1591, 15 U.N.T.S. 295.

Weapons）的支持下，國際上已經就其行動如何（或是否）符合武裝衝突法（Law of Armed Conflict, LOAC）進行了討論。

三、潛艇戰爭法

這些水下部隊對戰爭計畫愈來愈重要，因為它們較水面艦艇更有生存能力。與所有海軍部隊一樣，潛艇必須遵守武裝衝突法。交戰方採取戰爭手段或方法的權利不是無限的。武裝衝突法對潛艇的最基本規定是，它們必須能夠區分合法的軍事目標和民用或受保護的船隻。[187]習慣國際法禁止使用不分青紅皂白的武器，這些武器因其性質而無法區分軍事目標和平民或民用目標。[188]《日內瓦公約第一附加議定書》（*Additional Protocol I to the Geneva Conventions*）將不分青紅皂白的攻擊定義為以下內容：不以特定軍事目標為對象；採用不能針對特定軍事目標的作戰方法或手段；或採用其效果無法限制的作戰方法或手段，並具有不加區別地打擊軍事目標和平民或民用目標的性質。[189]

旨在造成過度傷害或不必要痛苦的武器、材料或作戰方法也遭到禁止。[190]一些武器，諸如化學或生物武器，本身就是非法，而其他武器如果加以改變，例如在本來合法的彈藥上塗上毒藥，則可能成為非法的武器。[191]此外，合法的武器或武器系統，諸如潛艇，如果是針對或用於非戰鬥人員、平民或其他受保護的人和財產，則可能視為是非法使用。[192]

國際上為規範或禁止在武裝衝突中使用或建造潛艇所做的努力可以追溯到

---

[187] Convention and Customs of War on Land (Hague, II) art. 22, 29 July 1899, 32 Stat. 1803, T.S. 403; Protocol Additional to the Geneva Conventions of 12 August 1949, and relating to the Protection of Victims of International Armed Conflicts, art. 35(1), 8 June 1977, 1125 U.N.T.S. 3; San Remo Manual on International Law Applicable to Armed Conflicts at Sea (Louise Doswald Beck, ed., 1995).

[188] San Remo Manual, 42(b); 1 International Committee of Red Cross, Customary International Humanitarian Law r. 71 (Jean-Marie Henckaerts and Louise Doswald-Beck, eds., 2005).

[189] AP I, art. 51.4; Rome Statute of the International Criminal Court, art. 8.2(b)(xx), 17 July 1998, 2187 U.N.T.S. 90; San Remo Manual, 42(b).

[190] API, art.35.2; San Remo Manual, 42(a).

[191] 1 ICRC Customary Law Study, rr. 72-74.

[192] U.S. Navy, U.S. Marine Corps, and U.S. Coast Guard, NWP 1-14M/MCTP 11-10B/ COMDTPUB P5800.7A, The Commander's Handbook on the Law of Naval Operations § 9.12 (2017).

1899 年的第一次海牙和平會議（First Hague Peace Conference）。儘管在此後的數十年裡不斷進行談判，但仍然只有一項國際協定對潛艇戰爭進行管理，即 1936 年的《倫敦議定書》（*London Protocol*）。[193]

四、深海海底和國際海底區域

國際深海海底區域（「區域」）可用於軍事活動。國際海底管理局（International Seabed Authority, ISA）和個別沿海國家對領海以外的海底的外國軍事活動都沒有管轄權。「區域」位於國家管轄範圍以外的地區。各國不得對該區域或其資源聲索或行使主權或主權權利。關於國際海底管理局對深海海底的權威，[194]《公約》指出，「該區域及其資源是人類的共同遺產」。然而，此職權範圍並不限制將深海海底用於礦物開採以外的活動。[195]在「區域」內的礦產資源開發只能透過向國際海底管理局申請，並「為了全人類的利益」而進行。[196]雖然「區域」（像海洋的所有部分）受到保留用於「和平目的」，但此規定並不限制和平時期的軍事活動，或為自衛或根據聯合國安全理事會授權進行的交戰海軍行動。[197]

沿海國在其專屬經濟區和大陸礁層上享有資源權利和管轄權，不僅包括礦物，還包括所有生物和非生物資源。雖然沿海國對專屬經濟區和大陸礁層上的資源擁有專屬主權權利和管轄權，可能包括專屬經濟區外部界限以外的外大陸礁層或延伸大陸礁層，但它們無權限制這些地區的軍事活動。

---

[193] Proce`s-Verbal Relating to the Rules of Submarine Warfare Set Forth in Part IV of the Treaty of London of 22 April 1930, 6 November 1936, 173 L.N.T.S. 353, 3 Bevans 298, *reprinted in* 31 American Journal of International Law Supplement 137 (1937); Dietrich Schindler & Jiřī Toman, The Laws of Armed Conflicts 883-84 (1988).

[194] UNCLOS, art. 137, Dec. 10, 1982, 1833 U.N.T.S. 397.

[195] *Ibid.*, art. 136.

[196] *Ibid.*, art. 140.

[197] *Ibid.*, art. 141.

（一）大陸礁層上的人工島嶼、裝置和結構

沿海國對其大陸礁層上的人工島擁有主權權利和管轄權。此規則在 2016 年的南海仲裁中得到了證明。仲裁庭認為，中國在美濟礁的人工島建設是對菲律賓主權權利和對其大陸礁層管轄權的非法侵犯。[198]中國在美濟礁建造人工島時，沒有尋求並得到菲律賓的同意。[199]

雖然沿海國對其大陸礁層上的人工島擁有專屬主權權利和管轄權，但其對海底結構和設施的管理權更多地限於那些與資源、海洋科學研究或海洋環境保護有關的結構或設施。沿海國對其大陸礁層上的軍事設施和結構不享有這種權利或管轄權。取而代之，沿海國只對那些「為第 56 條規定的（經濟）目的」或「干擾沿海國對其資源行使權利」的海底設施和結構享有主權權利和管轄權。簡言之，雖然沿海國對在其大陸礁層上建造人工島有完全的權威，[200]但對在其上安放設施和結構的權利則較為有限。這種解釋表明，所有國家都可以在中立國領海以外的任何地方的海底從事軍事行動和活動。

然而，《公約》的明文規定並沒有阻止各國聲稱要限制大陸礁層上的軍事活動。舉例而言，印度明確表示，「其他國家不能將其大陸礁層用於軍事目的」。 印度宣稱有權對其大陸礁層上的任何武器或軍事裝置進行「核查、檢查、拆除或銷毀」，或「採取其認為必要的其他步驟」以保障其安全。[201]同樣，加拿大指出，《禁止在海床洋底及其底土安置核武器和其他大規模毀滅性武器條約》（*Treaty on the Prohibition of the Emplacement of Nuclear Weapons and Other Weapons of Mass Destruction on the Seabed and Ocean Floor*；以下簡稱《海底武器控制條約》）第 1 款「不能被解釋為表明任何國家有權在海底植入或放置第 1 條第 1 款未禁止的任何武器……」[202]加拿大宣稱，沿海國享有對大陸礁層的「專屬主權權利」，使其有權「核查、檢查或實施清除」在其大陸

---

[198] South China Sea Arbitration (Phil. v. China), Case No. 2013-19, Award, 1016 (Perm. Ct. Arb. 2016).
[199] UNCLOS, arts. 56(1)(b)(i), 60(1), 80.
[200] UNCLOS, arts. 60(1)(b)-(c), 80.
[201] Natalino Ronzitti, *The Law of Naval Warfare: A Collection of Agreements with Documents and Commentaries* (Brill - Nijhoff, 1988).
[202] *Ibid.*, p. 603.

礁層上的任何武器或相關裝置或設施。[203]然而，從第 56 條的案文可以看出，《公約》中沒有任何內容可以支持這種主張。

儘管有這些聲明，《公約》表明，外國可以將專屬經濟區內和領海以外的大陸礁層上的海床用於軍事設施和結構，因為其目的不涉及勘探、開發、管理和養護生物或非生物自然資源，也不涉及沿海國同意進行海洋科學研究的權利或履行保護海洋環境的義務。為這些目的以外的目的而設置的裝置和結構不屬於沿海國的管轄範圍。

在南海仲裁案中，中國在美濟礁上建造了人工島，由於美濟礁裁定為低潮高地（Low-tide Elevation, LTE），因此是菲律賓大陸礁層的一部分。雖然中國的建設就此成為非法，但如果它只是在礁石上部署了軍事水下無人潛水器，或在構成人工島的門檻下建立了軍事結構或設施，那麼它的行為就是合法。然而，在這種情況下，軍事活動仍然必須適當考慮到菲律賓的資源權利，因此，在菲律賓大陸礁層的隆起部分，像是美濟礁上依法進行的軍事行動的範圍和程度是有實際的限制。遑論 2024 年 6 月 14 日，菲律賓駐紐約常駐代表團向大陸礁層界限委員會（Commission on the Limits of the Continental Shelf, CLCS）提交了部分劃界案，其中載有從西巴拉旺地區領海基線起 200 海里以外部分大陸礁層外部界限的資料，[204]此將涉及到中國占有的南沙島礁。

因此，在沿海國家的大陸礁層上進行的外國軍事活動的實際限制是什麼？只有那些規模或影響大到不能「適當顧及」（Due Regard）沿海國對專屬經濟區和大陸礁層的生物和非生物資源的權利的軍事活動才是不允許的對象。例如，在沿海國大陸礁層上部署核武器或其他大規模毀滅性武器可能會觸發「適當考慮」標準（除了違反《海底武器控制條約》之外）。同樣，對棲息在大陸礁層上的大型珊瑚群落造成肆意破壞的軍事活動也可能不符合「適當考慮」標

---

[203] *Ibid.*

[204] Philippine Mission to the United Nations, A Partial Submission of Data and Information on the Outer Limits of the Continental Shelf of the Republic of the Philippines (2009). A Partial Submission of Data and Information on the Outer Limits of the Continental Shelf of the Republic of the Philippines Pursuant to Article 76 (8) of the United Nations Convention on the Law of the Sea. 14-11-2013. https://www.un.org/depts/los/clcs_new/submissions_files/submission_phl1_2024.htm.

準。此外，《公約》第 58(3)條中適用於和平時期在專屬經濟區（以及專屬經濟區內的大陸礁層）的外國行動的「適當考慮」條款並不適用於武裝衝突，因為它們被海軍戰爭法中更具體的特別法（*lex specialis*）制度所取代。雖然允許在大陸礁層和深海海底進行軍事活動，但《海底武器控制條約》及其反映習慣法的地位禁止在領海之外放置大規模毀滅性武器。

（二）武裝衝突中的海底電纜

保護海底電纜網路對民用和軍用通信的重要性不言而喻。衛星只能處理藉由電纜傳輸的一小部分內容。[205]儘管全球海纜系統對世界經濟、國家安全和政府通信至關重要，但它很容易受到和平時期的事故、意外和有目的的破壞，並在戰爭時期受到攻擊。可以採取一些措施來加強海纜基礎設施免受攻擊，包括在海纜沿線安裝感測器以探測水下機具，經由避免海上的阻塞點和增加登陸點的數量（並加強其安全性）以增加海纜的地理多樣性，以及安裝備份和冗餘的海纜系統以提高韌性。[206]和平時期的對手或武裝衝突期間的交戰方可能會降低、破壞或切斷海底電纜，或利用它們來發動網路攻擊。[207]

五、海洋空中和導彈戰爭法

與所有武器一樣，導彈也受武裝衝突法的約束。[208]除非受到國際法的限制，交戰方在法律上被允許使用任何手段來進行敵對行動。然而，衝突各方採

---

[205] Doug Tsuruoka, "How World War III Could Start: Cut the 'Cable'," *The National Interest*, 7 January 2018, https://nationalinterest.org/blog/the-buzz/how-world-war-iii-could-start-cut-the-cable-23974.

[206] Rishi Sunak, *Undersea Cables: Indispensable, Insecure* (Policy Exchange, 1 December 1, 2017), pp. 34-36, https://policyexchange.org.uk/wp-content/uploads/2017/11/Undersea-Cables.pdf.

[207] Rob Wittman, "The Greatest Risk to National Security You've Never Heard Of," *C4ISRNET*, 30 January 2020, https://www.c4isrnet.com/battlefield-tech/c2-comms/2020/01/30/the-greatest-risk-to-national-security-youve-never-heard-of/.

[208] Respect for Human Rights in Armed Conflicts, UNGA Resolution 2444 (XXIII), 19 December 1968; W. Hays Parks, "Submarine-Launched Cruise Missiles and International Law: A Response," *US Naval Institute Proceedings*, Vol. 103 (September 1977), pp. 120, 123.

用傷害敵人的手段的權利並非是無限的。[209]武裝衝突法的基礎是通過條約和國際習慣法形成的關鍵原則。在武裝衝突中使用武力必須符合軍事必要性、人道、相稱性、區分性和榮譽或騎士精神。[210]正如 1868 年《聖彼德堡宣言》（*1868 St. Petersburg Declaration*）的序言中所反映的那樣，導彈也要遵守禁止不必要的痛苦的規定。[211]此外，導彈還受制於攻擊中的預防措施規則。《哈佛空戰和導彈戰爭手冊》（*Harvard Air and Missile Warfare Manual*）指出，「必須採取一切可行的預防措施，使所有有權得到特別保護的人和物免受傷害……。」鑑於導彈的速度和射程，有必要確保在攻擊時遵守可行的預防措施。[212]

只要有制導和無制導武器能夠以合理的準確度進行瞄準，它們都是合法的。[213]瞄準的準確性取決於導彈的技術能力，為打擊提供資訊的情報質量，以及指揮官及其人員應用武裝衝突法原則的真誠努力。雖然有些武器本質上是非法的，如無法檢測的碎片，[214]但即使是合法的武器也可能以非法的方式使用。像所有的武器一樣，導彈的效果不可能是無差別的，只能用於攻擊軍事目標。符合此測試的砲彈（或導彈），但在針對合法的軍事目標時未能擊中目標，並造成附帶的或間接的平民傷亡，則不是無差別的武器。[215]只有那些無法以合理

---

[209] Regulations Respecting the Laws and Customs of War on Land, annexed to Convention No. IV Respecting the Laws and Customs of War on Land, art. 22, 18 October 1907, 36 Stat. 2227, T.S. No. 539.

[210] Office of the General Counsel, U.S. Department of Defense, Law of War Manual § 2.6.2.1 (rev. ed., December 2016); NWP -14M, 99, § 9.1.2.

[211] St. Petersburg Declaration Renouncing the Use, in Time of War, of Explosive Projectiles under 400 Grammes Weight, 1868, 重新出版於 Dietrich Schindler and Jirí Toman, "No. 102: International Convention Against the Recruitment, Use, Financing and Training of Mercenaries" in *The Laws of Armed Conflicts* 102 (Brill, 1988).

[212] HPCR Manual on Air and Missile Warfare, p. 16.

[213] NWP 14M, § 9.1.2; United Kingdom, Conflict Department Briefing to UK Mission to the UN, 25 June 2012; UNSC Open Debate on Protection of Civilians Briefing, 22 June 2012; FOI Digest: Ref: 0155-13, Richard Moyes.

[214] 參見 Protocol on Non-Detectable Fragments, Oct. 10, 1980, 1342 U.N.T.S. 168.

[215] NWP-14M, § 9.1.2.

程度的準確度進行指揮的武器才是非法的。[216]

第五節　結語：國內法與國際法的落差創造灰色地帶

　　南海法律戰不僅反映了國際法在現代地緣政治中的重要性，也揭示了法律作為一種戰爭工具的複雜性和多面性。藉由南海仲裁案，世人可以深入理解國際法的發展、法律戰的應用以及其對國際社群和地區穩定的影響。南海仲裁案對國際法的發展做出了重大貢獻。首先，仲裁庭針對《聯合國海洋法公約》的解釋澄清了許多關鍵概念，如歷史權利和海洋地物的法律地位。這些解釋不僅對當事國有約束力，也為其他國家提供了重要的法律參考。其次，仲裁庭強調了環境保護義務，指出各國在開發海洋資源時必須考慮環境影響，這為未來的國際環境訴訟提供了重要先例。當然，南海仲裁也掀開南海法律戰的新階段，「九段線」為基礎的歷史性權利與仲裁裁決激烈競爭。

　　法律戰，尤其是在南海仲裁案中的應用，展示了法律作為戰爭工具的力量。法律戰的核心在於利用國際法律和司法機構來達成政治和戰略目標。在南海仲裁案中，菲律賓藉由法律途徑挑戰中國的主權聲索，不僅在法律層面上取得了勝利，也在國際輿論中占據了道德高地。然而，中國拒絕接受仲裁結果，此也顯示出法律戰在實際應用中的侷限性，尤其是在面對強大國家的時候。

　　南海仲裁案強調了國際社群在保護公海自由和人類共同遺產方面的利益。仲裁庭的裁決對維護海洋生態系統和保障國際航運自由具有重要意義。此裁決不僅僅是對當事國的約束，更是一種國際共識的體現，即各國應在開發海洋資源的同時，維護全球海洋的健康和永續性。就某種程度而言，此意味南海域外國家也具有法律權利上的發言權，法律戰的內容與範圍明顯擴大。

　　尤有進者，隨著新興技術的發展，法律戰的形態也在發生變化。無人機、自主航行系統和網路戰技術的應用，使得傳統的海戰法面臨新的挑戰。這些技

---

[216] Customary International Humanitarian Law 247 (Jean-Marie Henckaerts and Louise Doswald-Beck, eds., 2005).

術的應用不僅提高了戰爭的複雜性和危險性，也對國際法在戰爭中的應用提出了新的要求。國際社會需要對這些新技術進行法律規範，以確保在未來的海上衝突中，能夠遵循國際法的基本原則和規範。因此，「灰色地帶」策略又有新的面向。

南海仲裁案中，時間要素的考量對於法律適用和解釋具有重要意義。仲裁庭在解釋《公約》相關條款時，考慮了歷史背景和技術發展對當前局勢的影響，這種方法對於未來的國際法應用具有重要啟示。未來的國際司法機構在處理類似爭端時，應更加重視歷史和技術因素對法律問題的影響，以便做出更加公正和符合實際情況的裁決。

總之，南海法律戰展示了國際法在解決國際爭端中的重要作用，也揭示了法律戰在現代地緣政治中的應用和挑戰。南海仲裁案對國際法的發展、海洋社群利益的保護以及技術發展對海戰法的影響提供了寶貴的經驗和教訓。國際社會應繼續加強國際法的建設，推動國際司法機構的作用，以維護全球和平與穩定。未來，隨著技術的進步和地緣政治格局的變化，國際法和法律戰將面臨更多新的挑戰和機會。透過對南海法律戰的深入研究，國際法不僅是推動國際合作和維護全球秩序的重要力量，但也可能是作為國際爭端中合理化自身的工具。在面對地緣政治多變的國際形勢時，法律戰和國際法的角色將更加突顯。

本章探討了南海爭端引發的國際法議題，主要參照南海仲裁的四個問題：即南海仲裁在和平解決菲中爭端中的角色；南海仲裁對國際法發展的意涵；司法機構在保護海洋社群利益方面的角色；以及時間要素的考量。尤有進者，南海軍事化的發展，更彰顯海戰法的不足。

本章所涵蓋的事項可總結如次。首先，藉由對南海海域空間的法律權利的裁決，可以說仲裁庭有助於縮小南海爭端問題的範圍。藉由減少圍繞爭端的法律不確定性，南海仲裁有可能有助於澄清當事方未來談判中的問題。

其次，南海仲裁裁決有助於澄清、鞏固和闡述相關國際法的規則。白珍鉉法官表示，可以這樣說，南海仲裁裁決對國際法的發展做出了重大貢獻。當然，仲裁庭的觀點並非沒有爭議。然而，如果國際法院或法庭不同意南海仲裁裁決的解釋，則必須提出對法律的替代解釋。就此意義而言，仲裁裁決可以被認為為國際法的相關規則的解釋或適用提供了不可忽視的先例。

其三，《公約》規定的國際法庭對混合爭端的管轄權仍有待商榷。混合爭端可能涉及三個問題：領土爭端；海洋劃界爭端；以及其他海洋爭端，諸如海洋法律權利爭端與海洋環境爭端等。根據仲裁庭的做法，爭端的第三類不同於第一類和第二類。如此做法使仲裁庭有可能獨立於領土和海洋劃界爭端來裁決海洋法律權利爭端。在處理混合爭端時，它似乎提供了值得考慮的替代方案。然而，根據仲裁庭的做法，第一類和第二類爭端之間的關係仍然沒有定論。在這方面，必須進一步考慮查戈斯海洋保護區仲裁中提出的輔助檢驗。

其四，在南海仲裁案中，專家報告在評估瀕危物種捕撈的不利影響、中國建設活動對珊瑚礁的影響，以及中國船隻執法行動的危險方式等方面扮演了重要角色。雖然科學數據構成了有關環境保護的國際爭端的關鍵要素，但作為司法機構的國際法院或法庭在評估複雜的科學問題時會遇到挑戰。對船舶操作方式的評估也需要技術和專業知識。為了保證科學評估的客觀性，專家的獨立性和公正性可以被視為至關重要的要求。因此，司法機構使用獨立專家是非常值得考慮的選項。

其五，仲裁庭關於南海法律權利的裁決影響到公海和「區域」的空間範圍，此乃人類的共同遺產。鑑於所有國家在公海都享有海洋自由，可以說公海的空間範圍影響到整個國際社群的共同利益。「區域」的空間範圍也影響到社群利益，因為「區域」及其自然資源是人類的共同遺產。就此意義而言，可以認為這些裁決涉及作為整體國際社群的共同利益。由於海洋空間的法律權利是客觀確定的問題，仲裁庭關於此問題的裁決具有對所有國家的普遍效力。因此，仲裁庭關於海洋地物法律權利裁決的影響，遠遠超出了菲中雙邊爭端的範疇。

其六，菲律賓經修訂的第 11 號陳述意見書狀，關於環境義務的違反，部分涵蓋了距南海周邊海岸線 200 海里以外的海洋空間。儘管菲國沒有因中國在該地的捕魚活動而造成物質損失，但仲裁庭還是接受了菲國的訴訟地位。可以認為，仲裁庭在南海仲裁案中，隱含地承認了非直接受害國對海洋環境保護對違反所有國家普遍義務回應的訴訟地位。南海仲裁案，連同南極捕鯨案和比利時／塞內加爾案似乎暗示，國際的法院或法庭將接受有關遵守對所有國家普遍義務的國際爭端的訴訟地位，只要該國際的法院或法庭可以確立其管轄權。

最後，時間要素在解釋和適用《公約》相關條款和其他國際法規則中扮演了重要角色。在南海仲裁裁決中，時間要素的影響主要體現在數個方面：歷史權利、對《公約》第 121 條第 3 款的解釋、對《公約》第 192 條的解釋、「現實前景」檢驗、傳統捕魚權，以及不加劇的義務。尤其是，在南海法律權利方面，對時間要素的考量成為至關重要。

就此而言，仲裁庭採取了截然不同的做法。一方面，在其案情裁決中，仲裁庭採取了一種做法，在確定中國在南海所聲索的歷史權利的合法性時，將歷史或時間要素的角色降至最低。鑑於有關制定歷史權利的時間要素的規則仍不太明確，仲裁庭的做法是避免有關歷史證據的任何爭議的有用方式。相較之下，仲裁庭將時間要素納入了第 121 條第 3 款的解釋和適用中。總體而言，南海仲裁裁決（案情）表明時間要素或許會影響海洋中的空間秩序。就此意義而言，裁決提供了對國際法中空間與時間之間互動的有趣見解。

綜上所述，可以發現，關於國際空間秩序的關鍵要素、空間、時間和社群利益等問題，在南海仲裁案中被生動地提出。就此意義而言，在考慮國際法中的空間秩序時，這些裁決應作為一個重要的先例。然而，進一步思考，南海衝突中的民間要素（民兵）、無人力量的使用勢必更深刻影響未來國際空間秩序。美國遲遲不通過聯合國海洋法公約也引發自身疑慮。[217]

---

[217] Bill Whitaker, Aliza Chasan, Heather Abbott, and LaCrai Scott, "National Security Leaders Worry about U.S. Failure to Ratify Law of the Sea Treaty," *CBS News*, 24 March 2024, https://www.cbsnews.com/news/national-security-economic-concerns-us-law-of-the-sea-treaty-60-minutes/.

第四章　南海島礁軍事化

　　南海島礁軍事化問題已成為印太地區安全的重大挑戰之一。隨著中國在南海主權爭端中的不斷擴張，該地區的一些主要島礁已由中國大規模改造並用於軍事用途。這些改造包括填海造地、修建機場跑道、設置雷達系統，以及部署導彈系統和其他軍事設施。這些軍事化行動使南海的地緣政治局勢更加緊張，也引發其他國家相對小規模的造島，造成國際社會的廣泛關注和擔憂。島礁軍事化的主要目的是增強中國對南海的實際控制，並為其在南海的主權聲索提供支持。藉由在這些島礁上建立軍事基礎設施，中國得以在南海地區保持持久的軍事存在，並能迅速應對潛在的衝突。這些行動可能挑戰了包括美國在內的多個國家的航行自由，並引發了這些國家對南海和平與穩定的擔憂。當然對人工島是軍事優勢還是軍事負債也是討論的議題。總體而言，南海島礁的軍事化已經成為地區安全與穩定的主要威脅，並可能引發更大規模的軍事對抗。

　　就一般意義而言，島礁建設就是經由陸域吹填等相關技術手段，將島礁周邊的海域轉變為陸地，從而擴大島礁的面積。對一國主權範圍內的島礁進行擴建本質上屬於領土法中的「添附」，添附依然是現代國際法允許的領土取得方式。然而，尤其是位於南沙群島的南海島礁填海造陸卻有不同但重要的意涵，尤其是從灰色地帶策略的角度觀之。綜合性的影響包括但不限於四方面。

　　首先是主權鞏固與地緣政治。以中華人民共和國（簡稱「中國」）為例，透過填海造陸，中國在南中國海（South China Sea, SCS；簡稱「南海」）地區強化了對島礁的實際控制。這些人工島不僅擴大了中國在南海的領土範圍，還鞏固了對有爭議水域的主權聲索。伴隨在這些島礁上建設機場、港口和其他基礎設施，中國能夠在法律和實際操作上加強對地區的控制。南海島礁的建設也使得中國在南海擁有了前沿基地，能夠更好地控制周邊海域。戰略縱深的增加意味著中國在面臨軍事衝突或其他危機時，能夠更有效地防禦和反擊。

　　其次是軍事戰略價值，在填海造陸後的島礁上，中國建設了機場、港口、雷達站和其他軍事設施。這些設施使得中國可以在南海地區保持持續的軍事存在，增強了中國的海空控制能力。機場跑道的建設使得戰機、轟炸機等大型軍用飛機可以長期部署在南海，顯著提升了中國的遠端打擊能力和快速反應能力。在島礁上部署雷達、導彈防禦系統等裝備，中國能夠監控南海的空域和海域活動，提升區域的態勢感知能力。此外，這些島礁還可以作為海軍艦艇和潛艇的後勤補給站，支持中國海軍的遠海作戰能力。

其三是國際法與區域穩定。南海島礁的建設與擴展，引發了其他南海聲索國和國際社會的廣泛關注和反對。尤其是 2016 年南海仲裁庭（*South China Sea Arbitration, Philippines v. China*）對南海爭議的裁決，認定中國在南海的歷史權利聲索沒有法律基礎，而中國對裁決不予承認，導致國際法與中國實際操作之間的衝突加劇。中國的填海造陸行為被周邊國家視為對其主權的威脅，導致區域緊張局勢升級。東南亞國家，尤其是菲律賓和越南，強烈反對中國的行為，並尋求美國等外部力量的支援，以平衡中國在南海的影響力。然而，其他聲索國也效仿中國進行不同程度的填海造陸，這種對抗加劇了南海地區的地緣政治競爭，增加了潛在的衝突風險。

最後是經濟與環境影響。經由填海造陸，中國加強了對南海資源的控制，包括漁業資源、油氣資源等。這些資源的開發對中國的經濟安全具有重要意義，能夠助於緩解中國資源短缺問題，確保經濟持續發展。當然，填海造陸帶來了嚴重的生態破壞，尤其是對珊瑚礁生態系統的破壞。大規模的挖掘和建設活動對海洋生態系統造成了不可逆轉的影響，破壞了南海地區的生物多樣性，甚至可能影響到周邊國家的漁業資源。

本章即在探討填海造陸的人工島在灰色地帶策略運用中的角色，主要聚焦於南沙群島範圍內的填海造島。第一節係對人工島的整體鳥瞰，尤其是世界各地的重要發展及其展望；第二節探討南沙群島島礁的控制與開發；第三節探討中國在南沙造島及軍事化；第四節探討人工島的灰色地帶優勢，第五節則是本章結語。

第一節　人工島的整體鳥瞰

人工島是「由人類建造而非自然形成的島嶼」。[1]人工島的歷史可追溯到古埃及文明。在現代，中國於 1995 年 8 月建造了首個人工島。[2]目前，建造人工島的原因不勝枚舉，從居住、工業、商業到戰略目的，不一而足。居住目的包括在島上建造住宅區和其他生活設施。工業目的包括從海床開採天然氣、煤炭、石油和礦物，以及在島上建造加工和製造工業。商業目的包括控制海上商業貿易航線和海峽，開展旅遊和娛樂活動，或在海上建造購物中心、海港或機場等商業基礎設施。最後，戰略目的涉及在人工島上建立潛在的防禦基礎設施和管理活動，目的是監視鄰國和控制特定地區。[3]

在建造人工島方面處於領先地位的國家有中國、日本、美國和阿拉伯聯合大公國等。造島是非常昂貴的過程，然而，隨著城市擁堵的加劇，以及技術的進步，人類造島變得更為容易，未來進一步建造人工島的空間會更大。一些著名的人工島有杜拜的朱美拉棕櫚島（Palm Jumeirah Islands）、奧地利的多瑙島（Danube Islands）、巴林的安瓦吉群島（Amwaj Islands）、荷蘭的夫利佛蘭（Flevoland）等。[4]與天然島不同，人工島是利用高度精密的機械、技術和工程技能建造而成，形狀和大小各異。人工島的建造方法多種多樣，諸如填海造陸，在已有的島嶼、岩石甚至珊瑚礁上建造或延伸陸地，或者使用不同的建築材料填充中間區域，將小島連接起來。[5]

---

[1] New World Encyclopedia, "Artificial Island," https://www.newworldencyclopedia.org/entry/Artificial_island.

[2] Huacan Fang and Menglan Duan, "Chapter 5 - Special Problems in Sea Petroleum Engineering for Beaches and Shallow Sea Areas," in *Offshore Operation Facilities* (2014), pp. 687-780, https://www.sciencedirect.com/topics/engineering/artificial-island.

[3] Fasi Ur. Rahman, "Artificial Island Construction Methods, Design and Advantages," *The Constructor*, 11 March 2017, https://thecon-structor.org/construction/artificial-island-construction-methods/16380/.

[4] Stephanie Valera, "12 Amazing Artificial Islands of the World (PHOTOS)," *The Weather Channel*, 28 August 2013, https://weather.com/ travel/news/amazing-artificial-islands-world-photos-20130827.

[5] New World Encyclopedia, "Artificial Island."

一、人工島建設的主要原因

　　就經濟層面而言，人工島的主要面向之一是經濟，主要與商業和工業目的相對應。大多數情況下，建造人工島是為了勘探和開採資源，諸如石油、煤炭、石油、礦物甚至漁業產品。例如，阿布達比的上紮庫姆群島（Upper Zakum Islands）就是為了從海床開採石油而建造。[6]中國也在南海建造了各種小型人工島。中國建人工島有多種經濟原因，例如南海海底有巨大的海洋油田，占全球漁獲量的一大部分，也是最繁忙的貿易路線區域。[7]各國建造人工島也是為了吸引遊客，諸如加利福尼亞的巴爾博亞島（Balboa Island）、杜拜的朱美拉棕櫚島和杜哈的卡達之珠（Pearl Island）等。另一個經濟目的包括建造海港和機場。當海港建在島嶼上時，大型貨輪就很容易進出港口，諸如印度高知（Kochi）的威靈頓島（Willington Island）。[8]

　　就戰略和地緣政治層面而言，人工島的建造也是出於戰略和地緣政治利益的考慮。在許多情況下，建造人工島是為了監視鄰國，並作為建造軍事和國防基礎設施的場所。這些人工島可以用來使用軍艦和導彈攻擊敵國。中國在南海的島礁建設是有助於理解人工島的戰略和地緣政治層面的最佳例證。中國在「九段線」（Nine-dash Line, NDL）歷史聲索所屬的七處海域填海造地。[9]從1946 年到 2015 年，中國將其國防邊界線移至九段線附近。依據九段線，中國對屬於其管轄範圍內的所有水域、地物、資源和水下地物提出了主權聲索，而不承認其他較中國更靠近南沙群島的邊界共享國家之主權和專屬經濟區（Exclusive Economic Zone, EEZ）。中國在這些人工島上安裝的空中和水面監視系統有助其追蹤進出南海地區的人機。

[6]　Offshore Technology, "Upper Zakum Offshore Oilfield Development, Abu Dhabi, UAE," 10 August 2022, https://www.offshore-technology.com/projects/upper-zakum-offshore-uae/.

[7]　BBC News, "Why is the South China Sea Contentious?," 12 July 2016, https://www.bbc.com/news/world-asia-pacific-13748349.

[8]　Kerala Tourism (Department of Tourism, Kerala), "Willingdon Island - A Man-Made Island in Kochi, Ernakulam," https://www.keralatourism.org/destination/willingdon-island-kochi/181.

[9]　Christopher Mirasola, "What Makes an Island? Land Reclamation and the South China Sea Arbitration," *AMTI*, 15 July 2015, https://amti.csis.org/what-makes-an-island-land-reclamation-and-the-south-china-sea-arbitration/.

中國建造的七個小島中較大的是美濟礁（Mischief Reef）、渚碧礁（Subi Reef）和永暑礁（Fiery Cross Reef），它們是中國準軍事部隊，即中國人民武裝部隊海上民兵（Peoples' Armed Forces' Maritime Militia, PAFMM）的駐地。美濟礁位於南沙群島和巴拉望島之間，距離菲律賓巴拉望島僅 125 海里。美濟礁位於菲律賓專屬經濟區內，此障礙導致中國阻止菲律賓船隻為其駐南沙群島的部隊運補。因此，有論點認為，中國在建造人工島後提出的邊界聲索，使其得以管轄其他鄰國的海域，並繼續建造愈來愈多的人工島。有論點因而認為人工島達到欺凌弱小鄰國的目的。[10]

就海洋層面而言，海洋安全是在國際關係中日益流行和重要的詞彙之一。目前還沒有關於海洋安全定義的確切定義或共識。一些區域組織陸續推出了海洋安全戰略，包括歐洲聯盟（European Union, EU）的「歐盟海洋安全戰略」（EU's Maritime Security Strategy, EUMSS）[11]和非洲聯盟（African Union, AU）的「2050 年非洲綜合海洋戰略」（2050 Africa's Integrated Maritime Strategy, 2050 AIM Strategy）[12]等。然而，美國是海洋安全領域的先驅，於2004 年推出了國家海洋安全政策（National Maritime Security Policy）。2008 年至 2011 年間索馬利亞沿海的海盜活動、南海、東中國海（簡稱「東海」）以及臺灣海峽地區的國家間緊張局勢，以及各國水域海軍力量的增強，都引起世人對海洋安全問題的關注。[13]

根據《聯合國海洋法公約》（*United Nations Convention on the Law of the Sea*, UNCLOS；以下簡稱「《公約》」），航行自由始於領土 12 海里在內的

---

[10] Antonio Carpio, "The Banyan Tree Leadership Forum with Antonio Carpio," *Center for Strategic and International Studies*, 5 October 2015, https://www.csis.org/events/banyan-tree-leadership-forum-antonio-carpio.

[11] European Commission, "Maritime Security Strategy," 3 March 2021, https://oceans-and-fisheries.ec.europa.eu/ocean/blue-economy/other-sectors/maritime-security-strategy_en.

[12] Namira Negm, *2050 Africa's Integrated Maritime Strategy (2050 AIM Strategy)* (African Union, 2012), https://au.int/sites/default/files/newsevents/workingdocuments/33832-wd-african_union_3-1.pdf.

[13] Christian Bueger, "What Is Maritime Security?," *Marine Policy*, 27 December 2014, https://www.sciencedirect.com/science/article/pii/S0308597X14003327.

之外包括專屬經濟區和公海。這種航行自由適用於商船、軍艦和飛機。[14]然而，中國對此法律另有認知。在此特殊情況下，中國認為船隻和飛機在進入自身專屬經濟區前應獲得中國的許可。另一個有爭議的問題是，根據《公約》，公海是全球公域（Global Commons）的一部分，任何國家都可以進入公海。在這種情況下，即使是在公海捕魚，無論是沿海還是陸鎖國家都是開放進入。然而，中國也在南海的伏魚季也限制其他國家進入南海部分地區捕魚。[15]

二、國際上重要的人工島

阿布達比上紮庫姆油田是重要的人工島。上紮庫姆島是在 UZ750 項目下建造的人工島，純粹出於經濟和商業目的。人工島的建造為阿布達比的石油生產提供了補充。它位於阿布達比以西 84 公里處，由紮庫姆開發公司（Zakum Development Company）代表阿布達比國家公司（Abu Dhabi's National Company）（66%）、埃克森美孚（Exxon Mobil）（28%）和日本石油開發公司（Japan Oil Development Company）（12%）擁有。[16]上紮庫姆島是為開採石油而建，據估計石油儲量達 500 億桶。上紮庫姆油田是世界第二大海上油田和世界第四大油田。一旦 UZ750 專案於 2024 年完工，產量將增至 10 萬桶／日。這也是世界上第一批使用高度先進技術進行遠端操作的海上油田之一。這座人工島預計還將包括可容納 2,150 人的住宅區，以及休閒區、清真寺和運營與鑽井辦公室。[17]

其次是馬來西亞森林城市專案。森林城市是馬來西亞在柔佛州依斯干達馬來西亞經濟特區（Iskandar Malaysia Special Economic Zone）建造的人工島。建

---

[14] 根據《聯合國海洋法公約》第 60(8)條，「人工島嶼、設施和結構不具有島嶼的地位。它們沒有自己的領海」。因此，根據《聯合國海洋法公約》的規定，任何國家都可以飛越和航行到它們附近，因為它們沒有自己的領空或領水。United Nations, *United Nations Convention on the Law of the Sea* (10 December 1982), https://www.un.org/depts/los/convention_agreements/texts/unclos/unclos_e.pdf.

[15] Carpio, "The Banyan Tree Leadership Forum with Antonio Carpio."

[16] Offshore Technology, "Upper Zakum Offshore Oilfield Development, Abu Dhabi, UAE."

[17] NS Energy, "Upper Zakum Offshore Oil Field Expansion, Abu Dhabi," 4 October 2018, https://www.nsenergybusiness.com/projects/upper-zakum-offshore-oil-field-expansion-abu-dhabi/.

造人工島的主要原因是為了緩解馬國日益嚴重的交通擁堵問題。該專案具有多種用途：住宅、休閒、商業和工業。[18]它由位於柔佛海峽新加坡對面的四個島嶼組成，占地面積 30 平方公里。森林城市的優越地理位置使包括印度和中國在內的所有亞太經濟合作會議（Asia Pacific Economic Cooperation, APEC）國家都能在六至八小時內到達該地。[19]

其三是日本關西國際機場島。關西國際機場位於日本關西地區，是義大利建築師皮亞諾（Renzo Piano）的建築傑作。它位於大阪站西南 24 英里處，北面是六甲山（Rokko Mountain）和生駒山（Ikoma），東面是金剛山（Kongo Mountains），南面是和泉山（Izumi Mountain）。[20]在人工島上建造關西機場的主要原因之一是為了避免噪音污染對陸地造成影響。[21]機場還設有購物區、兒童遊樂室和機場內自動交通設施等設施。由於是離岸機場，它可以二十四小時運作，而不會違反噪音污染政策。[22]

最後就是南海人工島。南海對中國的經濟和安全至關重要。南海的人工島是中國控制該地區的基地。[23]這些人工島上有重型軍事設施和固定裝置，包括飛機跑道、戰機與直升機停機坪、衛星通信設備、雷達、艦砲和船塢。中國在南沙群島（Spratly Islands）上建造了永暑礁、美濟礁、東門礁（Hughes Reef）、渚碧礁、南薰礁（Gaven Reef）、赤瓜礁（Johnson South Reef）和華

18　James Clark, "Forest City Malaysia—A New City on Man-Made Islands near Singapore," *Living In Asia*, 8 April 2020, https://livinginasia.co/forest-city/.

19　Forest City CGPV, "Forest City Malaysia 2019, Iskandar—Strategic Location: Forest City," 2020, https://www.forestcitycgpv.com/about-forest-city/strategic-location.

20　AmCham Vietnam (American Chamber of Commerce, Vietnam), "Kansai International Airport - Monuments of the Millennium - Airport Design and Development," 2020, https://www.amchamvietnam. com/kansai-international-airport-monuments-of-the-millennium-airport-design-and-development/.

21　Gholamreza Mesri and J. R. Funk, "Settlement of the Kansai International Airport Islands," *Journal of Geotechnical and Geoenvironmental Engineering* (30 October 2014), https://ascelibrary.org/doi/full/ 10.1061/(ASCE)GT.1943-5606.0001224.

22　Trevor English, "Kansai Airport: The World's Longest Airport," *Interesting Engineering*, 15 January 2016, https://interestingengineer-ing.com/kansai-airport-the-worlds-longest-airport.

23　Gregory B. Poling, "The Conventional Wisdom on China's Island Bases is Dangerously Wrong," *The War on the Rocks*, 10 January 2020, https://warontherocks.com/2020/01/the-conventional-wisdom-on-chinas-island-bases-is-dangerously-wrong/.

陽礁（Cuarteron Reef）七個人工島。儘管如此，中國提出建造這些人工島的理由是為了向駛過南沙群島的船隻（不僅是中國船隻，還有其他所有國家的船隻）提供更好的服務，並向南沙群島周邊所有國家提供防災和搜救服務。[24]

　　印度也有人工島。印度有許多著名的島嶼，諸如英國人建造的威靈頓島，目前是印度海軍的海軍基地和高知的商業港口。馬哈拉施特拉邦的帕德瑪德堡（Padmadurg Fort）建於 1600 年代末，是為希瓦吉（Chhatrapati Shivaji Maharaja）的軍隊而建；齋浦爾（Jaipur）的漂浮宮殿（Jal Mahal）由辛格二世（Maharaja Jai Singh II）在 1800 年代建造，烏代浦（Udaipur）的島之宮殿（Jag Mandir）由梅瓦爾（Mewar）的西索迪亞（Sisodia Rajputs）在 1500 年代建造，這些都是印度建造的人工島。

　　在不久的將來，為商業、工業、住宅和戰略目的建造人工島可能會更加普遍。此外，技術的發展肯定也是增加人工島數量的因素之一。然而，也有可能出現造島競賽，肯定會對海洋生物和生物多樣性造成不利影響。在當前情境下，中國是在南海地區活動力最強的國家，既影響了海洋生態的穩定，也影響了東南亞地區的安全與穩定。當然，其他南海聲索國也做出某種程度的填陸活動。

第二節　南沙群島島礁的控制與開發

　　由於西沙群島（Paracel Islands）完全由中方控制，[25]東沙群島（Pratas Islands）由臺灣控制。[26]中沙群島（Macelesfield Islands）屬於暗沙地物，其中

---

[24]　Olli Pekka Suorsa, "China's Artificial Islands in South China Sea: Extended Forward Presence," *RSIS Commentaries*, No. 42 (2020), https://www.rsis.edu.sg/wp-content/uploads/2020/03/CO20042.pdf.

[25]　Carl O. Shuster, "'Speed forward, fight close and hit hard'—How China won the Battle of the Paracel Islands," *Navy Times*, 15 March 2019, https://www.navytimes.com/news/your-navy/2019/03/14/speed-forward-fight-close-and-hit-hard-how-china-won-the-battle-of-the-paracel-islands/.

[26]　Cheng-yi Lin, "The Underestimated Crisis Surrounding Pratas Island," *Global Taiwan Brief*, Vol. 7, Issue 9 (21 September 2022), https://globaltaiwan.org/2022/09/the-underestimated-crisis-surrounding-pratas-island/.

的主要爭端是黃岩島（Scarborough Shoal）。[27]因此，針對灰色地帶相關的南海島礁探討主要聚焦於南沙群島。南沙群島島礁中，至少已有 51 座礁體上建設有不同規模的礁堡或高腳平臺軍事設施，以及規模龐大的人工島。在此基礎，南沙群島中實現常態駐軍（包括海巡單位）的島礁也有 51 座，其中越南駐軍占有數量為 29 座，菲律賓駐軍占有 8 座，中國駐軍占有 7 座，馬來西亞駐軍占有 6 座，以及臺灣實際控制的 1 座（參見表 4-1）。

表 4-1　南沙群島各國實控島礁及相應的駐軍時間

駐軍入駐時間	臺灣駐軍島礁（1 座）	菲律賓駐軍島礁（8 座）	馬來西亞駐軍島礁（6 座）	越南駐軍島礁（29 座）	中國駐軍島礁（7 座）
1946	太平島				
1970		馬歡島、費信島			
1971		中業島、西月島、北子島			
1973				鴻麻島	
1974				南威島、景宏島、安波沙洲、敦謙沙洲	
1975				南子島	
1978		雙黃沙洲		染青沙洲、畢生礁、中礁	
1980		司令礁			
1983			彈丸礁、光星仔礁、榆亞暗沙		
1986			光星礁、南海礁		
1987				柏礁	

27　Zou Keyuan, "Scarborough Reef: A New Flashpoint in Sino-Philippine Relations?," *IBRU Boundary and Security Bulletin* (Summer 1999), pp. 71-81, https://www.durham.ac.uk/media/durham-university/research-/research-centres/ibru-centre-for-borders-research/maps-and-databases/publications-database/boundary-amp-security-bulletins/bsb7-2_keyuan.pdf.

表 4-1　南沙群島各國實控島礁及相應的駐軍時間（續）

駐軍入駐時間	臺灣駐軍島礁（1 座）	菲律賓駐軍島礁（8 座）	馬來西亞駐軍島礁（6 座）	越南駐軍島礁（29 座）	中國駐軍島礁（7 座）
1988				舶蘭礁、奈羅礁、西礁、日積礁、大現礁、東礁、南華礁、無乜礁、瓊礁、鬼喊礁、六門礁	永暑礁、華陽礁、渚碧礁、赤瓜礁、南薰礁、東門礁
1989				廣雅灘、蓬勃堡、人駿灘、萬安灘、李准灘	
1991				西衛灘	
1994		南鑰島			
1995					美濟礁
1998				金盾暗沙、奧援暗沙	
1999			簸箕礁		

資料來源：作者整理。

一、臺灣在南沙的島礁控制與開發

　　南沙群島有 230 多座島礁，陸地面積最大的自然島是太平島（Itu Aba），面積 0.43 平方公里。太平島由中華民國（簡稱「臺灣」）政府從第二次世界大戰後管轄至今，島上駐有臺灣海巡人員。2006 年，臺灣為了保障太平島的後勤運輸，決定在島上修建機場，機場跑道由西向東，從島的中間穿過。經過一年多建設，最後建成跑道長 1,200 公尺、寬 30 公尺的機場，可以起降 C-130 運輸機。臺灣空軍每兩個月派一架運輸機前往太平島，運輸物資。

　　太平島建設有太平簡易機場、碼頭、燈塔等設施，島上駐有臺灣海巡署南沙指揮部、空軍太平分隊、海軍氣象站等單位官兵，最高指揮官為海巡上校，駐軍約 400 餘人。島上部署有 40 高砲、20 機砲、81、120 公厘迫砲、紅隼火箭彈等軍備，有地下彈庫與航空、航海油庫，海巡駐軍由海軍陸戰隊及陸軍步訓部訓練，按編制配備機步槍，並有特定射手的編制。

　　面對南海局勢詭譎，2016 年，臺灣政府決定擴建太平島的軍事設施，將機場跑道延長到 1,500 公尺，可供 F-16 戰機、P-3 反潛機起降，在太平島的西南側擴港池和碼頭，供 4,000 噸級的軍艦進駐。然而，擴建工程停停建建，經過八年建設，臺灣規劃實施的海巡署「南沙太平島港側浚深及碼頭整修工程」終於竣工，[28] 耗資 17.3766 億元。整個「南沙太平島港側浚深及碼頭整修工程」對島的西側進行了填海作業，新增陸地面積 0.107 平方公里，新挖港池一座，港池面積 53,000 平方公尺，碼頭線長約 1,000 公尺，形成了外港和內港，內港有防涌閘門，可阻海浪湧入內港。港池內挖出的珊瑚沙做了護堤工程。整個工程強化了碼頭附屬設施和助導航設施，新建了多座航油庫，能滿足航空、航海燃油供給，船隻和飛機加油不用返回臺灣本島。海巡署首度派遣 1 艘 100 噸級巡防艇（PP10089 艇），PP10089 艇艦艇配備 20 機砲，艇上攜行兩挺 T-75 機槍。[29]

　　臺灣在太平島的填海工程，讓太平島的陸地面積新增了 0.107 平方公里，島礁面積從而擴大（見圖 4-1）。然而，由於中國與越南在南沙群島填海造陸，致使現階段太平島在南沙群島 230 多座島礁中，陸地面積排名下滑至第七位，次於美濟礁、渚碧礁、永暑礁、柏礁（Barque Canada Reef）、鴻庥島（Namyit Island）、景宏島（Sin Cowe Island）之後。現在太平島有了港池、碼頭，可以停靠 4,000 噸級軍艦，長 1,500 公尺的機場可以起降 F16 戰機和 P-3 反潛機。另外，中洲礁（Zhongzhou Reef）位於太平島與敦謙沙洲（Sand Cay）之間，距太平島 4.6 公里，距敦謙沙洲 7.3 公里。中洲礁的沙洲面積有 2,000 平方公尺露出水面，沒有植被，也無人駐守。中洲礁是太平島的附屬沙洲，平時由臺灣海巡署官兵上礁巡邏。

---

[28]　海洋委員會海巡署艦隊分署，〈南沙太平島港側浚深及碼頭整修工程計畫〉，2019 年 10 月 4 日，https://www.cga.gov.tw/GipOpen/wSite/ct?xItem=138407&ctNode=11258&mp=9997。

[29]　林瑞益、蔡雯如，〈太平島碼頭啟用　海巡官員唱獨角戲〉，《中時新聞網》，2024 年 3 月 27 日，https://www.chinatimes.com/newspapers/20240327000670-260118?chdtv。

圖 4-1　太平島的建築物和結構物

資料來源：宏華營造股份有限公司，〈南沙太平島港側浚深及碼頭整修統包工程〉，2023
　　　　　年 10 月 30 日，https://www.hunghua.com.tw/performancedetail_tw.php?id=994。

二、中國在南沙的島礁控制與開發

　　1988 年，中國海軍南沙守備部隊先後占據了永暑礁、華陽礁、南薰礁、赤
瓜礁、東門礁、渚碧礁等六座島礁，1995 年中國漁政實際控制了位於南沙東部
海域的美濟礁。然而，隨著中國力量的升高，中國除了駐軍控制的七座島礁
外，還對南鑰島（Loaita Island）、雙黃沙洲（Loaita Nan）、楊信沙洲
（Lankiam Cay）、庫歸礁（Kugui Reef）、[30]安樂礁（Hallet Reef）、西門礁
（McKeenan Reef）、艦長礁（Royal Captain Reef）、信義礁（First Thomas
Shoal）、仁愛礁（Second Thomas Shoal）、奧援暗沙（Owen Shoal）、康泰灘
（Coronation Bank）、曾母暗沙（James Shoal）等 12 座島礁與暗沙進行常態
化的巡航監控。

　　中國藉由常態巡航進而又實控包括安達礁（Eldad Reef）、牛軛礁
（Whitsun Reef）、仙賓礁（Sabina Shoal）、半月礁（Hasa Hasa Shoal）、貢
士礁（North Reef）、海口礁（Investigator Northeast Shoal）、鱟藤礁（Iroquois
Reef）、皇路礁（Royal Charlotte Reef）、三角礁（Livock Reef）－祿沙礁
（Hopps Reef）、鐵線礁（Sandy Cay）、鐵峙礁（Thitu reef）－梅九礁

---

[30] 梁鵬、張永戰，〈南沙群島道明群礁庫歸沙洲脊槽地貌定量研究〉，《高校地質學報》，第 28
　　卷第 5 期（2022 年），頁 768-775。

（Meijiu Jiao）、五方礁（Jackson Atoll）、仙娥礁（Alicia Annie Reef）、信義礁、光星礁（Dallas Reef）、火艾礁（Irving Reef）、艦長礁、九章群礁（Union Banks and Reef）無人礁群、庫歸礁、蒙自礁（Menzies Reef）、南屏礁（Hayes Reef）－半路礁（Hardy Reef）－小現礁（Discovery Small Reef）、南通礁（Louisa Reef）、牛車輪礁（Boxall Reef）、蓬勃暗沙（Bombay Shoal）、瓊台礁（Luconia Breakers）等。

　　此外，繼菲律賓和越南在南沙群島設立行政單位後，中國政府在 2012 年設立隸屬海南省的三沙地級市，三沙市政府所在地設在西沙群島永興島。三沙市是由中國國務院批准建制的地級市，下轄西沙、中沙、南沙群島，涵蓋島嶼面積約 13 平方公里，海域面積約 200 萬平方公里。南沙填海造陸且基建大致完成後，中國國務院又宣布海南省三沙市在西沙群島上設置「西沙區」、在南沙群島上設置「南沙區」，西沙區人民政府駐永興島（Woody Island），南沙區人民政府駐永暑礁。[31]中國在南沙群島的各群礁持續的延伸控制，舉例而言，九章群礁的 20 多座島礁中，赤瓜礁、東門礁、西門礁、南門礁（Edmund Reef）、牛軛礁等均為中國控制，但派兵駐守的島礁有赤瓜礁與東門礁。

三、越南在南沙的島礁控制與開發

　　越南是實際占有其稱為長（南）沙群島島礁數量最多的國家，尤其在南沙群島的西南部海域，實控該海域所有的島礁，而越南占有的其他島礁則大多位於南沙群島的核心地帶。越南對南沙群島島礁的駐軍占領主要在 1970、1980 年代。在應對南海問題的政策上，越南堅持將長沙群島主權合法化作為其國家計畫，在法律上主張《舊金山和約》（*The San. Francisco Peace Treaty*）的「南海主權未定論」，在行動上以「島有居民、礁有駐軍、暗沙有前哨」，並從人力、軍力上鞏固實現其「主權在己」的目的。在行政上，越南政府在 1982 年將長沙群島編為長沙縣（Huyện Trường Sa），劃歸慶和省（Tỉnh Khánh Hòa）所屬。

31　孫少龍，〈國務院批准海南省三沙市設立市轄區〉，《人民日報》，2020 年 4 月 19 日，http://politics.people.com.cn/BIG5/n1/2020/0419/c1001-31678946.html。

在軍事上，越南將南威島（Spratly Island）作為其在南沙群島的軍事指揮中心和行政中心，並在鴻麻島、南子島（Southwest Cay）、西礁設有副一級的指揮中心。越南在南威島與南子島有平民居住。

　　自 1973 年以來，越南占有南海島礁 29 個，島 4 個，礁 15 個，沙洲 3 個，灘 5 個，暗沙 2 個。1970 年代占據了 9 個，分別是鴻麻島、安波沙洲（Amboyna Cay）、敦謙沙洲、景宏島、南威島、南子島、畢生礁（Pearson Reef）、染青沙洲（Grierson Reef）、中礁（Central Reef）；1980 年代占據了 13 個，分別是舶蘭礁（Petley Reef）、大現礁（Discovery Great Reef）、東礁（East Reef）、鬼喊礁（Collins Reef）、六門礁（Alison Reef）、奈羅礁（South Reef）、南華礁（Cornwallis South Reef）、日積礁（Ladd Reef）、無乜礁（Pigeon Reef）、西礁（West Reef）、柏礁、瓊礁（Lansdowne Reef）、萬安灘（Vanguard Bank）；1990 年代實控了 7 個，分別是廣雅灘（Prince of Wales Bank）、蓬勃堡礁（Bombay Castle）、人駿灘（Alexandra Bank）、李准灘（Grainger Bank）、西衛灘（Prince Consort Bank）、奧南暗沙（Orleana Shoal）、金盾暗沙（Kingston Shoal）。

　　越南時空的島礁中稱之為島的有南子島、南威島、景宏島、鴻麻島等。最大的島礁是南威島，也是越南在南沙的軍事指揮中心，經過越南多年的人工填海，南威島的陸地面積已由原來的 0.15 平方公里，擴大到了 0.48 平方公里，越南在島礁上修建了機場和港池。越南在南沙群島的原有唯一飛機跑道是南威島的 1,300 公尺長跑道。雖然這條跑道足以容納越南大多數軍用飛機，但大型軍用運輸機、偵察機和轟炸機起降仍需要 3,000 公尺長的跑道。

　　鄭和群礁（Tizard Bank）是南沙群島核心區域內的一片礁盤，長達 56 公里，寬約 19 公里，總面積達到 615 平方公里，是南沙群島中最大的部分。鄭和群礁上分布著太平島、中洲礁、敦謙沙洲、舶蘭礁、安達礁、鴻麻島、南薰礁、小南薰礁（目前為南薰礁沿海造陸的一部分）以及一些尚未命名的珊瑚礁。太平島是南沙群島中最大的自然島。九章群礁中，越南實控了景宏島、染青沙洲、鬼喊礁、瓊礁 4 島礁，均建有軍事設施並有軍隊駐守。

　　由於中國在南薰礁造陸的面積一度超過越南實控的鴻麻島，引起了越南的警覺。為了回應，越南決心大力擴建鄭和群礁上的鴻庥島和敦謙沙洲。原先的鴻庥島長 740 公尺，寬 140 公尺，面積為 0.08 平方公里，不到南薰礁面積的一半。之後，越南將其擴建成約 0.6 平方公里的北部中心，是南薰礁的 3 倍多。除了加速填海，越南也在島礁興建新設施，包括在鴻庥島建了船用坡道。另外，敦謙沙洲陸地面積已經擴增了 5 倍多，超過太平島。

景宏島是九章群礁中面積最大的自然島礁，面積為 0.08 平方公里，在南沙自然島礁中排名第七，2015 年越南以填海工程將景宏島面積擴大了 1 倍，面積達 0.166 平方公里，景宏島建有碼頭、塔樓、砲樓、醫療中心、風力發電站等，還建了小學。染青沙洲長 0.16 公里，寬 0.06 公里，面積為 0.012 平方公里，越南用了四十年擴建，陸地面積為 0.12 平方公里，建有醫院、辦公樓、直升機停機坪和風力太陽能等發電裝置，越在染青沙洲部署了一個排的兵力，並建有完備的軍事設施。

2023 年，越南在南海加速推進挖泥和填海工程，新增陸地面積幾乎相當於之前兩年的總和。越南在南沙群島新造土地面積已達 280 公頃。相較之下，2023 年首十一個月和 2022 年全年的新造土地分別為 163 公頃和 140 公頃。越南在主權受爭議的南海海域挖泥和填海總面積至今已達 955 公頃左右，約為中國 1,881 公頃的一半。明顯有別於三年前，當時越南挖泥和填海的總面積僅為 133 公頃，不到中國的十分之一。雖然中國掌控的美濟礁、渚碧礁和永暑礁仍是南沙群島最大的人工島，但排在其後的第四大人工島都是越南新擴建的島礁。

越南自 2021 年開始在柏礁填海造陸，尤其是 2023 年以來，已在柏礁中部北礁坪填陸近 1 平方公里，柏礁變成越南南沙島礁中的第一大島，較南威島面積大了 1 倍。[32] 柏礁位於南沙群島中部偏南位置，除了地理位置上的優勢，關鍵是柏礁礁盤面積大，可填陸的礁坪面積也大。整個礁盤南北長約 23.5 公里，東西寬 3.7 公里，礁體總面積達到 66.4 平方公里，礁坪面積有 49.5 平方公里，潟湖面積 16.9 平方公里，水深 3 至 5 公尺。若在礁坪填海，至少可填陸 30 平

32　AMTI, "Vietnam's Major Spratly Expansion," 14 December 2022, https://amti.csis.org/vietnams-major-spratly-expansion/.

方公里。[33]柏礁是越南最大的前哨，面積經填海造陸擴大，從 96 公頃增至 167 公頃。島礁長 4,318 公尺，是越南至今唯一可修建 3,000 公尺飛機跑道的前哨。

受到中國填海造陸的刺激，2022 年以前，越南仿效中國填海造陸，但始終沒有成功，主要是缺乏大型吹沙設備，填海方法採取的是人推肩扛、推土機填海等人工模式。之前越南在南華礁人工填海係以傳統方法，沒有固邊技術，致使狂風大浪後就使堆出來的 45 畝陸地吹得不見蹤跡。越南原先缺乏固邊技術，從而採取人工堆石做防浪堤。儘管越南之前造島的效率不高，但他們持續挖土造島。在此過程中，越南積累了自身豐富的造島經驗，還進口了先進的挖泥船，致使越南的造島能力得到了實質的提升。

事實上，越南在柏礁填海成功，緣於從荷蘭採購了大型挖泥船。由於中國自航絞吸式挖泥船禁止出口，越南從西方國家突破，引進了荷蘭的挖泥船技術，荷蘭工程船舶皇家（Royle IHC）的「河狸」（Beaver）系列絞吸式挖泥船。此讓越南填海造陸的速度大幅提高。越南購得包括「河狸 65」、「河狸 45」和「河狸 70」數艘。[34]2022 年底，柏礁陸地面積約為 0.23 平方公里，但一年內的時間，柏礁的陸地面積已經近 1 平方公里。越南在南海經由新的填海造陸工程，新增了 133 公頃（133 萬平方公尺），遠超過去十年總擴建面積 48 公頃。越南可能會在柏礁建港池和機場，停泊軍事飛機和軍艦，還會向柏礁移民，越南在南海的軍事指揮中心也有可能會遷移到此。柏礁可能建成另一軍事基地。

傳統上，越南在南沙實控島礁上建造的混凝土設施主要分為三類。第一類是長方形的防空系統發射陣地。該等陣地通常以品字形排列，並配有專門的掩體。但在如畢生礁等一些較小的島礁基地上，為了節省空間，該等發射陣地會和直升機停機坪結合。這些設施的建設時間、陣地大小和位置表明是為舊式的

33　AMTI, "Hanoi in High Gear: Vietnam's Spratly Expansion Accelerates," 7 June 2024, https://amti.csis.org/hanoi-in-high-gear-vietnams-spratly-expansion-accelerates/.

34　Royle IHC, "Contract for Third Beaver® 65 Further Strengthens Long-term Relationship with DACINCO," 20 July 2023, https://www.royalihc.com/news/contract-third-beaverr-65-further-strengthens-long-term-relationship-dacinco.

蘇聯防空系統，諸如為 S-125 Pechora-2TM（SA-3 Goa）所設計。這些長方形的陣地設施分散在每個島礁周圍，通常與海岸邊的掩體相連。

　　第二類半圓形的混凝土平臺設施，諸如在敦謙沙洲、中礁和南威島的設施，可能也是用於防禦武器系統。這些平臺沿著海岸朝向外海，通常與掩體相連。第三類是較小的圓形平臺設施，以畢生礁、中礁和南子島為例，它們往往朝內部署，並與海岸邊的掩體相連。許多年前，越南就開始在較大的島礁上部署這些設施，如 2006 年就已部署在鴻麻島上。經過不斷填海造地，越南在新的島礁海岸上建造了更多的設施。在目前越南占領的全部 10 個大島上都建有這些設施。

　　隨著武器更新，越南在南沙實控島礁上部署了更新、射程更遠的武器系統（參見表 4-2）。越南在南沙群島的五個島礁上部署了從以色列引進的 EXTRA 新型增程火箭彈（Extended Range Artillery）。這些裝備體積小，易於快速部署和隱藏，而且只需要較少的基礎設施支援，就可以從越南實控島礁的任何發射陣地上發射，也可在其他相對平坦的堅硬地面發射。此意味著該火箭彈可部署在越南實控的南沙島礁上。越南 EXTRA 新型增程火箭彈的射程為 150 公里（80 海里），能覆蓋中國在南沙群島的所有基地，越南已擁有相當大的嚇阻能力。[35]

表 4-2　越南實控長（南）沙群島一覽表

島礁名	實控年份	面積	目前情形
南威島	1956 年	0.15 平方公里	軍事指揮中心和行政中心，直升機、軍營、學校等設施，駐軍 1 營約 600 人，兵營、居民區、學校等
鴻麻島	1973 年	0.07 平方公里	第二指揮中心，常年部署軍艦，電臺、瞭望臺等建築物
景宏島	1973 年	0.08 平方公里	相對完善的設施，駐軍
南子島	1973 年	0.13 平方公里	港口設施
安波沙洲	1973 年	0.02 平方公里	院落式礁堡、碼頭燈塔和通信設施，駐軍
敦謙沙洲	1973 年	0.09 平方公里	基本軍事設施，駐軍

---

[35] 黃國志，〈越南部署 EXTRA 火箭彈威脅我南海島礁，怎麼破〉，《澎湃新聞》，2016 年 3 月 21 日，https://m.thepaper.cn/newsDetail_forward_1446441。

表 4-2 越南實控長（南）沙群島一覽表（續）

島礁名	實控年份	面積	目前情形
中礁	1978 年	長約 900 公尺	1 座堡壘及其他建築，駐軍
柏礁	1978 年	66.4 平方公里	3 處礁堡，駐軍
畢生礁	1978 年	長 9 公里，寬 1.8 公里	礁堡、碼頭、居民區，駐軍
染青沙洲	1978 年	0.12 平方公里	相對完善的設施，駐軍
東礁	1988 年	25.1 平方公里	4 座以上礁堡，駐軍
西礁	1988 年		1 座燈塔和 1 座礁堡，駐軍
日積礁	1988 年		1 座燈塔和 1 座礁堡，駐軍
大現礁	1988 年		1 座燈塔和 4 座礁堡，駐軍
南華礁	1988 年		2 座礁堡、1 座高屋，駐軍
瓊礁	1988 年		5 至 6 個礁堡，駐軍
無乜礁	1988 年		1 座 22 公尺燈塔和 1 座礁堡，駐軍兩個班
六門礁	1988 年		5 至 6 個礁堡，駐軍
舶蘭礁	1988 年		未駐軍
鬼喊礁	1988 年		1 座礁堡，駐軍
奈羅礁	1988 年		1 座礁堡，駐軍
南薇灘	1989 年		未駐軍
金盾暗沙	1998 年		未駐軍
奧南暗沙	1998 年		未駐軍
廣雅灘	1990 年	長 26 公里，寬 13 公里	燈塔、高腳屋、駐軍。石油開發區
萬安灘	1989 年		3 個高腳屋及燈塔，採油平臺
西衛灘	1991 年		一座高腳屋，駐軍 10 人左右，採油平臺
人駿灘	1993 年	南北長約 9 公里	石油開發區
李准灘	1993 年	南北長 9.6 公里，東西寬 3.7 公里	2 個高腳屋及 23.5 公尺高的燈塔，和採油平臺，駐軍

資料來源：作者整理。

四、菲律賓在南沙的島礁控制與開發

菲律賓實控共八座島礁，包括但不限於馬歡島（Nanshan Island）、費信島（Flat Island）、南鑰島（Loaita Island）、中業島（Thitu Island）、北子島（Northeast Cay）、西月島（West York Island）、雙黃沙洲（double egg yolk shoal）、司令礁（Commodore Reef）。除了位置較為偏南的司令礁外，其餘的七座島礁均分布在南沙群島的北側至東北側海域。此外，菲律賓除了長期駐守以上八座島礁之外，還不定期的派遣士兵到火艾礁進行守備。[36]1999 年菲律賓登陸艦「馬德雷山號」（BRP Sierra Madre）在仁愛礁坐灘，此後一直派有六名士兵在此駐守，以實際控制仁愛礁。菲律賓對以上島礁的實控主要在 1970 年代初期。此外，關於灰色地帶的探討必須超越南沙群島探討的範圍，黃岩島的聲索也是主要的關鍵。

在應對南海問題的政策上，自 2010 年艾奎諾三世（Benigno Aquino III）當選菲律賓總統後，將菲中南海問題提交仲裁，促使南海問題國際化，並聯合美、日等國家共同發聲。杜特蒂（Rodrigo Duterte）就任菲總統後，擱置了與中國爭端。小馬可仕（Ferdinand Marcos Jr.）就任菲總統後，重回艾奎諾路線。菲律賓在實控島礁上的駐軍人數不多，且軍事設施相對簡陋。菲律賓更加偏好於採取國際輿論，並藉助域外國家以制衡中國。在行政上，1978 年菲律賓劃設南沙群島北部作為獨立特別市，命名為卡拉延市（Kalayaan），其駐地設在中業島上。[37]目前除了中業島以外，菲律賓實控的其他七座島礁均無一般平民生活和居住。

中業島位於南沙群島中部的中業群礁（Thitu Reefs），係南沙群島中第二大的天然島嶼，面積約 0.4 平方公里。中業群礁有大小島礁、暗礁、沙洲近 10 個，其中渚碧礁是獨立礁盤島礁。島礁上自然條件優越，擁有茂密的植被和充足的淡水資源，是生物多樣性極為豐富的自然環境。此外，島礁周邊海域亦是重要的漁場。2023 年 12 月，菲律賓海岸警衛隊在中業島揭幕新站，新落成的三層海岸警衛隊卡拉延站房舍配備先進的海域感知技術，諸如雷達、自動識別、衛星通訊、沿海攝影機和船舶交通管理。[38]

1971 年，菲律賓實控了中業島，並迅速在島礁上建立了軍事設施，包括機

---

[36] 中國已宣稱對火艾礁取得實質控制。

[37] Municipal Government of Kalayaan, Palawan, "Brief Historical Timeline," *GOVPH*, https://kalayaanpalawan.gov.ph/history.php.

[38] John Eric Mendoza, "Coast Guard Unveils New Pagasa Island Station," *Inquirer*, 1 December 2023, https://globalnation.inquirer.net/223736/subject-pcg-on-new-station-in-pagasa-island.

場等。駐守的菲律賓海岸警衛隊人員 100 多人,且每半年輪換一次,此外,還有約 200 至 300 名菲律賓漁民在島上居住。除了漁民捕撈勉強自給自足外,島上大部分人的生活都需要從菲律賓本土提供支持,包括發電用的燃料,生活用的糧食、蔬菜、淡水、液化氣、衣物等,建設房屋、軍事設施所用的鋼筋、水泥、木料、電線、管材等,以及工程車輛都需要從菲律賓最近的大島巴拉望島運輸。中業島原有自然面積 0.37 平方公里,自從中國在渚碧礁進行陸域吹填後,致使菲律賓也在中業島進行機場擴建和新挖可供船舶進出的港池。經過數年的停停建建,最後人工填海,將陸地面積擴大到 0.47 平方公里,較原有面積增加了 0.1 平方公里。

菲律賓軍方 1980 年在中業島建有泥質路面的小型機場,跑道長約 1 公里,可供小型運輸機、螺旋槳飛機起降。2017 年後,經過五年建設,菲律賓軍方將泥質跑道部分擴建為水泥路面,跑道延長至 1,300 公尺,可以起降 C-130 軍用運輸機。在中業島的西北側,菲軍方開挖了長 160 公尺、寬 130 公尺平方的新港池,礁盤航道長約 300 公尺,限於挖深有限,港池僅能停泊小型船舶,而且停靠數量有限,只能滿足少量物資運輸。港池距離礁盤外海還有 1 公里,大型船舶無法進入,中業島的後勤保障能力從而受限。

2024 年 7 月 18 日,根據菲律賓總統通訊辦公室的聲明,菲國已開始採購土地以擴建跑道,作為帕格阿薩島(Pag-asa;中業島的菲國名稱)機場開發案的一部分。[39]根據官方說法,該機場將提供往返菲律賓平民和軍事人員居住的偏遠島嶼的高效旅行方式。[40]它也是菲國在南沙群島唯一有平民居住的島嶼。菲律賓居民在該島的存在是菲律賓在南海主張主權領土主張的戰略的一部分。[41]隨著中國船隻愈來愈頻繁地出入中業島周邊海域,一群菲律賓參議員於 5 月在

[39] Presidential Communication Office, "More Infra Projects to Boost Mimaropa's Economy—PBBM," 18 July 2024, https://pco.gov.ph/news_releases/more-infra-projects-to-boost-mimaropas-economy-pbbm/.

[40] South China Morning Post, "Philippines to Develop Airport on South China Sea Island, Amid Beijing Tensions," 18 July 2024, https://www.scmp.com/news/asia/southeast-asia/article/3270969/philippines-develop-airport-south-china-sea-island-amid-beijing-tensions.

[41] Emily Feng, "On a Remote Island, a Test of Wills between the Philippines and China," *NPR*, 11 April 2024, https://www.npr.org/2024/04/11/1242978053/philippines-china-south-china-sea-thitu-island.

島上啟動了新的基礎設施計畫。這些項目包括軍營和衛生設施，其中將配備實驗室和分娩設施，專門用於幫助阻止中國的「非法入侵」。[42]

菲律賓總統小馬可仕在同一份聲明中宣布，位於南海附近的菲律賓巴拉望省巴拉巴克（Balabac island）島的軍用跑道即將完工。他表示，巴拉望省是該國最大的省分，「將在國家安全中扮演重要角色」。巴拉巴克島是另外四個根據美菲加強防務合作協議接待來訪美軍的地點之一。[43]其他地點包括卡加延斯塔安娜的卡米洛奧西亞斯（Camilo Osias）海軍基地；卡加延拉爾洛（Lal-lo Airport）機場；和伊莎貝拉州加穆的梅爾喬德拉克魯斯（Melchor Dela Cruz）營地。巴拉巴克地點位於南海最南端，距離有爭議的南沙群島最近。[44]

菲國在其他實控島礁也有不同的發展。馬歡島位於南沙群島的北部水域，面積約 0.06 平方公里，形狀接近矩形，東西長約 360 公尺，南北寬約 270 公尺，地形平坦。馬歡島擁有淡水資源。1968 年，菲實控了馬歡島，並在島礁上建立了二處軍事掩蔽所。島礁上通常駐守有四名菲士兵，配合定期的軍事巡邏。菲國國會撥款 8 億披索在馬歡島建造漁港，以鼓勵平民定居。眾議院撥款委員會副主席坎波斯（Luis Jose Angel N. Campos, Jr.）表示，在與中國關係日益緊張的情況下，菲漁民可以利用港口作為避難所。馬歡島港口的資金納入菲交通部 2024 年海上交通基礎建設計畫。[45]費信島距馬歡島 5 海里，是沙洲類島礁，面積約 0.04 平方公里，長約 230 公尺，呈現長條形狀。1970 年，菲實控了費信島。菲律賓並未在島礁上常駐軍隊，而是由馬歡島的軍隊進行定期巡邏。

---

[42]　Jeoffrey Maitem, "South China Sea: Philippine Senators Launch New Project to Strengthen Presence on Disputed Pag-asa Island," *South China Morning Post*, 17 May 2024, https://www.scmp.com/week-asia/politics/article/3263106/south-china-sea-philippine-senators-launch-new-project-strengthen-presence-disputed-pag-asa-island?campaign=3263106&module=perpetual_scroll_0&pgtype=article.

[43]　Rene Acosta, "Philippines Announce 4 New Locations to Host U.S. Troops," *U.S. Naval Institute*, 3 April 2023, https://news.usni.org/2023/04/03/philippines-announce-4-new-locations-to-host-u-s-troops.

[44]　Aaron Baum, Ania Zolyniak, and Nikhita Salgame, "Water Wars: Glimmers of Hope Alongside Further Tensions in the Indo-Pacific," *Lawfare*, 1 August 2024, https://www.lawfaremedia.org/article/water-wars--glimmers-of-hope-alongside-further-tensions-in-the-indo-pacific.

[45]　Beatriz Marie D. Cruz, "Philippines to build port on Nanshan Island in Spratlys," *Business World*, 14 January 2024, https://www.bworldonline.com/the-nation/2024/01/14/568837/philippines-to-build-port-on-nanshan-island-in-spratlys/#google_vignette.

南鑰島位於南沙群島的北部，島礁呈三角形，直徑近 300 公尺，面積約 0.08 平方公里，是南沙群島中海拔最低的島礁。南鑰島周圍珊瑚礁環繞，兩側有海蝕出露的珊瑚礁岩。小礁有沙堤圍繞，高 6 公尺，中為窪地，是南沙群島中最低的小礁。島礁上灌木茂密，高 3 至 4 公尺，中部有椰子林，有鳥糞覆蓋。由於本島礁沙堤小，淡水存儲量不大，淡水缺乏。1968 年，菲以戰略需求為由，實控南鑰島，並在島礁上建立了軍事設施，派有軍隊常駐，以鞏固其對南鑰島的控制。

北子島位於南沙群島的最北端，是南沙群島中第五大的天然島嶼，擁有約 0.14 平方公里的面積。長約 800 公尺，寬約 200 多公尺。島礁上一般海拔 3.2 公尺，最高處 12.5 公尺。島礁四周有寬約 300 至 500 公尺的白色珊瑚沙帶環繞。西北有草海桐等灌木叢生，間有喬木，中部和南部為草地。島礁的中部有泉水。1971 年，菲實控了北子島，並在此後持續加強軍事存在。菲政府在島礁上建立了永久性的軍事設施，並常駐有一定數量的軍隊，以確保對該島礁的控制。

西月島是南沙群島中的第三大天然島嶼，面積約 0.18 平方公里，長 2 公里，寬 1 公里，島礁上生長著灌木，紅樹和椰樹及其他熱帶植物，島礁上最高點海拔 3 公尺。1963 年，菲實控了西月島，並在島礁上建立了觀測站。菲軍方定期派遣軍事巡邏隊對該島礁進行監控和管理。雙黃沙洲由兩個緊鄰的沙洲組成，位於道明群礁（Loaita Bank）西南端，有兩個沙洲組成，面積約 0.33 平方公里。西南部分沒於水下，東北部分露出水面，無樹木生長。1978 年，菲實控了雙黃沙洲，並在沙洲上設置了臨時設施，用於支持其海上活動和軍事巡邏。

司令礁是南沙群島東部的重要環礁，為長形環礁，沒有口門發育，船隻不能入潟湖。潟湖水深 5.5 至 14.5 公尺，低潮時整個環礁露出，中央有高 0.6 公尺的沙洲將淺湖一分為二。東端有礁高出海面 0.3 公尺。環礁長 16 公里，面積 27.5 平方公里。礁盤外坡急陡，水深突變為 2,000 公尺。1980 年，菲實際控制，並在此後加強了對該島礁的控制，包括設置軍事觀察點和進行定期的軍事巡邏。

當然，仁愛礁的控制具有爭議性與敏感性。1999 年 5 月 9 日，中國駐南斯拉夫聯盟共和國大使館遭北大西洋公約組織（North Atlantic Treaty Organization, NATO）轟炸事件後，菲海軍「馬德雷山號」坦克登陸艦在當天駛向仁愛礁。根據菲方的說法，「馬德雷山號」在接近仁愛礁的過程中突然遭遇船體技術故障，具體是「船底漏水」。此突發情況迫使該艦不得不在仁愛礁的淺水區坐灘，即意外擱淺。儘管菲聲稱是由於不可抗力的意外，但此行動卻被廣泛解讀為故意擱淺，以此作為在爭議水域中維持存在的理由。仁愛礁在潟湖南端東西兩側各有一塊長近 3 公尺，寬 1.5 公尺，高出礁坪 2 公尺多的大礁石，潟湖內北部點礁不發育，水深 20 公尺左右，中部測得水深 23 公尺，南部水淺，10 公尺左右，點礁不多。

　　針對仁愛礁，近數年來菲律賓確實表現堅定，而中國也增強了對仁愛礁的管控，以 2024 年的情況為例，經由衛星可以發現每天超過四艘中國船艦在仁愛礁潟湖內外活動。換言之，中國船艦在仁愛礁已經形成了常態化巡邏。中國船艦在仁愛礁活動，也說明了「馬德雷山號」成為了孤立的狀態。另一方面，2024 年的美菲「肩並肩」軍演（Exercise Balikatan）以呂宋島和巴拉望島面向臺灣島和南海，美菲等國重點演練領土防禦、擊沉敵艦和奪島作戰。美軍公布的美菲兵棋推演現場圖顯示，在美菲的兵棋推演中，類比了仁愛礁和中業島等島礁爆發衝突的情況，敵對的艦艇編隊從西沙群島等後方基地出發，前往仁愛礁周邊海域支援，期間和美菲艦隊進行對抗等。[46]

　　對中方而言，黃岩島是中沙群島唯一露出水面的島。因此，就某種程度而言，掌控了黃岩島就控制了中沙群島。黃岩島水域是海上絲綢之路的主要通道，南海三條主航路中的兩條，即麻六甲方向航路及澳洲和紐西蘭方向航路均從黃岩島兩側通過。中國和日本等東北亞國進出口貨物大都要從該航道通過。掌握了黃岩島及附近水域的控制權就意味著掌握了兩條主航道的控制權。黃岩島東北面是巴士海峽（Bashi Channel）和巴林坦海峽（Balintang Channel），是南海進入西太平洋的要道。近年，中國海空軍赴西太平洋訓練，往返均經該

46　Maria T. Reyes, "Balikatan 2024 Builds Philippine-U.S. Interoperability, Multilateral Partnerships," *Indo-Pacific Defense Forum*, 5 May 2024, https://ipdefenseforum.com/2024/05/balikatan-2024-builds-philippine-u-s-interoperability-multilateral-partnerships/.

航線；美航母戰鬥群進入南海亦是途徑該航道。

　　此外，黃岩島與美國關島共同處於北緯 15 度上下的同一緯度上，且直線距離不長。中國有論點認為建好黃岩島對美國的嚇阻力很強。中沙群島是深水區，成為中國戰略核潛艇的最佳隱秘藏身之地。中國掌握了黃岩島，就能有效地保護核潛艇的自由出入和安全，他國潛艇則難以進入。從而可能是美國最憂心的問題。黃岩島包括岩礁、礁盤、潟湖，總面積達 150 平方公里，是美濟礁的 3 倍多，其中岩礁、礁盤面積超過 20 平方公里，礁外就是深水區，具備建大型軍民綜合設施的客觀條件，包含建航母戰鬥群的停泊港。

五、馬來西亞與汶萊在南沙的島礁控制與開發

　　馬來西亞自 1983 年以來先後駐軍占有南沙群島南部的彈丸礁（Swallow Reef）、光星礁（Dallas Reef）、光星仔礁（Ardasier Reef）、榆亞暗沙（Investigator Shoal）、南海礁（Mariveles Reef）和簸箕礁（Erica Reef）共六座島礁。馬來西亞南海政策的重點和核心集中在其南海海洋安全利益和油氣資源帶來的經濟利益之上，一方面，以經營鞏固已占有島礁加強對其實際占領；另一方面，加快南沙油氣資源開發以獲取更多的經濟利益。馬來西亞稱為拉央拉央島（Pulau Layang-layang），1983 年馬來西亞派遣一支海軍特種部隊占領了彈丸礁，其後經過三次較大規模的填海造陸工程，彈丸礁已經建設成有 1,500 公尺長機場跑道、面積達 0.35 平方公里的人工島，且該島已開發成潛水旅遊度假勝地。彈丸礁上設有軍事指揮中心，建有馬來西亞實控南沙島礁中最大的軍事基地。除了每年的 11 月至次年 1 月之間的旅遊停業期間，其他月分彈丸礁上均有從事旅遊業的服務人員居住，人數在 50 人左右。[47]

　　汶萊是南沙群島主權聲索國中唯一沒有實際駐軍的國家。在南海領土和海域劃界問題上，汶萊對南沙群島的領土主權聲索僅限於南通礁（Loiusa Reef）。1993 年，南通礁被馬來西亞控制。2009 年，馬來西亞和汶萊互相簽

---

[47] J. Ashley Roach, *Malaysia and Brunei: An Analysis of their Claims in the South China Sea, A CNA Occasional Paper* (CAN, August 2014), https://www.cna.org/reports/2014/iop-2014-u-008434.pdf.

署文件轉讓，將南通礁劃歸汶萊。汶萊雖未駐軍進占南通礁，至今已在南海開發油氣田共 11 個，其中 2 個位於「九段線」內。

第三節　中國在南沙造島及軍事化

1987 年，中國在聯合國教科文組織（United Nations Education Scientific and Cultural Organization, UNESCO）的要求下，在南沙永暑礁建立 74 號海洋觀測站，[48]並派人駐守南沙七礁，改變了中國自認南沙群島無人駐守的被動局面。南沙七礁經過數十年建設，尤其是 2013 年開始對南沙七礁實施的陸域吹填，南沙七礁變成南沙七人工島，最近十年，在大自然的生態演變下，中國南沙七島礁都發生了巨大的變化。

對北京而言，面對越南、菲律賓同樣的聲索，美國經常到南沙海域航行，為了更好的保衛中方的島礁，甚而為了保衛中方的南海航線，習近平作出了重要的決定，即在永暑礁填海造陸。當然，中國不再是用傳統的運沙土的方式造陸，因為過程太慢成本又高，中國決心採取國際上最先進的吹沙填海技術。吹沙填海是就地取材的造陸技術，利用海底的沙土造陸。國際上已經有了成熟的技術，諸如日本和荷蘭在此方面就是全世界的領先者。但是日荷不會輕易將技術轉移，中國唯有自己摸索研究。

最終中國製造出天鯨號挖沙船。吹沙填海有兩種方式，一是直接吹填，另一以管道吹填，甚至有時需要十幾公里長的管道，中國的「天鯨號」就有 12 公里長的管道。天鯨號的工作原理是先用挖沙船把海底的沙水通過管道吹進目標海域裡，沙土會沉澱堆積，而海水會流走，如此就堆積出一塊塊的陸地。前期只需在目標區域的中央不斷堆積陸地，中後期需要處理目標區域的邊緣，一般是用沙袋或者鋼板將目標區圈圍起來，然後用打樁機打樁鞏固邊緣。目標區沙土堆積到一定高度後，還要用強夯機對新造陸地進行夯實，如

48　中國海洋發展研究中心，〈徐志良：三千里躍進「南門海」──中國南沙永暑礁海洋觀測站建立紀略（一）〉，2018 年 8 月 10 日，https://aoc.ouc.edu.cn/2018/0810/c9821a207621/pagem. psp。

此方真正完成了造陸的基本程序。

　　數平方公里的填海工程，中國一般半年就可以形成島嶼，並不會受海浪威脅和潮汐影響。主要就是中國的「天鯨」號自航絞吸式挖泥船排沙距離可以達到 6 公里，挖深可以達到 30 公尺，其絞刀功率高達 42,007 千瓦，可挖中等硬度岩石，開挖耐壓為 40 兆帕的岩石，諸如花崗岩。中國島嶼的固邊技術，特別是沙石凝結、打樁壓沙、扭王字塊破浪等，似乎也不斷在發展。

一、建設與建軍

（一）永暑礁

　　中國政府對南沙群島的控制始於 1988 年。前一年，應聯合國教科文組織要求，中國政府選擇並開始籌劃建立永暑礁海洋氣象觀測站。1988 年 2 月，中國政府組織施工人員在永暑礁礁盤南部開始建造鋼筋混凝土結構的觀測站。16 日（農曆除夕），為應對越南海軍占領永暑礁的意圖（當時越南裝載有建築材料的武裝漁船已出現在永暑礁海域），中國海軍在永暑礁搭建成了第一代可駐軍的茅棚高腳屋並駐軍 5 人，面積 10 平方公尺，因為永暑礁只是暗礁，規模 1 平方公尺。1988 年 8 月，海洋氣象觀測站竣工，開始科學觀測使用。1989 年，在最初搭建的第一代高腳屋附近新建成了 3 座第二代鋼涼亭式的高腳屋。之後，在原有觀測站的基礎上，逐漸修葺完善建成了鋼筋混凝土結構的第三代礁堡式建築。1980 年代末，解放海軍決定擴建島礁，造出了 8,100 平方公尺的陸地。在永暑礁派駐了 200 名士兵，當時有 1 座兩層的樓房，然後就是簡易的塑膠大棚。後來又在島礁上建了直升機平臺，還有 4,000 噸的碼頭。永暑礁的圖片顯示了半封閉水域和使人工島成為有用海軍基地的設施（參見圖 4-2）。事實上，曾經有超過 40 艘不同類型的船隻似乎停泊在永暑礁附近，這些島礁有運動場。[49]

---

[49] Gabriel Honrada, "China's New Island-building Tech Sure to Churn South China Sea," *Asia Times*, 24 May 2024.

圖 4-2　永暑礁人工島的建築物和結構物

資料來源：Getty Images。

　　2014 年 8 月永暑礁填海造島之前，永暑礁已建有面積約 1 萬平方公尺的礁堡平臺 1 座，混凝土基底的玻璃鋼質航標燈 10 座，礁堡平臺上建有 5,000 噸級的補給碼頭和直升機停機坪。2015 年 7 月，永暑礁結束填海造陸作業，實際造陸面積 2.79 平方公里，也就是 200 多萬平方公尺，躍升為南沙群島中陸面積第三大的島嶼。永暑礁已建成長 3,000 公尺寬 50 公尺的機場跑道、0.5 平方公里的深水港，以及其他基礎設施和綠化設施的建設。中國耗資 300 億將位於南沙群島中部常年遭海水覆蓋的珊瑚環礁建造成了人工島，中國稱之為「永暑島」。事實上，永暑島的面積還在不斷延伸，島礁上遍布導彈發射車和雷達月臺。島礁上的後勤補給中心，又為解放海軍走向深藍提供了必要的落腳點。

　　在永暑礁面積擴大的同時，島礁上的交通樞紐也隨之興建完成。海運方面有 4,000 噸級的輪船碼頭，空運方面有 3,160 公尺長的機場跑道，[50]既能夠停泊驅逐艦、登陸艦，又能起飛反潛機、轟炸機，拓展了永暑礁的軍力投送範圍。此外，隨著戰爭的現代化，空中打擊已經逐漸成為重要的作戰方式。北京認為，鑑於越南、菲律賓等國不斷威脅到中國船隻航行安全的問題，中方為維護海洋權益決定在島上部署多款對艦和對空導彈防禦系統，尤其是紅旗-9 防空導

<hr />

50　Gregory Poling, "Potential New Runway Presents New Headaches," *AMTI*, 15 September 2015, https://amti.csis.org/new-imagery-release/.

彈系統，該系統的最遠打擊覆蓋半徑可達 300 公里。基地北端的跑道旁設有可停放 4 架戰機的機棚，跑道的最南端建設了可停放 20 架戰機的機棚空間，以及 4 處更大的機棚，能用於停放轟炸機、加油機及大型運輸機。[51]1 座加裝天線罩並設置了感應／通訊設施的高塔。1 處通訊設施，可能是高頻雷達陣列。[52]

基地周圍四處要點防禦設施（Point Defense Facilities）。[53]中國的每一座人工島均設置了類似的要點防禦設施，不但有大型槍械，可能還有近迫武器系統（Close-in Weapon, CIWS）掩體。[54]一大批通訊／感應陣列。位於南沙群島的其他基地均無類似規模的陣列，只在渚碧礁和美濟礁上建設了規模較小的配置，或許表示永暑礁可能會是解放軍在此區的信號情報／通訊中心。3 座加裝天線罩並設置了感應／通訊設施的高塔。

永暑礁在發揮軍事用途、保障國家安全和海洋主權的同時，也伴隨民用設施的開發，以淡化整座島礁的軍事色彩（參見圖 4-3）。首先，島礁上的碼頭和機場一律為軍民兩用場所，在運送軍事補給的同時，也可以扮演民用物流中心和運輸中轉站的角色。其次，中國將三沙市南沙區人民政府設立在此，負責管理島礁上及附近海域的漁政，以使其成為行政中心以服務當地居民。為了解決島礁上居民的醫療問題，2015 年耗時三個月在島礁上建成了一座占地 1.6 萬平方公尺的醫院，內部科室齊全且醫資達到二甲標準。起初，永暑礁上並沒有常住居民，只是退潮的時候有些許中國漁民會在此落腳。如今，島礁上的生活設施和物資補給已能容納數千居民在此長住。而且在中國的全力建設下，島礁上居民的生活標準逐漸與陸上城市接軌。

---

[51] AMTI, "Build It and They Will Come," 1 August 2016, https://amti.csis.org/build-it-and-they-will-come/.

[52] AMTI, "A Constructive Year for Chinese Base Building," 14 December 2017, https://amti.csis.org/constructive-year-chinese-building/.

[53] AMTI, "China's New Spratly Island Defenses," 13 December 2016, https://amti.csis.org/chinas-new-spratly-island-defenses/.

[54] Tang Tang, Yue Wang, Li-juan Jia, Jin Hu, and Cheng Ma, "Close-in Weapon System Planning based on Multi-living Agent Theory," *Defence Technology*, Vol. 18, Issue 7 (July 2022), pp. 1219-1231.

圖 4-3　永暑礁人工島上的建築物和構築物

資料來源：Getty Images。

國際媒體評述永暑礁等同於兩艘航母。因此，永暑礁已成為中國在南海的戰略要地，意義和價值無可替代。永暑礁位於南沙群島中心偏西的南華水道（S. Pigeon Passage）和南沙西水道交匯樞紐上，較近麻六甲海峽，軍艦可以快速出動進入。尤有進者，永暑礁也位於越南和菲律賓之間，解放軍在島礁上建立海防系統，部署反艦導彈及雷達，就能實時監控其他國家的實時動向並做出立即反應。永暑礁有中國空警 500（KJ-500）空中預警機的停留，[55]顯示永暑礁跑道長度足以起降大型飛機，機庫也足夠容納轟 6（H-6）轟炸機。美國太平洋空軍司令威爾斯巴赫（Kenneth S. Wilsbach）將軍曾表示，空警 500 在中國使用遠程武器的能力中「扮演重要角色」，而且「中國的一些超遠程空對空導彈，得到了空警 500 的輔助」。[56]此外，永暑礁還有具備跑道運動場的運動場設施，顯示中國的存在需要足夠重要的娛樂設施來維持部隊士氣。

[55]　空警 500 是以運 9（Y-9）運輸機為基礎，運 9 運輸機相當於中國的 C-130 大力士運輸機。
[56]　Mitchell Institute for Aerospace Studies, "Aerospace Nation: Gen Kenneth S. Wilsbach," *YouTube*, 15 March 2022,https://www.youtube.com/watch?v=GNPo6S5uwZQ.

（二）華陽礁

　　華陽礁是中國在南沙群島中駐軍控制的第二座島礁。1988 年 2 月 18 日，中國在華陽礁建成了第一代高腳屋實現駐軍。1997 年 5 月 2 日，華陽礁建成了第三代混凝土礁堡。2013 年以前，華陽礁僅有一片低潮時的出水礁落和一座駐守的礁堡。2013 年 7 月，中國開始在華陽礁進行填海造島工程，在礁盤西部開挖航道，進行實施陸域吹填的工程。至 2015 年 4 月，華陽礁圍填海施工結束，造陸面積 0.28 平方公里，成為南沙群島中陸地面積第七大的島嶼。

　　華陽礁是南沙群島中一臺狀珊瑚礁，位於尹慶群礁（London Reefs）的東端。西部毗鄰東礁 9.5 海里，南距南威島約 57 海里，北距永暑礁約 38 海里。華陽礁呈東西走向的長條狀乾出礁，礁臺長 5.5 公里，寬約 2 公里，呈紡錘形及新月型。整個礁盤的面積超過 7 平方公里。作為永暑礁的護衛礁，中國於 2014 年開始人工島建設。隸屬於海南省三沙市管理，目前是有解放軍駐守的最南端的南沙島礁。華陽礁與赤瓜礁相對而望，形成犄角的形狀，使永暑礁得到了有效的保護。華陽礁的標誌性建築是淡灰色 50 公尺高的燈塔。

　　華陽礁除了地理位置優越，島礁上除了建築設施，基本上都被植被覆蓋。島礁面積擴大後，逐步開始增加基礎設施建設，碼頭、燈塔、營房、菜地、養殖場、發電站、雷達站、直升飛機場、無線電發射塔等硬體設施。然而，華陽礁沒有淡水資源。以前，島礁上水資源主要依靠大陸的補給，但若遇到惡劣天氣的影響，島礁上斷水就是常事。為了解決淡水資源的問題，科研人員在島礁上興建了海水淡化工程。另外，海島上繁茂的樹木也有效的控制了島上的水土流失。防風固礁，一定程度上也可以孕育出地下淡水。

　　從華陽礁向北就是永暑礁、渚碧礁和美濟礁，是解放海軍在南海的三大基地。華陽礁也是中國駐守的最南端的島礁，肩負著守衛（中國）南海門戶的職責，有南海第一哨所、南海定海神針的稱號。2016 年，在華陽礁建設了砲臺。[57]

---

[57]　AMTI, "Another Piece of the Puzzle," 22 February 2016, https://amti.csis.org/another-piece-of-the-puzzle/.

圖 4-4　華陽礁人工島上的建築物

資料來源：Getty Images。

沿岸數座分層的塔樓，一般認為，在下面兩層顯示出安置了 76 毫米艦砲。[58]火砲上方可能是火砲指揮儀，而在它們上方則是可能裝置某種雷達的大圓頂（參見圖 4-4）。

（三）赤瓜礁

　　1988 年，解放海軍建成了赤瓜礁第一代高腳屋，隨後又建成三座第二代鋼涼亭式高腳屋。1990 年代，解放海軍組織人員建成了鋼筋混凝土結構的赤瓜礁礁堡，礁堡平臺面積約 1,000 平方公尺，包含簡易的補給碼頭和直升機停機坪。2014 年 1 月，中國開始實施赤瓜礁填海造島工程，完成填海造陸面積 0.11 平方公里。由於「天鯨號」的使用，赤瓜礁成為南沙最早完工的人工島。2015 年 10 月 9 日，赤瓜礁上下層赤紅色的燈塔竣工並投入使用，燈塔的高度與華陽礁燈塔相同。此外，赤瓜礁國防設施的建設亦逐步完成。

　　九章群礁有 20 多個島礁，赤瓜礁位於九章群礁的最西端，附近的鬼喊

58　Nicola Smith, "Aerial Photos Reveal True Extent of China's Military Build-up in Great Detail," *The Telegraph*, 1 November 2022, https://www.telegraph.co.uk/world-news/2022/11/01/aerial-photos-reveal-true-extent-chinas-military-build-up-great/.

礁、瓊礁等島礁皆由越南實控，鬼喊礁距離赤瓜礁不到 4 公里，最東端是中國實控的牛軛礁，中國掌控赤瓜礁，與牛軛礁東西呼應，成為中國在南海的重要前進基地。赤瓜礁因盛產赤瓜參而得名，是冬瓜狀的巨大礁盤，礁盤長 4.4 公里，寬 2.6 公里，面積 9.4 平方公里，是僅次於牛軛礁的九章群礁第二大島礁，島礁的西北部還有水深 12 公尺、面積 1.3 平方公里的潟湖，潟湖內可停泊大型艦船。赤瓜礁地處九章群礁距南華水道最近，是扼守南華水道的咽喉之地。赤瓜礁幾乎位於南沙群島的地理中心，赤瓜礁基地建設對管控整個南沙群島具有非常重要的戰略作用。

　　就歷史而言，赤瓜礁海戰有相當的重要性。1988 年 3 月 13 日，中國海軍艦船編隊對赤瓜礁海域進行巡航並登上了赤瓜礁。14 日，越軍海軍 2 艘運輸船和 1 艘登陸艦也到赤瓜礁附近海域，並派出 43 名海軍人員登上赤瓜礁，在雙方隨後發生的衝突中，3 艘海軍護衛艦僅用了二十八分鐘就結束了戰鬥，越軍 2 艘運輸船遭擊沉，1 艘登陸艦遭擊傷後擱淺焚毀，越軍遭擊斃 74 人，遭俘虜 40 人。314 赤瓜礁海戰對中國以及南海格局具有重要的戰略意義，對中國而言，此仗改變了中國在南沙的被動局面，將海疆控制範圍向南延伸了 500 公里，改變了中國在南沙群島沒有實際控制權的空白。赤瓜礁海戰發生後，解放軍趁機控制了華陽礁、東門礁、南薰礁、渚碧礁、永暑礁、赤瓜礁等 6 座島礁。

　　填海完成後就開始了人工島上的基建工程，赤瓜礁上的基建工程完工，完成了綜合大樓、大型燈塔、太陽能發電站和直升機停機坪，還擁有 2 臺 76 毫米的艦砲。赤瓜礁靠近深海區，附近風浪大，因此還建成了一排排的防風林。其中，中國交通運輸部在赤瓜礁建設的大型燈塔，塔高 50 公尺，並且配置了 4.5 公尺的探照燈。

四、東門礁

　　1988 年 6 月，解放海軍在東門礁建成用於駐軍的第二代高腳屋。1990 年代，東門礁建成第三代鋼筋混凝土結構的礁堡，礁堡平臺面積約 1,000 平方公尺，在礁堡西南側建有燈塔。2014 年 3 月，東門礁開始實施填海造島工程，至 2015 年初完成填海作業，造陸面積 0.08 平方公里。東門礁人工島基本完成軍營、綜合樓碼頭、直升機停機坪、燈塔、發電和海水淡化等基礎建築物的建設。

東門礁是位於九章群礁東北方向的島礁，實為暗礁，整個島礁呈橢圓形狀，南北最長約 2 公里，東西最寬約 1.9 公里，整體面積為 2 平方公里，是天然的海上屏障，位於越南海岸線東南方向，隨著南海爭端的日益激化，東門礁的戰略位置更加顯著。東門礁距離西側的西門礁約 1.4 公里，距離東側的安樂礁約 2.4 公里，東門礁所處的九章群礁還包括了太平島、美濟礁等。由於與西門礁接近，中國也在西門礁建有高腳屋等建築。2000 年，越南意圖以景宏島為跳板控制西門礁，駐東門礁上的中國駐軍砲火警告後，2011 年在越南官方標註上似乎承認西門礁歸屬中國，證明了西門礁已由中國實控。

隨著填海造島的工程完成，東門礁由退潮時露出水面的暗礁轉變為常年露出海面具有完善功能的人工島，原本在 380 平方公尺之地需要容納數十名官兵，並作為日常訓練場地之用，如此的情況一直持續到 2013 年，經過一系列的土地擴張工程後，東門礁的面積增至 8 萬平方公尺，守軍從原本狹窄的空間搬遷到了寬敞的現代化設施中。占地從僅 380 平方公尺到 8 萬平方公尺的擴展。

東門礁擁有大型碼頭燈塔以及海水淡化設備和電力系統，此外 4G 網路覆蓋全礁，使得萬噸級的補給艦可以直接在人工島上進行物資補給，島礁上還裝備了最新的雷達系統，以監視並應對周邊潛在情勢，還能調動周邊島礁的支援，這種整合的防禦和支持體系，還包括淡水資源的獲取及島上環境的綠化改善。雖然在 7 座人工島中面積最小，但東門礁的建設程度卻相當高。島礁上不僅建有海水淡化器和信號塔，還配備了軍艦停靠港口和直升機停機坪，甚至還建有娛樂設施和綠植蔬菜種植區。現代化的軍事設施和生活支持系統使東門礁成為完備的軍事基地。島礁上的基礎設施建設包括了軍事指揮中心、雷達站、防空系統、海水淡化裝置，以及供士兵休息娛樂的設施。

（五）渚碧礁

　　在南沙群島的遼闊海域中，渚碧礁以其獨特的地理位置和戰略價值，成為中國管控南沙群島北部島礁群的核心支點。長期以來，南沙群島北部的雙子群礁（North Danger Reef）、中業群礁和道明群礁，這些地理位置重要、資源豐富的島礁，主要由越南和菲律賓等國控制。中國在這些群礁中幾乎沒有立足點，局勢一度顯得極為被動。渚碧礁位於南沙群島的中業群礁西南方。渚碧島從東北到西南，延伸出約 6.5 公里的長度，寬 3.7 公里，礁盤面積為 16.1 平方公里。

　　中國在渚碧礁西南礁坪用竹竿、草席建第一代高腳屋，面積只有 10 平方公尺，駐守 10 餘人。後來用鋼管、鐵皮建成第二代高腳屋，面積擴大到 30 平方公尺。渚碧礁礁堡於 1990 年 8 月竣工，包括 4 層高的樓房（地上三層地下一層）、雷達哨所和直升機停機坪，礁堡一側建有簡易的補給碼頭。1995年後，渚碧礁高腳屋變成水泥礁堡，面積達上千平方公尺。2013 年以前，渚碧礁只有若干處礁陸和礁石，一旦海水上漲，礁陸會淹沒在海水之中，只有少許礁石露出水面。2015 年 1 月渚碧礁開始實施填海造島作業，建成的人工島面積達 4.11 平方公里，從一端走到另一端的路程有 10 公里之遙，成為南沙群島中陸面面積第二大的人工島。2015 年 8 月，渚碧礁人工島上開始鋪設機場，機場跑道達到 3,000 公尺，可以起降大型運輸機。

　　1988 年第一批進駐渚碧礁的解放海軍陸戰隊僅有一個班 10 個人，他們住的是竹棚高腳屋，以竹竿、草席搭建而成簡陋屋舍，被稱為「看瓜棚」、「海上貓耳洞」或「海上簡易觀察哨所」。隨著時間的推移，第二代高腳屋係以鋼管鐵皮修建的屋舍，外形類似蒙古包，被稱為「八角亭」、「海上蒙古包」或「海上半永固式觀察通訊哨所」。到了 1990 年後期，渚碧礁開始了第三代高腳屋的建設。解放軍用鋼筋混凝土建造屋舍。這些屋舍面積數百平公尺，分上下幾層，配備了海水淡化設施、衛星電話、雷達、砲臺、燈塔和小型碼頭等設施。這些屋舍被稱為「海上永久式防禦工事」或「礁堡」。

　　渚碧礁作為中國連接西沙群島和南沙群島中轉站的戰略地位。1988 年 2 月

25 日，時任解放海軍榆林基地參謀長陳偉文率 502 編隊控制了渚碧礁。自此開始，這座位於中業群礁西南方向、中業島西南 23 公里處的孤立環形暗礁，因其較大的礁盤面積和連續性，以及良好的漁業基地條件，成為了三大群礁的替代中轉站。然而，此時的渚碧礁只是地理位置上的中轉站，實際上並不具備中轉功能。

陸地面積擴大後，渚碧礁的各項基礎設施相繼建設。樓房鱗次櫛比，在海平面上綿延了 10 餘公里。渚碧礁的最高建築是位於渚碧島東北端的燈塔，塔身為圓柱形鋼筋混凝土結構，塔基為兩層八角形結構，頂端裝配有大型旋轉燈器。燈塔高 55 公尺，採用北斗遙測遙控終端進行遠程監控。燈塔在夜間發白光，燈光最遠可射 22 海里（41 公里），完全覆蓋中業島全島。

島礁上建有包括雙跑道、機庫和多層行政大樓大型機場，跑道長 3.1 公里，可以起降波音客機和大型軍用運輸機，諸如中國的運 20 大型運輸機，可以在渚碧礁機場輕易起降，運送大型物資（參見圖 4-5）。渚碧礁還有面積達 7.6 平方公里的港池，碼頭線長 1.5 公里，可以停泊萬噸以上巨輪數十艘，或停泊漁船數百艘。渚碧礁港池是中國南海漁民的避風良港，每天駐泊的漁船少則數十艘，多則上百艘。中國漁民進入南沙群島捕魚，第一個首先駐泊的港池都會選擇在渚碧礁。

圖 4-5　渚碧礁人工島上的機場、建築物和結構物

資料來源：Getty Images。

　　渚碧礁上的機場、雷達、港口、醫院等設施已建成投用。島礁還建有大型體育運動場、醫院、郵局、海水淡化廠、發電廠、垃圾處理站等。渚碧礁雖然陸地面積大，但漁民自產有限，所有物資均需大陸供給。全礁以中國漁民、海洋科研人員、後勤工作人員、部隊官兵居住和駐守為主。同時，駐島官兵還開闢了農場和養殖場，生產旺季時每天可產出各式蔬菜 200 多斤和新鮮肉製品，以滿足駐軍的需求。

（六）南薰礁

　　1988 年 2 月 25 日，中國駐軍控制南薰礁至今。1988 年，解放海軍南海艦隊派兵駐紮南薰礁，用竹子搭起高腳屋，整體面積狹小，是解放軍的第一代高腳屋。第一代高腳屋並未使用多久就以鐵皮建造第二代高腳屋。到了 1990 年時，又建立了鋼筋混凝土第三代高腳屋以及補給平臺，駐守 12 名官兵。南薰礁南面近 200 公尺處，有非常長的大海槽，深度達到 4,000 至 5,000 公尺，屬於深海區而風急浪高，南薰礁處於風口。由於南薰礁離深海太近，戰備空間也比較小。因此，南薰礁礁盤原為解放軍駐守的南沙群島中氣候最惡劣的地方。

　　1990 年代初，中國在南薰礁東北部建造了 1 座兩層混凝土建築，配備了現代化的通信設備。駐守該島礁的解放軍約有 1 個排的規模（36 人）。進入 21 世紀之後，南薰礁附近出現了一片沙洲，此係由於南薰礁東北側的珊瑚礁脈削減了風浪，導致砂石在該處堆積，最終形成了小沙洲。到 2010 年時，該沙洲已經有 100 多公尺長。沙洲還會隨著季風變幻形狀，有時似「月牙」，有時像「逗號」。2013 年末，中國派出大量工人和船隻，對南薰礁進行了擴建，建設了約 15 公頃的人工島，主島面積約 0.14 平方公里，加上周邊沙洲，總陸地面積約 0.18 平方公里，並疏浚了長約 450 公尺、寬約 180 公尺的航道。擴大之後的南薰礁人工島呈「只」字型，中間是長 300 公尺、寬 250 公尺的人工島，還有寬度約為 120 公尺的進出航道以及小型港口。其主體建在島礁中央，「兩臂」向外伸出至礁盤邊緣對中央部分形成拱衛姿態，並分別連接了原有的礁堡和新建的港口碼頭。原先，島礁上最大的沙洲與主島是分離的，並由駐守解放軍作為射擊靶場。然而，由於風浪的作用，到 2023 年，沙洲與島礁已完全合併，形成了完整的島礁。經過多年的建設，南薰礁的基礎設施完善。除了現代化的建築，還建成了由太陽能發電、風力發電和燃油發電組成的智慧微電網。島礁上的電力供應穩定。南薰礁的護岸邊種植的防風林茂密，許多海鳥開始在該地繁衍生息。

　　主島設施包括近 30 公尺高的 8 層的綜合大樓，每層樓的四個角落都有圓孔，屋頂上設有 2 個雷達和 2 個拋物線天線，此外還安裝了一些通信設備和觀測設備。此大樓的 6 樓設有火控雷達和光學瞄準鏡，第五層裝有 4 個 30 毫米（7 管）艦砲，一樓則設有 4 個 76 毫米砲座。此外，在碼頭和老房子附近還有海水淡化工廠、2 個火力陣地，配備有 76 毫米砲。南薰礁上還有約 50 公尺高的對空雷達塔、電信塔（4G 基站）、風力發電機和太陽能電池系統。港口南側還建有 33 平方公尺的直升機停機坪，碼頭長約 100 公尺，呈西北—東南布局，西北端有 10＋15 公尺寬的小型碼頭。

　　此外，雖然條件有限導致南薰礁上都沒有建設機場跑道，但修建了大型直升機停機坪、雷達站以及先進的警戒偵察系統等設施。這些先進的偵察系統可以讓解放軍更早發現不明目標，迅速判斷目標的方位、行動軌跡和性質，並依據這些資訊做出相應的應對措施。2020 年，解放軍南薰礁守備隊的雷達第一時間捕捉到了不明國籍漁船進入南沙海域的信號，解放軍迅速反應，對該漁船進行了警告驅離。

　　關於中國占據南薰礁有一說法是中國在 1988 年進駐南沙後，為了確保太平島的安全（或奪取），優先選擇在太平島附近的島礁駐守。榆林基地參謀長陳偉文率領中國海軍護衛艦 502 號「南充」艦、531 號「鷹潭」艦、556 號「湘潭」艦編隊艦隊實際控制了南薰礁和安達礁，後者與太平島之間的聯繫受到越南占據的敦謙沙洲（Sand Cay）和舶蘭礁切斷。因此，中國選擇駐軍於離太平島更近的南薰礁。中國進駐南薰礁破壞了越南取得太平島的計畫。越南似乎曾計畫侵占原由臺灣駐守的敦謙沙洲，為取得太平島準備。越南認為占有太平島是解決長沙群島和東（南）海問題的關鍵步驟，然而，中國進駐南薰礁，破壞了越南原計畫。對越南而言，南薰礁事件引起了高度敏感。因此，中國進駐南薰礁後，越南停止關注太平島，將大部分注意力轉移到南薰礁，尤其是南薰礁的建設進程。

（七）美濟礁

美濟礁是中國最晚駐軍控制的島礁，也是當前填海造陸階段所建成人工島中面積最大的一座。1994 年 12 月 29 日，美濟礁由隸屬中國農業部的漁政部門實際控制，其後在 2013 年 2 月正式轉交給解放海軍南沙守備部隊駐守。1994 年 12 月底，以南海漁政部門建設漁港需要為名，中國國家海洋局組織有關部門專家，派向陽紅 14 號考察船，對美濟礁進行了為期半個月的多學科珊瑚礁環境調查和勘測。1995 年元旦，4,000 噸級的向陽紅 14 號科學考察船滿載考察人員、儀器和設備前往美濟礁考察，從此之後，美濟礁上開始有了長駐該地的船隻和人員。1995 年 4 月，中國漁政部門在美濟礁礁盤東南西北四側建成了 13 座第二代高腳屋。此後在 1998 年至 1999 年又陸續在美濟礁礁盤的東南西北四側分別建成第三代鋼筋混凝土礁堡（礁堡含直升機停機坪）。[59]

2015 年 1 月，中國開始在美濟礁填海造陸以前，美濟礁東西兩側的礁堡均已廢棄，實際投入的只有南北兩側的礁堡。2015 年 6 月，美濟礁完成階段填海造島作業，完成填海造陸面積達 5.67 平方公里，成為南沙群島中面積最大的人工島。中國隨後在美濟礁人工島的西北側鋪設美濟礁機場。美濟礁也是目前解放軍駐軍南沙島礁中唯一有平民長期居住於此從事海洋捕撈和水產養殖工作的島礁。美濟礁人工島的擴建工作很可能在條件成熟時重啟。

美濟礁上具有相當大的天然潟湖，面積達 36 平方公里，水深在 20 至 30 公尺，而在港口建設中，水深超過 15 公尺就可建造深水港，因此，美濟礁具備停靠萬噸以上船艦的能力，此意味未來美濟礁可能成為中國航母艦隊的駐守地（參見圖 4-6）。美濟礁不但是南沙群島第一大人工島，也是目前中國南海中最大的島礁。西沙永興島面積僅位第三，南海第二大島礁是渚碧礁，面

---

[59] Senan Fox, Mischief Reef: China, the Philippines and a Disputed Atoll in the South China Sea (Palgrave MacMillan, 2021).

圖 4-6　美濟礁人工島上的機場、建築物和建築物

資料來源：The Telegraph。

積 4.3 平方公里，較永興島面積還要大 1 平方公里多。美濟礁陸地面積一般都是 5.66 平方公里，實際上是本礁面積，沒有加上美濟礁環礁南邊的南礁盤，2014 年南礁盤造島面積已達 0.15 平方公里，兩島礁合計已近 6 平方公里。然而，海洋沖積致使本礁的陸地面積已由 5.66 平方公里擴大到 5.959 平方公里，南礁盤的陸地面積由 0.15 平方公里擴大到 0.1733 平方公里，兩島礁相加已達 6.13 平方公里，甚至超過美國在太平洋中部中途島（Midway Atoll）的陸地面積。

　　解放軍在美濟礁上建立包括飛機庫、直升機停機坪等在內的綜合性軍事設施，並且建設了導彈發射基地部署了紅旗-9B 地對空導彈和鷹擊-12B 型反艦導彈。紅旗-9 經過多年改進，射程已經達到 200 至 400 公里之間，此乃中國面對南部海域局勢的主要長程防空武器。而鷹擊-12 是中國首款超音速反艦導彈，主要設計目標就是針對敵方設防嚴密的超大型海上目標，宣稱 1 枚就足以讓 1 艘大型艦艇失去戰鬥力。中國在美濟礁上不僅有導彈發射基地和雷達，更多尖端武器也已上島，諸如空警 500。[60]美濟礁也顯示了中國 022 型導彈快艇的部

---

[60] 陸地雷達和艦載雷達受限於地球曲率，存在著盲區，而預警機則起到了補盲作用，預警機可在全空域範圍內對目標進行跟蹤監視，探測空中飛機掠海飛行低空目標、海面艦船、通氣管深度航行潛艇等目標。

圖 4-7 美濟礁人工島上的建築物和結構物

資料來源：Getty Images。

署，它們是裝備鷹擊 83 反艦飛彈（YJ-83）的雙體船。[61]岸上還可以看到可能被覆蓋的陸基飛彈發射器。另一方面，面向大海的車庫可以容納「傾斜的巡航飛彈發射器」（參見圖 4-7）。[62]

南礁盤到美濟礁本礁的海灣距離雖有 3 至 6 公里不等，但都位於美濟礁巨大的環礁礁盤上。南礁盤陸地面積雖小，但地理位置十分重要。中國在美濟礁南礁盤實施陸域吹填，主要考慮其左側有寬約 200 至 300 公尺，長約 400 至 500 公尺的進出水道，所有進出美濟礁潟湖的船隻必經南邊此水道。美濟礁潟湖面積 36 平方公里，潟湖外巨浪滔天，但潟湖內風平浪靜，從而是避風良港，可以停泊規模不等的漁船和商業船隊，在潟湖北側還建有大型碼頭，便於軍艦駐泊。在潟湖的東南側建有大型網箱養殖基地，專門飼養熱帶魚。南礁盤雖然面積不大，但在所有南沙群島 230 多座島礁，陸地面積可以排進前 10，超過了南薰礁、赤瓜礁、東門礁的陸地面積。南薰礁面積 0.145 平方公里，東門礁面積 0.1 平方公里，赤瓜礁面積 0.117 平方公里，這三座人工島都沒有美濟礁的南礁盤人工島面積大。

---

[61] Military Factory, "Houbei (Class)/ The Type 22," 4 March 2022, https://www.militaryfactory.com/ships/detail.php?ship_id=houbei-class-type-22-missile-boat-china.

[62] Smith, "Aerial Photos Reveal True Extent of China's Military Build-up in Great Detail."

　　中國對南沙群島駐軍島礁的開發主要表現在駐軍設施的升級，由最初的第一代茅棚高腳屋升級為第二代鋼涼亭高腳屋，再升級到鋼筋混凝土結構的第三代礁堡式建築，同時伴隨著駐軍島礁對外通訊設備的逐漸升級。中國對以上島礁的新一回合大規模開發則表現在自 2013 年底開始普遍實施的填海造島工程，經過兩年左右時間的圍填海作業，中國在南沙群島完成填海造陸面積達13.22 平方公里，超過了南沙群島其他駐軍島礁面積總和的 6 倍。中國駐軍島礁面貌發生了翻天覆地的變化，由最初空間狹小、條件惡劣的島礁一舉打造成為南沙群島中空間環境最為充裕的人工島。在南沙群島所有島礁中，面積排名前十大島嶼中中國駐軍島嶼占了其中的六成（參見表4-3）。

表 4-3　中國在南沙群島填海造陸前後的陸域面積排名表

2013 年南沙群島島礁陸面面積排名				2015 年南沙群島島礁陸面面積排名			
面積排名	島礁名稱	島礁面積（km²）	島礁類型	面積排名	島礁名稱	島礁面積（km²）	島礁類型
1	太平島	0.44	自然島	1	美濟礁	5.67	人工島
2	彈丸礁	0.35	人工島	2	渚碧礁	4.11	人工島
3	中業島	0.33	自然島	3	永暑礁	2.79	人工島
4	西月島	0.16	自然島	4	太平島	0.44	自然島
5	南威島	0.15	自然島	5	彈丸礁	0.35	人工島
6	北子島	0.14	自然島	6	中業島	0.33	自然島
7	南子島	0.13	自然島	7	華陽礁	0.28	人工島
8	染青沙洲	0.12	自然島	8	南薰礁	0.18	人工島
9	敦謙沙洲	0.09	自然島	9	西月島	0.16	自然島
10	南鑰島	0.08	自然島	10	南威島	0.15	自然島

說明：由於島礁仍有自然生成的情形，因此以人工島礁的完工為依據。

資料來源：作者整理。

二、中國駐軍島礁的開發戰略

（一）島礁防禦規劃

中國已在駐軍的 7 座島礁完成了填海造島作業，涉及造陸面積 13.22 平方公里，建成南沙群島中陸域面積最大的 3 座人工島。中國同步建設了永暑礁機場、渚碧礁機場和美濟礁機場。中國推行積極防禦策略，從而加強這些人工島的軍事安全防禦能力。鑑於南沙群島幾乎所有駐軍島礁均在以中國駐軍島礁為中心的 200 海里（約 370 公里）範圍內，因此，在永暑礁、渚碧礁、美濟礁打造大型軍事基地。同時，在 3 座人工島部署監測半徑達 300 公里左右的對空警戒雷達以完成對幾乎整個南沙空域的監視；在 3 座人工島建設深水港以進駐大型軍艦，加強對南沙海域海上航行安全的管控能力。南海防空識別區（Air Defense Identification Zone, ADIZ）的箭在弦上以此為依據。[63]

在完成人工島的基礎設施和軍事設施建設後，繼續擴張的策略可能成為中國未來的願景。藉由對東門礁、華陽礁、赤瓜礁、南薰礁 4 個島礁的擴建，提高其面積，優化其設施條件和戰略部署；新填五方礁、仙賓礁、西門礁、牛軛礁、安達礁 5 個島礁，實現壓縮「敵方」生存活動空間，以有效監視和嚇阻周邊，為維護中國南海利益和維護中國國土完整。

東門礁是中國南沙控制島礁中吹填面積最小的一個，未來若開啟第二次大規模填海造陸工程，可能沿著東門礁礁盤開啟填海，打造出面積達到 2 平方公里以上的人工島，修建可以停靠 055 戰艦的深水港口碼頭，同時疏通潟湖，便於船舶避風補給的戰略角色。西門礁進行填海造陸也可能是選項，以形成東門和西門兩島協同管理的戰略部署。赤瓜礁與鬼喊礁接近，因此赤瓜礁也是在第二次大規模填海造陸時適度的擴大島礁面積，以修建運動場、電影院、圖書館和發電站、海水淡化設施等功能區，同時打造可以停靠大型戰艦的港口碼頭。

中方認為華陽礁肩負著嚇阻和監視尹慶群礁上的敵對勢力範圍，華陽島面

---

[63] Aie Balagtas See and Jeoffrey Maitem, "US Watching if Beijing Declares Air Defense Zone in South China Sea," *Benar News*, 24 June 2020, https://www.benarnews.org/english/news/philippine/ADIZ-South-China-Sea-06242020143810.html.

積無法達到最大限度的戰略角色，擴建方案中提到了打造一條能夠起落戰機的飛機跑道，以及能夠提供避風補給的內港碼頭，同時吹填的區域再打造體育場、海水淡化設施、圖書館、操場等功能區。南薰礁面積為 0.18 平方公里是拱衛鄭和群礁的重要核心區域，吹填擴大南薰島的面積以建設滿足停靠大型戰艦的港口碼頭，推進健全戰略島礁建設，擴大蓄水站、發電基站和直升機停機坪、操場等設施建設。

在五方礁的五方北和五方西兩個島礁進行填海造陸，在五方西上修建飛機跑道和相關設施，在五方北修建駐軍島礁各項基礎設施，打造全面牽制和壓縮菲律賓實控的費信島和馬歡島的活動範圍的戰略目標。在仙賓礁分為兩部分吹填，北部填海區域打造為民用區域，為漁民提供避風補給和休息的區域，其中仙賓的潟湖也能夠提供給漁民進行深海養殖；南部填海區則打造為駐軍基地，修建飛機跑道、雷達、發電基站、蓄水站、軍港等設施。仙賓礁的吹填意義在於進一步包圍和壓縮菲律賓在仁愛礁上的坦克登陸艦生存空間，同時控制禮樂灘等戰略作用。

牛軛礁填海以打造成結合中國漁政、海警和漁民的核心區，以擔負「赤瓜礁管轄九章群礁南段、東門和西門兩礁管轄九章群礁中段，牛軛礁管轄九章群礁北段」的戰略部署，同時擴大中國漁民在南海海域的影響力和存在感。在鄭和群礁北部的安達礁進行填海造陸，打造南沙海上城市，在安達礁部署駐軍基地的同時，打造科研、能源、漁業、海警等多個部門的入駐部署，提高中國在南沙群島的影響力。

（二）資源開發規劃

南海大陸礁層上分布有極富油氣資源的若干個大型沉積盆地，但由於這些油氣沉積盆地的地理位置過於偏南，中國難以對這些海域的油氣開發執行監管。中國對南海南部油氣資源的開發工作會根據實際情況採取先易後難，循序漸進的開發策略。

萬安盆地和中建南盆地是位於南沙西側海域的大型油氣盆地。2012 年 6

月，中國海洋石油集團有限公司（簡稱「中海油」）在南海中南部劃定 9 個海上油氣區塊中有 7 個位於中建南盆地，2 個位於萬安灘和南薇灘（Rifleman Bank）的部分區域。中國似乎尚未在 9 個油氣區塊進行油氣勘探作業。越南在萬安盆地的萬安灘一帶油氣勘探開發活動十分活躍，早在 1987 年便開始在萬安盆地進行油氣開發活動。其投入生產的大熊、[64]藍龍油田以及木星、西蘭花、紅蘭花氣田等 11 個油氣田位於「九段線」內。對北京而言，在越南劃定的 185 個海上油氣區塊中，多達 69 個區塊全部或部分深入「九段線」線內。永暑礁是中國駐軍島礁中距離萬安盆地和中建南盆地最近的島礁。為了南海南部油氣資源開發，未來中國在永暑礁建立油氣勘探和開發保障基地是可能選項，首先對中建南盆地 7 個油氣區塊進行勘探開發，其次在中建南盆地油氣開發穩固情勢下逐步向萬安盆地進發。

礼樂盆地是位於南沙海域東部極富油氣的大型沉積盆地之一，其面積約 5.5×105 平方公里。據中國國土資源部數據表明，禮樂盆地含油氣密度在 5,000 至 1 萬噸／平方公里。據估計，禮樂盆地天然氣總儲量達約 5,660 萬億立方公尺。2011 年，菲律賓在禮樂盆地 SC72 區塊勘探發現大型氣田茉莉（Sampaguita）氣田，並隨後於 2013 年投入生產，主要生產天然氣和凝析油，日產天然氣約 5.7 萬立方公尺。據估計，茉莉氣田天然氣總儲量可達 1,310 億立方公尺，凝析油儲量達 1,540 萬噸。美濟礁至禮樂盆地直線距離在 30 至 150 海里（55 至 280 公里）之間，距離菲律賓開採的茉莉氣田直線距離約為 130 公里。目前，中國透過美濟礁人工島的機場以空中巡航監控禮樂盆地的油氣開發活動或為中國在禮樂盆地的油氣開發提供保障。因此，中國在南海南部油氣資源開發活動中對禮樂盆地的油氣勘探對菲施加壓力會更大，可能將美濟礁上建立大型油氣加工與藏儲基地和南沙東部海域油氣開發的保障基地，逐步建立一條由禮樂盆地至美濟礁的油氣輸送管道，打擊菲律賓在禮樂盆地的油氣勘探規劃。

在漁業生產上，中國認為美濟礁及其以東的南沙海域歷來是中國漁民的傳

---

[64] 何炳文，〈萬安盆地大熊油田的勘探和開發〉，《海洋地質動態》，第 1 期（1994 年），頁 19-20。

統漁場，該海域遍布有信義礁、海口礁、艦長礁、牛車輪礁、仙娥礁、五方礁、蓬勃暗沙等大小島礁 20 餘座。同時，美濟礁潟湖也是我國熱帶海魚養殖的重要基地。因此，建議同油氣開發方向一致，以美濟礁作為南海漁業生產核心基地，逐步向南沙東部海域進軍並控制一系列無人島礁為該海域的漁業生產以及油氣開發提供支撐和保障。

（三）行政管理規劃

中國以解放軍守護南沙島礁，當然也深刻理解中國人民在島礁上生活的意義。美濟礁是當前中國駐軍的七座島礁中唯一有平民居住的島礁。在永暑礁、渚碧礁、美濟礁設有漁產、旅遊、科研、物流運輸等項目。另一方面，為針對越南和菲律賓分別在南沙島礁設立了縣級行政中心，同時加強中國對南沙島礁及其海域各類資源的開發規劃和管理協調工作，南沙群島設立隸屬於三沙市的地級行政單位南沙區，區政府駐地設在永暑礁。在永暑礁、渚碧礁、美濟礁三座大型人工島上軍民結合，同步建設軍用和民用設施；在其餘四座小型人工島上進行全軍事化建設，建成拱衛三座大型人工島的前哨。中國南沙駐軍的七座人工島功能規劃參見表 4-4 所示。

表 4-4　中國南沙七座人工島戰略規劃和功能定位

名稱	陸域面積	功能定位	戰略規劃	完成設施
美濟礁	5.67（km2）558（公頃）	軍民兩用	南沙東部海空軍基地、海警基地、油氣開發基地、熱帶生態和漁業科學研究基地、南沙旅遊度假區、國家海洋公園、醫療救助中心	跑道（3000 公尺）、港池、海堤
渚碧礁	4.11；395	軍民兩用	南沙中部海空軍基地、海警基地、國家海洋公園、漁業生產基地、航空航太地面站、醫療救助中心	跑道（3000 公尺）、港池、棧橋

表 4-4　中國南沙七座人工島戰略規劃和功能定位（續）

名稱	陸域面積	功能定位	戰略規劃	完成設施
永暑礁	2.79；274	軍民兩用	南沙軍事指揮中心、南沙西部海空基地、海警基地、南海緊急救護中心、油氣開發基地、熱帶海洋及深海科學研究基地、南沙旅遊接待中心、國家海洋公園、海上絲綢之路服務轉運中心、縣級行政單位（南沙區）署地	跑道（3000 公尺）、港口、數棟水泥建築、數棟支援性建築、棧橋
華陽礁	0.28；23	軍用	軍事基地（偵聽、監視）、海上交通驛站	港池、防波堤、數棟支援性建築、直升機停機坪、雷達設施
南薰礁	0.18；14	軍用	軍事基地（偵聽、監視）、海上交通驛站	港池、防空設施、通訊設施、支援性建築、防禦塔、海軍砲火
赤瓜礁	0.11；11	軍用	軍事基地（偵聽、監視）、海上交通驛站	港池、水泥平臺、防禦塔、脫鹽幫浦、燃料槽、軍事設施、雷達設施
東門礁	0.08；8	軍用	軍事基地（偵聽、監視）、海上交通驛站	港池、岸防設施、四座防禦塔、港口、各種軍事設施

資料來源：作者歸納整理。

（四）其他方面規劃

　　南沙群島位於北緯 4 度至 12 度之間。中國認為可以利用低緯度的地理優勢，在其中的渚碧礁人工島上修建航空航太地面測控站為國家航空航太事業提供支援。中國駐軍的永暑礁靠近南海西部主航線，可以充分利用地利，將永暑礁打造為南海主航線上的中國海上絲綢之路服務轉運中心，並藉助此契機將永暑礁建設成中國最南端的海上城市；同時藉助其鄰近南海主航線的地利，為往來於南海的船舶提供及時高效的安全保障和醫療救護。

三、南沙群島堡壘化之意涵

在印太地區，一些國際的戰略學者審慎地觀察中國加速在大陸、附近島嶼以及深入南海建立堡壘。顯然，保護中國的核武系統並不需要它們全部。相反地，中國正在重新利用蘇聯時代的堡壘戰略，作為其在持續的大國競爭中進行戰略進攻的軍事支柱。如果此類競爭爆發為衝突，該等堡壘已經準備好支持中國在整個第一島鏈的作戰行動，並攻擊第二島鏈以外的目標。[65]這些中國堡壘的嶄新、令西方不安的面向在於它們重疊並相互的連接。此外，區域大國顯然開始建造旨在威脅或對抗鄰國的堡壘：越南在推動自身的南沙群島造島以抗衡中國；菲律賓為美國提供新基地與重啟舊基地；[66]臺灣正在將整個島嶼變成堡壘。隨著全球最危險的爆發點之間的緊張局勢加劇，此類堡壘似乎會進一步擴散。

美國似乎高度擔心的是不斷發展的中國堡壘，因為這些強大的現代地區堡壘顯然是戰略進攻的基礎。它們的設計目的同樣明確是為了支持潛在的作戰攻擊。例如，在臺灣海峽西岸集結的軍事力量毫無疑問是為了單一的進攻目的而設計，亦即中國可能入侵臺灣。[67]同樣地，將海南島轉變為軍事要塞，顯然是計畫將其作為深入南海的一系列發展堡壘的第一步。[68]隨著每個額外的據點建成，它將成為一系列相互連接堡壘的部分，該等堡壘愈來愈能夠主宰周圍的海洋。此外，一旦遠程精準導彈部署到該等堡壘內，它們就會承擔海洋拒止（Sea Denial）任務，範圍會延伸到堡壘核心之外數百甚至數千公里。[69]

---

[65] James Stavridis, "China Seeks New Islands to Conquer," *The Japan Times*, 22 February 2019, https://www.japantimes.co.jp/opinion/2019/02/22/commentary/world-commentary/china-seeks-new-islands-conquer/#.Xcmd6VdKiUk.

[66] Aaron-Matthew Lariosa, "Philippines to Restore Subic Bay Airfield for South China Sea Ops," *Naval News*, 11 June 2024, https://www.navalnews.com/naval-news/2024/06/philippines-to-restore-subic-bay-airfield-for-south-china-sea-ops/.

[67] Michael Peck, "Invasion: China Is More Ready Than Ever to Take Back Taiwan By Force," *The National Interest*, 5 October 2019, https://nationalinterest.org/blog/buzz/invasion-china-more-ready-ever-take-back-taiwan-force-85501.

[68] Damen Cook, "China's Most Important South China Sea Military Base," *The Diplomat*, 9 March 2017, https://thediplomat.com/2017/03/chinas-most-important-south-china-sea-military-base/.

[69] Missile Threat, "DF-26," 23 April 2024, https://missilethreat.csis.org/missile/dong-feng-26-df-26/.

　　對華盛頓而言，在對抗中國和俄羅斯堡壘的戰略競爭中，美國需要在全球大部分地區建立堡壘網絡，尤其是在華盛頓認為是關鍵海洋地物的地點。[70]此類堡壘將在確保美國海軍能夠在未來衝突中機動和控制重要海上航線方面扮演至關重要的角色，因為如果沒有此類基地提供的防禦傘，難以預見昂貴和脆弱的平臺可以在充滿精準武器的環境中生存。[71]

　　在當前的戰略競爭時期建立此類的永久堡壘是迄今為止最佳的選擇。然而，如果不存在直接威脅，美國的許多潛在盟友不太可能允許美國在自己的後院建造可能對抗大國的設施。在很大程度上，他們也擔心會產生內部政治反對派，這些反對派會聯合起來反對許多人認為是挑釁性的舉動。舉例而言，挪威北部納維克（Narvik）附近為中心的北約堡壘將是限制俄羅斯北方艦隊以及提供成功滲透俄羅斯北極堡壘所需火力的重要因素。然而，儘管挪威是北約成員國，但任何挪威政府都不太可能允許在其北部地區高度的軍事化。因此，菲律賓在其聲索擁有主權的水域遭中國的侵犯，對於美軍的接納仍有不確定性，儘管小馬可仕增加四座可供美軍使用的軍事基地。

　　此等因素造就了美國海軍陸戰隊遠征先進基地作戰概念對於未來任何衝突的成功至關重要的原因，[72]因為該概念的核心是奪取關鍵的海上地物，並在此基礎上建造未來的堡壘。2020 年環太平洋演習（Rim of the Pacific Exercise, RIMPAC）表明，即使美國陸軍尚未正式採納海軍陸戰隊的太平洋概念，但顯然正在朝著同一方向前進。[73]因此，逐漸浮現出的是，未來的戰爭很可能會變成全副武裝的堡壘之間的戰鬥。這些堡壘有不同的大小，但其中最大的堡壘將

---

[70] Olivia Garard, "Geopolitical Gerrymandering and the Importance of Key Maritime Terrain," *The War on the Rock*, 3 October 2018, https://warontherocks.com/2018/10/geopolitical-gerrymandering-and-the-importance-of-key-maritime-terrain/.

[71] Jim Lacey, "A Revolution at Sea: Old is New Again," *The War on the Rock*, 17 October 2019, https://warontherocks.com/2019/10/a-revolution-at-sea-old-is-new-again/.

[72] Jim Lacey, "The 'Dumbest Concept Ever' Just Might Win Wars," *The War on the Rock*, 29 July 2019, https://warontherocks.com/2019/07/the-dumbest-concept-ever-just-might-win-wars/.

[73] Matt White, "Marines Will Inspect Every Barracks in the Force By Mid-March," *Task & Purpose*, 4 February 2024, https://taskandpurpose.com/news/marines-will-inspect-every-barracks-in-the-force-by-mid-march/.

能提供巨大的進攻性打擊，同時吸收類似程度的報復。由於敵方的堡壘很可能將美國艦隊的機動空間限制在美國自己的堡壘所保衛的地區，因此很難想像在對方的堡壘遭擊垮之前，能夠決定性地贏得任何海軍衝突。

就正面的角度而言，「堡壘戰」可能會產生意想不到的副作用，即限制大國衝突的範圍，因為雙方都不會將旨在削弱其堡壘的攻擊視為生存威脅。此外，在這些堡壘遭到削減或消除之前，由於軍隊專注於贏得堡壘之戰，對國家內部陸地發動攻擊的可能性將受到限制，儘管這種想法可能是某種絕望的願望。至少，摧毀一兩個主要堡壘可以向各方發出信號，美國試圖藉由談判重返競爭，因為當其堡壘得不到保護時，一個大國的下一個合乎邏輯的步驟是核釋放。

第四節　人工島的灰色地帶優勢

中國在南沙群島人工島的前哨基地為北京提供了對抗南海任何挑戰者的決定性資訊優勢。它們的主要目的並非軍事力量投射和武器部署，而是資訊力量（態勢感知）。中國南海基地對自身的主要貢獻是增強對南海的指揮、控制、通訊、電腦、情報、監視和偵察能力。儘管有仲裁裁決的不同意見，[74]但解放軍已經表現出這些軍事化人工島礁是在中國的領土範圍之內。這些前哨基地已發展成為堅固的軍事堡壘，使中國實際上控制了北京視為自身水域的地區，而毋需對「九段線」的實際意涵做出承諾。與在大陸上的軍事基地類似，南海前哨基地被納入更大的中國聯合部隊系統之中，以支援解放軍不斷發展的戰略。當然，另一種觀點認為該等島礁戰略角色不大，容易遭受軍事攻擊。

一、南海島礁為中國提供重要的資訊戰略

就戰略角度而言，大部分的美國決策者認為這些中國南海基地很容易在衝

---

[74] AMTI, "Philippines v. China: Arbitration Outcomes," 12 July 2016, https://amti.csis.org/arbitration-map/.

突中遭到摧毀。然而，中國的前哨基地擁有改變遊戲規則的軍事能力，支持中國在南海的存在，獲取「灰色地帶」策略的制高點，針對中國前哨基地所涉及的挑戰範圍，這些基地能對中國在南海主導地位的任何挑戰者造成行動的障礙。[75]

　　西方對中國人工島礁的評估通常反映了美國的戰爭方式，也就是幾乎完全關注前哨基地發射動能武器的能力，彷彿打擊能力代表了中國作戰概念的基礎。然而，中國或許並非如此想定。反之，任何對軍事能力的淨評估都必須考慮到解放軍戰略的動態、中國的潛在對手以及戰爭作戰層面的南海地理。無論島礁基地在後勤和持續存在方面為解放軍和中國海警提供優勢，中國的行動有賴於解放軍控制資訊範圍的限制，即戰場空間的感知和指揮軍隊的能力。

　　解放軍以實現資訊優勢作為戰術、作戰和戰略要求的首要重點是南海島礁軍事化的重中之重。中國的「資訊化作戰」及其以資訊為中心的作戰理念，在西方很大程度上遭到誤解和低估。簡言之，若工業時代帶來了機械化戰爭，中國人則認為資訊時代就帶來了資訊化戰爭。「資訊力」是資訊化戰爭的作戰表現，是解放軍所說的「戰役力基本要素」之首。[76]中國人認為，資訊力量較美軍作戰概念的核心，即工業時代戰爭的火力和機動要素更為重要。尤其是遠程精準打擊能力，對於中國的作戰設計無疑十分重要。然而，解放軍認為，這些領域的實力對於作戰成功而言並不像實現資訊優勢那麼重要。

　　軍隊實現和維持戰場資訊優勢能力的資訊力量是作戰層面的概念，表現為在駕駛艙、艦橋或指揮中心看到或聽到的內容。此與駭客攻擊社群媒體、影響民眾或專注於操縱圍繞衝突的敘事的高層資訊行動無關。資訊力量的概念是關於戰場空間意識和為己方武器系統保存訊息，同時拒絕向對手提供戰場空間資訊的能力。中國的概念更類似於美國以前的指揮和控制戰爭學說，而不是當今

---

[75]　Poling, "The Conventional Wisdom on China's Island Bases is Dangerously Wrong."

[76]　張玉良主編，《戰役學》（國防大學出版社，2006 年）；壽曉松主編，《戰略學》（軍事科學出版社，2006 年）。

美國的「資訊環境中的聯合作戰」學說。[77]

　　儘管經常被中國觀察家斥為陳腔濫調，但中國在下圍棋，而美國在下西洋棋的類比，仍然是雙方如何概念化軍事戰略的恰當類比。圍棋的目標是包圍對手，進行決定性的交戰，消除對手的棋子，最終透過占據棋盤上的空間來獲勝。這在很大程度上反映了中國在南海的做法，在現實和虛擬空間上限制對手，「占據棋盤上的空間」，並為必要時迅速、果斷地消滅外國勢力創造條件。

　　美國的軍事方法更像是國際象棋，是機動和消耗的遊戲，透過消除敵後的關鍵重心（例如國王）來尋求投降。在南海，中國尋求從一開始就掌握作戰主動權，防止向美國及其盟國提供戰場資訊，以阻止美軍全面機動，對解放軍視為其作戰中心的地區使用火力。重心在於其特意強大的指揮、控制、通訊、電腦、情報、監視和偵察系統。最終，此引發的問題是：美國的火力和機動戰略是否會戰勝中國的戰略，因為中國的戰略會導致美國的戰場空間資訊系統的匱乏。同時，冗餘和韌性能力為解放軍遠程武器提供看似不間斷的情報和戰場資訊流。

　　中方在南海並未處於防禦狀態從而等待遭受攻擊。解放軍資訊化戰爭戰略與作戰理念符合中國的「積極防禦」理念，即戰略防禦、作戰攻擊。[78]美國軍事規劃者片面將中國的軍事能力稱為「反介入／區域拒止」（Anti-Access/Area Denial, A2/AD）能力。此標籤產生了神話，[79]即解放軍實際上擁有防禦性的「反介入／區域拒止」戰略或「反干預」戰略。當然，中國計畫動用大量軍事力量來阻止美國的軍事干預。然而，解放軍與美軍一樣，更傾向於搶占作戰主動權並實施進攻行動。解放軍將始終尋求避免陷入防禦性反應。美國對克服反

[77] Christopher Paul, "Is It Time to Abandon the Term Information Operations?," *RAND*, 13 March 2019, https://www.rand.org/pubs/commentary/2019/03/is-it-time-to-abandon-the-term-information-operations.html.

[78] M. Taylor Fravel, *Active Defense: China's Military Strategy since 1949* (Princeton University Press, 2020).

[79] M. Taylor Fravel and Christopher P. Twomey, "Projecting Strategy: The Myth of Chinese Counter-intervention," *The Washington Quarterly*, Vol. 37, No. 4 (Winter 2015), pp. 171-187.

介入／區域拒止能力的關注將注意力從北京的戰略上轉移開，這些戰略旨在迅速實現奪取領土、懲罰地區對手或確保資源等進攻性目標。美國的反制戰略可能涉及防禦能力，但不會直接反制中國的進攻戰略以及美國可能首先進行干預的原因。[80]此外，美國的戰略似乎尋求擊敗解放軍的反介入／區域拒止武器系統，但不一定解決解放軍視為其自身作戰重心的問題，即資訊力量。

中國自 2000 年代初以來提出的資訊化戰爭理論明確將友方和敵方資訊相關的系統確定為關鍵的作戰重心。例如，《解放軍日報》的文章提及「體系作戰如何破網『點穴』」。[81]解放軍在針對敵方系統的高端對抗中需要多樣化和冗餘的通信和偵察，明顯體現在解放軍南海存在的前哨站，但經常受到忽視冗餘和韌性資訊力量的能力部分。

對開源材料和商業衛星影像的審視揭示了中國人工島的重要通訊能力，包括海底光纖電纜、[82]多頻段衛星通訊、高頻寬頻陣列、對流層散射通訊等。情監偵（Intelligence, Surveillance and Reconnaissance, ISR）能力同樣冗餘和多樣化，包括頻率分集雷達系統、電子情報系統和六臺微波超視距雷達（類似於俄羅斯 Monolit-B），[83]可以探測地平線千里外的地表目標。換言之，可重新定位系統的潛力，例如電子戰系統、[84]情監偵飛機、電子戰飛機或最終可能在島礁上運行的無人駕駛系統。中國南海前哨基地的所有資訊力量能力將在軍事行動之前和整個軍事行動期間協同工作，阻止對手獲取資訊，同時保留解放軍自己的資訊獲取權限。

中國前哨基地的網路通訊能力將資訊控制擴展到南海的非軍事或非正規部

80　Michael E. Hutchens, William D. Dries, Jason C. Perdew, Vincent D. Bryant, and Kerry E. Moores, "Joint Concept for Access and Maneuver in the Global Commons: A New Joint Operational Concept," *JFQ*, Issue 84 (1st Quarter 2017), pp. 134-139, https://ndupress.ndu.edu/Media/News/Article/1038867/joint-concept-for-access-and-maneuver-in-the-global-commons-a-new-joint-operati/.

81　解放軍報，〈體系作戰如何破網「點穴」〉，2017 年 5 月 2 日，http://military.people.com.cn/n1/2017/0502/c1011-29247744.html。

82　王斌、吳琦，〈中國電信在南沙群島開通多個光纜 4G 基站提升通訊服務品質〉，《中國新聞網》，2017 年 6 月 12 日，https://www.chinanews.com/cj/2017/06-12/8248316.shtml。

83　關於颱風股份有限公司的介紹，參見 https://www.typhoon-jsc.ru/en/。

84　AMTI, "An Accounting of China's Deployments to the Spratly Islands," 9 May 2018, https://amti.csis.org/accounting-chinas-deployments-spratly-islands/.

隊。中國海警的艦艇和船隻可能不具備先進的軍事通訊和資料鏈，可以使用視距無線電將其連網到廣域監視網格中。解放軍海上民兵是中國民間漁民，應徵入伍提供後方安全、監視外國軍事力量或對敵對國家的漁民採取看似合理的推諉行動。島礁現在可以透過島上每個 50 公尺高的通訊塔使用基本的語音通訊甚至 4G（5G）手機服務來指揮和控制海上民兵。[85]

就軍事角度而言，中國南海前哨基地所展現的資訊力量能力代表了集天、空、海、陸偵察與通信於一體的聯合部隊系統的陸地部分。如果對手沒有被這種資訊優勢嚇倒，這些能力可能會進一步與來自前哨基地、中國大陸、水面艦艇、潛艇或作戰的中國航空母艦的重要遠程打擊能力相結合。[86]僅僅瞄準和打擊的威脅就可能迫使敵方艦艇和飛機進入發射控制狀態——關閉雷達和通信以避免電子探測——進一步否認解放軍對手的戰場資訊。

南海前哨基地滿足了解放軍所謂的「對珊瑚島礁進攻戰役」的所有要求，而且很可能是專門為此目的而建立。2006 年中國軍事科學院的《戰役學》中概述了這項行動，約為人工島建設開始前七年。戰役的目標包括奪回「敵占」島礁、維護國家領土主權、捍衛海洋權益。軍事科學院的重要課本將島礁戰役描述為發生在遠離中國大陸的複雜戰場，加劇了空中掩護、通訊、情報和後勤方面的挑戰。進攻島礁戰役大綱建議解放軍建立「完善的情報偵察體系」；在船舶、飛機、島礁和大陸之間建立單一的綜合通訊網路；並對水文和氣象條件進行準確的預報。雖然解放軍海軍兩棲艦艇可以對任何外國控制的南沙群島發動直接攻擊，但中國的島礁提供了戰役指令中概述的所有基礎資訊力量能力和後勤保障。

撇開從前哨機場起飛的戰機或攻擊直升機的潛力不談，值得注意的是，所有主要人工島（永暑礁、渚碧礁和美濟礁）的綜合火力似乎並不等於一艘 055

---

[85] 舉例而言，參閱通訊塔影像 Trung Hieu, "Exclusive: China Nearly Finishes Illegal Building on East Sea Reef," *Thanh Nien News*, 20 April 2016, http://www.thanhniennews.com/politics/exclusive-china-nearly-finishes-illegal-building-on-east-sea-reef-61403.html.

[86] Charlie Gao, "Here's What Is Known About China's First Homemade Type 002 Aircraft Carrier," *The National Interest*, 17 September 2019, https://nationalinterest.org/blog/buzz/heres-what-known-about-chinas-first-homemade-type-002-aircraft-carrier-81221.

型（仁海）巡洋艦的潛在火力，配備 112 個垂直發射系統（Vertical Launching System, VLS）單元。[87]因此，由於可以部署任意數量的 055 型巡洋艦、只是為了防禦南沙群島地區地對空和反艦飛彈[88]基於前哨基地的 052D 型驅逐艦。[89]

當考慮解放軍的「積極防禦」以及對美國海軍或空軍等先進對手的攻擊時，南海前哨基地不一定是中國分層防禦的前沿。有些人猜測，南海前哨基地的長跑道可能被用來擴大中國轟炸機的航程。[90]島礁上有限的飛機停機位更有可能用於情監偵飛機和無人機。[91]KJ-500 空中預警機、[92]Y-9JB 電子情報機[93]或 Y-9Q 反潛戰／海上巡邏機[94]可以從島礁起飛，並立即進入前哨防禦戰機形成的防空保護區內。

利用島礁作為機場，艦載機可以在緊急情況下改道，這在未來幾年也可能具有重要意義。即使在和平時期航行，在船上操作飛機也是一項具有挑戰性的工作。飛機可能無法返回航母的原因有很多，從惡劣天氣到機械故障再到戰鬥損壞。即使是熟練的美國海軍航空聯隊也明白，在友方陸基機場航程之外作戰是非常危險的情形。假設從航空母艦到備降機場的距離為 400 海里，中國前哨基地可能會在不久的將來允許解放軍海軍航空母艦在南海大部分地區進行行動。中國在柬埔寨七星海建造的新跑道可能表明，如果航空母艦能夠在擁有適

[87] David Axe, "China's Giant New Warship Packs Killer Long-Range Missiles," *The National Interest*, 31 December 2019, https://nationalinterest.org/blog/buzz/china%E2%80%99s-giant-new-warship-packs-killer-long-range-missiles-109786.

[88] AMTI, "An Accounting of China's Deployments to the Spratly Islands."

[89] Eric Wertheim, "China's Luyang III/Type 052D Destroyer Is a Potent Adversary," *U.S. Naval Institute*, January 2020, https://www.usni.org/magazines/proceedings/2020/january/chinas-luyang-iiitype-052d-destroyer-potent-adversary.

[90] AMTI, "Airpower in the South China Sea," 29 July 2015, https://amti.csis.org/airstrips-scs/.

[91] AMTI, "An Accounting of China's Deployments to the Spratly Islands."

[92] Mike Yeo, "China Ramps Up Production of New Airborne Early Warning Aircraft," *Defense News*, 6 February 2018, https://www.defensenews.com/digital-show-dailies/singapore-airshow/2018/02/05/china-ramps-up-production-of-new-airborne-early-warning-aircraft/.

[93] Ryan Chan, "US Ally Scrambles Jets Against Chinese Aircraft," *Newsweek*, 5 August 2024, https://www.newsweek.com/japan-scrambles-jets-against-chinese-aircraft-taiwan-1934462.

[94] Mike Yeo, "China Deploys New Anti-submarine Aircraft to Fringes of South China Sea," *Defense News*, 23 June 2017, https://www.defensenews.com/space/2017/06/22/china-deploys-new-anti-submarine-aircraft-to-fringes-of-south-china-sea/.

當改航機場的友好國家的陰影下進行打擊戰鬥機覆蓋，那麼外國駐紮的解放軍戰鬥機就不是必要的。[95]此外，在中國航空母艦建造出配備彈射器以支援 KJ-600 等大型艦載機載控制和偵察機之前，中國航空母艦的作戰行動將必然依賴陸基飛機來發揮這一作用。[96]除了解放軍基地如何影響當今中國南海鄰國之外，政策制定者還應該考慮中國航空母艦在中國「九段線」南端或泰國灣巡邏時的地緣政治影響。雖然解放軍海軍航空母艦可能在下圖中陰影區域的任何地方作戰，但艦載機的作戰範圍超出了這些限制上千公里。

像美軍這樣典型的進攻性力量，他們認為防禦行動的目的本質上是為進攻行動創造更有利的條件，此信條在解放軍身上也沒有失去。中國的「反介入／區域拒止」武器和能力是非常的真實，但同樣地，解放軍沒有防禦戰略，也沒有防禦能力，而防禦能力最終將為進攻行動創造條件。儘管如此，中國仍有數項防禦能力值得關注，因為它們與解放軍資訊力量和南海進攻行動有關。

美國的隱形能力可能無法破壞中國南海的防禦。1999 年 B-2 錯誤地襲擊了中國駐南斯拉夫貝爾格勒大使館後，中國在接下來的 20 年裡致力於擊敗美國的隱形技術。反隱形是 2000 年代初出現的解放軍「三打三防」理念所需的能力之一。[97]中國開發了許多採用低頻的反隱形雷達，[98]而傳統隱形技術不一定有效。此類雷達是否能夠針對低可觀測性飛機提供射擊解決方案是懸而未決的問題，然而，中國聲稱他們的反隱形雷達技術確實有效，並且可能會挑戰被認為

---

[95] Agnes Chang, "Hannah Beech, How China Rebuilt a Cambodian Naval Base," *New York Times*, 18 July 2024, https://www.nytimes.com/interactive/2024/07/14/world/asia/china-cambodia-military-warship-base.html.

[96] Jeffrey Lin and P. W. Singer, "Meet KJ-600, the Aircraft that Could Help China's Navy Rival America's," *Air University*, 12 July 2017, https://www.airuniversity.af.edu/CASI/Display/Article/1604221/meet-kj-600-the-aircraft-that-could-help-chinas-navy-rival-americas/.

[97] 1960 年代，解放軍曾經開展過「打飛機、打坦克、打空降、防原子、防化學、防生物武器」的「三打三防」訓練，被稱為老「三打三防」。1990 年代末，解放軍提出了「新三打三防」，即：以「打隱形飛機、打巡航導彈、打武裝直升機；防精確打擊、防電子干擾、防偵察監視」為內容的軍事訓練課目。俄烏之戰促使三打三防內容做出調整。一是如何防單兵防空導彈和反裝甲導彈；二是如何防無人機；三是如何防精確制導火箭彈和炮彈。

[98] Dan Katz, "A Closer Look at Stealth, Part 4: Counterstealth Radars At Zhuhai 2016," *Aviation Week*, 17 January 2017, https://m.aviationweek.com/defense-space/closer-look-stealth-part-4-counterstealth-radars-zhuhai-2016.

是美國重大優勢的技術。[99]

　　五角大廈也不應認為美國水下主導地位乃理所當然之事，尤其是在南海。目前，即令中方也認為美國海軍在潛艦技術方面擁有顯著優勢。但在南海及週邊海域受限的作戰環境下，解放軍可能會用更多的時間和空間進行反潛作戰行動來彌補自身的不足。除了部署的解放軍艦艇和飛機之外，中國的前哨基地基本上賦予了中國事實上的空中和水面優勢，至少在南海衝突一開始應是如此。這些優勢將使水面艦艇行動和解放軍海軍固定翼反潛戰機（諸如運-9Q）的飛行不受阻礙。面對解放軍海軍水面艦艇聲納、直升機吊放聲納和運-9Q（Y-9Q）獵潛艇的大範圍搜索，美國潛艇在南海範圍內能夠逃避探測並仍然產生動能效應多久的問題。

　　中國實控的七個島礁不能視為是單獨、獨立的基地，而應視之為綜合的南海系統體系。因此，有關中國島礁前哨基地因缺乏可生存的冗餘系統而脆弱的說法並未抓住要點。某種程度上，中國的基地共同構成了硬目標。中國七個島礁上分布著 33 個主要衛星天線、數十個小孔徑天線、50 多個高頻通訊天線，以及 30 多個用於空中和水面搜索的雷達。遑論移動或可重新定位的情監偵、通訊或武器系統，這些系統幾乎可以部署在人工島上 8 平方公里的任何地方。每個主要前哨基地都有大約 25 萬平方英尺的地下儲存空間，用於保護武器系統和彈藥。[100]粗略測量表明，每個主要島礁的地下儲罐可儲存超過 6,500 萬加侖的燃料，以支持數週的無補給作業。在所有關於南海前哨基地跑道的討論中，較少慮及相對低度的作戰要求。換言之，若解放軍的要求是擁有 1,500 公尺的跑道可用於南海作戰，那麼他們已經建造了三條 3,000 公尺的跑道，可以在面對攻擊時提供必要的作戰韌性。

　　在任何作戰層面的衝突中，解放軍都打算與對手進行一場艱苦的戰鬥，爭奪戰場資訊優勢。雖然打擊能力是解放軍資訊化戰爭不可或缺的部分，但南海

---

[99]　Liu Xuanzun, "China's Meter Wave Anti-stealth Radar Capable of Guiding Missiles to Destroy Stealth Aircraft: Senior Designer," *Global Times*, 23 May 2019, https://www.globaltimes.cn/content/1151216.shtml.

[100]　AMTI, "A Constructive Year for Chinese Base Building."

前哨基地表明了該戰略對資訊控制的重視。島礁主要充當「資訊硬點」（Information Hard-points），擁有並實現重要的通訊和偵察能力以及對抗對手資訊控制的能力。未來對南海的分析不應只考慮美國對中國靜態防禦系統進行進攻打擊的可行性。計算武器和目標是評估物資實力的一種方便的方式，但這種方法並沒有反映中國以資訊為中心的戰略的優勢。

解放軍在南海發展的能力揭示了中國的資訊化戰略和進攻性作戰理念－2018 年國防戰略（National Defense Strategy of the United States of America 2018）要求美軍理解並透過發展自己的作戰理念來應對這些作戰理念。[101]毛澤東的防禦性「人民戰爭」（People's War）已成為過去。當中國開始將軍事影響力擴展到南海以外時，應該仔細考慮資訊化戰爭的基本要素、中國軍事攻擊作戰概念，以及如何在具體情況下應用解放軍不斷增長的能力。中國人造島設施可能會對戰時西太平洋的美軍帶來重大問題，甚至可能被用來阻止美軍進入該地區。[102]美國在衝突早期階段壓制這些前哨基地的成本將極其高昂。因此，忽視南沙群島前哨基地的戰略價值是錯誤的想法。

二、南海島礁為中國的軍事負債

對中國在南海的南沙前哨基地的戰略價值是北京的軍事負債是另一觀點，亦即雖然前哨基地允許中國監控南海的空中和海上交通，但美國軍界也有論點認為，中國的人工島更讓北京頭疼，而不是讓華盛頓頭痛。如果需要，美國海軍和空軍資產可以相對快速地壓制中國的陣地。此論點認為關於南沙群島的傳統觀點仍然成立，因為美軍突破中國島嶼防禦的影響力和能力仍然強勁。在發生衝突時，美國（而不是中國）享有多種選擇的優勢。相較之下，中國向偏遠的前哨基地提供補給、在永暑礁、渚碧礁和美濟礁三個最大人工島上集結大量空中力量以及發動和維持空中戰鬥飛行架次的能力可能會迅速減弱。對這些前哨基地進行集中巡航飛彈和空襲並非難事。

---

[101] US Department of Defense, *Summary of the National Defense Strategy of the United States of America 2018*, https://dod.defense.gov/Portals/1/Documents/pubs/2018-National-Defense-Strategy-Summary.pdf.

[102] Poling, "The Conventional Wisdom on China's Island Bases is Dangerously Wrong."

　　在危機中，北京將難以保衛中國在南沙群島的前哨基地。首先，人工島擁擠，許多關鍵基礎設施，例如飛機掩體以及支援供應和武器儲存，都建在附近。[103]此外，有限的可用空間對防空系統、裝備和部隊的分散造成了明顯的限制。擁擠的飛機掩體為美國規劃者提供了寶貴的目標。此外，人工島上的環境本身也限制了將關鍵基礎設施深埋於地下。在任何衝突的初期，用巡航飛彈攻擊這些基地仍然是美國最可行的軍事戰略。打擊這些基地最現實的軍事目標是削弱它們的空中出動能力，並切斷這些前哨基地與 600 多海里之外的中國大陸的後勤支援。另一個目標是讓南沙群島停止運作，直到可以部署更多空中力量來對抗它們。

　　美國海軍和空軍對最大的三個前哨基地，每個需要 30 至 50 枚巡航飛彈（或總共 90 至 150 枚巡航飛彈）才能實現這些目標。此數量的巡航飛彈足以將每條 3 公里長的跑道切割成大約 400 公尺的部分，攻擊滑行道、快速反應警報掩體以及空曠或其他已知地點的飛機。它還允許美軍瞄準指揮、控制和通訊節點、燃料和武器儲存設施、已知的防空地點以及後勤設施和碼頭。給定的巡航飛彈數量包括所需的冗餘：需要 2 到 3 枚飛彈才能確保成功摧毀指揮和控制或通訊節點等關鍵目標，可能需要 3 到 4 枚飛彈才能摧毀掩埋或加固的目標。

　　空中力量將成為美國嚴重削弱中國從軍事前哨基地防禦後續部隊的能力的首要手段。B-2（或未來的 B-21）和其他隱形飛機以及支援電子戰／電子攻擊平臺將用於突破防空系統。這架飛機將投下數十枚精準導引彈藥，以摧毀可能阻礙美國海軍進入南海的防禦設施。空軍和海軍飛機將向彈坑跑道、滑行道和掩體中或空曠的攻擊機使用防區外武器。基地的供應和儲存設施以及碼頭基礎設施將受到嚴重攻擊。美國資產將充分利用「防區外干擾」飛機（例如「咆哮者」）以及「替代」誘餌和干擾機來「蒙蔽」和迷惑基地的綜合防空系統。其中許多行動將按順序且幾乎同時發生。此外，美國將使用的穿甲彈可能會破壞或損毀已經遭受侵蝕的人工島地基的完整性。

　　有論點認為對南沙群島的巡航飛彈攻擊無效。以 2017 年美國對敘利亞沙

---

103 AMTI, "Comparing Aerial and Satellite Images of China's Spratly Outposts," 16 February 2018, https://amti.csis.org/comparing-aerial-satellite-images-chinas-spratly-outposts/.

伊拉特空軍基地的大規模巡航飛彈襲擊為例，美國向該基地發射了 59 枚戰斧巡航飛彈，但未能在任何有意義的時間內阻止該基地的運作，從而作為證明此方法行不通。此論點基於的事實是「（沙伊拉特空軍基地）跑道僅在數小時後就恢復了運行」。[104]然而，美國向該空軍基地發射的 59 枚「戰斧」巡弋飛彈，並沒有瞄準跑道。[105]相反，美國的目的是削弱阿拉伯敘利亞空軍運送致命化學武器的能力，並表明此類行動不會沒有後果。根據其目標，華盛頓瞄準了露天飛機和堅固的飛機掩體中的飛機，以及燃料和彈藥庫和防空系統。因此，軍事意圖不是完全摧毀空軍基地，而是削弱它並傳達訊息。

　　中國人工島上目標的相對分散仍然在美國巡航飛彈的射程範圍內。精準導引彈藥對大範圍的分散也不成問題。如果美國知道給定目標的地理經緯度，它就可以將美國巡弋飛彈導引至這些目標，而不管物理分散程度如何。然而，對目標分散的空軍基地進行常規空襲將構成更大的挑戰。廣泛的分散需要更多的攻擊機和攻擊媒介來涵蓋所有預定目標。但由於有限的資產和交通擁堵，在南沙群島前哨基地並不是重大的問題。

　　如果美國無法在衝突一開始就消滅中國在南沙群島的前哨基地，它可以轉向其他替代方案。美國空軍可以部署戰略轟炸機做出回應，例如 B-1、B-52 和B-2，這些轟炸機裝載有先進的低空可觀測巡弋飛彈。這些飛機可以部署在印度洋迪戈加西亞島、澳洲達爾文或西太平洋關島的美國基地，為大型轟炸機提供足夠的停機坪空間。這些基地保證在相對安全的距離內快速回應。相較之下，雖然美國在韓國和日本的基地距離更近，但一旦發生重大對抗，它們很可能成為中國火箭軍的目標。夏威夷的希克姆空軍基地可以作為集結空中力量和後勤的樞紐。過去，美國曾使用 B-52 或 B-2 從巴克斯代爾空軍基地（美國空軍全球打擊司令部所在地）起飛，對中東實施巡航飛彈攻擊。

　　從這些遙遠的基地進行協調一致的巡航飛彈打擊將使美國空軍能夠有效阻止中國從南沙群島三個機場進行的空中行動，從而掌握主動權以進行更具破壞

104　Poling, "The Conventional Wisdom on China's Island Bases is Dangerously Wrong."
105　BBC News, "Syria War: Why Was Shayrat Airbase Bombed?," 7 April 2017, https://www.bbc.com/news/world-us-canada-39531045.

性的空襲或將重點轉移到其他地方。美國戰略轟炸機每架攜帶 12 至 20 枚先進巡弋飛彈，例如戰斧空射巡弋飛彈（air-launched cruise missiles, ALCM）或聯合空對地戰區外飛彈（joint air-to-surface standoff missiles, JASSM-ER），美國戰略轟炸機就有足夠的航程和能力來削弱或停止敵方在島礁前哨基地的空中行動。

若獲得進入菲律賓、泰國和新加坡等地的基地，將進一步有利於美軍壓制並最終摧毀中國在南沙群島的軍事潛力的能力。然而，對美國而言，進入東南亞沿海地區的基地仍是不可靠的選項。這些國家可能會拒絕美國使用其設施。同時，南海衝突可能會讓一些沿岸國家直接或間接捲入敵對行動。面對這種困難，一些實力較弱的國家可能會選擇提供或接受美國軍隊，作為對抗中國侵略的具體安全保障。共同的威脅會產生聯盟。此將使美軍能夠更接近戰區，並大幅增加出動次數。

美國各軍種已經或正在制定周密的計畫，以確保繼續進入東亞沿海地區。例如，美國空軍已制定並測試了創新計畫，以攻克此難題，其中包括快速、分散部署多架第五代戰鬥機，並由一架 C-17 或 C-130 提供支持，此更有可能獲勝以便更接近戰區，並挑戰對手的空中優勢。[106]海軍陸戰隊的作戰計畫包括配備 F-35B 飛行的全長航空甲板兩棲登陸艦，有助於和支援美國海軍大型甲板航空母艦實現分散作戰和集中作戰。[107]同樣，進入東南亞群島的基地將使美軍活動變得更加輕鬆，從而能實現更好的持續空中行動，但缺乏這些基地並不意味著輸掉戰鬥。

中國先進的反艦巡弋飛彈和彈道導彈的結合可能會將美國軍艦趕出南海，使得美國海軍在為針對中國南沙群島基地的任何巡弋飛彈襲擊提供質量（能力深度）方面的作用變得更加複雜。為了保持戰斧陸地攻擊飛彈（Tomahawk

---

[106] Tyler Rogoway, "Air Force Tests Tiny Personnel Footprint For Operating Fighters In Austere Combat Zones," *The Warzone*, 14 May 2019, https://www.twz.com/28013/air-force-tests-tiny-personnel-footprint-for-operating-fighters-in-austere-combat-zones.

[107] Megan Eckstein, "Marines Test 'Lightning Carrier' Concept, Control 13 F-35Bs from Multiple Amphibs," *U.S. Naval Institute*, 23 October 2019, https://news.usni.org/2019/10/23/marines-test-lightning-carrier-concept-control-13-f-35bs-from-multiple-amphibs.

Land Attack Missile, TLAM）對南沙群島前哨基地的足夠射程，美國船隻可以從蘇祿海或西里伯斯海進行行動。但美國海軍艦艇也有可能從印尼群島內的爪哇海、弗洛勒斯海、摩鹿加海、菲律賓呂宋島以東、馬六甲海峽西北部或蘇門答臘島以東海域發動巡航飛彈攻擊。美國潛艦可以用來協助有人駕駛飛機削減中國對南沙群島的補給力道。中國在南沙群島前哨基地集結的兵力愈多，這些前哨基地就愈依賴中國大陸的後勤。

　　此外，解放軍空軍可能不易維持南海的制空權。中國已建造了足夠的飛機掩體，可在其三個最大的前哨基地中容納完整的戰鬥機團（通常是 24 架飛機）。在美國發動攻擊之前，解放空軍需要在單一跑道上操作這些飛機。在飛行營運增加的過程中，很容易變成嚴重的營運瓶頸。蘭德公司《美中軍事記分卡：力量、地理和不斷演變的力量平衡，1996-2017》（*The U.S.-China Military Scorecard: Forces, Geography, and the Evolving Balance of Power, 1996-2017*）的報告中強調了解放空軍在南沙群島集結空中力量方面的問題，以及美國引進決定性空中力量的能力。此外，由於三個人工島的跑道分散，前哨基地的大量飛機很容易受到後續攻擊。然而，如果在空中，飛機將需要嘗試飛往海南島降落。從中國大陸維持南海空中優勢並不容易。

　　南沙群島上的大量軍事足跡也產生了對持續供應、食物和燃料的巨大需求，幾乎所有這些都需要從大陸經由海上運輸。三個最大的前哨基地都有用於燃料和補給的地下儲存空間，但面對美國的攻擊，這種儲備只能維持一段時間。此外，隨著傷亡人數不斷增加，後送大陸或補充人力變得非常困難。以前哨基地的發電量為目標會使事情變得更糟，因為中國似乎沒有為島礁上的關鍵基礎設施增加冗餘。

　　此外，北京在向其人工島供應物資時必須考慮到美國潛艦可能出現在南海。一些專家認為人工島的防禦構成了中國彈道飛彈核潛艇的「堡壘」一樣，深水區也為中國對手的潛艇提供了隱藏空間。[108]中國在發展反潛戰能力方面取得了進展，但此領域仍然是中國作為新興海軍的最大弱點之一。因此，形成海

108　Jim Lacey, "Battle of the Bastions," *The War on the Rock*, 9 January 2020, https://warontherocks.com/2020/01/battle-of-the-bastions/.

底封鎖以消耗中國對前哨基地的補給，對中國的國防規劃者構成了真正、現實的危險。

三、南海島礁提供中國重要的態勢感知能力

　　中國南沙前哨基地的真正軍事價值在於它們能夠在南海的空中和海上產生無與倫比的態勢感知能力，使解放軍能夠監視進出南海的所有動向。中國海上民兵的創新用途也可以進一步支持此論點，以觀察感測器無法到達的海上行動。顯而易見的是，在大多數非戰爭局勢下，中國已在南海局勢升級中占據主導地位。對南海的事實上的控制使中國在幫助維持和擴大其海上力量在東南亞地區的影響力和存在方面比其鄰國具有重要優勢。在中國與不具備美國軍事實力的東南亞小鄰國之間發生任何衝突時，這些人工島對北京而言特別有用。

　　另一角度而言，中國在南沙群島的前哨基地對北京而言或許是戰略負擔。中國難以防禦，美國有多種選擇在衝突中攻擊它們。美國軍方仍然有能力削弱中國在這些島礁上的力量，並為進一步軍事打擊中國在南海的資產創造寬鬆的環境。軍事上沒有立即完全摧毀前哨基地的需要，而是削弱它們實現預期軍事效果的能力。

　　中國能做的只有這麼多，以進一步加強人造島的防禦。任何新增加的功能也會對供應和支援產生進一步的需求。最終，在本例中的進攻方美國從而在南沙群島問題上應該始終占優勢。美國於 2019 年 12 月在太平洋上空測試了常規武裝中程彈道飛彈，該飛彈曾被中程核武條約（Intermediate-range Missile, INF）禁止。如果部署在該地區，該系統將具有進攻優勢。[109]舉例而言，美國陸軍的新型陸基飛彈發射系統「堤豐武器系統」（Typhon Weapons System）的中程能力陸基飛彈發射系統在菲律賓北部部署，參與為期兩週的「堅盾-24」

---

[109] Associated Press, "Pentagon Tests Long-Banned Ballistic Missile Over Pacific," *VOA*, 13 December 2019, https://www.voanews.com/a/usa_pentagon-tests-long-banned-ballistic-missile-over-pacific/6180991.html.

（Salaknib 24）聯合演習。此外，海軍、海軍陸戰隊、[110]陸軍[111]和空軍[112]都在極速努力，以向前線部隊部署可快速部署的高超音速飛彈能力。這些武器將為華盛頓提供更多的未來軍事選項。任何針對南沙前哨基地使用核武的行為都並非明智，而且是殺傷力過大的行為。同時，核武應該能夠阻止中美之間的全面升級。同時，隨著中美緊張局勢加劇，華盛頓不應忽視廣闊的印太地區其他地區的同步發展。在與中國的競爭方面，沒有任何自滿的餘地。

第五節　結論：人工島軍事化超越灰色地帶

　　人工島建設是現代現象，由於人口增長、戰略重要性、經濟收益、地緣政治優勢以及其他因素等多種因素，其規模正在不斷擴大。本章試圖分析人工島建設如何決定一國與其他國家的關係，以及說明一國如何實現自身發展。中國在南沙的人工島建設是其與鄰國關係緊張的主要原因。「九段線」是中國建造人工島的邊界基礎，或許侵犯了鄰國的經濟邊界，但對自身卻是重大的維權行動。現代的島礁建設能力與速度的提升，在不久的將來可能或已經發生人工島建設競賽，可能會成為決定未來南海甚至印太國際關係的關鍵因素，也會降低海洋生物和海洋的品質，從而改變地區的地理特徵。

　　南海島礁填海造陸對中國的戰略地位、軍事能力、國際法影響和區域穩定具有深遠的影響。經由此一系列舉措，中國在南海地區的主權聲索得到了實質性的鞏固，增強了中國在東南亞的戰略影響力。然而，此行為也引發了國際社

---

[110] Ben Werner, "Secnav Modly Wants Navy 'All Ahead Full' on Hypersonic Weapons in 2020," *U.S. Naval Institute*, 18 February 2020, https://news.usni.org/2020/01/31/secnav-modly-wants-navy-all-ahead-full-on-hypersonic-weapons-in-2020.

[111] Sydney J. Freedberg, "Army Wants Hypersonic Missile Unit by 2023: Lt. Gen. Thurgood," *Breaking Defense*, 4 June 2019, https://breakingdefense.com/2019/06/army-wants-hypersonic-missile-unit-by-2023-lt-gen-thurgood/.

[112] Rachel S. Cohen, "Congress Endorses Hypersonic Weapons as Development Ramps Up," *Air & Space Forces Magazine*, 2 January 2020, https://www.airandspaceforces.com/congress-endorses-hypersonic-weapons-as-development-ramps-up/.

會的廣泛關注和批評，加劇了與周邊國家的緊張關係，並帶來了潛在的軍事對抗風險。 如何在增強國家安全的同時，處理好與周邊國家和國際社會的關係，始終是中國在南海政策中需要面對的重大挑戰。

南沙群島含有 230 餘座島礁、沙洲、乾出礁和暗沙暗灘。目前，島礁由中國、越南、菲律賓、馬來西亞以及臺灣駐軍實控。中國駐軍島礁位於南沙群島的核心部位，向西可以監管和保障南海主航線的航行安全，並為中建南盆地、萬安盆地的油氣勘探提供保障；向東可以為開發南沙東部海域的島礁和漁業提供支援，並為禮樂盆地和禮樂灘北盆地的油氣勘探提供保障。中國駐軍的美濟礁、渚碧礁、永暑礁互為犄角、三足鼎立，已建設成南沙最大的人工島，規劃建設此三座人工島為中國監控和控制南沙海域的海空提供支持。南沙西部擁有重要的南海主航線和豐富的深海油氣資源，永暑礁人工島打造為「西進」的戰略基點能充分地發揮地利優勢。南沙東部海域具有豐富的無人島礁資源、漁業資源和油氣資源，美濟礁打造為「東出」的戰略基點，控制南沙東部的一系列無人島礁作為向東進發的落腳點，對強化中國在該海域的實際管控能力，加快該海域漁產和油氣資源開發，尤其對禮樂盆地油氣的大規模開發均具有深遠意義。

南沙群島對中國具有戰略價值。它們使北京能夠將空中和海軍力量投送至中國大陸軍隊無法到達的數百公里甚至千里之外。南海的基地也使中國能將部隊部署在更靠近重要地區的之處，亦即印度洋和太平洋之間的咽喉要道。[113]中國一直願意使用武力維持對南沙群島的控制，該群島在地理位置上距離越南、菲律賓和馬來西亞較近。1988 年，中國軍隊在爭議島嶼與越南船隻和軍隊交戰後占領了赤瓜礁。[114]美國並不是唯一對中國基地感到擔憂的國家。包括越南、臺灣、菲律賓和馬來西亞在內的幾個國家都對南沙群島和南中國海的其他島礁

---

[113] Christopher Woody, "Top US Military Commanders Are Worried about What China Is Up to Around the World's Most Important Waterways," *Business Insider*, 27 July 2022, https://www.businessinsider.com/us-military-worried-about-chinese-activity-near-maritime-chokepoints-2022-7.

[114] Benjamin Brimelow, "Vietnam's Rare Commemoration of a deadly South China Sea Battle Is a Quiet But Direct Message to Beijing," *Business Insider*, 24 May 2022, https://www.businessinsider.com/vietnam-marks-johnson-south-reef-battle-amid-tensions-with-china-2022-5.

提出了主權聲索。然而，這些基地的價值不應被高估。它們面積小、地勢平坦、開闊，且距離中國大陸較遠，因此在戰時容易受到轟炸、封鎖或入侵。然而，除了戰爭之外，它們有力地提醒人們，中國的軍事力量已經進入了世界上最重要的水道之一。

　　北京利用天然島和人工島來增強自身在南沙地區的軍事能力。美國印太司令部司令阿奎利諾（John C. Aquilino）上將警告：「這些島嶼的角色是擴大中華人民共和國在大陸海岸以外的進攻能力」，阿奎利諾表示，從這些基地，中國軍隊「可以駕駛戰鬥機、轟炸機以及導彈系統的所有進攻能力」，例如反艦和防空導彈，因為這些島嶼已完全軍事化。[115]因此，以強大的軍事力量支撐的「灰色地帶」似乎賦予灰色地帶策略更嶄新的內容。

---

[115] Jim Gomez and Aaron Favila, "AP Exclusive: US Admiral Says China Fully Militarized Isles," *Associated Press*, 22 March 2022, https://apnews.com/article/business-china-beijing-xi-jinping-south-china-sea-d229070bc2373be1ca515390960a6e6c.

第五章　南海海上民兵

　　中國的海上民兵是全球最大規模的組織之一，積極參與海上維權行動，經常出現在與周邊國家對峙的第一線，被視為中國的「第三海軍」。然而，對其他國家而言，中國不斷利用民間漁船、海上民兵以及科學調查船等，在南海周邊海域攻擊或騷擾其他國家的船隻，造成所謂的「灰色地帶」衝突。因此，中國經常透過海上民兵執行灰色地帶行動，不僅能合理隱藏其擴張企圖，還能以這種「非傳統武力」的組織達成軍事戰略目標。中國海上民兵的指揮體系不僅接受中央軍委與省軍區的指揮，還接受各級地方政府的領導，這種「雙重領導」特質使得黨政系統可以透過指揮海上民兵來達成其政治目的。總之，中國海上民兵在南海區域海上維權行動中扮演著關鍵角色，是海洋灰色地帶的重點研究標的。

　　隨著南海形勢的發展，一些聲索國鼓勵漁民赴爭議海域進行主權宣示活動，以及派遣具有海上民兵身分的漁民群體執行國家特定任務，成為南海爭端國南海政策的突出表現。海上民兵係指在海洋和島礁活動的不脫離生產的群眾性武裝組織。海上民兵「平戰轉換」的特殊身分及活動為其合法性招致質疑，尤其是國際法上的地位，成為南海「灰色地帶」策略的主要措施，其中又以中國的海上民兵活動受到極大的關注。海上民兵涉及的爭議主要聚焦於漁船人員身分和船舶的法律地位，以及由同一主體的不同身分切換產生的法律後果。由於海上民兵活動涉及和平與戰爭兩種法律狀態，海上民兵的國際法地位可以基於海洋法和海戰法架構下，並依據實踐中的具體活動事實進行評估確定。

　　中國地方武裝的重要組成部分是民兵，係由在日常生活中保留正常經濟責任的可動員人員組成的群眾性武裝組織。作為規模龐大的後備力量，民兵組織遍布於中國社會的基層，以鄉鎮、村、街道和企業為單位組建。民兵支持中國武裝力量履行各種職能，隨著中華人民共和國人民解放軍（以下簡稱「解放軍」）的不斷現代化，民兵的任務也在不斷擴大。各地民兵組織的組成因地制宜，差異很大。在造船業發達的地區建立海上應急維修分隊就是很好的例子。雖然海上民兵並非中國民兵系統的新成員，但由於中國誓言成為海洋大國，在中國「九段線」海洋爭端的角色突顯，從而視之為「灰色地帶」策略的特色。

　　嚴格而言，並沒有關於海上民兵的官方定義。[1]依據前浙江省舟山警備區司令員對其進行的扼要描述：「海上民兵是不脫離生產的群眾性武裝組織，在海上維權行動中敏感程度低、迴旋餘地大，是一支不可替代的力量。」[2]當然，如此的描述並不能涵蓋海上民兵的方方面面，但可作為重要參考。一般而言，海上民兵的成員都是基幹民兵，而不是活動較少的普通民兵。前者接受更頻繁的訓練，擁有更先進的海上執行任務的技能。

　　就邏輯而言，海上民兵組織分布在擁有大型漁業、造船業或航運業的港口地區，因為此類地區擁有經驗豐富的水手或工匠，足以提供現成的新兵來源。[3]年滿 18 至 35 周歲（有特殊技能者可年滿 45 周歲）的公民可加入陸上初級民兵組織。海上民兵對年齡的要求也有放寬的政策（例如：江蘇省鹽城市海上民兵的最高年齡放寬至 55 歲），[4]在一些地方甚至更強調他們的專業技能。[5]

　　海上民兵規模難以全盤掌握，公開的資料中，對海上民兵規模的估計要溯及 1978 年出版的資料，稱中國海上民兵人數為 75 萬人，擁有約 14 萬艘船隻。[6]在《2010 年中國的國防》白皮書中，中國政府表示全中國有 800 萬基幹民兵。[7]海上民兵是較小的獨特群體，但在海上執行許多任務。由於沒有準確的

---

[1]　Pratik Jakhar, "Analysis: What's so Fishy about China's 'Maritime Militia'?," *BBC Monitoring*, 15 April 2019, https://monitoring.bbc.co.uk/product/c200r2cr.

[2]　曾鵬翔、傅志剛、連榮華，〈科學構建海上民兵管控體系〉，《國防》，第 12 期（2014 年 12 月），頁 68-70，https://m.fx361.com/news/2014/0111/14696701.html。

[3]　張榮勝、陳明輝，〈關於組織動員海上民兵參與維權行動的幾點思考〉，《國防》，第 8 期（2014 年 8 月），頁 12-13。

[4]　舉例而言，參見廣東省人民政府，《廣東省民兵工作若干規定》（1998 年 4 月 28 日廣東省人民政府令第 36 號修訂），http://www.gd.gov.cn/attachment/0/486/486135/3718846.pdf。

[5]　射陽縣黃沙港鎮人民政府，〈關於認真做好 2015 年民兵整組工作的通知〉，2015 年 3 月 24 日。

[6]　Stephen Uhalley, "China in the Pacific," *Oceans* (May 1978), p. 33; op. cit. David G. Muller, *China as a Maritime Power* (Westview Press, 1983), p. 90.

[7]　中華人民共和國國務院新聞辦公室，《2010 年中國的國防》（2011 年 3 月），http://big5.www.gov.cn/gate/big5/www.gov.cn/govweb/test/2011-03/31/content_1835465.htm。

數字，本章僅從基層歸納，試圖探討地方層級海上民兵部隊的平均規模。當然，海上民兵既不同於中國的岸上民兵（岸基），也不同於中國的海軍預備役，儘管一些岸上民兵部隊已經轉變為海上民兵部隊。[8]

　　本章第一節的重點是探討中國海上民兵組織和運用途徑，首先介紹了海上民兵的扼要歷史，並探討隨著解放軍持續轉型為在資訊化條件下打贏高科技局部戰爭的部隊過程中，民兵在中國武裝力量中的角色變化。之後，探討了海上民兵在中國成為海上強國的目標中所扮演的角色，此將包括新舊兩個任務領域。其餘章節將討論海上民兵的具體訓練、組織、指揮和控制模式。由於海上民兵的地方性根源，第二節專門用一節篇幅來探討海南的海上民兵活動，此將得以對南海中國民兵部隊的規模和多樣性有更深入的了解，首先探討海南島傳統的海上民兵建設，其次探討三沙市全新建立的海上民兵。第三節探討越南海上民兵的發展，以作為南海整體圖象的對照。由於菲律賓多次表達也要建立本國的海上民兵，但似乎停留在此，因此，本章略微提及。第四節為本章結語。

第一節　中國海上民兵的組織和運用途徑

一、中國海上民兵的歷史

　　中國的民兵制度起源於中國共產黨（以下簡稱「中共」）在大陸執政之前，然而，迄至 1950 年代中共開始加強對海岸線的控制後，才得以全面實施了在沿海居民中組建大量國家支援的海上民兵的制度。在中共在中國大陸建立政府之前的數十年裡，沿海部分中國人口一直與陸地上事務相對隔絕，並受到日本和國民黨的控制。中共以漁業社區為目標，建立了漁業集體和工作單位，實行嚴格的組織控制，並開展政治教育。[9]

　　中共此轉變的推動與受影響的因素來自於：解放軍早期船隻匱乏而使用民

8　戴佳辰、耿躍亭，〈海上維權民船動員需求與對策研究〉，《國防》，第 10 期（2015 年 10 月），頁 41-44。

9　Bruce Swanson, *Eighth Voyage of the Dragon* (Naval Institute Press, 1982), pp. 216-223.

用船隻的情況；囿於有經驗的水手太少，海上民兵必須由漁民組成；由於近岸漁業資源枯竭從而需要在離海岸更遠的地方捕魚，更易與其他國家的漁船和軍艦發生衝突；當時需要防止國民黨（中華民國國軍）沿海岸線入侵（反攻大陸）；從海防民兵到海上民兵的轉變；中國民兵發展的總體趨勢，包括專業化、應急反應、技術分隊，以及更加注重支援解放軍各兵種。

　　許多年來，中國海上民兵在一些軍事行動和維權（脅迫）事件中扮演了重要角色，其中包括但未窮竟：1950 年代對解放軍奪島行動的支援；1974 年實控西沙群島（Paracel Islands）；2009 年美軍「無暇號」（USNS Impeccable, T-AGOS-23）事件；2011 年越南測量船「維京 2 號」（Viking II）號和「平明」（Binh Minh）號事件；2012 年黃岩島（Scarborough Shoal）對峙（潭門民兵在場）事件；2014 年「海洋石油 981」（HYSY-981）鑽井平臺對峙事件；[10]以及

---

[10] 有關這些問題和相關問題的重要分析，可參閱包括長期觀察中國海上民兵建設的艾瑞克森（Andrew S. Erickson）等人的其他出版物。Andrew S. Erickson and Conor M. Kennedy, "Trailblazers in Warfighting: The Maritime Militia of Danzhou," *CIMSEC*, 1 February 2016, http://cimsec.org/trailblazers-warfighting-maritime-militia-danzhou/21475; Andrew S. Erickson and Conor M. Kennedy, "China's Daring Vanguard: Introducing Sanya City's Maritime Militia," *CIMSEC*, 5 November 2015, http://cimsec.org/chinas-daring-vanguard-introducing-sanya-citys-maritime-militia/19753; Christopher P. Cavas, "China's 'Little Blue Men' Take Navy's Place in Disputes," *Defense News*, 2 November 2015, https://www.defensenews.com/naval/2015/11/03/chinas-little-blue-men-take-navys-place-in-disputes/; Andrew S. Erickson and Conor M. Kennedy, "Irregular Forces at Sea: 'Not Merely Fishermen—Shedding Light on China's Maritime Militia'," CIMSEC, 2 November 2015, http://cimsec.org/new-cimsec-series-on-irregular-forces-at-sea-not-merely-fishermen-shedding-light-on-chinas-maritime-militia/19624; Andrew S. Erickson, Making Waves in the South China Sea: A ChinaFile Conversation," *ChinaFile*, 28 October 2015, http://www.chinafile.com/conversation/making-waves-south-china-sea; Andrew S. Erickson and Conor M. Kennedy, "Directing China's 'Little Blue Men': Uncovering the Maritime Militia Command Structure," AMTI, 11 September 2015, https://amti.csis.org/directing-chinas-little-blue-men-uncovering-the-maritime-militia-command-structure/; Andrew S. Erickson, "New U.S. Security Strategy Doesn't Go Far Enough on South China Sea," *Wall Street Journal*, 24 August 2015, http://blogs.wsj.com/chinarealtime/2015/08/24/new-asia-pacific-maritime-security-strategy-necessary-but-insufficient/?mod=WSJBlog; Andrew S. Erickson and Conor M. Kennedy, "Tanmen Militia: China's 'Maritime Rights Protection' Vanguard," *The National Interest*, 6 May 2015, http://www.nationalinterest.org/feature/tanmen-militia-china%E2%80%99s-maritime-rights-protection-vanguard-12816; Andrew S. Erickson and Conor M. Kennedy, "China's Island Builders: The People's War at Sea," *Foreign Affairs*, 9 April 2015, https://www.foreignaffairs.com/articles/east-asia/2015-04-09/china-s-island-builders; Andrew S.

2023 年牛軛礁（Whitsun Reef）大量集結；不同時間段在仁愛礁（Second Thomas Shoal）的騷擾與對峙事件等。

二、中國實現海洋強國目標中的角色

自 2012 年以來，在習近平的領導下，中國為實現海洋強國的戰略發展目標所做的努力得到了極大的強化。海上民兵在該等努力中扮演的角色，獲得了上至習近平下至地方領導的青睞。漁民和建立在漁業中的海上民兵已成為鞏固中國海洋權益的國家政治工具，尤其是在南海。由於海上民兵是與中國對海洋日益增長的整體戰略重視標的相協調的基層運動，海上民兵角色既有政治性，也具有行動上的意義。

前廣東省軍區司令部動員部部長何志祥曾指出海上民兵的三種角色：海上民兵在一定程度上體現了人民實施海事管理的國家意志；作為一群「模範」海員，有助於塑造公眾輿論，激勵企業和群眾參與海洋開發，前往中國的屬地（有爭議的島礁）；以及海上安全的保障，海上民兵往往是在緊急情況下的第一反應者，因為他們已經分布在各個海域。[11]前兩種角色中，慮及中共對武裝力量和民兵組織強有力的控制，海上民兵是社會對海洋環境進行政治動員的重要組成部分。第三個角色是海上民兵在海上正常生產活動的結果，是對各種突發事件做出快速初始反應的手段。因此，海上民兵是實現中國海洋行政控制正常化的一支重要力量，因為他們處在維權的第一線。何志祥呼籲「九段線」內的所有地區都要有海上民兵的存在。[12]儘管海上民兵的角色是在需要時調用的後備力量，但其使用卻日益常規化。

中國民兵的主要角色是對外防禦，其次是對內保障。[13]民兵也是一支重要的後備力量，負責在緊急情況和戰爭時期進行動員。海上民兵保留了此基本定

Erickson and Conor M. Kennedy, "Meet the Chinese Maritime Militia Waging a 'People's War at Sea'," *Wall Street Journal*, 31 March 2015, https://www.wsj.com/articles/BL-CJB-26372.

[11] 何志祥，〈談海上民兵建設「四納入」〉，《國防》，第 4 期（2013 年 4 月），頁 36-37。

[12] 何志祥，〈適應海防安全形勢──建強海上民兵組織〉，《國防》，第 1 期（2015 年 1 月），頁 48-50。

[13] Dennis Blasko, *The Chinese Army Today*, 2nd ed. (Routledge, 2012), p. 23.

位，既服務於對外防禦，又在海上協助國內安全部隊。國內安全任務包括執行海上救援行動和協助海上執法部隊，而對外防務任務則包括執行各種協助中華人民共和國解放軍海軍（簡稱「解放海軍」）的行動以及執行獨立的行動。

　　海上民兵的任務各種各樣，既有為地面部隊提供後勤支援的傳統任務，也有為解放海軍提供支持的先進任務。相對較新的海上民兵任務包括重點保護中國海洋權益的任務。依據中國大陸資料中詳細列出的任務總結如次，但並非窮究。

　　首先，在支援任務中，海上民兵的角色是協助解放軍和解放海軍。海上民兵經由裝載和運送部隊、車輛、裝備和物資來增強運輸能力；對傷患進行醫療救護；提供航行援助；對船隻、碼頭和其他基礎設施進行緊急維修或改裝；在海上提供燃料和物資補充；以及履行其他各種後勤職能。海上民兵還透過使用煙霧、角反射器（雷達反射器）和干擾手榴彈為解放陸軍和解放海軍部隊進行掩護和隱蔽行動。海上民兵還獲得進行水雷戰和協助封鎖行動的訓練。與許多現代民兵部隊一樣，建設、資訊和電子戰領域也日益受到重視。

　　其次，許多新組建的部隊都是為了應對突發事件。「突發事件」是廣義的術語，包括各種迅速爆發的突然事件，鬆散地界定為自然災害、意外事故、公共衛生事件和社會安全事件，該等事件發展快速，對公眾造成傷害，需要採取非常規的應對手段。[14]2007 年，中國全國人民代表大會通過了《中華人民共和國突發事件應對法》，要求民兵參與救災。其中第 24 條規定：「中國人民解放軍、中國人民武裝警察部隊和民兵組織依照本法和其他有關法律、行政法規、軍事法規的規定以及國務院、中央軍事委員會的命令，參加突發事件的應急救援和處置工作。」[15]海上民兵應急分隊的任務是處理海上突發事件，諸如救援和救助行動。他們是很好的第一回應者，因為他們可能就在任何海上事件的附近，「就地就近」指的就是附近地方部隊做出的反應。此往往是和平時期的工作，但戰時也肯定會涉入。

---

[14]　中華人民共和國中央人民政府，《中華人民共和國突發事件應對法》，2024 年 6 月 29 日，
　　　https://www.gov.cn/yaowen/liebiao/202406/content_6960130.htm。
[15]　同上註。

其三，海上民兵職責的演變是執行「維權」任務。關於海上民兵在維權方面的具體任務，旨在展示（漁船）存在、彰顯主權，並配合國家政治和外交鬥爭的需要。維權任務涉及與海事執法部隊協調執法、登陸島礁和在爭議水域開展作業等行動。[16]由於中國的非軍事海上力量，像是中國海警迅速建設成為更大型、能力更強的艦艇，海上民兵從而在其「海上維權力量體系」中被賦予了特殊的角色。[17]

最後，海上民兵還接受一些獨立任務的訓練，諸如防空導彈防禦、輕武器使用和破壞行動。由於中國預計到了情報、監視和偵察（Intelligence, Surveillance, and Reconnaissance, ISR；以下簡稱「情監偵」）覆蓋範圍可能存在的漏洞，因此非常重視偵察和監視，並可讓海上民兵在感興趣的目標周圍徘徊，或在常規海上行動中報告發現的情況。

中國民兵動員依據「黨管武裝、建用一致、依法建設、軍民融合、創新驅動」原則，因此，民兵建設和動員是軍民協作工作，有助於將軍民領導人結合，隨著具有軍事經驗黨領導人比例的下降，此點日益重要。隨著沿海省分的地方領導人向海洋尋求新的發展領域，以及中國的軍事戰略更加注重海洋力量，[18]中國的軍民融合實踐必然會成為中國海洋力量的前沿。動員中國海員加入海上民兵就是軍民融合向海洋延伸的面向之一。省級經濟計畫在有關經濟發展的章節中有明確提及海上民兵的情形。例如，海南省 2015 年經濟計畫的第 6 部分「大力發展海洋經濟」就明確規定了海上民兵部隊的新增船體數量，以提高該省的海上執法能力。其中指出「建設海洋執法基地，建造大噸位海洋漁政執法船，加快建設 84 艘海上民兵鋼質船，加大海上維權執法力度，提高海域動態監管能力，堅決維護國家海洋權益。」[19]此外，沿海黨政軍都決定將民兵

---

[16] 王治平、汪勇健，〈民兵參加海上維權鬥爭的幾點思考〉，《國防》，第 6 期（2013 年 6 月）。

[17] 張榮勝、陳明輝，〈關於組織動員海上民兵參與維權行動的幾點思考〉。

[18] 中國首部國防戰略白皮書明確提出，「必須摒棄陸大於海的傳統思維」。參見中華人民共和國國務院新聞辦公室，《中國的軍事戰略》，（2015 年 5 月），http://big5.www.gov.cn/gate/big5/www.gov.cn/zhengce/2015-05/26/content_2868988.htm。

[19] 海南日報，〈關於海南省 2014 年國民經濟和社會發展計劃執行情況與 2015 年國民經濟和社會發展計劃的報告〉，2015 年 3 月 12 日。

建設的重點從城市防禦轉向海洋，從內陸轉向沿海城鎮和鄉村。又如，浙江省玉環縣民兵營營長就曾表示：「坎門基層民兵營已完成由海防營向海上民兵專業分隊的轉變。」[20]地方政府和軍分區司令部紛紛下發各種組織規劃通知，指示轄區內的民兵建設以海上民兵分隊為主。[21]

　　中國民兵也逐漸向三個非地面部隊兵種傾斜。此轉變始於 2007 年，當時解放軍總參謀部發布的《民兵軍事訓練與考核大綱》，規定民兵可能轉為解放海軍、解放空軍和第二砲兵部隊的預備役部隊，第二砲兵部隊後來更名為中國人民解放軍火箭軍，並於 2016 年 1 月 1 日升格為第四軍種。[22]此意味民兵步兵部隊和專門為解放軍陸軍提供支援的部隊有所減少，而旨在為其他軍種提供支援的部隊的組建和訓練則有所增加。民兵部隊並非僅支援單一兵種，因為他們可以根據國防所需動員以支援廣泛的武裝力量，而不受兵種限制。除了已建立的許多重點應急分隊和專業技術分隊外，還有軍兵種分隊。這些勤務分隊由解放軍海軍、解放軍空軍和火箭軍分隊組成，每年必須至少訓練十五天，其中至少一天用於政治教育。[23]由於民兵執行任務的能力和分配給他們的訓練時間有限，因此有重點地進行任務角色的專業化訓練尤為重要。

　　中國國務院新聞辦公室發布的 2019 年《新時代的中國國防》白皮書，明確要「推進國防動員現代化建設。理順國防動員組織領導體制，加強後備力量建設，精簡全國基幹民兵規模，深化民兵預備部隊規模結構、力量編成改革，推進預備役部隊與現役部隊一體建設和運用，加快實現由保障陸軍為主向保障多軍兵種轉變」。[24]

---

[20] 左貴東、李華真、余傳椿，〈「英雄基幹民兵營」加強海上專業分隊建設〉，《台州網》，2008 年 7 月 15 日，http://www.taizhou.com/cn/a/20080715/content_72021.html。

[21] 寧德市人民政府，〈寧德市人民政府辦公室寧德軍分區司令部關於做好 2014 年度民兵預備役工作的通知〉，2014 年 3 月 16 日；黨江鎮人民政府，〈關於印發《2015 年黨江鎮民兵組織整頓工作實施方案》的通知〉，2015 年 3 月 25 日。

[22] 劉逢安、黎雲，〈新一代「軍事訓練與考核大綱」頒發〉，《中國中央電視台》，2007 年 7 月 5 日，https://news.cctv.com/news_2007/20080724/107141.shtml。

[23] 《民兵軍事訓練大綱》（2007 年 5 月 22 日）第 5 條第 7 款，參見 http://wenku1.com/view/6EC126C7369D17F5.html。

[24] 中華人民共和國國務院新聞辦公室，《新時代的中國國防》（2019 年 7 月），http://big5.www.gov.cn/gate/big5/www.gov.cn/zhengce/2019-07/24/content_5414325.htm。

中國沿海的許多地方政府建設了綜合海防系統，以便更好地對當地海域實施行政控制。舉例而言，山東省威海市和海南省三沙市等地組織了軍警民聯防體系，其中包括海上民兵部隊。中共三沙市委員會是軍警民聯防項目的協調中心，設有「三道防線」（一線民兵、二線行政執法以及三線部隊），除了西沙群島軍警民聯防協調中心，還有三沙市綜合監控指揮系統，以及「海南西沙群島動態監控系統」。[25]就經濟角度而言，海上民兵組織的明確目的是促進當地的海洋經濟發展，認為是創建「海洋大省」的重要力量。海上民兵先鋒部隊表示願意冒著被外國海上部隊攔截的風險進入有爭議的水域；鼓舞了當地漁業社區的士氣，鼓勵他們冒險遠離海岸。

三、海上民兵的指揮與控制

中國海上民兵組織的領導層沿襲了中國大多數民兵組織運作的軍民二元結構，民兵建設的責任由地方軍事機關和黨政機關（雙擁工作領導小組辦公室，簡稱「雙擁辦」）共同承擔。在民兵建設中，地方文職領導和解放軍領導共同參與的機制已經形成。例如，一些主要領導身兼軍、民兩職，地方黨委召開軍事會議，並成立臨時領導小組。這種雙重領導體制從省軍區層級到縣／鄉人民武裝部（簡稱「人武部」）層級。在地方層級，黨委書記擔任軍事機關黨委第一書記，而同級軍方主要領導擔任地方黨委常委。[26]中共對國防動員的全面領導為宗旨。[27]

解放軍和政府領導人在對應的黨委中都有職位，兩者結合為單一決策機構是國防動員委員會（簡稱「國動委」）系統，此乃「負責組織、指揮和協調全

25 叢黎明、馬紹惠，〈威海軍民推進海防建設融合發展〉，《國防部新聞》，2015 年 1 月 28 日，http://www.mod.gov.cn/mobilize/2015-01/28/content_4567330.htm；王曉斌，〈三沙市推動軍警民聯防機制 構建三線海上維權格局〉，《中國新聞網》，2014 年 11 月 21 日，https://www.chinanews.com/gn/2014/11-21/6803776.shtml。

26 Bo Zhiyue, "The PLA and the Provinces," in *Civil-Military Relations in Today's China: Swimming in a New Sea* (Routledge, 2006), pp. 106-17；儋州新聞網，〈嚴朝君任儋州市人武部黨委第一書記〉，2015 年 3 月 3 日，http://www.danzhou7.com/a/a/c/03032A242015.html。

27 薛志亮、陳茂，〈加強黨對國防動員全面領導〉，《中國國防報》，2024 年 3 月 15 日。

國國防動員」的諮詢和協調機構。該委員會在確保將國家資源迅速用於戰爭或國家緊急行動方面扮演重要角色。在國家層面，國家國動委由中國共產黨和中華人民共和國中央軍事委員會（簡稱「中央軍委」）和中華人民共和國國務院（簡稱「國務院」）領導，自省級以下的相應軍隊和政府領導層均成立國動委。

　　由於沒有與戰區相當的政府級別，因此由該戰區內各省國動委的領導人組成各自的國動委。[28]中華人民共和國全國人民代表大會（簡稱「全國人大」）常務委員會和總書記授權啟動全國或地方動員，國務院和中央軍委將動員政策（命令）和計畫提交全國人大常委會批准。[29]地方政府領導人擔任該層級國防動員委員會主席；地方黨委書記擔任第一書記，以確保黨的控制。舉例而言，2019 年，儋州市基幹民兵分隊授旗儀式中講話並為民兵分隊授旗者即為市委書記、軍分區黨委第一書記袁光平。地方軍區司令員擔任執行主席，副主席職位由政委和其他政府副職領導人擔任。國動委體系與聯合作戰體系融合，諸如寧德市的軍民聯合指揮機構。他們設立了「一委兩部」指揮機構，由國動委統管「支前」動員指揮部和人民防空指揮部。[30]

　　國防動員執行體系的主體是各級國動委、國防動員辦公室（簡稱「國動辦」）及其辦事機構。具有條塊結合的特點。由上至下，形成了國家（中央）、省、地級市和縣（鄉）四級國動委，以及相應的國動辦作為「實體」。條狀體系主要包括人民武裝動員、國民經濟動員、交通戰備動員和人民防空動員體系。人民武裝動員由各大戰區、軍兵種動員部門（包括領導小組及其辦事機構）和省軍區系統組成。

　　《中華人民共和國國防動員法》第 9 條規定，「國務院、中央軍事委員會共同領導全國的國防動員工作，制定國防動員工作的方針、政策和法規，向全國人民代表大會常務委員會提出實施全國總動員或者局部動員的議案，根據全

---

[28]　有關國防動員委員會系統的更多詳情，參見《中國的國防》白皮書（2002 年、2004 年及 2010 年）與 Blasko, *Chinese Army Today*, pp. 42-43.

[29]　參見《中華人民共和國國防動員法》（2010 年），https://www.gov.cn/flfg/2010-02/26/content_1544415.htm。

[30]　〈國防建設巡禮〉，《國防》（2014 年 12 月）。

國人民代表大會常務委員會的決定和國家主席發布的動員令，組織國防動員的實施。」因此，動員令最終可由中央軍委或國務院下達，動員程度取決於所需的反應級別。

中央軍委國防動員部（原總參謀部動員部）[31]負責制定全國民兵工作條例，監督從軍委到縣級人民武裝部的民兵工作，[32]軍委、軍區和軍分區都設有專門負責各自轄區內預備役部隊動員工作的部門和或辦公室，其他部門也參與其中，如中央軍委政治部群眾工作局；然而，由於本書的重點是聚焦南海，主要聚焦於地方指揮機構，因為它們與海上民兵的建設、訓練和管理高度相關。國級和戰區級機關負責管理民兵工作，但根據 1991 年頒布的《民兵工作條例》，民兵的指揮權始於海事局，下至縣級人民武裝部。基層民兵經由「幹部」的非現役軍警人員管理其部隊，並必須符合當地軍民領導提出的要求。[33]民兵預備役部隊是軍民領導人進行民兵組織和訓練的樞紐，民兵預備役部隊在其他機構的支援下直接執行該等任務。同樣是這些民兵指揮機構管理海上民兵，儘管有多個機構參與其中（諸如解放海軍和中國海警）。當然，解放軍改革對中國地方軍事組織和後備力量也有影響，諸如七大軍區合併為五大戰區。

大多數關於海上民兵的資料顯示，動員令來自三個實體發出：中國海警海區指揮部、縣級人武部，以及解放軍。三者之間存在大量交叉重疊，因為它們都分擔著指揮民兵的權力。2004 年《中國的國防》白皮書指出，中國人民武裝警察部隊（簡稱「武警部隊」）指揮民兵行動，[34]因此，中國海警指揮海上民兵似乎理順了指揮系統。儘管地方軍事機關和文職領導是民兵的主要指揮實體，但軍事指揮官承擔著更大的行動控制權，而其他機構則參與管理和訓練的

---

[31]　軍改後總參謀部動員部的改制，副戰區級單位，管轄絕大多數省級軍區（正軍級）。除北京、新疆和西藏 3 個地方，其餘 28 個軍區都歸軍委國防動員部管轄。軍委國防動員部部長，同時兼任國家國防動員委員會秘書長。軍委國防動員部，副戰區級單位，管轄絕大多數省級軍區（正軍級）。除北京、新疆和西藏 3 個地方，其餘 28 個省軍區都歸軍委國防動員部管轄。軍委國防動員部部長，同時兼任國家國防動員委員會秘書長。

[32]　*The People's Liberation Army as Organization v.1.0* (RAND, 2002), pp. 184-185.

[33]　《民兵工作條例》（1991 年）第 4 條至第 8 條。

[34]　中華人民共和國國務院新聞辦公室，《2004 年中國的國防》（2004 年 12 月），http://big5.www.gov.cn/gate/big5/www.gov.cn/zwgk/2005-05/27/content_1540.htm。

工作。因此，地方條件是重要因素之一，因為一段時間以來，中國在戰區、省軍區、軍分區和縣／鄉人民武裝部的軍事領導人都在探索組織和指揮海上民兵的最佳方式。[35]

　　就海上民兵的指揮關係而言，在海上獨立進行情報蒐集和偵察的部隊由省軍區系統直接指揮。應急小分隊由地方政府或搜救機構組織，中國海警參與其中。維權單位在地方政府和黨政官員的統一領導下，向由其省軍區和相關機構組織的指揮部報告。參與執法任務的部隊在地方政府和黨政官員的統一領導下，由中國海警指揮，省軍區配合。參與支持解放軍海軍任務的部隊由解放軍海軍統一指揮，中國海警予以配合。[36]

　　對此，中國有實務者提出關於海上民兵指揮的「四個控制」。組織控制的代理人、控制的對象、控制海上民兵的手段，以及這些控制機制的標準化。首先是對部隊的日常控制，然後是對部隊訓練的控制。然後是建立「綜合動員控制小組」的問題，該小組可將海上民兵部隊各部門整合為「1 加 3」指揮結構。此就需要建立海上民兵動員指揮總部，由行政部門／駐軍指揮官擔任總部指揮官，市政府的領導之一被任命為常務副指揮官，地方政府辦公室秘書和地方政府部門／駐軍參謀長擔任副指揮官。該機構將指揮整個城市的海上民兵動員工作。在此機構之下，設立三小組分工負責海上民兵動員的計畫、組織和指揮工作。它們分別是綜合規劃組、漁船動員組和燃料、水和物資供應支援組。三小組似乎是海上民兵部隊各部門融入地方海上民兵指揮結構的管道。

　　就海上民兵對單一船隻的控制而言，首先，直接招募政治素質高、組織能力強的專武幹部加入海上民兵分隊，以加強漁船指揮和控制。其次是對「素質過硬」的海上民兵人員進行重點培訓，提高其政治工作能力，打造海上民兵隊

---

[35] 舟山警備區領導在文章中詳細介紹了海上民兵的任務、組織和控制結構。2013 年，原駐軍司令員王志平在《國防》雜誌上撰文介紹海上民兵維權任務時，要求明確海上民兵部隊的指揮關係和程序。2014 年初，海事局動員處處長許海峰撰文談海上民兵規範化建設，闡述了指揮調度關係。2014 年底，王志平的繼任者曾鵬翔大校和動員處又在自己的文章中對此進行了闡述，詳細解釋了海上民兵的「四個控制」。這些論述出現在這些領導人在《國防》雜誌上發表的文章中，顯示了海事局層級對海上民兵組織和指揮的參與。

[36] 徐海峰，〈適應新形勢全面規範海上民兵建設〉，《國防》，第 2 期（2014 年 2 月）。

伍中的政治力量。最後是將具有「現役艇幹部、信號兵」專業特長的新兵招入
海上民兵隊伍，以加強漁船駕駛和通信管制。雖然「船員幹部」術語似乎含糊
不清，但許多地方的縣／鄉人武部都將漁船船長、船主和優秀船員作為海上民
兵的幹部對象。然而，使用現役一詞可能是指將現役海警或海軍人員派往海上
民兵船隻。[37]

　　一些資料稱這些幹部為「船老大」，或簡稱為「船長」。退役軍人可優先
加入海上民兵組織，並有可能擔任部隊領導職務，成為幹部。幹部是重要的群
體，他們有助於保持部隊的凝聚力，有助於確保武裝部隊在基層開展民兵建
設。幹部通常擔任班長或排長。他們對於管理可能紀律渙散的海上民兵部隊尤
為重要，否則這些部隊可能會在海上懈怠職責。許多由縣和鄉起草的民兵訓練
大綱和計畫要求對幹部和排/連長進行更嚴格的訓練；因此，這些人員可能會派
往參加軍分區或省軍區的民兵集體訓練。[38]各部隊總部或部隊內部的幹部對於
確保海上民兵遵守軍隊命令並為黨的利益服務至關重要。

　　當中國海警使用和指揮海上民兵執行救援、執法或維權等任務時，為對調
動的民兵部隊提供資金或物質支援就成了探討的問題。許多資料都使用了「誰
用兵誰保障」的說法；意思是像中國海警這樣的執法部隊部門，若想使用海上
民兵開展特定行動，就必須在該等行動中支援海上民兵。然而，對這種支持的
具體內容並不清楚，資金是補助船主還是僅用於支付行動所需的實際物資都是
問題所在。然而，實務顯示，海上民兵執行的任務範圍廣泛，需要多個機構的
支援，從而減輕了地方軍事指揮部和地方政府的部分負擔。

四、海上民兵行動的資訊化

　　2007 年，解放軍海軍認識到需要建立覆蓋全國龐大漁業船隊的民用船隻和

---

[37]　鄧偉余、趙繼承，〈「海上民兵」崛起在藍色國土〉，《國防》，第 2 期（2007 年 9 月）；
　　廖剛斌、王牌、熊睿，〈海上民兵分隊建設存在的問題與對策〉，《國防》，第 8 期（2014
　　年），頁 14-15。

[38]　〈大冶市 2012 年度民兵軍事訓練計劃〉，http://www.wenku1.com/view/272D31DB2ED82D24.
　　html。

民兵海上監視網絡和資訊支持系統。解放軍將北斗定位、導航和衛星系統提供的衛星導航和定位服務與自動短波無線電傳輸結合，建立接近實時的數據連接，以便中國龐大的捕魚船隊能夠補充解放軍的海域感知（Maritime Domain Awareness, MDA）工作。[39]例如，玉環縣海上民兵大隊報告稱，在遠海、近海和海岸線之間形成的海上民兵監視預警網絡已建成，稱這些船隻為「民兵偵察船」。浙江省象山縣組建了海上民兵偵察分隊，採用與解放軍相同的行動模式，以 32 艘「母艦」為支點，150 艘船隻組成的偵察網絡。[40]又如，2014 年 7 月，「蘇海漁 00101 船」帶領江蘇省海安市角斜「紅旗民兵團」的 4 艘漁船參加海上偵察演練。從雷達上觀測到圓點後，他們以資訊化辨別手段確定係某國海軍新型彈道導彈觀測艦，於是向上級報告敵情。同時駕船抵近外籍軍艦，執行偵察和錄影取證任務，為上報情況提供可靠資訊。事後，江蘇省國動委授予蘇海漁 00101 船「海上偵察行動先鋒船」稱號，船長董相宏也因帶隊執行任務受到省市表彰。[41]

　　由於海上民兵部隊可能同時參與支援解放軍海軍和多邊執法機構，因此理清何者能控制這些分隊是重要的議題。尤其是在維權方面，審批許可權、指揮關係、動員流程、指揮方式等問題尤為突出。縣／鄉人武部已在海事企業調度室和中國海警之間建立了指揮和控制系統。海警部隊已經使用的通信系統，諸如北斗衛星導航系統、超高頻無線電、自動識別系統，達成部分的蜂窩網絡覆蓋，[42]以及衛星電話，用於確保海上指揮和控制的可靠性。[43]這些設備由軍分區

[39] 劉七虎、鄭一冰，〈依託海上民船民兵建立偵察信息體系〉，《國防》，第 6 期（2007 年）。

[40] 左貴東、李華真、余傳椿，〈「英雄基幹民兵營」加強海上專業分隊建設〉。

[41] 董相宏、夏鵬飛、張志榮，〈海防民兵「船好兵強」守海疆〉，《中國國防報》，2018 年 12 月 2 日。

[42] 〈中信衛星攜手中國電信實現南沙群島 3G 信號全覆蓋〉，《數字通信世界》，第 10 期（2013 年 11 月 26 日），https://m.fx361.com/news/2013/1126/20767306.html；王斌、吳琦，〈中國電信在南沙群島開通多個光纜 4G 基站提升通訊服務品質〉，《中國新聞網》，2017 年 6 月 12 日，https://www.chinanews.com.cn/m/cj/2017/06-12/8248316.shtml；三沙市人民政府，〈中國電信開通海南三沙市永暑礁、永興島 5G 基站〉，2019 年 7 月 25 日，https://www.sansha.gov.cn/sansha/mtjjs/201907/5c287a98d7df4f76a9a008c669b1d02a.shtml?ddtab=true。

[43] 曾鵬翔、傳志剛、連榮華，〈科學構建海上民兵管控體系〉。

提供給海上民兵，軍分區與漁業部門協調購買和分發衛星導航終端、導航雷達、無線電和其他電子設備。[44]

　　另一方面，中國農業部和漁政執法局在其海事分局建設了漁業指揮調度中心和區域指揮調度平臺。據前中國漁政執法指揮中心主任表示，中國沿海有 14 個短波岸臺、78 個特高頻岸臺、15 個省級漁船船位監測中心，這些綜合能力構成了國家應急預警系統的重要組成部分，並且在全中國建立了 30 個漁業自動識別系統（Automatic Identification System, AIS）基站和 59 個漁港視訊監控分支機構。[45]此冗餘但似乎是強大的通信網絡，可與海上數公里外的民兵漁船保持可靠的通信聯絡。依據中國農業農村部統一部署啟動的中國漁政管理指揮系統漁船配裝「插卡式自動識別系統」工作，進一步提升對於漁船的指揮。「插卡式自動識別系統」設備與傳統「自動識別系統」設備相比較，設備靜態資訊由中國漁政管理指揮系統的漁業無線電服務平臺經由通信網路遠端寫入識別卡，具有拆卸報警、防斷電關機，阻斷擅自編寫、篡改設備數據等功能，真正實現「一船一碼」的管理要求。

　　自 2014 年 7 月起，中國漁船開始普遍安裝北斗衛星導航系統。[46]換言之，除了傳統的通信網路外，北斗衛星導航和漁船監控系統應用已經產生了全天候、全時間、持續的監控能力，也使相關機構能夠跟蹤其位置，並進行 120 個漢字的雙向資訊傳輸，[47]足以向遠在南海南沙群島的漁船發出指令。在一些地區，北斗已成為使用岸基站接收船舶定位和識別資訊的自動識別系統船舶跟蹤系統的重要補充；當漁船超出岸基自動識別系統站的範圍時，北斗的自動識別系統收發器會自動開啟，當在岸基站範圍內時也會自動關閉，以避免重複跟

44　吳廣晶、李永鵬，〈打造藍色大洋支前精兵〉，《解放軍報》，2013 年 11 月 29 日。
45　孫蕊、林華、謝非，〈北斗衛星導航系統在海洋漁業生產中的應用〉，《漁業現代化》，第 44 卷第 6 期（2017 年），頁 94-100。
46　福建日報，〈福建：3800 艘漁船將裝北斗終端〉，2014 年 6 月 13 日，http://www.beidou.gov.cn/attach/2014/07/25/20140725.pdf。
47　China Satellite Navigation Office, "Report on the Development of Beidou Navigation Satellite System (Version 4.0)," December 2019, http://www.beidou.gov.cn/xt/gfxz/201912/P020191227430 565455478.pdf.

蹤。[48]北斗船舶監控系統（包括海洋漁業綜合資訊服務）的廣泛實施，[49]使海上民兵船隻的控制程度得以提升。[50]中國軍方利用這些系統監測漁船安全和救援情況，以建立海上民兵－漁政－海警－海軍的資訊共享管道。[51]支援此監控網絡的是各種地方報告機制。[52]

　　此外，中國的漁船也配備了許多現代化的設備。除了其他基本通信設備外，北斗衛星導航系統是其必須安裝的設備。因此，在南海地區作業的漁船駕駛艙頂部具備相關的設備，諸如通信天線、衛星信號收發設備等。尤其是很多船隻還安裝了很多電子設備，例如雷達系統、探魚聲吶、導航設備、氣象分析儀器等。一些民兵漁船還安裝了專門的軍事通信、警報設備。此外，許多中國漁船還配備了具有長變焦功能的自動攝影鏡頭，可以在桅桿的頂部以各種角度拍攝。新建的中國鋼殼漁船通常會在桅桿的最高處配備自動大型噴水器（水砲），漁船水砲的射程約為 200 至 300 公尺。中國目前的漁船主要是各型現代漁船，它們配備了探魚聲吶，使用 LED 燈光引誘魚到附近然後捕撈。這些漁船不僅可以使用拖網捕魚，還可能使用流刺網。

　　提供報告監視資訊的手段顯然很重要，但報告資訊的品質也同樣重要。經過挑選的民兵在部隊內接受培訓成為報告專家，即（民兵）信息（資訊）員。[53]這些人員在海上蒐集情報，並利用北斗和其他回報系統確保資訊向上傳遞。舉例而言，福建省寧德縣級市福安為其海上民兵信息員舉辦了集體培訓，內容包括目標識別、蒐集方法要領、海上民兵船舶管理平臺和北斗通知終端的

48　國際船舶網，〈東海航保中心成功研發北斗 AIS 船載終端〉，2014 年 1 月 7 日，https://www.eworldship.com/html/2014/Manufacturer_0107/81287.html。

49　Kevin Pollpeter et al., "The Research, Development, and Acquisition Process for the Beidou Navigation Satellite Programs," *SITC Research Brief* (January 2014).

50　China Satellite Navigation Office, "Report on the Development of Beidou Navigation Satellite System (Version 4.0)," pp. 9-10.

51　徐海峰，〈適應新形勢 全面規範海上民兵建設〉；新華網，〈浙江省加強海上民兵建設 突出應急處突策略訓練〉，2013 年 12 月 4 日。

52　曹樹建、劉健，〈大海成為民兵練兵戰備主戰場〉，《中國國防報》，2014 年 11 月 3 日；何軍毅、趙繼承、奏景號，〈千船齊發，向著藍色國土〉，《國防部新聞》，2015 年 5 月 25 日，http://www.mod.gov.cn/mobilize/2015-05/25/content_4586486.htm。

53　寧德市人民政府，〈寧德市人民政府辦公室寧德軍分區司令部關於做好 2014 年度民兵預備役工作的通知〉，2014 年 3 月 16 日。

操作。[54]海上民兵建立了一支經過專門培訓的漁民骨幹隊伍，以確保海上民兵的偵察職能具有一定的專業性和職業性。對海上發現的船隻或飛機類型進行正確分類的能力非常重要。受過專門訓練的民兵有助於消除上級部門對在南海實際活動的具體船隻或飛機類型的某些不確定性。

總之，海上民兵的指揮取決於需要動員的條件，無論是和平時期還是戰爭時期。海軍在和平時期和戰爭時期都會根據需要使用海上民兵。中國海警也可調用海上民兵執行自己的任務，但可能需要為此類行動提供資金，即燃料和工作費用。在任何情況下，海事部門的軍方和文職領導都將直接或以監督者的身分參與其中。新的機構和技術已被納入動員系統，以提高地方指揮部將作戰潛力轉化為作戰力量的速度。從戰區的解放軍司令（參謀）部領導的演習，到動員令，從海上作業漁船船長收到的北斗資訊，一直到民兵個人手機上專門設計的應用程式從當地縣／鄉人武部收到的通知，可靠指揮海上民兵的能力變得日益複雜和有效，此乃微觀層面資訊化的重要案例。

五、因地制宜的海上民兵組織

地方軍事和文職領導人在組織民兵的方式上有一定程度的自主性。例如，廣西省制定了「2020 年海上民兵建設規劃」，係由省國動委主要領導出席省級軍區會議所商定。[55]大多數關於民兵的出版物通常都會說明，民兵建設應符合民兵任務的需要和地方動員資源的潛力。換言之，民兵的建設不是按照中央政府領導指揮的「固定模版」方式進行；反之，民兵的組織要考慮到兩點：當地民眾及其工業或機構能力；以及民兵要滿足的要求。如同中國人民解放軍軍事科學院（簡稱「軍科院」）和國動委出版的權威性刊物《國防》雜誌等刊物收錄了參與海上民兵建設的軍方指揮官和軍官（上至戰區，下至縣／鄉人武部）的文章。該等文章展現不同地區的軍方領導人對如何更好地組織和管理海上民兵的看法。本部分首先說明海上民兵組織的共性，然後深入探討不同級別軍方

54　福安國防教育網，〈福安市人武部組織海上民兵資訊員集訓〉，2014 年 9 月 19 日。

55　廣西日報，〈廣西國防動員委員會全體會議召開——彭清華陳武講話〉，2014 年 12 月 24 日。

領導人提出的組織概念。

　　與現役部隊不同，民兵等預備役部隊是根據當地的潛力而組建，而不是從全國各地徵兵、駐軍。人民政府的工作是將民兵建設納入經濟發展規劃（尤其是海洋經濟發展）之中，並在民兵建設中扮演主導角色。同級軍事機關負責配合領導落實民兵建設、教育、訓練等工作，並提供專用裝備，實現裝備使用常態化。人民政府海事機構，諸如中國海警，負責協助解放軍組織海上民兵部隊及其訓練演習。地方宣傳、財政和民政部門分別負責保障這些活動在各自地區的開展。解放軍海軍與其他軍事機關合作，提供特殊技術培訓，並與海上民兵進行聯合演習。[56]海上民兵組織的核心是縣政府和基層人武部，他們直接參與部隊的日常管理和組織工作。縣／鄉人武部根據當地現有的動員潛力，「科學編組」民兵部隊，[57]交通局等各機構收集的人口普查資料，為地方軍事和文職領導人提供了必要的統計數據。

　　海上民兵部隊的任務遵循與陸上民兵相同的原則，諸如「平戰結合」，即戰時與平時相結合，既要應對緊急情況，又要應對戰爭「即時應急」；然而，它們是根據所涉及的單個船隻而構建。船隻是平臺，港口是基地。「以船定兵」模式即民兵人數根據船隻確定。[58]舉例而言，福建省廈門市平潭區組建的海上民兵分隊包括海上應急分隊、海上偵察分隊、海上支援分隊、海上運輸分隊，共有 34 艘船 442 人，承擔平時服務、急時應急、戰時應戰職能，承擔起海上維權、處理海上突發事件救援等任務。因此，這些分隊通常在基層，通常是連級單位，下設排和班。[59]

　　在許多地區，海上民兵部隊採用了類似於武警部隊的組織術語。例如，廣州成立了海上民兵應急營，上海江南造船集團成立了海上民兵船舶修理營，兩

[56] 徐海峰，〈適應新形勢全面規範海上民兵建設〉。

[57] 何志祥，〈適應海防安全形勢——建強海上民兵組織〉。

[58] 劉建東、張先國、管水鎖，〈「海上民兵分隊」揚帆啟航〉，《解放軍報》，2006 年 3 月 13 日。

[59] 百度百科，〈三沙海上民兵連〉，http://baike.baidu.com/view/10797320.htm。

個單位都使用了與武警部隊類似的術語「大隊」。[60]另一例是湛江市霞山區人武部主任建議各省組織營級部隊，地級市組織連級部隊，而使用「中隊」一詞。然而，與組織方法一樣，各地的用語也有不統一之處。有些地區直接將部隊稱為營、連、排和班。術語使用上的不統一會導致難以從人員和船隻方面判斷海上民兵部隊的規模。

中國有很多實務領導者對海上民兵建設問題提出看法。有論者認為，可以從四方面將海上民兵納入中國國家海洋戰略管理和國家總體海洋戰略。又如海上民兵的兵力編成，將近、中、遠三區結合，劃分出不同類型部隊的地域任務區：偵察部隊部署到遙遠的島礁、暗礁和重要水道周圍地區；協助海上執法部隊的海上民兵主要部署在有爭議的島礁、珊瑚礁和海域周圍；海上民兵支援部隊則部署在海軍駐地、港口、碼頭和預先確定的作戰海域；海上民兵應急部隊在「傳統漁場」周圍海域進行機動部署。

此外，依據行動目的地來組織部隊。執行執法和偵察任務的海上民兵部隊依據其通常開展生產活動的海域組織。此意味由漁船組成的海上民兵部隊在其正常捕魚區內組建，以便於在該地進行動員。反之，負責安全或裝載行動的海上民兵部隊則需要他們在沿海地區組織起來。根據此方法，穩定部隊組織和流動組織相結合的意見，即由企業組建的部隊開發海洋資源或從事島礁建設工作，同時還將在遠海充當流動民兵哨所。最後，在擁有眾多大型海洋企業的沿海地區建立集中、相互聯繫的組織，包括在需要具有專門技能的人員時採取分散的臨時招募方法。[61]軍方領導層嘗試不同形式的海上民兵組織。因此，海上民兵是靈活的工具，海上民兵的運用取決於戰區參謀部的意願。總之，海上民兵沒有統一的組織模式。

---

[60] 南方日報，〈廣東海上民兵綜合應急機動大隊成立〉，2013 年 7 月 2 日；劉宗峰，〈海上支前，向著深藍挺進——上海市支援保障海上作戰動員演練側記〉，《國防部新聞》，2014 年 1 月 27 日，http://mod.gov.cn/mobilize/2014-01/27/content_4487459.htm。

[61] 何志祥，〈談海上民兵建設「四納入」〉；何志祥，〈適應海防安全形勢——建強海上民兵組織〉。

六、海上民兵的組織整頓

　　縣、區、鎮、村每年進行一次海上民兵的「組織整頓」（整組）。為確保所有民兵部隊達到組織要求，成立民兵（整組）工作領導小組（民兵整組任務部署會議），負責民兵整組工作的規劃、實施和報告。大致而言，民兵整組主要內容包括：宣傳教育；出入轉隊，調整編組；選好配齊民兵幹部；建立健全各種制度；總結經驗，表彰先進；清點裝備；集結點驗；整理資料。此工作通常從每年 3 月前後開始，持續到 6 月，主要分為三個階段。[62]

　　首先，組織準備和規劃。第一階段包括檢查和評估地區招募民兵的潛力、協調潛力與任務要求、制定整編計畫、召開黨委會議和任命整編小組成員、向各村民兵分隊隊長下達命令，以及為各分隊的整組做好全面準備。對幹部（負責基層民兵組織的文職人員）進行教育和培訓，幫助他們實施整組。在此期間，縣／鄉人民武裝部還制定和傳播各種宣傳手段，以營造動員民眾的政治和社會氛圍，並將符合條件的青年作為宣傳對象。宣傳活動貫穿於整頓的各個階段。

　　舉例而言，2024 年 1 月 30 日，三沙警備區組織徵兵宣傳小分隊上島礁、進漁村、入漁戶開展徵兵宣傳工作。警備區針對島礁分布散、人員流動大、適齡青年在島工作和生活較少等實際，把適齡青年和適齡青年家長結合起來開展徵兵宣傳工作，讓家長也成為徵兵宣傳的一分子。同時，採取逐島礁宣傳、適齡青年重點一對一宣講、微信群即時解答政策資訊等方式，確保徵兵宣傳實現島礁全覆蓋。警備區還利用適齡青年上島過年、人員聚集等時機，在島礁主要街道、路口、碼頭和市政中心廣場等重要位置，進行布設條幅、張貼宣傳標語、展播徵兵宣傳視訊等活動，激發適齡青年報名參軍、獻身國防的積極性和主動性。

　　其次為組織實施。此階段包括人員或幹部的調動、組織的任何變動、處理

---

[62] 根據這種三階段方法，只要整組工作一旦開始就具有連續性，允許每個縣、鎮或村的整組時間各不相同，舉例而言，中共塘源口鄉委員會、塘源口鄉人民政府發布〈關於認真做好 2015 年民兵整組工作的通知〉，2015 年 4 月 10 日，http://www.jiangshan.gov.cn/art/2015/4/10/art_1229090344_253252.html。

民兵的入伍和退伍、分發訓練計畫表、清點裝備和武器、部隊登記和身分證處理、數據處理、部隊點名和檢查，以及（非常重要的一步）政治審查，以確保成員對黨忠誠。舉例而言，2023 年 4 月 18 日，三沙市舉行 2023 年度基幹民兵整組點驗大會，組織民兵整組點驗和檢查民兵工作落實情況。

最後是視察總結。完成視察後，收集所有材料和表格，以編寫關於整組工作和上一年民兵工作的報告。該報告提交給上級指揮系統，可能是地級市/軍事安全部。在此期間，依據《民兵政治工作規定》，許多地區會舉辦政治教育課，並為優秀單位（民兵工作先進單位）、人員或幹部（民兵工作先進個人）舉行頒獎儀式。[63]任何遺留問題都將得到根除和處理，以準備接受上級軍事指揮部的檢查。

整組期是進行新的改革以及民兵成員加入或退出民兵隊伍的重要機會。整組工作領導小組將文職和軍事領導人召集在一起，共同對其管轄範圍內的民兵進行必要的改革。市長或黨的高級領導人通常領導整組小組，而縣／鄉人民武裝部部長擔任副組長。其他成員來自縣／鄉人民武裝部分部和其他政府部門。整組小組還在縣／鄉人民武裝部內設立辦公室和主任，負責監督和檢查各鎮和村人民武裝部的整組工作。有關整組小組的許多資訊都可以在縣、鄉政府發布的通知和計畫中找到，通常還附有附件載有民兵單位和人員表、當年計畫的主要活動以及計畫時程表。[64]

雖然海上民兵一般都採用這種整組模式，但在採用這種常規方法時有重要的注意事項，那就是由漁船組成的部隊由於在海上的時間較長，加上淡季的到來，往往難以與陸上民兵協調時間。軍事和文職領導者則針對這種情況開展工作，利用淡季進行檢查、評估、頒布改革措施以及開展培訓和教育。舉例而

---

[63] 民兵政治工作規定，2011 年 1 月 16 日，《中央黨內法規和規範性文件彙編》（1949 年 10 月～2016 年 12 月），https://www.xuexi.cn/f35e44416f2cf04cd3a47176b2bb6a05/e43e220633a65f9b6d8b53712cba9caa.html。

[64] 根據一些地方政府關於近期民兵整編工作的通知。參閱幾個例子：寧德市人民政府網站，〈寧德市人民政府辦公室寧德軍分區司令部關於做好 2014 年度民兵預備役工作的通知〉，2014 年 3 月 16 日；鶴山市人民政府，〈關於做好海上民兵作戰分隊訓練的通知〉，2006 年 7 月 20 日；射陽縣黃沙港鎮人民政府，〈關於認真做好 2015 年民兵整組工作的通知〉，2015 年 3 月 24 日。

言，在南海，中國每年的休漁期從 5 月 16 日持續到 8 月 1 日，許多縣／鄉人民武裝部利用這段時間進行整組或陸上訓練和教育。[65]

當地的地理位置決定了各個海上民兵組織的重點。例如，海南省、廣西省和廣東省的漁港是建立海上民兵部隊的理想地點，這些部隊主要在西沙群島和最南端的南沙群島開展行動，並可能更加重視在有爭議地區與外國船隻接觸的特定任務。福建省、浙江省、南京市和山東省的港口可能會發現海上民兵組織更傾向於涉及臺灣（涉臺）的突發事件，因此比在南海開展維權、展示存在和主權以及執法活動的海上民兵部隊更加軍事化。

七、海上民兵的訓練

海上民兵訓練的方式與整組類似，都是由軍事訓練整組小組和由縣／鄉人民武裝部管理的國防動員辦公室負責。根據國動辦的指示和要求制定訓練計畫，並主要經由人武部執行。許多民兵訓練計畫都是根據最新的《民兵軍事訓練大綱》所制定，《大綱》確定了所有民兵的基本訓練要求和做法。[66]

國動委系統還與各級軍事指揮部協調，參與組織海上民兵演習。然而，各地主導的訓練單位不一而足，有些地方可能由黨工委組織部發動。舉例而言，2000 年代初，福建省建立海上民兵分隊，組建偵察、運輸和船舶修理分隊，同時組織民船動員和徵用演習。同時，完善民船改裝基地，確定中小型船舶改裝點，發展駁船作為轉運重型裝備的平臺。[67]此處可以發現相關的結構，軍事管理部和下層業務是民兵動員訓練的機構，而軍事管理部指揮部則對其管轄範圍內的軍事管理部的工作進行檢查和評估，其中許多領導人在解放軍司令部系統內擔任職務。舉例而言，濰坊濱海區黨工委組織部聘請專業軍事教官，邀請海事學院、區人民醫院等專業人員擔任授課教師，講授理論輔導、形勢教育，佇列、戰術等基礎訓練，進行戰備常識、軍事理論、軍兵種常識、單兵戰術等共

---

[65] 抖音百科，〈伏季休漁〉，http://www.baike.com/wiki/%E4%BC%8F%E5%AD%A3%E4%BC%91%E6%B8%94。

[66] 解放軍報，〈新一代民兵軍事訓練與考核大綱頒發〉，2007 年 5 月 22 日。

[67] 中國新聞網，〈南京軍區司令員朱文泉觀摩福建海上支前保障演練〉，2004 年 7 月 25 日。

同基礎訓練；海洋氣象水文知識、海洋法規常識、海洋心理攻防知識、海上救生與救護等專業訓練；行動基礎、動員集結、海上搜救、巡邏警戒等任務行動訓練。

　　民兵訓練強度一般不大，以免影響民兵正常的「日常工作」。作為補充，縣／鄉人民武裝部現役人員、幹部、營／連民兵分隊司令員和民兵信息員接受重點訓練。基本上是「培訓教練者」的問題，因為這些人要反過來培訓民兵個人。訓練有素的教練員有所必要，因為任何地區在單次活動（民兵集訓）中都很少有全部海上民兵部隊可供訓練。例如，馬尾區在某次演習中只能訓練四分之一的應急民兵人員。[68]這種訓練機會有限的現實是複員現役軍人和黨員被視為優先招募對象的原因之一：他們往往擁有更多的訓練經驗。如果能夠招募到他們，往往會讓他們在海上民兵部隊中擔任負責的職務。[69]

　　對民兵組織進行廣泛的政治灌輸，尤其是對海上民兵部隊進行政治灌輸，因為他們會對海上事件和外交產生不成比例的影響。海上民兵人員必須熟悉國家和各省的目標和政策。他們通常會接受有關海洋法以及他們能做什麼和不能做什麼的規則方面的教育。

八、海上民兵的船隻要求

　　海上民兵為軍事目的動員的船隻種類繁多，從拖網漁船到油輪不等，中國公布了民用造船分類標準。然而，在船隻徵用和動員與更為日常的海上民兵活動之間似乎存在一些差異。為船舶動員程序起草的地方法規規定了對參與動員規劃所有部門的需求，有些法規將海上民兵與一些動員工作的任務區分。2015年頒布了《新造民船貫徹國防要求技術標準》，規定了中國新造民船貫徹國防要求的船舶性能、目標用途、主要項目與設計要求，《技術標準》的頒布實施，推動中國運用資源豐富的民船國防潛力轉化為軍事實力成為現實，形成平

68　亭江鎮人民政府，〈關於做好 2014 年度民兵組織整頓和兵役登記工作的通知〉，2014 年 5 月 12 日。

69　亭江鎮人民政府，〈關於印發《2015 年黨江鎮民兵組織整頓工作實施方案》的通知〉，15 號文件，2015 年 3 月 25 日。

戰結合，進一步加強解放軍戰略投送和海上支援保障能力。《技術標準》對新設計建造的集裝箱（貨櫃）船、滾裝船、多用途船、散貨船、雜貨船等民用船隻如何將適合戰時裝載需求及如何實施進行了規定，以達到戰時無需改裝或簡單改裝即可加以徵集用於軍事目的。

　　中國各沿海省市也頒布了相關的地方性法規，諸如廣東省頒布了《廣東省海上民用船舶動員徵用規定》、福州市頒布了《福州市民用船舶和船員民兵動員徵用暫行規定》，所有排水量在 50 噸以上的漁船必須到市國防交通主管部門登記，並規定了相關的補償規定。因民船在防護性及作戰性能上低於軍船，民船在戰時主要用於運輸和支援性質的任務，如登陸作戰時，承載第一波登陸部隊的船隻使用軍船，後續運輸任務才會使用徵用的民船，但與海上民兵相較，一般民用船舶平時使用較少，船員平時訓練也較少。隨著對海上民兵建設的重新重視，某些單位的術語也發生了變化。例如，「民兵船運團」已改為「海上民兵組織」。[70]此變化似乎反映了早期民兵僅承擔有限的運輸任務，而如今的海上民兵組織更加多樣化和專業化，任務不僅僅是運輸解放軍部隊和裝備而已。

九、海上民兵的獎勵措施

　　民兵船隻因民兵義務而停靠在碼頭會造成機會成本。地方政府和有關船隻動員和徵用的法規允許對船主和船員的收入損失進行金錢補償。[71]為了解決海上民兵的成本問題，並說服民兵部隊深入南沙群島等地，許多地方政府為這些船隻提供燃料補貼。舉例而言，2013 年，廣東省海事局局長到訪臺山，視察海上民兵建設情況，並會見了漁民代表。當年，臺山市政府為 2,650 艘漁船提供

---

[70]　《福州市民用船舶和船員民兵動員徵用暫行規定》，2004 年 7 月 20 日。此次修改是福州市人民政府於 2014 年 11 月 14 日修訂並發布的同一條例的眾多修改之一。

[71]　福州市人民政府，〈福州市人民政府關於修改《福州市民用船舶和船員民兵動員徵用暫行規定》的決定〉，2014 年 11 月 14 日；廣東省政府，〈廣東省海上民用船舶動員徵用規定〉「廣東省民用船舶動員徵用規定」，2002 年 5 月 13 日。

了 1.94 億元人民幣的燃油補貼（約合每噸 3,850 元人民幣）。[72]海南著名的潭門村也為其海上民兵提供燃油補貼，以減輕前往南沙群島的油料費。

　　為鼓勵海上民兵，建立了獎勵和宣傳制度，通常在省軍區會議期間舉行活動。一系列獎項旨在表彰先進民兵分隊、先進民兵隊長和民兵骨幹以及其他先進個人；這些榮譽旨在向海上民兵灌輸自豪感和國家責任感。其他工作旨在防止濫用或忽視民兵義務，要求每艘漁船及其船員持有適當的國防和動員證書。每年都要對這些證書進行審查，以確保所有民兵國防義務證書都是最新的和充足。如果船員違反義務，他們的燃料補貼將會減少或取消，捕魚許可證甚至會被吊銷。[73]

第二節　海南海上民兵

　　涉入南海海上民兵的來源來自中國沿海省分，遠遠超越地緣接近的海南省。然而，當中國在南沙群島填海造陸且基礎設施完善後，三沙市的海上民兵成為某種不同以往的特殊情形，值得更深入的探討。因此，本節鎖定在海南的海上民兵發展，以及三沙市的最新海上民兵。

一、海南民兵基地

　　對三沙市海上民兵的探討首先應探討其前身，亦即其他海上民兵建設的重要參照依據，即為海南包括三亞、[74]儋州、[75]潭門的海上民兵力量。反之，如果不對三沙市海上民兵進行探討，那麼對海南海上民兵的探討就不完整，三沙市

---

[72] 石江龍，〈2650 艘漁船分享 1.94 億燃油補貼〉，《奧一新聞》，2013 年 11 月 29 日；百峰網，〈臺山市委書記張磊獲得廣州軍區第七屆「國防之星」殊榮〉，2015 年 6 月 16 日；江門廣播電視台，〈省軍區司令員臺山調研海上民兵建設工作〉，2013 年 11 月 27 日。

[73] Zeng Pengxiang, Chuan Zhigang, and Lian Ronghua, "Scientifically Build a Maritime Militia Management System."

[74] Erickson and Kennedy, "China's Daring Vanguard: Introducing Sanya City's Maritime Militia."

[75] Erickson and Kennedy, "Trailblazers in Warfighting: The Maritime Militia of Danzhou."

海上民兵在某種程度可視為海上民兵「質」的轉變，創設新模式，可稱之為「游擊力量在前線哨所的正規化」運用。三沙市作為中國最新、最南端的地級市，是中國南海戰略的重要支點。鑑於三沙市有責任管理中國「九段線」內所有中國聲稱擁有主權的地物，它位於中國在南海的民事存在以及對中國聲稱擁有主權的水域實施行政控制的制高點。為了更好地掌握中國用於實現此類控制的工具範圍，有必要更深入地了解三沙市的海上民兵。

（一）三亞海上民兵

三亞市是海南最大的海軍、漁業和海洋經濟中心之一。三亞海上民兵中的佼佼者是成立於 2001 年的三亞福港水產實業有限公司。它是南沙群島捕魚和騷擾南海當地及其他外國船隻的主要參與者，因勇敢而受到讚譽。事實上，福港水產本身也是民兵部隊的先鋒。對福港水產的了解有助於解釋它受到委託以支援中國在南海如此多的行動，並參與如此多的相關國際事件。福港水產派遣其船隻和船員作為海上民兵，為中國在南海的海上安全服務，主要是為了「維權」，致力於推進和捍衛中國的島礁和海洋聲索。[76]

以福港水產為首的三亞海上民兵，為中國海洋政策和活動的重要組成部分提供了不成比例的地位，對美國在南海的利益、存在和影響力有直接影響。福港水產等三亞海上民兵參與了多起中美、中越、中菲等重大海上事件。2014 年 3 月，福港水產派出「瓊三亞 F8168」漁業母船和七艘大型鐵殼漁船組成編隊，配合三亞市人民武裝部，與在仁愛礁上「坐灘」的菲律賓廢舊登陸艦對峙，並對其進行密切監視。

（二）儋州海上民兵

儋州灣白馬井漁港在中國近代史上占有獨特的地位，[77]是 1950 年海南島戰

---

[76] Ryan Martinson, "China's Great Balancing Act Unfolds: Enforcing Maritime Rights vs. Stability," *The National Interest*, 11 September 2015, https://nationalinterest.org/feature/chinas-great-balancing-act-unfolds-enforcing-maritime-rights-13821.

[77] 人民網，〈關於白馬井〉，http://hi.people.com.cn/BIG5/374508/378839/379310/index.html。

役中解放軍首個登陸點。[78]使其能夠與在地遊擊隊聯合，在 5 月 1 日之前取得對國民黨軍隊的壓倒性勝利，並將倖存的敵軍完全驅逐出海南島。隨後，白馬井成為南海水產公司所在地。該公司成立於廣東省廣州市，在 1958 年遷至白馬井之前，為該市最大的漁業公司之一。

1974 年 1 月西沙海戰期間，南海水產公司使用的二艘拖網漁船為解放軍海軍提供了多種支援服務。民兵一開始的出現激怒了越南海軍，並剝奪了他們的主動權。越南驅逐艦指揮官專注於確定在不訴諸武力的情況下對付這些拖網漁船，從而使解放軍海軍有時間協調自己的部隊。民兵的任務是監視越南船隊，並救援和修復嚴重受損的解放軍海軍掃雷艦。解放海軍擊退越南船隊後，二艘拖網漁船為 500 名官兵（來自海南軍區的二個連和一個兩棲偵察隊）提供運輸服務，前往剩餘的越南占領地物。島上的越南守軍很快就遭擊敗並投降。雖然規模較小，但這些非正規部隊在解放海軍薄弱時期扮演了重要的支援角色，協助中國確保了支援其當前南海海洋戰略的關鍵陣地。

該公司以各種名義經營港口漁碼頭五十多年，現為海南省海洋漁業集團，已成為海南最大的海洋漁業公司之一。2009 年，幾次改組後更名為海南南海現代海洋漁業開發有限公司。在海南重新建立業務，改造了白馬井和潭門村等地的既有子公司，公司旨在成為政府投資海南海洋捕撈業和漁港開發的領先平臺。該公司和省政府制定了南海漁業發展的重大計畫，首先是漁港基礎設施項目和組織多個漁船隊在南沙群島作業。海南省和儋州市政府共投資超過 2 億元人民幣建設白馬井港口，包括擴建碼頭和加深泊位，以促進大規模水產加工。根據中國《南沙漁業條例》第 10 條，所有在南沙群島作業的漁船都必須加入這些編隊。該條例規定了在南海北緯 12 度以南作業的漁船的規則，包括要求每個編隊指定和操作一艘指揮和通信船，向岸基站報告。此可能是一艘拖網漁船，也可能是一艘監督其他拖網漁船的大型指揮和補給船。

南海現代漁業集團與軍方的連結並非始於 1974 年西沙群島行動。早在 1961 年，其前身南海水產公司就成立了人民武裝部，由海南軍區直接管理。

---

[78] Jeremy A. Murray, China's Lonely Revolution: The Local Communist Movement of Hainan Island, 1926-1956 (State University of New York Press, 2017).

1967 年「文化大革命」期間，南海水產公司由軍隊直接管理，接收了 80 名解放軍海軍官兵。1975 年，它正式成立了民兵總部，此可能與其在西沙群島海戰中的成功以及當時的國家政治運動有關。

　　海南省海洋漁業集團宣稱透過漁港開發和派遣補給船以貫徹國家在南海「保護主權」和「強調存在」的政策（能夠支持來自多個地點的拖網漁船）到南沙群島的漁場。並且指出：「堅持『軍商兼備、軍民兼備、戰平結合、軍民兩用』的原則，組織南沙漁業補給船隊。」組織帶動漁民群眾大規模赴南沙開闢新漁場，「釣官魚、撒主權網」彰顯主權，讓中國國旗飄揚在南沙海域抓緊以「亦軍亦企、亦兵亦民、平戰結合、軍民兩用」的原則組成南沙漁業生產補給船隊，組織和帶動群眾大規模赴南沙開拓新漁場，「打政治魚、撒主權網」，讓五星級紅旗飄揚在南沙海域。

　　該公司組成 20 至 30 個《南沙漁業條例》規定的船隊，每個船隊配備一艘大型指揮補給船，帶領 30 艘漁船。這些補給艦「試用實習民兵預備役編制」。該公司正與當地政府合作，專注於建造必要的基礎設施，更深的港口、碼頭、製冰廠等以支援這些任務。儋州白馬井、三亞崖州漁港均正式列為「中心漁港」。[79]中心漁港接受國家的投資和指導。2013 年 5 月，儋州船隊從白馬井碼頭出發，首次南沙維權。

　　雖然儋州遠航是明確仿照傳統編隊進行，但其他企業家也提出了一些想法，以提高當地漁船隊在南沙群島的作業能力，其核心是使用移動作業基地來維持長期捕魚遠征的相同概念。位於白馬井鎮的福村村經濟聯合社向省政府提交了協助其擴大現有漁船船隊的建議，並在五年內開始對其作業進行重大整頓。為便於規模化漁業作業，福村請求政府援助購買了一艘萬噸級母船和七艘千噸級輔助穿梭補給船。可以想像，母船將充當指揮中心、浮動基地和轉運碼頭，以協調、供應和處理眾多小型漁船的漁獲物。相較之下，海南的大部分漁船仍然由小型木製船隻組成，無法到達南沙群島。

---

[79] 中國漁港根據其規模和功能的不同，分為中心漁港、一級漁港、二級漁港、三級漁港、避風錨地和內陸漁港。參見抖音百科，〈崖州中心漁港〉，https://www.baike.com/wikiid/1563065803833259831。

　　與由大型拖網漁船組成的船隊不同，依靠如此大的平臺和配套的補給船可能會讓許多小型船隻在南沙群島更持久地作業。海南省海洋與漁業廳對該提案的有條件回應，而是強調並執行了其增長控制政策，即集體必須首先處置舊的、過時的船隻，然後再建造新船體。[80]此例顯示了當地為增加在南沙群島的存在而採取的措施的程度，以及省政府認為可以接受的措施。因此，在 2000 年代初期，經常有大型中國船隻攜帶小船到南沙地區，將小船放入海中作業，在航渡時再將其收回。之後，這種模式的船隻數量逐漸減少。2020 年，儋州軍分區組織白馬井鎮海上船舶維修連在海南南海現代修造船有限公司基地內，開展以動員集結、專業培訓、政治教育等內容為主的訓練。

　　中國政府不再繼續依賴無法維持遠離海岸作業的小型木製漁船，而是更願意支持噸位更大的鋼殼漁船，這些漁船更有能力進行遠洋捕魚，並且可能有效地兼作南海主權支持的工具。現代漁船可以承受更洶湧的大海、與外國船隻的碰撞，並採用更先進的設備（通訊），從而賦予這些船上的海上民兵更大的能力來執行各種任務。儘管試圖操縱或迴避自上而下的政策以更好地滿足當地甚至個人利益是針對中國龐大官僚機構的一種由來已久的技巧，但政府持續優先發展海上民兵以服務於國家主權和海上安全利益似乎是一種長期做法。

　　地方軍方官員多篇有關海上民兵的文章敦促地方政府建立以法律為基礎的保障民兵的支持體系，並為民兵部隊積極履行職責提供急需的經濟激勵，這進一步證明了對海上民兵建設持續、系統的支持。主管海南動員工作的廣東軍區動員部部長何志祥在 2015 年初曾撰文，要求政府按照《海軍海員出海標準》為海南出海人員購買保險和提供經濟援助。《南沙漁業條例》規定了在南沙群島作業的漁船隊進行燃油補貼的規則，以及對受到外國船隻傷害的漁船進行賠償的規則。海上民兵還有特有的福利，例如對因參與訓練或執行任務而放棄的工資進行額外補償。民兵有資格享有優等保險補助。[81]海南省人力資源與社會

---

[80]　Zhang Hongzhou, *Averting Asia's Fishing Crisis: China's Fishing Policies Need to be Reformed* (RSIS, May 2015), https://www.rsis.edu.sg/wp-content/uploads/2015/06/PR150602_Averting-the-Fishing-Crisis.pdf.

[81]　張惠寧，〈海南擬將漁民納入工傷險範疇　須衝破「身份」障礙〉，《海南日報》，2014 年 5 月 9 日，https://www.hinews.cn/news/system/2014/05/09/016655827.shtml。

保障廳擬將漁民納入工傷保險制度，並加強對海上民兵的保險補助。

與海南省其他地方一樣，儋州市加強了海上民兵的建設。儋州領導層定期發表聲明支持加強海上民兵建設，海上民兵建設似乎成為地方政武官員尋求晉升的重要一環。在這些更廣泛的趨勢中，儋州的新領導層承擔起了地方民兵建設的重任。

（三）潭門海上民兵

潭門漁港是海南島東岸的小漁港。此地是中國最著名的海上民兵部隊之一，潭門海上民兵連的所在地。這支非正規部隊受到了不成比例的媒體報導，[82]主要是因為它參與了許多與外國行為者在海上發生的事件，其中最著名的是 2012 年 4 月中華人民共和國和菲律賓之間的黃岩島事件。潭門海上民兵連是在原潭門漁業民兵分隊的基礎上，根據（中共）黨和國家 1985 年「開發南沙、漁業先行」的戰略方針指導，經上報批准組建。當時有民兵 106 名，作業漁船五艘，民兵大都是當地漁民。到 1990 年代初，連隊發展擴大到 150 多人，在南沙作業漁船 21 艘，但相當部分的人是從海南其他市縣到潭門從事漁業的生產。為了便於管理和訓練，2010 年有關部門根據指示對海上民兵連進行了整組和重新編排。

自 1985 年成立以來，潭門多次獲得中國各級政府和軍隊授予的「先進民兵單位」稱號。[83]習近平在黃岩島事件發生一週年之際高調訪問潭門後，潭門的名氣進一步傳開。習近平鼓勵潭門海上民兵建造更大的船隻，收集遠海信息，掌握現代化裝備，並支持「島礁」開發。[84]中國對這個漁村的關注程度值

---

[82] Simon Denyer, "How China's Fishermen Are Fighting a Covert War in the South China Sea," *Washington Post*, 12 April 2016, https://www.washingtonpost.com/world/asia_pacific/fishing-fleet-puts-china-on-collision-course-with-neighbors-in-south-china-sea/2016/04/12/8a6a9e3c-fff3-11e5-8bb1-f124a43f84dc_story.html?postshare=451460511139565.

[83] 中國共產黨新聞網，〈耕耘「祖宗海」　造就新潭門〉，2013 年 12 月 16 日，http://dangjian.people.com.cn/BIG5/n/2013/1216/c372557-23854803.html。

[84] 共產黨員網，〈習近平與鄉村振興的故事｜「造大船、闖深海、捕大魚」〉，https://www.12371.cn/2022/10/05/VIDE1664957041003451.shtml。

得深入分析，以確定那裡正在發生什麼，以及由此產生的海上民兵能力。

潭門對中華人民共和國的重要性部分源於中國擁有的豐富的歷史文物和其他證據，據稱這些證據支持這樣的說法：潭門漁民是最早發現並持續開發西沙群島和南沙群島的社區。[85]關於潭門漁民遭到外國拘留或襲擊的大量報告也支持了中國關於中國漁民在南海受害的說法。這種說法證明了中國海上力量加強在該地作戰的「防禦」活動的合理性。潭門等漁業社區對中國在南海的整體態勢的貢獻增強了中國收復失去的「藍色國土」和「海洋權益」的國內理由。潭門村也是中國南海博物館和國家文物局水下考古南海基地的所在地。[86]兩個機構致力於支持中國的歷史證據，以支持其對南海島嶼的主權主聲索和南海水域的資源權利。後者也提出了「促進海洋產業、海岸線保護和開發、海洋資源利用和養護、海洋服務體系建設以及國家海洋經濟發展總體戰略的實施」的明確目標。

促進這些利益的核心是包括潭門海上民兵連在內的非正規單位。其歷史展覽位於其總部，陳列著記錄當今民兵祖先在南海的歷史存在的文物。其中包括更路簿、指南針和潛水裝備。潭門的海上民兵活動早於 1985 年正式成立之前就開始正式的民兵連。這個新組織的一支分遣隊最初由首任指揮官黃尋勉率領前往南沙群島，從而成為第一支有組織的開發南沙群島的潭門艦隊。黃成為民兵運動的主要成員，動員潭門漁民建造更大的船隻並冒險前往南沙群島。到 1990 年代初，該連隊擁有 150 名民兵和 21 艘船。如今，在中國轉變為「海洋強國」的當前政治議程下，它繼續擴張。

中國媒體對潭門漁民的報告經常稱，南海中國漁民與外國發生的事件很大一部分是潭門漁民和海上民兵所為，他們的成員堅決反對「外國侵犯」。瓊海市漁業管理站副站長曾表示，造訪西沙群島和南沙群島的中國漁船 90%來自潭門港，其餘來自三亞市（也在海南省）或廣東省。雖然此說法難以核實，但潭

---

[85] 劉晉榮，〈海南潭門漁民為南海主權奠定基礎：開發即擁有〉，《瞭望東方週刊》，第 29 期（2014 年），https://news.sina.com.cn/c/2014-07-28/105030589534.shtml。

[86] 新華絲路，〈中國（海南）南海博物館開館〉，2018 年 5 月 2 日，https://www.imsilkroad.com/news/p/93599.html；文宣，〈國家文物局水下考古南海基地掛牌〉，《新華社》，2023 年 2 月 22 日，https://news.cctv.com/2023/02/22/ARTITYfFHt1SjwUrGEv4dQ4h230222.shtml。

門漁民和民兵與其他南海國家（尤其是菲律賓）的海上部隊之間發生的多次緊張衝突無疑有助於說明此點。

二、三沙市海上民兵的建設

　　關於中國的海上民兵，由於中國在南沙的填海造陸，似乎又出現某種新的情勢，三沙市的海上民兵就是非常重要的探討標的。三沙市成立的海上民兵組織有五項「特殊」任務：1.捍衛主權；2.進行情報、監視和偵察；3.協調海上執法；4.參與搜救；5.支援軍事活動。他們「受過訓練，可以參加各種任務，包括執法。」五大任務將中國海上民兵的特性顯露無遺，就某種程度而言，三沙市的海上民兵角色清晰。

　　2013 年 7 月 21 日，三沙市委書記、市長，警備區黨委第一書記肖杰和三沙警備區司令員蔡喜宏視察，數十名三沙市「市民」站在市府大樓前宣誓，[87] 身穿民兵制服、手持 56 式突擊步槍的三沙海上民兵正式成立，以維護中國在西沙群島及周邊地區的利益。警備區司令員表示，三沙市海上民兵在中國海洋維權鬥爭中擔負著定期宣示主權、偵察巡邏、配合海上執法、參與海上救援、支援作戰等五項重大任務。[88]他們也擊退外國漁船，保衛島礁，並為居住在三沙市的平民提供救災。隨著中國尋求加強對南海的主權聲索，此類任務代表了民兵的重要且不斷變化的角色。鑑於三沙市負責管理南海所有中國聲稱擁有主權的地物，三沙市海上民兵處於這項努力的最前線。

　　因此，海南民兵最新的發展是三沙，三沙市海上民兵是從零開始組建，人員工資保障豐厚，獨立於他們的任何漁業或海洋產業活動，其他地方從未出現過的特別安排。從而與三亞、儋州和潭門海上民兵的情況有相當的不同。這些民兵的組成和發展歷經數年（甚至數十年），並利用了社區居民的技能和資源。大多數此類民兵成員基本上從事民事經濟活動，偶爾也透過解放軍指揮系

---

[87]　中國廣播網，〈三沙海上民兵連成立 戰士肩挎 56 步槍宣誓〉，2013 年 7 月 23 日，https://www.chinadaily.com.cn/dfpd/2013-07/23/content_16817796_9.htm。

[88]　曹佩弦，〈三沙民兵：南海長城守衛者〉，《新華網》，2016 年 9 月 28 日，https://read01.com/LLA0zJ.html。

統分配其他目的，包括軍事執法類型的活動。雖然原先三支菁英民兵對於中國的「維權」活動仍然很重要，但三沙市新成立的專門民兵在未來可能更是如此。

　　三沙市海上民兵的組織發展，體現了中國精銳海上民兵部隊新的職業化和軍事化。專業化程度提高的指標包括僱用新近離職的退伍軍人、標準化和加強培訓，以及在某些情況下取得工資但缺乏明確的捕魚責任。軍事化程度提高的關鍵指標包括準備根據任務要求迅速向部署部隊提供小型武器、建造新基地、為非商業目的進行部署以及採用配備專用武器和彈藥儲存室、加固船體的新型船隻和水砲。

　　憑藉物流和維護設施以及家庭住房，永興島已轉變為類似區域樞紐基地的地方。西沙群島的其他設施為三沙海上民兵提供了部署輪調行動的場所。三沙海上民兵的組織架構日益軍事化。形式上，它是由中國三大海上力量組成的聯合、三層結構，前線是海上民兵部隊，第二線是海警部隊，第三線是解放海軍和陸軍力量。最後，三沙海上民兵除了在西沙群島履行職責外，還在南沙群島承擔前線職責。或者，它也可以作為南沙地區特定的另外領導民兵發展的典範，就像三沙海上民兵似乎部分地從潭門海上民兵中汲取了靈感一樣。2013 年率團視察潭門海上民兵的三沙市長肖杰，是瓊海市（轄潭門鎮）原市委書記。2000 年 5 月至 2002 年 7 月，他在瓊海市服務，負責潭門海上民兵的發展。此經歷可能讓他對當地民兵建設的動態有了一定程度的熟悉，這些技能可能在後來三沙海上民兵的組成過程中為他提供了幫助。

（一）三沙市警備區

　　2012 年 7 月 24 日，人民解放軍海南省三沙警備區隨三沙市成立大會而正式掛牌成立，2013 年 7 月 21 日，三沙警備區組建了三沙海上民兵連。為了進一步強化民兵的日常訓練與管理使用，2014 年 12 月，三沙市委決定在永興、七連嶼、永樂及南沙分別設立四個人民武裝部；2015 年 1 月 6 日，三沙市永興人民武裝部掛牌成立，七連嶼人民武裝部、永樂群島人民武裝部和南沙人民武裝部等三個基層人民武裝部同時成立，「三沙海上民兵之歌」專為三沙海上民兵而寫的戰歌，就是誕生於該年的 5 月。[89]

　　三沙市和師級解放軍警備區成立涉及將西沙工作委員會建立的原先規模較小的西沙民兵排重組為新的三沙海上民兵。三沙市警備區管轄的海域面積超過 200 萬平方公里，但陸地面積卻很小，交通工具主要為船隻，從而大幅增加了通勤時間和工作難度。自 2003 年起加入西沙群島民兵的呂樂宣稱，重組帶來了相當大的變化，包括訓練的強度和專業化。西沙群島永久和半永久居住的分散漁業社區往往來自不同地區，從而為海上民兵帶來了挑戰。漁民並沒有穩定地居住於這些島礁上，而是返回了中國沿海的不同城市。

　　為了維持海上民兵和島上居民之間的凝聚力，三沙市政府為漁民提供津貼和其他物質支持，以鼓勵他們長期居住。2016 年初，肖杰表示，三沙市政府每年花費 1,000 萬元人民幣支持島上漁民更長期的生計，以應對魚類資源惡化和收入下降的問題。政府向島上居民支付津貼，金額因居住島礁而異。例如，居住在永興島的每個人每天的收入為 45 元人民幣，前提是他們每年在島上居住一百八十天。一年中在美濟礁居住一百五十天的人每天可賺取 80 元人民幣。政府提供的各種福利培養了更多的常住人口，並形成相對穩定的社區，可以從中招募海上民兵。

　　島上民兵的努力讓海上民兵受益。三沙市成立時，力量規模較小，只有兩個海上民兵連，各負責保護西沙群島的部分島礁。任務要求的擴大導致了部隊的擴大。海上民兵連已達六個，人員 1,800 餘人，漁船 100 艘。三沙漁民也加入了由 30 名人員和五艘船組成的「執法協調小組」，[90]三沙市海上民兵執行通報訊息、驅逐外國漁船、阻止外國人登島、維權維穩等任務。

　　三沙警備區司令員蔡喜宏表示，三沙市軍民領導和海上民兵在「中建南安全行動」中發揮的作用得到了表彰。2014 年 5 月，當中國的「海洋石油 981」

[89] Erickson, Andrew S.，〈Official Music Video: 三沙海上民兵之歌 "The Song of the Sansha Maritime Militia"〉，《Andrew S. Erickson 以第一手資料研究中國》，2021 年 5 月 19 日，https://www.andrewerickson.com/2021/05/official-music-video-the-song-of-the-sansha-maritime-militia/。

[90] 王子謙，〈海南三沙市推進南沙群島基層政權建設〉，《中國新聞網》，2014 年 3 月 26 日，http://politics.people.com.cn/n/2014/0326/c70731-24743063.html。

鑽井平臺部署在中建南盆地時，中國海上力量在中建島（Triton Island）以南進行了這些演習。三沙市和駐軍領導層設立了海上指揮所，並向中國海警派出了指揮協調組。「海上前線指揮所」負責協調海上民兵和其他在「戰區」作戰的特遣部隊之間的努力。在「海洋石油 981」周圍爆發衝突的同時，三沙的海上民兵部隊也參與保護西沙群島其他地區免受外國漁船的侵犯。為了支持此「安全行動」，民兵成員從被扣押的外國漁船上沒收了短波收音機和雙筒望遠鏡。

與中國海上民兵其他行動一樣，南部戰區（原廣州軍區）向海南省軍區下達動員令，海南省軍區又調集各地海上民兵部隊參與此次安全行動。三沙市距離中國「海洋石油 981」周圍行動地點很近，說明了戰區指揮部要求三沙市投入海上民兵資源參與聯合行動的原因。雖然進行了協調，並且三沙海上民兵完成了部分行動，但目前尚不清楚三沙海上民兵究竟執行了哪些任務。

（二）組建新船隊

2015 年 1 月，在南海的一些島礁上設立了海上民兵部隊，[91]這些部隊對管理海上民兵至關重要，每個部隊都向三沙市駐軍負責。隨著中華人民共和國基層治理結構的擴張，它們不斷增多，分布在西沙群島之永興島、[92]趙述島和晉卿島的三個島礁上。在更南邊的南沙群島，永暑礁建立了人武部。軍區部隊隸屬於省軍區系統，是在軍分區、縣、市、區、鄉、企業設立的解放軍地方機關，負責地方軍徵兵登記、保障復員部隊、組織訓練民兵等工作。永興島和其他中國實控的島礁人口稀少，此意味這些人武部必須主要從事民兵和國防動員相關工作，而不是進行解放軍與群眾的基層工作。民兵作戰指揮權歸屬三沙市警備區，三沙市海上民兵部隊日常指揮訓練由武警部隊負責。未來可能會在中國占領的其他南沙群島上建立更多的人武部。例如，美濟礁就有一支島礁民兵

91　王子謙、侯坤，〈海南省三沙市 4 個基層人民武裝部掛牌成立〉，《中國僑網》，2015 年 1 月 7 日，http://military.people.com.cn/GB/n/2015/0107/c1011-26339396.html。

92　環球網，〈積極支持國防建設　三沙市基層武裝部今掛牌〉，2015 年 1 月 6 日，https://china.huanqiu.com/article/9CaKrnJGrk6。

國旗班,表明三沙海上民兵已經駐紮在那裡。[93]

雖然在島礁上駐紮民兵部隊並利用民兵部隊在島礁周圍巡邏仍然是優先事項,但中國正在努力建立一支國有海上民兵捕魚船隊,以便按照政府的要求,在更遠的海域作業。據此,三沙市漁業發展有限公司於 2015 年 2 月成立。[94]該公司定位為三沙市「發展海洋維權能力」的海上民兵組織。

三沙市漁業發展公司將旗下船隻編入海上民兵部隊,「漁業公司組建支隊,所屬企業組建大隊,生產組組建中隊,單船組建區隊。」漁業公司還將設立自己的人民武裝部,主要負責管理鋼殼民兵漁船。[95]這家漁業公司與申請加入海上民兵的更具商業導向的漁業企業不同。公司的招募公告指出,僱用退伍軍人是每艘船上所有職位的優先事項,並提供豐厚的薪水。支付工資代表著與普遍做法的背離,這種做法的收入是按船舶捕獲量的一部分加上燃油補貼和績效獎金來支付的。這種偏離顯示了兩件事。首先,中國正在對一些海上民兵部隊進行職業化。其次,母公司本質上可能是名目公司,而不是主要的商業企業。

在此名義下,「愛國主義」為三沙民兵帶來豐厚的回報。例如,船員(水手)職位的廣告年薪為 9 萬元人民幣。此與中國同年度漁業年鑑顯示的海南漁民平均年純收入僅 13,081 元人民幣相較非常有利。船長年薪為 17 萬元人民幣,以中國標準而言,此數字具有很強的競爭力,並且較美國或其他西方經濟體的同等薪水提供了更大的購買力。廣告也為每個職位提供保險、退休、醫療、失業和生活福利,按照海南國資監管同類企業的標準稱為「五險一金」,[96]正規海上民兵通常會得到地方政府對因服役或訓練而損失的收入的補償,並透

---

[93] 侯坤、陽宗峰,〈南海三沙民兵處置侵入領海外籍漁船　部署美濟礁〉,《中國國防報》,2016 年 1 月 27 日,https://www.chinanews.com/mil/2016/01-27/7735164.shtml。

[94] 百度百科,〈三沙市漁業發展有限公司〉,https://baike.baidu.com/item/%E4%B8%89%E6%B2%99%E5%B8%82%E6%B8%94%E4%B8%9A%E5%8F%91%E5%B1%95%E6%9C%89%E9%99%90%E5%85%AC%E5%8F%B8/20076893。

[95] 周洪福,〈適應海洋強國要求　加強海上民兵建設〉,《國防》,第 6 期(2015 年 6 月),頁 47-48。

[96] 百度百科,〈五險一金〉,https://baike.baidu.com/item/%E4%BA%94%E9%99%A9%E4%B8%80%E9%87%91/637098。

過優惠待遇、黨員身分、補貼和潛在的退休金等來激勵；但不領薪水。因此，對正規海上民兵部隊的補償與這些新船上有薪職位的補償不符。此外，與中國人民解放軍陸軍少尉（排長）的工資約為 36,000 元人民幣相較，[97]三沙市漁業開發公司宣傳的相對較高的工資表明，中國正在投入大量資源聘請專業海上民兵人員。

當時，解放軍改革迫使 30 萬人員退休或離職，三沙市漁業開發公司的職位提供了持續的服務、有競爭力的薪資和豐厚的社會福利，而與任何捕撈績效無關。三沙海上民兵徐狀和劉堅強兩人的職業軌跡就是重要的例子。[98]徐狀自 1994 年開始在中國漁政任職，2014 年申請加入三沙市漁業發展公司，並在新組成的民兵船隊中擔任隊長。2013 年 11 月，徐狀帶領南沙群島考察時，通報一艘外國漁船接近中國實控地物，並協助海上執法部隊驅逐該船。劉堅強在解放軍南海省軍區陸軍艦艇運輸部隊服役，此後，他加入了三沙海上民兵的行列。

建設之初，2015 年初向海南省政府提交的提案透露了許多關於建立此國有民兵捕魚船隊的計畫。提案包括開發新港口以作為三沙市的戰略後方，尤其是作為海南省政府向三沙市分配的 84 艘民兵漁船的後勤基地。考慮到永興島脆弱的環境以及海南其他漁港無法支持這支大型民兵船隊，提案提出徵用海南島北部沿海文昌市鋪前鎮海岸土地 20 平方公里，劃為三沙市戰略後方。時任海南省省長劉賜貴、副省長毛超峰（計畫領導小組組長）、三沙市長肖杰均證實此計畫享有「特殊優惠政策」，[99]該項目也列入 2016 年海南省政府工作報告。[100]該項目納入這些報告中表明了對項目建設的高度政治支持，該項目是木蘭灣地區開發更大計畫的一部分。港口設施可能會配備支援三沙海上民兵艦隊行動的

97　環球網，〈揭秘解放軍工資：陸軍少尉排長月薪約 3000 元〉，2015 年 1 月 19 日，http://finance.people.com.cn/n/2015/0119/c1004-26407047.html。

98　侯坤、陽宗峰，〈南海三沙民兵處置侵入領海外籍漁船 部署美濟礁〉。

99　新華網，〈三沙市委書記：拓展藍色經濟空間需陸海統籌〉，2016 年 3 月 14 日。https://www.nanhai.org.cn/index.php/Index/Info/content/cid/21/id/2547.html。

100　劉賜貴，〈海南省政府工作報告〉，《海南政府網》，2016 年 1 月 26 日。http://district.ce.cn/newarea/roll/201601/29/t20160129_8641442_3.shtml。

設施。新港口建成前，民兵船隊仍停靠在海南各漁港。例如，崖州中心漁港為三沙海上民兵的部分船隊提供充足的停泊處，[101]可停泊 1,800 船隊。[102]

　　身為地方黨和國家領導人，肖杰帶頭領導三沙市漁業發展公司的發展。2015 年 10 月，肖杰與海南省及他省的知名民間漁業公司舉行座談會，以促進合作並學習他們的經驗。肖杰提出的六大要點之一是加強海洋維權合作。為了展現自己的領導角色，肖杰於 2016 年 7 月上旬到連隊視察。政治指導員張軍（連隊黨支部書記之一）反映了解放軍連單位政治指導員兼任連隊黨支部書記的做法。在公司六位黨委書記的會議室裡，肖杰強調了漁業公司保護中國海洋權益的責任。這種六名黨支部書記的架構，與 2015 年 6 月蔡司令員通報的六個連級海上民兵部隊相對應，進一步說明三沙漁業發展公司是一支敬業、專業的海上民兵組織。

　　新建漁船的船體名稱為「瓊三沙漁」，屬於三沙市。它們與普通的中國漁船有相當的不同，具有相對堅固的船體設計，並在船頭後部的船體鋼板上焊接了額外的防擦板（「防擦條」）。此類明顯的防擦條在中國漁船的船體上並不常見，添加這種條似乎是為了減輕潛在碰撞造成的損害。這些船隻還配備了安裝在桅桿上的水砲。兩個功能都可以有助於更具侵略性的近距離戰術，例如撞擊和噴射。例如，三沙市綜合執法 2 號船船長盧偉曾表示，追捕外國漁船很困難，因為他們不再允許登船檢查。他唯一的手段是發出口頭警告並使用船上的水砲，但由於他的大型船隻的敏捷性有限，水砲無法保持目標。[103]幸運的是，對於盧和他的同事而言，三沙海上民兵部隊有能力填補「海洋維權」方面的這一空白。由於其轉彎半徑較小、吃水較淺，它們能夠用高壓水槍持續騷擾外國船隻，即使外國船隻在爭議地物周圍的淺灘尋求避難，它們也能持續進行這種

---

[101] J. Michael Cole, "China Opens Large Fishing Port to 'Safeguard' South China Sea Claims," *The News Lens International*, 2 August 2016, https://www.andrewerickson.com/2016/08/china-opens-large-fishing-port-to-safeguard-south-china-sea-claims/.

[102] 李慶芳、鄭光平、沙曉峰，〈航拍：三亞崖州中心漁港 可停放 1800 艘漁船〉，《南海網》，2016 年 6 月 21 日，https://v.hinews.cn/xinwen/show-948713.html。

[103] 中央通訊社，〈陸官媒：南海執法船驅離大批侵權外籍船〉，2015 年 5 月 29 日，https://www.cna.com.tw/news/acn/201505290273.aspx。

騷擾。前海南省軍區司令張健認為，海上民兵漁船的優先選擇是能夠達到更高航速的更大排水量鋼殼船，表明了官方對海上民兵船隻能力的額外要求並能承受碰撞（抗衝撞）。2014 年 5 月在海洋石油 981 鑽井平臺附近發生衝突時，現有的中國漁船已經明顯優於越南漁船。這些新漁船的特徵可以進一步確保鄰國漁船在未來的對抗中被成功擊退。

建造三沙海上民兵船隊的造船廠之一是中國船舶重工集團公司的子公司。重慶川東船舶重工有限公司，為三沙市建造了大量新型漁船。川東船舶重工有限責任公司原為軍工企業，現隸屬於中國船舶工業總公司。至少還有二家船廠為三沙市建造船舶，廣州的中船黃埔文沖船舶有限公司和柳州的中船西江造船有限公司。兩家公司都是中國船舶工業集團公司的子公司。二艘漁船由解放軍海軍水面艦艇製造商文沖造船廠生產，是該廠生產的第一批漁船。[104]造船技術服務公司廣州市泰誠船舶工業有限公司為西江造船廠和文沖造船廠生產的船舶提供內裝。西江造船廠生產的一艘船舶主甲板設有「武備室」和「彈藥庫」。因此，雖然中國海上民兵表面上是一支非武裝部隊，但顯然至少武裝了一些船隻。

試驗船工程有展現了一些海上民兵漁船的設備，主要包括：選用「瓊三沙漁 00209 號」和「瓊沙 3 號」作為衛星通信系統試驗船，二艘試驗船各建一套應急衛星通信系統；兩套通信衛星系統分別包含：一個 Ku 頻段船載動中通天線，額定發射功率為 100W，一套船載移動通信基站系統；其他建設圖像接入、調度電話、傳輸等附屬設備。項目環保總投資估算為 3.5 萬元人民幣，占項目總投資 4,180 萬元人民幣的 0.08%。

新船隊的效率取決於其船員的效率。三沙海上民兵在有爭議的海洋聲索的前線作戰，需要加強訓練和紀律來執行指定的任務。駐島人員在駐島期間接受集體、分組訓練，內容涵蓋政治教育、偵察、營救、協助維權、海上射擊等內容。三沙海上民兵被派往海南北部訓練基地接受軍事訓練，他們必須經由航海、通訊、捕撈作業、法律法規等方面的考核，方能獲准出海。這些努力對於

---

[104] Gabriel Collins, "Foreign Investors and China's Naval Buildup," *The Diplomat*, 9 September 2015, https://thediplomat.com/2015/09/foreign-investors-and-chinas-naval-buildup/.

海上民兵部隊足夠有效地與中國海軍和中國海警艦艇整合來執行聯合防禦中國的海洋聲索是必要條件。

（三）建立民兵網絡來保衛前哨

三沙市成立後的重要任務，就是建立南海黨的領導和國防建設的軍民體制機制。三沙市設立國防動員委員會、海防委員會、軍事設施保護委員會、雙擁工作領導小組等機構，因此例行的軍事會議也開始了。擁軍優屬擁政愛民，[105]是建立在軍民互惠關係基礎上的軍隊與地方民政工作的政策。各單位相互加強。例如，軍事單位可以協助當地建設項目，而地方政府則協助促進軍事演習。這些安排在於確保黨對三沙市軍隊的控制，促進黨、國家、軍隊在南海中國實控島礁軍事建設方面的合作，並促進解放軍軍隊與平民之間的協同作用。三沙市長多次出席此類會議，充分履行警備區黨第一書記的職責。市長與警備司令員、政委共同確保地方軍事工作和預備役建設納入全市總體規劃，其中突出涉及三沙海上民兵事宜。全中國範圍而言，沒有其他城市的軍民聯繫如此緊密。由於人口極少，三沙的軍民比很高。中國中央政府和軍隊的資源對三沙市的發展至關重要。這些舉措為三沙市分別於 2016 年與 2020 年贏得了「全國雙擁模範城」單位和個人稱號。

事實上，三沙市 2016 年獲獎時自詡三沙設市伊始即提出爭創全國雙擁模範城的奮鬥目標，探索建立了軍警民聯防機制，迅速發展了黨政軍警民「五位一體」融合發展的海上維權力量；壯大海上民兵隊伍；推進島礁「五所合一」建設；推進重大基礎設施軍民共建共用；增加運力，解決駐市部隊官兵上下島難；想方設法擁軍優屬；每年開展「十大雙擁工程」，大力改善部隊官兵的生活、訓練和工作條件。

因此，駐紮在中國邊境和沿海地區的民兵部隊的重要角色就是參與軍警民聯防，[106]此概念至少被納入中國的四份國防白皮書中（2019 年、2013 年、

---

[105] Nan Li, Chinese Civil-Military Relations: The Transformation of the People's Liberation Army (Routledge, 2006).

[106] 當代中國叢書編輯部，《當代中國民兵》（中國社會科學出版社，1988）。

2010 年、2006 年）。軍警民聯防將毛澤東的人民戰爭思想運用到和平時期邊疆和沿海地區的安全中，透過解放軍、地方安全或執法部隊和民兵的聯合運用。三沙市以解放海軍、海警、海上民兵聯防的形式組織邊海防。致力於旨在加強軍隊和地方力量的協調，形成「第一線民兵、第二線行政執法、第三線軍隊支援」的海上維權三線作戰。[107]海上民兵部隊是推動中國目標同時限制事態升級的第一線，可以在解放海軍和海警的支持下對抗外國船隻。三級兵力結構的運用體現了官方整合中國三支海上力量的制度化方法。此概念在解放軍內部一直在討論，並已在三沙市等地付諸實踐。[108]

三沙市投入了大量資源，加強西沙群島島礁的聯防基礎建設。三沙市已投資超過 4,000 萬元人民幣興建聯防指揮中心，提供聯合指揮、訓練、管理和「戰備物資儲存」功能。該計畫支援資訊共享，為統一組織海上執法提供便利。三沙海上民兵的部分人員接受操作這個聯防指揮中心的培訓，然而，該中心對南海部隊行使指揮和控制的具體程度並不清楚。

地方民兵擔負駐紮在全國邊境和沿海地區的民兵哨所的重任。民兵部隊從這些哨所執行巡邏和防禦任務，並監視周邊地區。這些前哨基地有助於保護中國偏遠地區的安全，並作為解放軍的眼睛和耳朵。在中國當代邊境的邊緣，三沙市軍事當局也在建造民兵前哨基地，以保衛中華人民共和國控制的島嶼和礁石地區。2015 年 7 月 24 日，三沙市建成首個「信息（資訊）化海防民兵哨所」。[109]它由駐紮在永興島的海上民兵全天候值班。這個民兵前哨基地向永興島的聯合防禦指揮中心提供數據，並得到中國實控的南海島礁不斷增長的通訊基礎設施的支持。該前哨基地還利用自動識別系統、對海雷達和視訊監控來追蹤周邊海域的目標。這些前哨基地建在多功能建築內，建築內也設有人武部。三沙市軍政部門計畫興建更多民兵哨所，以「提升海上維權、海域行政管控、緊急救援能力」。晉卿島（Drummond Island）完成了民兵哨所和基層武裝部大

107 王曉斌，〈三沙市推動軍警民聯防機制 構建三線海上維權格局〉。
108 同上註。
109 侯坤，〈資訊化民兵哨所落戶南海島礁〉，《解放軍報》，2015 年 7 月 30 日，http://cpc.people.com.cn/n/2015/0730/c83083-27383583.html。

樓，作為後勤基地。簡言之，這些軍事職能是由通常由表面為平民有組織的專業單位執行。

關於三沙海上民兵活動和西沙群島基礎設施的紀錄相對清晰。然而，中國的公開資料披露的有關南沙群島相關活動的資訊幾乎為零，尤其是在中國自2014 年以來建立的地物或其周圍海域。中國已明確表示這些南沙前哨基地將支援中國的漁業，但並未正式承認中國海上民兵存在的背景。

第三節　越南海上民兵

越南的海上民兵自衛隊是越南國防體系的一部分，其目的是在和平時期和戰爭時期保護國家的主權和海上權益，源自越南民兵與自衛隊（Dân Quân Tự Vệ）。[110]越南海上民兵的正式建立始於 2009 年，當時頒布的《民兵和自衛隊法》（Luật Dân Quân Tự Vệ）確立了法律基礎。[111]儘管越南早期也有一些非正式的自衛民兵組織，但在 2009 年之前並無系統的海上民兵力量。海上民兵主要分為兩類：海上民兵（Dân quân biển）由地方政府組織，主要由漁民組成，在和平時期從事捕魚等活動，在戰爭時期履行防衛任務。海上自衛隊（Tự vệ biển）通常由企業（尤其是國有企業）組織，規模和裝備相對較好，參與更多的軍事和準軍事任務。

越南海上民兵在和平時期主要協助海警、邊防部隊和漁業資源監控，進行搜救活動，打擊海盜和其他海上犯罪。在戰爭或衝突時期，他們與其他武裝力量協調，保衛國家安全和海上主權。

越南海上民兵主要角色是防禦性，旨在應對中國在南海的「灰色地帶」戰術，保護越南的海上權益。越南政府還在不斷擴展和現代化其海上民兵力量，例如建造更大、更現代化的鋼殼船隻。越南在全國 14 個省分建立和擴展海上

---

[110] Nguyễn Tú, "Đà Nẵng đầu tư cho các đội dân quân tự vệ trên biển," *Thanh Niên*, 5 January 2019, https://www.dqtv.vn/2019/01/a-nang-au-tu-cho-cac-oi-dan-quan-tu-ve.html.

[111] Luật Dân Quân Tự Vệ, Hà Nội, ngày 23 tháng 11 năm 2009, https://thuvienphapluat.vn/van-ban/Bo-may-hanh-chinh/Luat-dan-quan-tu-ve-nam-2009-98743.aspx.

民兵單位，以加強對海上主權和經濟發展的保護。儘管越南海上民兵的規模和資源相對有限，但其在國家防衛和經濟發展中扮演著重要角色。通過這些措施，越南旨在增強其海上防禦能力，確保國家在南海複雜局勢中的權益和穩定。

　　越南海上民兵，越南官方稱之為「海上民兵自衛隊」，是民兵自衛隊在海上活動的分支。1980 年後期，越南就以一批沿海企事業單位為基礎，建立了海上自衛隊。[112]例如，1989 年 10 月成立的昆島海產開發公司（Công ty cổ phần thủy sản và xuất nhập khẩu côn đảo, COIMEX），公司成立的同時就設立了海上自衛隊組織。在南海爭端升級之際，越南政府充分認識到漁民在國家國防和海防事業中的角色，從而推動軍民融合、漁船與執法船合作機制的建設。憑藉「亦兵亦民」的身分優勢，以及紀律性強、數量龐大、分布廣泛的組織特徵，海上民兵與海軍、海警一起構成越南海洋執法力量的三層體系，在海上執法和安全維護領域扮演了重要角色。[113]

一、越南海上民兵

（一）成立脈絡

　　多年以來，越南黨和政府高度重視海上民兵自衛隊力量的建設，注重戰略謀劃和頂層設計。透過黨和政府、中央和地方多層推動，憑藉海上民兵「亦兵亦民」的特殊身分，越南試圖將「海上民兵－漁船」打造成國家流動的「主權碑」，在複雜的南海局勢鬥爭中贏得主動。越南組建海上民兵力量有歷史和現實兩方面的因素。

　　就越南的「全民國防」思想而言，越南在革命戰爭與國防建設上存在人民戰爭思想，越南將其稱為「全民國防」（Quốc phòng toàn dân）思想。作為越

---

[112] 參見韋強，〈越南海上民兵自衛隊〉，《現代艦船》，第 4 期（2012 年），頁 40。

[113] Nguyen The Phuong and Truong Minh Vu, "Vietnam Coast Guard: Challenges and Prospects of Development," *AMTI*, 2 January 2017, https://amti.csis.org/vietnam-coast-guard-challenges-prospects/?lang=zh-hant .

南黨和國家的指導思想,「全民國防」在越南取得民族獨立戰爭的勝利和實現國家統一的過程中扮演了重要角色。1975 年越南統一後,將「全民國防」思想作為國防建設的指導原則,在國家各行各業和政治、經濟、社會等多個領域投入國防力量,強調國家的總體安全觀。

1986 年越南革新(đổi mới)以來,黨政繼續強調「全民國防」思想在新時期歷史條件下的適用。越南決策者認為「全民國防」並非單純地用於軍事領域或戰爭狀態。和平時期,凡是能夠充分發揮、調動人民群眾集體力量,維護國家和人民根本利益的行動都可被稱之為「全民國防」思想的運用。[114]就海洋權益保護而言,軍民合力統籌邊海防建設、推動邊境沿海地區經濟社會發展一直是越南黨和政府的指導方針。由於「亦兵亦民」、「分布廣泛」、「不脫離生產」的特點,民兵被認為可以有效配合國家常規軍事力量開展相關活動,在「全民國防」思想中扮演著重要角色。越南將「全民國防」思想貫徹到海上安全鬥爭中,提出「全民海防」理念,[115]借助漁民和其他海洋活動力量,組建海上民兵自衛隊,並賦予其一定的海上執法、支援作戰等任務,謀求實現軍民結合的全民海防戰略。

就越南民兵制度的演變而言,越南共產黨領導的武裝力量(越南人民軍)是由「民兵自衛隊」此類群眾性武裝組織發展而來。1935 年 3 月 28 日,越南共產黨(Đảng Cộng sản Việt Nam)的前身印度支那共產黨(Đảng Cộng sản Đông Dương)第一次全國代表大會在澳門召開,會議通過了《關於自衛隊的決議》(*Resolution on Self-Defence Teams*),決定建立民兵自衛隊,並制定了相應的組織、紀律和活動章程。[116]1945 年 9 月 2 日後,民兵自衛隊成為越南獨立國家武裝力量的組成部分,三類人民武裝力量之一,在所有公社、村莊、市轄

---

[114] Nguyễn Tú, "Đà Nẵng đầu tư cho các đội dân quân tự vệ trên biển."

[115] Nguyễn Phương Hòa, "Một số vấn đề về tổ chức và hoạt động của lực lượng dân quân tự vệ biển," *National Defence Journal*, 20 March 2017, http://tapchiqptd.vn/vi/nghien-cuu-trao-doi/mot-so-van-de-ve-to-chuc-va-hoat-dong-cua-luc-luong-dan-quan-tu-ve-bien/9901.html.

[116] Truyền hình Khánh Hòa, "Khánh Hòa: Xây dựng lực lượng dân quân tự vệ vững mạnh, toàn diện, rộng khắp," 28 September 2019, http://ktv.org.vn/tin-tong-hop/an-ninh-quoc-phong/khanh-hoa-xay-dung-luc-luong-dan-quan-tu-ve-vung-manh-toan-dien-rong-khap/.

區組織起來，實際上成為一種工具保護年輕的革命政權和革命成果。如今，民兵自衛隊在品質、數量、組織結構、裝備等方面都得到了發展。組織架構更加緊湊，民兵自衛隊整體素質得到提升，並適應了新任務的要求。

越南統一後，越南《憲法》（*Hiến Pháp*）、《國防法》、《兵役法》等法律強調要發揮全體人民力量，保護國家的領土主權與完整。[117]2018 年修訂的越南《國防法》第 2 條即指出「國防是全民合力保衛國家」。為此，越南黨和政府對民兵工作非常重視，多次制定專項和配套的法律法規，保障民兵的建設與發展。1996 年，越南國會就通過了《民兵自衛隊條例》，首次以國家立法形式明確民兵自衛隊的職責和義務，明確提出民兵自衛隊是「與生產工作密不可分的群眾性武裝力量，是越南人民武裝力量的一部分。」[118]2004 年修訂，以條例為基礎，2009 年 11 月，越南國會以 89%的支持率通過了《民兵自衛隊法》（*Law on Militia and Self-Defense Forces*）。[119]《民兵自衛隊法》第 5 條第 4 款對「海上民兵自衛隊」界定為：「旨在從事海上經濟生產活動，同時承擔維護國家領土主權和海洋權益，組建和活躍於越南沿海社區、島嶼、企事業單位的骨幹民兵自衛隊力量。」根據法律規定，越南漁船前往遠海捕魚時必須有民兵隨行。[120]

此外，2007 年 1 月，越南國防部發布了《關於加強海上民兵自衛隊建設的指導意見》（*CHỈ THỊ Về việc tăng cường chỉ đạo xây dựng lực lượng dân quân tự vệ hoạt động trên biển*）的 04/CT-BQP 號指令，越南總參謀部也制定了相關實施方案和細則。2010 年 10 月 15 日，時任越南總理阮晉勇（Nguyễn Tấn

---

[117] 參見 Hiến pháp, Điều 45 (28 November 2013), https://thuvienphapluat.vn/van-ban/Bo-may-hanh-chinh/Hien-phap-nam-2013-215627.aspx; Luật Quốc phòng, Điều 2, Lawsoft (8 June 2018), https://thuvienphapluat.vn/van-ban/Bo-may-hanh-chinh/Luat-quoc-phong-340395.aspx.

[118] Thư Viện Pháp Luật, *Pháp Lệnh, SỐ 45-L/ CỦA CHỦ TỊCH NƯỚC VỀ DÂN QUÂN TỰ VỆ, Hà Nội, ngày 09 tháng 1 năm 1996*, https://thuvienphapluat.vn/van-ban/Linh-vuc-khac/Phap-lenh-dan-quan-tu-ve-1996-45-LCTN-39604.aspx.

[119] 參見英文版 Law on Militia and Self-Defense Forces, Ha Noi, 23 Novemver 2009, https://moj.gov.vn/vbpq/en/lists/vn%20bn%20php%20lut/view_detail.aspx?itemid=10474.

[120] 參見越南文版 Luật Dân Quân Tự Vệ, Hà Nội, ngày 23 tháng 11 năm 2009, https://thuvienphapluat.vn/van-ban/Bo-may-hanh-chinh/Luat-dan-quan-tu-ve-nam-2009-98743.aspx.

Dũng）批准了《建立民兵組織、訓練、行動和管理措施的計畫》。越南國防部也於同年發布了有關海上民兵自衛隊建設的相關配套文件。2018 年 7 月 25 日，越共中央軍事委員會召開會議，決定在中央層面建立一支保護海洋和島嶼主權的常設海上民兵力量，專門負責執行國家島嶼和邊界保衛任務。[121]

　　除從立法和制度層面推動民兵制度建設外，越南還注重海上民兵力量的儲備和運用。例如，為提高海上民兵的應急應戰能力，越南定期組織和開展海上民兵與海軍、海警、海事等部門關於海上執法、快速動員、情報偵搜、策應掩護和海上救援等專項行動的協同訓練。[122]

　　就越南海上維權的需要而言，南海各國在爭議海域內的執法活動，在特定時期仍會引發相關執法船舶的海上對峙，甚至爆發激烈的衝突事件。例如，2014 年 5 月，中國和越南在西沙群島海域內爆發的「981 鑽井平臺」海上對峙事件。在此對峙事件中，越南出動了包括執法船、漁船在內的多艘船舶，甚至派出「蛙人」水下特工干擾中方作業。越南部署現場的船隻最多時達 63 艘，衝闖中方作業警戒區及衝撞中方公務船達 1,416 艘次。[123]2019 年 7 月，中國與越南船舶再次在南海萬安灘（Vanguard Bank）一帶海域發生對峙。對峙現場除雙方執法船舶外，越南漁船也參與了對峙。數次對峙事件均與南海油氣資源開發有關。

　　南海爭端國在南海的執法行動中均部署多種形式的執法力量，力求最大程度上維護本國權益。越南海上執法力量主要包括海軍、海警、海事、漁監和海上民兵自衛隊。就機構性質劃分，上述執法行為者可分為行政、軍事和準軍事三種類型。南海海域執法力量呈現不對稱、多樣化的特徵，不同執法行為者之間對抗的風險增多。因此，有效開展執法活動，需要當事方匹配執法主體，靈

---

[121] VGP News, "Đề xuất xây dựng Hải đội dân quân biển," 25 July 2018, http://baochinhphu.vn/Chinh-tri/De-xuat-xay-dung-Hai-doi-dan-quan-bien/342199.

[122] Phan Anh, "Phát huy tốt vai trò của lực lượng dân quân tự vệ biển," *Đảng Cộng sản Việt Nam*, 17 June 2019, http://dangcongsan.vn/quoc-phong-an-ninh/phat-huy-tot-vai-tro-cua-luc-luong-dan-quan-tu-ve-bien-525759.html.

[123] 中華人民共和國外交部，〈「981」鑽井平台作業：越南的挑釁和中國的立場〉，2014 年 6 月 8 日，https://www.mfa.gov.cn/web/zyxw/201406/t20140608_328063.shtml。

活運用和部署包括私人漁民在內的各種力量。[124]

南海是半閉海，海域面積遼闊，但多數海域為爭議海域。越南雖不斷加強海軍、海警力量建設，海上安全和維護能力有所提升外，越南的南海政策處於不斷調整之中。[125]與越南面臨的情況類似，南海爭端國紛紛謀求海洋軟實力的提升和運用。越南認為發動漁民參與國家海上安全和鬥爭行動，利用漁民自身數量群體大、分布廣、熟悉海況的身分優勢，可以有效彌補傳統海洋力量的不足，實現以小博大、以弱勝強的功效。

（二）越南海上民兵的制度

越南黨國、中央和地方長期支援下，憑藉傳統民兵制度優勢，越南有針對性地發展海上民兵力量，海上民兵組織化程度和規模建設均得到顯著提升，總體上呈現四個方面的特徵。

就越南海上民兵軍地雙重領導和指揮屬性而言，越南海上民兵自衛隊實行軍地雙重領導和指揮機制，即由中央統一領導，地方各級黨委、政府分別領導各自管轄範圍內的民兵自衛隊。具體指揮上，由國防部長統一指揮，地方各級軍事機構協助指揮。越南在中央一級設立民兵自衛隊總司令部，隸屬於越南人民軍總參謀部，統籌全國民兵自衛隊工作。此外，由於民兵活動的屬地特色，地方黨政機關往往負責民兵政策的具體實施，每年各沿海地區黨政和軍事主管機關會在有關軍事和國防工作的年度決議中納入民兵自衛隊工作的相關內容，並制定具體的行動方案，以執行國家有關民兵自衛隊的主題決議。[126]

就越南海上民兵成員組成和分布而言，越南民兵自衛隊包括民兵和自衛隊兩部分。其中，民兵是在鄉、坊組建的群眾性武裝力量。自衛隊是在國家機關、企事業單位中組建的力量。根據 2019 年越南修訂的《民兵自衛隊法》，

---

[124] 崔浩然，〈公私合作視角下海上民兵參與國家海洋維權活動研究〉，《南洋問題研究》，第 3 期（2021 年），頁 72-83。

[125] 崔浩然，〈新形勢下越南南海政策的調整及中國的應對策略〉，《當代世界社會主義問題》第 4 期（2018 年），頁 156-165。

[126] Nguyễn Phương Hòa, "Một số vấn đề về tổ chức và hoạt động của lực lượng dân quân tự vệ biển."

越南取消常設民兵和普通民兵的劃分，將機動、駐守、海洋及執行特殊任務（防空、岸防、工兵、偵察、通信等）各類型的民兵全部納入常設民兵。[127]海上民兵自衛隊成員一般為沿海基層社區的漁民或在海洋活動的企事業單位員工，負責在越南海域執行國家特定任務，主要包括島礁主權和海洋權利的維護、資源協同開發和保護等。就具體分布而言，由漁民為主體設立的民兵力量廣泛分布於沿海基層社區。由企業員工為主體設立的自衛隊力量分布於涉海企事業單位等組織。

就越南海上民兵機構編制和任務分配而言，越南海上民兵自衛隊實行五等級編制，從低到高依次設立組、班、排、海隊和海團。各級指揮官多由沿海社區（公社）人民委員會、所在企事業單位的基層領導兼任或者挑選政治可靠、經驗豐富、技術能力強的漁民擔任，規定成員至少 30%來自基層社區。[128]此外，越南還將出海漁民以船舶為單位分別編制為團結組、團結隊、合作社，這些小規模團體主要在從事漁業捕撈的同時，執行主權宣示、軍事偵察等國家特定任務，他們相互協作，共同應對突發情況。國有大型船舶、鑽井平臺、燈塔以及海上裝置平臺上組建規模和力量較強的海上自衛隊，主要負責安全保衛和巡邏戒備工作。尤有進者，越南在占股 100%的外資企業和私營企業中也建有海上民兵組織，以保證黨對民兵組織的絕對領導。[129]2023 年版的《國防工事和軍區管理保護法》規定，乙級國防工事和軍區將承擔人民軍、民兵、自衛隊的訓練、演練任務。[130]

就越南海上民兵的人員規模和力量而言，越南海上民兵自衛隊採用「廣泛建設、突出重點」的建設方針。目前，越南沿海全部省分和直轄市均建立了海

---

[127] Luật dân quân tự vệ, Điều 2, Lawsoft (22 November 2019), https://thuvienphapluat.vn/van-ban/Bo-may-hanh-chinh/Luat-dan-quan-tu-ve-nam-2009-98743.aspx.

[128] 李華傑，〈越南海上民兵自衛隊解析〉，《國際研究參考》，第 12 期（2013 年），頁 25。

[129] Thông tấn xã Việt Nam (TTXVN), "Dân quân tự vệ có vai trò nòng cốt trong nền Quốc phòng toàn dân," *Kinh tế & Đô thị*, 12 December 2019, http://kinhtedothi.vn/dan-quan-tu-ve-co-vai-tro-nong-cot-trong-nen-quoc-phong-toan-dan-360697.html.

[130] Vietnam Law & Legal Forum, "New Law to Strengthen National Defense and Security Works," 30 May 2024, https://vietnamlawmagazine.vn/new-law-to-strengthen-national-defense-and-security-works-71834.html.

上民兵自衛隊，該等隊伍規模大小不一，根據海上形勢的發展而變動。在一些重點區域，諸如管轄黃（西）沙海域的峴港市（行政編制下設立「黃沙縣」）、以管轄長（南）沙海域的慶和省（該省行政編制下設立「長沙縣」）以及北部灣的廣寧省，越南投入資金、人力、物力在該等區域建設了多支海上民兵組織。[131]越南海上自衛隊的總人數從而增加。[132]據估計，越南海上民兵總人數可能已經超過 7 萬人，占全國民兵自衛隊總人數的 4.7%以上。[133]

　　至於船舶裝備，越南海上民兵船舶一般是中小型漁船，但在沿海企業中設立的海上自衛隊船舶分為兩種類型，一是型號為「TK-1482」的 400 噸級鐵殼漁船，裝備了現代捕魚設備。另一是型號為「長沙」的 1,200 噸級後勤保障船，主要作為長途運輸和力量投送所使用。[134]TK-1482 級民兵船配備的武器包括「NSV 大口徑重機槍」，並有加固的船頭和鋼製船體。它更類似於「很少捕魚」的「專業」民兵船隻，[135]但重點在於「維護國家海洋主權，維護海域島礁安全、秩序與安全」。但仍不能認為軍艦等政府船舶無條件地為非商業目的運作。許多評論員指出，將民兵船隻定義為「其他用於非商業目的的政府船隻」所帶來的挑戰，由於其流動性和混合性。[136]

---

[131] 峴港全市有超過 112 個漁業協會、捕魚工會等海上合作生產團體，共有 730 多艘漁船；慶和省共有 1 萬多名漁民和近 2,000 艘漁船，各基層社區以這些漁船為基礎組建了數百個出海作業互助組和海上民兵排，民兵自衛隊總人數占全省人口的 1.43%，其中黨員的比例達到 22.24%。見 Nguyễn Tú, "Đà Nẵng đầu tư cho các đội dân quân tự vệ trên biển."; Thế Anh, "Khánh Hoà tổng kết thực hiện Luật Dân quân tự vệ," *Khánh Hòa Online*, 29 August 2017, https://baokhanhhoa.vn/chinh-tri/201708/khanh-hoa-tong-ket-thuc-hien-luat-dan-quan-tu-ve-8051322/.

[132] Duy Hồng, "Đảng viên trong lực lượng dân quân tự vệ tăng từ 13,8% lên 20,1%," *Thanh Niên*, 1 March 2020, https://www.dqtv.vn/2020/03/ang-vien-trong-luc-luong-dan-quan-tu-ve.html.

[133] 陳相秒，〈南海的「黑洞」——越南海上民兵〉，《中國南海研究院網站》，2020 年 4 月 30 日，http://www.nanhai.org.cn/review_c/432.html。

[134] Nguyen The Phuong, "Vietnam's Maritime Militia is Not a Black Hole in the South China Sea," *AMTI*, 22 May 2020, https://amti.csis.org/vietnams-maritime-militia-is-not-a-black-hole-in-the-south-china-sea/.

[135] Lee Ann Quann, "The Fishing Vessels that Rarely Get to Fish," *X*, 10 November 2020, https://x.com/i/web/status/1326188396935458816.

[136] Robert McLaughlin, "The Legal Status and Characterisation of Maritime Militia Vessels," *Blog of the European Journal of International Law*, 18 June 2019, https://www.ejiltalk.org/the-legal-status-and-characterisation-of-maritime-militia-vessels/.

根據越南 2019 年《民兵和自衛隊法》，越南海上民兵是越南武裝力量的一部分，「不逃避生產和工作」。[137]其部署是為了協助正規軍部隊和執法機關履行國家利益使命，例如「保護國家主權和邊境安全以及越南島嶼、海域和後方地區」，[138]以及打擊犯罪、搜救、環境保護等其他執法活動。越南外交部發言人形容為，「維護國家海洋主權，維護海上安全、秩序和安全和島嶼」。因此，越南海上民兵的私人人員被授權擔任一些公共功能，例如執法和軍事行動。「雙帽子」（Double Hats）可能會模糊私人活動和公共職能之間的界線。[139]

（三）越南海上民兵的活動實踐

實踐中，越南海上民兵主要從事三種活動：首先，協助配合海軍、海警、邊防部隊、漁政等部門參與海上執法和應急救援；其次，開赴南海爭議海域宣示主權，在爭議海域捕魚；其三，以漁船身分，對特定海域和活動主體實施跟蹤監測，向越南有關部門收集、報送外國軍事情報和海洋生產資訊。

就海上執法與應急救援而言，按照越南黨政軍統一部署，所有已成立的海上民兵組織，均會安排參與或協助當地執法部門的海上活動。截至 2020 年底，越南海上民兵直接參與了 2,000 多起海上執法和海難救助活動。例如，越南寧順省順南縣招募復員士兵，組建了一個常設民兵排，並在六艘大功率漁船上組織了二個常設海上民兵班，按照政府指示實施「三同」策略（同漁業作業方式、同漁場、同地區漁民），配合海警、邊防部隊和漁檢等部門開展了數百次海上巡邏、監視外國船隻、電子偵察等特殊任務，累計救助遇難船舶 20 餘

---

[137] *Order on the Promulgation of Law* (Hanoi, 3 December 2019), https://english.luatvietnam.vn/law-on-militia-and-self-defense-forces-no-48-2019-qh14-dated-november-22-2019-of-the-national-assembly-179057-doc1.html.

[138] *Ibid.*

[139] International Law Blog, "Sailing Off the UNCLOS Radar: China's Responsibility for Maritime Militia Activities in International Waters," 27 May 2021, https://internationallaw.blog/2021/05/27/sailing-off-the-unclos-radar-chinas-responsibility-for-maritime-militia-activities-in-international-waters/.

艘、漁民數百名。[140]作為執法力量的補充，海上民兵自衛隊某種程度上彌補了國家行政力量的不足，提升了越南海洋治理的能力。

就漁捕活動與宣示主權而言，越南宣揚「每一個漁船均是流動的主權碑」，政府制定多種形式的稅收優惠政策，為漁民減輕負擔，增加漁民個人所得，以此來吸引和鼓勵漁民赴黃沙群島、長沙群島海域開展生產活動，在漁捕的同時宣示越南主權。越南海軍還積極配合漁業生產，提供軍用碼頭供漁船停靠，利用通訊系統協助漁船進行聯繫，對漁船進行保護。

在越中「981 鑽井平臺」對峙事件中，數十艘越南漁船包圍中國鑽井平臺，協助越南海岸警衛隊與中國船舶對峙。儘管越南政府沒有發出正式呼籲，但時任總理阮晉勇號召全民「保衛國家海洋和島嶼主權」的鼓勵信，以及政府領導和贊助的越南漁業協會呼籲漁民駛向有爭議的水域，表明越南將民用漁船納入主權宣示行動。[141]「981 鑽井平臺」對峙事件後，越南政府決定投入更多資源來加強捕魚船隊的建設。2014 年 7 月 3 日，越南總理府第 67 號法令旨在支持漁民建造船體更大、更現代化的鋼殼船，該等漁船能夠抵禦惡劣的天氣和來自海上突發事件的威脅。按照該法令，政府在三年內提供約 4 億美元的優惠貸款，以支持建造新的遠洋漁船和翻新舊的木殼漁船，並計畫建造 800 艘漁船，其中一半為耐撞性極高的鋼殼漁船。越南還計畫花費 5 億美元用於海警船和漁監船的建造。[142]

就軍事偵察與跟蹤監視而言，越南海上民兵船舶在漁捕的同時，還承擔有關部門指定的軍事偵察和跟蹤監視任務。據越南軍方不完全統計，越南海上民兵提供了上萬份有關南海島礁水文地理、海上安全、漁業生產等情報資料。[143]

[140] Nguyễn Văn Dương, "Huyện Thuận Nam với việc xây dựng dân quân biển vững mạnh," *National Defence Journal*, 10 October 2018, http://tapchiqptd.vn/vi/tong-ket-thuc-tien-va-kinh-nghiem/huyen-thuan-nam-voi-viec-xay-dung-dan-quan-bien-vung-manh/12931.html.

[141] Nguyen Khac Giang, "Vietnam's response to China's Militarised Fishing Fleet," *East Asia Forum*, 4 August 2018, https://eastasiaforum.org/2018/08/04/vietnams-response-to-chinas-militarised-fishing-fleet/.

[142] 耿學鵬，〈越南撥款 2 億美元造遠海漁船 同時斥資 5 億造海警船〉，《搜狐網》，2014 年 7 月 4 日，http://news.sohu.com/20140704/n401801653.shtml.

[143] Nguyễn Phương Hòa, "Một số vấn đề về tổ chức và hoạt động của lực lượng dân quân tự vệ biển."

越南從事軍事偵察活動的主要對象為中國海南島的軍事基地和南海島礁上部署的軍事設施，僅 2020 年 3 月，高達 569 艘越南漁船進入海南島海域。[144]這些越南漁船有組織、有針對性、成批次、大規模地活動於特定海域，性質上似乎不是侵漁活動。根據中方的報告顯示，越南入侵中國海域的大部分漁船位於海南島 12 海里領海基線以內，集中出現在海南島的東南海域，而非與越南相望距離較近的西北海域。考慮到海南島東南海域中國海空軍事基地分布較多的事實，這些漁船不是以捕魚為主要目的，可能為海上民兵船舶，其活動旨在執行國家指定的軍事偵察任務。

越南海上民兵還負責對他國南海油氣勘探活動進行跟蹤監視。例如，2019年 7 月初，中國海洋勘探船「海洋地質 8 號」在數艘中國海警船的護衛下，在南沙群島西端的萬安灘、日積礁（Ladd Reef）附近海域進行石油勘探作業。越南隨即派出大批執法船、漁船趕赴現場，對中方作業船進行跟蹤監視，並試圖阻擾中方船隻作業。[145]又如，2019 年 10 月，針對馬來西亞在南沙群島萬安灘以東海域的油氣勘探活動，越南出動了多艘漁船對馬來西亞鑽井平臺進行實時監視。[146]

越南南海海上民兵活動以海南島、西沙與南沙群島周圍最受關注。越南鼓勵漁民、派遣海上民兵赴爭議海域捕魚並執行國家特定任務。越南尤其關注「越中黃沙爭議」。由於中方從未承認兩國對西沙群島存在主權爭議，越南持續聲索黃沙群島，以財政補貼等政策鼓勵越南漁船進入西沙群島海域，以突顯爭議的存在。例如，2014 年 5 月，越南廣義省平山縣「QNg90205TS」號漁船在黃沙群島海域進行捕撈作業，中國漁檢船將其驅離。事發漁船回到越南靜歧（Tinh Ky）港後，漁民召集媒體抱怨遭受中國執法人員暴力執法、身體和財

---

[144] 參見南海戰略態勢感知計劃，《越南漁船跟蹤監視項目報告：越南漁船 3 月非法活動激增，在海南及整個南海》，2020 年 4 月 3 日，http://www.scspi.org/zh/dtfx/1585922607。

[145] AMTI, "Updated: China Risks Flare-Up over Malaysian, Vietnamese Gas Resources," 13 December 2019, https://amti.csis.org/china-risks-flare-up-over-malaysian-vietnamese-gas-resources/.

[146] Vesseltracker.com, "Hon Hai 73207," 1 July 2020, https://www.vesseltracker.com/en/Ships/Long-Son-07732-I2131346.html.

產受到損失，引發輿論關注。[147]2020 年 4 月，越南漁船「QNg90617TS」號進入黃沙群島領海基線內，遭中國海警船發現和警告，該漁船與中國海警船撞擊而沉沒。事發時「QNg90399TS」和「QNg90929TS」兩艘越南漁船並未參與海上衝突，而是在現場拍攝，並將這些材料發送國內外媒體，引發國內國際熱議。[148]

其次，越南漁船非法捕撈（illegal, unreported and unregulated fishing, IUU）問題也是關注重點，[149]或許是越南海上民兵談就旁支。因此，海上民兵作為越南南海政策的執行者，藉由參與具體衝突事件、充當爭議焦點，推動南海問題國際化。2019 年 7 月越中船舶萬安灘對峙期間，以越南漁船遭受中國執法船「欺凌」印象，越南爭取到美國的支援。美國就該事件連續發布兩份官方聲明，即美國國務院發言人奧特加斯（Morgan Ortagus）發表的「中國脅迫南海的油氣活動聲明」（Chinese Coercion on Oil and Gas Activity in the South China Sea），[150]以及美國眾議院外交關係委員會主席恩格爾（Eliot L. Engel）發表的「關於中國干涉越南控制水域的聲明」（Engel Statement on Chinese Interference in Vietnamese-Controlled Waters）。[151]兩份聲明對中越船隻對峙係中國「以大欺小」，向中國施加壓力。

美國聲明反映出美國支持越南的南海立場。反之，受到美國聲明鼓舞，越

---

[147] 越通社，〈越南廣義省被中國漁檢力量攻擊的漁船已靠岸〉，2014 年 5 月 19 日，https://zh.vietnamplus.vn/越南廣義省被中國漁檢力量攻擊的漁船已靠岸/-post25657.vnp。

[148] 陳相秒，〈南海的「黑洞」——越南海上民兵〉。

[149] 據越南漁業進出口協會統計數據顯示，越南49%的漁船長為 6 至 12 公尺，19%的船長 12 至 15 公尺，29%的船長 15 至 24 公尺，3%的船長超過 24 公尺。漁船材質方面，木質漁船占 97%，其餘為鋼製或新材料漁船。因此，越南大部分漁船為中小型木質漁船。這類漁船多為沿海社區漁民家族、個人及散戶擁有，不易管理，很多漁船並未安裝國際和國內法律規定的船舶監測定位系統（Automatic Identification System, AIS），因此非法的、不報告的和無管制的捕撈活動猖獗。歐盟作為越南水產品第二大出口市場，於 2017 年 10 月對越南漁業發出 IUU 捕撈「黃牌」警告，限制對其水產品的進口。

[150] Morgan Ortagus, "Chinese Coercion on Oil and Gas Activity in the South China Sea," *U.S. Department of State*, 20 July 2019, https://2017-2021.state.gov/chinese-coercion-on-oil-and-gas-activity-in-the-south-china-sea/.

[151] Eliot Engel, "Engel Statement on Chinese Interference in Vietnamese-Controlled Waters," *US Congress*, 26 July 2019, https://justfacts.votesmart.org/public-statement/1364032/engel-statement-on-chinese-interference-in-vietnamese-controlled-waters.

南第一時間作出回應，越南國內許多主流媒體轉載了美國政府的聲明，[152]隨後越美兩國就海上安全和經濟貿易等領域達成一系列合作協定。因此，在中美戰略競爭的背景下，海上民兵作為越南在南海問題上抗衡中國的工具，其在特定事件中的「弱者」和「受霸凌」角色，是越南爭取美國等域外勢力支持的重要手段，具有高度政治和宣傳意義。

二、菲律賓海上民兵

菲律賓近年來面臨來自中國在南海的「灰色地帶」戰術的威脅，尤其是在爭議海域的漁業和資源開採方面。為了應對此挑戰，菲律賓政府和軍方一直在考慮組建菲國版的海上民兵力量，以加強對國家主權和海洋權益的保護。2020年10月中旬，菲律賓海軍司令巴科多（Giovanni Bacordo）中將表示，菲海軍將組建一支大約240人規模的海上民兵部隊，協助菲武裝部隊在南沙群島和黃岩島海域執行任務。事實上，2016年6月南海仲裁案裁決公布前夕，就曾有菲海軍高級將領提出動員漁民（船）來對抗他國海上行動的想法，但因預算不足而遭擱淺。

因此，菲律賓有其自身海上民兵的建設計畫。首先就是建立海上民兵單位，菲律賓計畫在其200海里專屬經濟區內部署海上民兵部隊。這些部隊將由漁民組成，作為預備役力量的一部分，接受培訓以協助國防和海上巡邏任務。漁民將接受培訓，學習如何參與國防任務，並在必要時充當巡邏力量。這些部隊將主要用於填補菲律賓海軍和海警在特定區域巡邏不足的空白。初步計畫是先在南部中部的六個省分建立海上民兵單位，隨後擴展到全國14個沿海省分。這些單位的主要目標是保護國家主權並促進經濟發展。

儘管有計畫建立海上民兵，但此計畫也面臨著菲國內部和外部的批評和挑

---

[152] Tuoi Tre News, "U.S. State Department Says Concerned by Reports of Chinese Interference in East Vietnam Sea," 21 July 2019, https://tuoitrenews.vn/news/politics/20190721/us-statedepartment-says-concerned-by-reports-of-chinese-interference-in-east-vietnam-sea/50729.html; Đặng Huyền, "Nghị sỹ Mỹ: Hành động của Trung Quốc vi phạm chủ quyền của Việt Nam," *Vietnam Plus*, 27 July 2019, https://www.vietnamplus.vn/ha-vien-my-hanh-dong-cua-trung-quoc-vipham-chu-quyen-cua-viet-nam/584712.vnp.

戰。一些前任官員和專家認為，菲國建立海上民兵可能會導致誤判和衝突升級，增加地區不穩定的風險。此外，菲律賓政府內部對於如何有效組建和管理這些民兵單位也存在分歧。目前，菲律賓的海上民兵建設仍處於初步階段。雖然有一些試點專案和培訓計畫正在進行，但由於資金和資源的限制，此計畫的全面實施仍需要時間。

第四節　結語：海上民兵在灰色地帶中角色的演變

中國海上民兵在黃海、東海和南海為解放軍海軍和海警扮演著重要的支援角色。中國海上民兵不僅擁有世界上最大的捕魚船隊，活躍在這些「近海」；還擁有世界上最大的遠洋捕魚船隊在全球捕魚。海上民兵還得到了中國高層的支援。例如，2013 年，習近平在海南省瓊海市考察時會見了海上民兵，並對他們說：「海上民兵不僅要帶頭開展捕撈活動，還要收集海洋資訊，支援島礁建設。」他還稱讚漁民在南海爭議海域保護了中國的海洋權益。[153]

隨著南海和東海緊張局勢的加劇，海上民兵的發展再次受到關注。一些中國學者和安全專家一直主張，海上民兵應成為中國在東海和南海的第一道防線。[154]自習近平 2013 年 4 月訪問海南以來，《解放軍報》和《國防》雜誌發表了多篇文章，敦促為發展海上民兵部隊提供更多支援。更多的財政資源分配用於培訓漁民和補貼建造新漁船。[155]以往，中國的海上民兵部隊通常依靠租用漁民或漁業公司的漁船，但三沙市出現了新狀態，地方政府為其南海海上民兵

---

[153] China Daily, "President Pays Visit to Hainan Fishermen," 11 April 2012, http://usa.chinadaily.com.cn/2013- 04/11/content_16394643.htm.

[154] 其他的細節諸如環球時報，〈專家：10 萬漁民民兵化 南海諸國都不是對手〉，2012 年 6 月 28 日，http://mil.huanqiu.com/Observation/2012-06/2862590.html；南國都市報，〈將漁民編入民兵保家衛國〉，2013 年 1 月 27 日，http://ngdsb.hinews.cn/html/2013-01/27/content_5_6.htm。

[155] 王新海，〈推進新型海防建設軍民深度融合發展的路徑選擇〉，《國防》，第 3 期（2014 年）。

部隊建造一支國有捕魚船隊，海南省為三沙市建造了 84 艘大型民兵漁船。[156]

　　海上民兵在和平時期是中國天基監視系統的輔助力量。基於美國五角大廈所稱的中國反介入／區域拒止（Anti-Access/Area Denial, A2/AD）系統的關鍵在於密切監視中國海域的能力，因此解放軍選擇利用捕魚船隊以提供既有能力也就不足為奇。除了明顯的監視優勢外，和平時期的其他低強度情況還包括支持權利保護（存在任務、阻撓、島礁／人工島開發、「包心菜戰略」式包圍等）以及處理與漁船隊有關的海洋權益小規模衝突。中等強度的情況可能包括捲入中國與地區較小鄰國之間的衝突。在此情況下，海上民兵可能需要承擔更多的戰略任務（水雷戰、伏擊、假登陸等）。高強度衝突涉及大國之間的戰爭，這是在實踐中最不可能發生的情況，海上民兵可能會為現役部隊提供支援（以水雷戰的形式）。

　　在這些活動中，海上民兵可以運用諸如鋪設路基、島嶼基地補給、運送部隊和彈藥、救援、修理、隱蔽、破壞等各種手段。鑑於對海上民兵的日益關注，以及海上民兵在中國近海的使用方式，海上民兵成為中國政府作為海上強國總體願景的關鍵因素。中國的規劃者可能設想，除了監視、維權和支援行動外，還將以意想不到、非常規的方式使用海上民兵。由於中國海上民兵固有的分散性，豐富的公開來源提供了重要的數據點。

　　海南海上民兵在保護中國在南海的主權和海洋權益方面扮演重要的角色，但他們也可以在和平與戰爭之間發揮多種作用。在南海頻繁部署的漁船編隊大幅提高了有時參與其行動的海上民兵部隊的組織效率。對於中國海警和解放海軍而言，這些編隊可以提高監控大量船隻的能力，因為指揮船和補給船提供專門的現場管理以及與漁船船隊的通信。此外，即使只有補給船上有民兵組織，這些民兵成員也可以徵用部分船隊的拖網漁船，並動員他們執行特定行動。現場徵用可以立即進行偵察或維權行動，從而可以對外國侵入中國聲索擁有主權

---

[156] 三沙新聞，〈通報市領導班子專題民主生活會情況分析上半年工作部署下半年工作〉，2014 年 7 月 24 日，http://www.sansha.gov.cn/page.php?xuh=1624；海南人民政府網，〈關於在文昌木蘭頭規劃建設三沙戰略腹地和民兵漁船停泊港的建議〉，2015 年 2 月 12 日，http://www.hainan.gov.cn/tianprint-rdjy--5740.html；參考消息，〈外媒稱三沙擬建 84 艘大型民兵漁船罩固南沙主權〉，2015 年 8 月 2 日，http://news.qq.com/a/20150802/006925.htm。

的水域做出立即反應。參與南沙群島船隊行動的海上民兵還可以提供良好的後備人力和船隻來源，以協助解放軍海軍在遠離中國南部沿海基地支援的地方開展行動。

在探討中國海上民兵的潛在戰時應用時，重要的是要考慮到中國民兵是中國武裝部隊的正式組成部分。民兵不是獨立組織成獨立的民兵公民，也不是受個人愛國熱情即興驅動的自主漁民。相反地，中國地方政府和解放軍機關負責民兵建設，並在緊急情況下按照上級的指示動員地方民兵，此過程涉及解放軍的指揮系統。民兵的概念與毛澤東時代關於人民戰爭的思想息息相關，亦即利用中國在地形、人口和作戰策略方面傳統優勢的衝突方式。解放軍仍然採用此概念，[157]並不斷調整內容以適應現代戰爭的變化。北京在 2006 年《中國的國防》白皮書中提出了「海上人民戰爭」的概念，稱解放海軍正在「探索海上人民戰爭的戰略戰術」。[158]

因此，有中共軍方領導人提出了海上人民戰爭的軍事行動，即「海上人民戰爭」的相關概念，其中大部分賦予民兵重要的角色。雖然中國官方消息來源通常不會明確地將西沙群島海戰描述為海上人民戰爭的案例，但在戰鬥本身中明確使用經典人民戰爭戰術可能會進一步加深對中國在未來危機或潛在危機中可能使用海上民兵的理解。具體而言，主力部隊（解放軍海軍）與動員的地方民間力量（民兵）聯合運用，並採用非常規戰術戰勝優勢敵軍，體現了人民戰爭的方法。儘管 1974 年至今中國的武裝力量存在顯著差異，但其對海上民兵的持續重視表明，在南沙群島等有爭議的任何熱點地區，有可能重演同樣的情況。

值得注意的是，為了打造維權尖兵，三沙警備區圍繞島礁海上民兵以所謂「屬海化」管理指揮、新型海上民兵力量建設等課題開展研究實踐。同時，他們積極開展武裝泅渡、抗眩暈訓練、船艇駕駛等訓練，並就周邊軍情動態、國際海洋法規進行研討。因此，一批熟悉南海政策法規、了解周邊國家和軍隊情況、掌握南海島礁環境和水文狀況的「南海通」活躍在三沙各個島礁上。結合

---

[157] 軍事科學院軍事戰略研究部編著，《戰略學》（軍事科學出版社，2013 年）。
[158] 《中國的國防》白皮書。

任務背景，成建制與其他執法力量練協同、練技能已成為三沙海上民兵訓練常態。海上民兵演習包括：數十艘大噸位漁船不約而同駛向集結海域，途中演練編隊航渡、彈藥油料補充、衛星通信聯絡、海上防護偽裝，以及海上破障等多個實戰課目。該等訓練與任務似乎展現游擊工具的正規化，尤其是三沙海上民兵的角色。

　　就越南而言，在歷史和現實的交織影響下，對漁民等民間力量的運用構成越南南海政策的重要一環，致使海上民兵在越南國家海洋治理和海上安全體系中的地位日益提高。越南海上民兵快速發展得益於越共和國家長期以來對海洋事業的整體規劃和戰略設計。尤其是在海上民兵的制度建設和活動實踐方面，越南國會制定和修訂多部涉海法律，政府海洋主管機關也頒布多部配套行政法規和部門規章，賦予海上民兵進行海洋活動的基本權利和義務，指導海上民兵開展有目的和針對性的主權宣示與軍事偵察等活動。就菲律賓而言，在面對南海爭端時，菲國積極考慮和部分實施海上民兵計畫，以增強對國家主權的保護能力。然而，實際實施過程中仍面臨許多挑戰，包括資源限制、內部爭議以及可能引發的地區緊張局勢。

第六章　結論

第一節　研究總結

　　南海海域因其獨特的半閉海地理特徵，作為連接太平洋和印度洋的位置和豐富的自然資源，一直是多國利益交織的熱點區域。隨著權力轉移的國際形勢變遷，南海地區成為了不同國家運用非傳統手段進行影響力擴張的場域，其中最具代表性的就是「灰色地帶」策略。由於灰色地帶的概念，就是國家在和平與全面武裝衝突之間所採取的一系列行動，這些行動通常具有模糊性，目的是避免直接的軍事對抗，同時達成戰略目的，本書以此概念應用與說明南海灰色地帶的分析架構，並以中國為探討的焦點。

　　灰色地帶行動的核心在於其戰略模糊性，此類策略介於正常的外交手段與明確的軍事行動之間，往往利用法律、經濟、資訊等多種手段來實現政治或軍事目標。這些行動的特點是不觸發國際社會普遍認可的「武裝衝突」標準，但又對現有國際秩序構成挑戰。此策略在中國崛起以及美國國力相對衰退的情形下，以及美中代表政治體制不同的「系統性競爭」的前提下，顯得具有相當的時代意義。對國際秩序的挑戰展現在各方面，脅迫性的改變邊界與「現狀」可能是最重要的部分。陸地邊界與海洋邊界都是可運用灰色地帶的標的。海洋灰色地帶有其獨特性，具體適用到南海地區，具有海洋特性的灰色地帶活動包括人工島建設、海上民兵活動、法律戰、資訊戰等，這些活動在國際法的邊界上運行，目的在於逐步改變現狀，鞏固自身對南海地區的控制權。本書針對其中法律戰、人工島礁建設與軍事化，以及海上民兵進行深入探討。

　　在南海，執行灰色地帶的國家遠非中國，然而，灰色地帶行動最為突出的表現的確是中國的島礁建設與軍事化。中國在南海人工島的建設又是依據本國法而來，換言之，南海的灰色地帶始於法律，尤其是海洋法的規定，因此，灰色地帶行動的首要根源來自於法律的內容與解釋，國內法與國際法的關係。在法律有灰色地帶的前提下，包括中國在內的一些南沙群島實控國家藉由填海造地，將原本只有礁石或淺灘的地區建設成具有軍事價值的人工島嶼，此處又以中國為甚，並在這些島礁上部署軍事設施，諸如雷達、機場、導彈系統等。這些行動表面上似乎是針對自然災害防禦和民事用途，但實際上大幅度增強了中國對南海的實際控制。

同時，中國還運用海上民兵此非傳統武裝力量來支持其在南海的行動。越南亦有自身的海上民兵自衛隊，以及菲國的仿效意圖。這些海上民兵通常由漁民組成，受到政府的直接或間接指揮，經由巡邏、阻攔他國船隻等方式，實現對海域的主權聲索。此類行動的模糊性使得其他國家難以對其進行有效反制，因為這些行為既不像正規軍事行動，也不完全屬於民事活動。

總之，南海地區的灰色地帶策略具有一些特徵：首先，南海的灰色地帶行動具有低強度和持久性的特點，此意味著這些行動通常是長期的進行，不會立即引發國際社會的強烈反應，儘管對峙程度不時會升高；其次，它具有多面向的特性，涵蓋了軍事、資訊（海域態勢感知）、法律和科技等多方面都不斷捲入其中；最後，它具有高度的模糊性，從而使得他國難以對其進行有效的法律或軍事反制。

這種灰色地帶策略對國際社會構成了嚴厲挑戰，尤其是在維護國際法治和區域穩定方面。由於這些行動往往未達到武力衝突的門檻，因此傳統的外交或軍事手段難以應對。同時，這種策略逐漸改變了南海地區的現狀，當美國學者已經將南海形容為「中國湖」之時，已經強烈暗示現狀已經改變，挑戰了以美國為首提出的基於規則的國際秩序。

西方戰略界透過研究西方界定的中國「灰色地帶行動」，探索了此概念的部分內容，儘管中國並沒有「灰色地帶」軍事戰略。因此，灰色地帶本身就是西方主流的概念，中國或許只是認為致力於維護自身權益。因此，應該從中方的立場加以補充對灰色地帶的理解，亦即維權的方式，或灰色地帶的維權模式。換言之，從維護中國南海海洋權益中確保中國在南海的島礁控制，並且直接對其他聲索國進行直接或間接的施壓，再從軍事化的島礁對整個南海進行最大可能的實時控制，在南海孤立化其他聲索國。

第二節 未來研究建議

因此，以中方的視角來對應西方灰色地帶或許是北京的「和平時期軍事力量運用」。習近平相信並可能要求解放軍按照他所謂的「和平時期軍事力量運用」概念使用武力。[1]此理念引發兩個問題，一是解放軍使用武力阻止對手觸碰中國國家安全意義上的「底線」為何？當這種使用武力的概念失敗時會發生什麼後果。然而，兩研究問題都沒有從整體上解決解放軍「和平時期使用軍事力量」的概念釐清。因此，他國政策規劃者和政策制定者不僅需要研究關於中國如何使用武力的不完整理論，也必須了解中國可能採取的一系列潛在的軍事選項。

2016 年，解放軍官方媒體將「和平時期使用武力」和「戰爭行動統籌管理和規劃」描述為習近平的新國家安全觀。習近平軍事思想的此關鍵部分是對中國長期堅持的積極防禦戰略的「拓展和深化」。[2]雖然指出此概念是維持中國不斷增長的綜合國力的必要條件，但解放軍將其目的描述為面對「（中國）周邊緊張局勢加劇」時「管理和控制危機」和「防止戰爭」。[3]與美國的衝突光譜類似，它明確指出「和平時期低強度使用武力」介於「和平時期不使用武力」和「戰時大規模使用武力」之間。「和平時期使用武力」是「底線思維」的體現，解放軍將其定義為用軍事力量警告「有關方面不要跨越紅線」。[4]

習近平在 2020 年 10 月紀念朝鮮戰爭七十週年的演講中突出強調了「以武制止戰爭」的信念。[5]與十年前紀念朝鮮戰爭六十週年的類似公開講話相較，[6]習近平顯得更加自信他所宣稱「中國人民完全明白，（中國）必須使用侵略者

---

[1] 鈞政，〈進行新時代軍事鬥爭的戰略指導——深入學習貫徹習近平強軍思想之四〉，《解放軍報》，2022 年 9 月 2 日，http://dangjian.people.com.cn/BIG5/n1/2022/0902/c117092-32517942.html。

[2] 同上註。

[3] 同上註。

[4] 同上註。

[5] 習近平，〈在紀念中國人民志願軍抗美援朝出國作戰 70 周年大會上的講話〉，《新華網》，2020 年 10 月 23 日，http://www.xinhuanet.com/politics/2020-10/23/c_1126647316.htmhttp://www.xinhuanet.com/politics/2020-10/23/c_1126647316.htm。

[6] 習近平，〈在紀念中國人民志願軍抗美援朝出國作戰 60 周年座談會上的講話〉，《共產黨員網》，2010 年 10 月 25 日，https://news.12371.cn/2014/10/24/ARTI1414112885770678.shtml。

能理解的語言與他們交流」，他宣揚了他標誌性的軍事改革所取得的成就。[7]就是以戰止戰，止戈為武，以勝利贏得和平，贏得尊重。

　　儘管如此，首先還是應了解習近平 2020 年演講的背景。事後之明，習近平和他的軍事領導人承受著巨大的心理壓力，因為他們（錯誤地）相信川普（Donald Trump）政府領導下，中國即將面臨美國的攻擊。[8]儘管沒有公開說明是什麼引發了中國對潛在戰爭的擔憂，但結合川普 9 月 22 日異常聚焦於中國的演講，以及美國 9 月中旬舉行的大規模「勇敢之盾」（Valiant Shield）印太軍事演習，[9]美國駐北京大使布蘭斯塔德（Terry Brandstad）於 9 月 14 日宣布提前離職的消息可能向中國傳達了黯淡的前景。[10]10 月 30 日，就在習近平的演講公開發表一週後，美國參謀長聯席會議主席米利（Mark Milley）與李作成通了電話。[11]習近平的高調演講可能是為了傳達他要緩和而不是加劇即將爆發的戰爭的意圖。

　　由此案例可見，「和平時期使用武力」取決於中國對其自身安全環境的（錯誤）認知，[12]而這種認知在很大程度上是由美國的軍事存在、行動和言論所影響。習近平的「堅定自信」應該放在他的前任江澤民和胡錦濤的背景下來理解。[13]甚至他的「新安全觀」的起源也可以追溯到美國的軍事學說概念。

[7]　Dennis J. Blasko, "Walk, Don't Run: Chinese Military Reforms in 2017," *The War on the Rock*, 9 January 2017, https://warontherocks.com/2017/01/walk-dont-run-chinese-military-reforms-in-2017/.

[8]　C-SPAN, "Senate Armed Services Committee Hearing on Afghanistan Withdrawal," 28 September 2021, https://www.c-span.org/video/?514537-1/senate-armed-services-committee-hearing-afghanistan-withdrawal.

[9]　Amber R. Kelly-Herard, "Valiant Shield 2020: Joint Force Training to Protect the Indo-Pacific," *U.S. Indo-Pacific Command*, 28 September 2020, https://www.pacom.mil/Media/News/News-Article-View/Article/2363711/valiant-shield-2020-joint-force-training-to-protect-the-indo-pacific/.

[10]　U.S. Mission China, "Press Statement on Ambassador Branstad's Planned Departure," *U.S. Embassy & Consulates in China*, 14 September 2020, https://china.usembassy-china.org.cn/press-statement-on-ambassador-branstads-planned-departure/.

[11]　Andrew Desiderio, "Milley: Beijing's Fears of U.S. Attack Prompted Call to Chinese General," *Politico*, 28 September 2021, https://www.politico.com/news/2021/09/28/milley-china-congress-hearing-514488.

[12]　Robert Jervis, *Perception and Misperception in International Politics*, new ed. (Princeton University Press, 2017).

[13]　Dan Blumenthal, "China's Steps Backward Began Under Hu Jintao," *Foreign Policy*, 4 June 2020, https://foreignpolicy.com/2020/06/04/china-xi-jingping-hu-jintao-aggression-ideology/.

經過多年對美國非戰爭軍事行動學說（諸如 FM100-5, 1993、[14]JP3-07, 1995[15]和 JP3-0, 2006[16]）興衰的研究和評估。2008 年中共中央軍委會的研究和評估，最終由胡錦濤批准了學說的版本。[17]2008 年中央軍委會擴大會議上提出了「非戰爭性軍事活動」此概念，這個概念在當年的國防白皮書中得到了闡述。[18]2009 年，時任中央軍委副主席的已故上將徐才厚[19]在華盛頓特區的戰略與國際研究中心（CSIS）宣揚中國對此概念的承諾。[20]

與 2006 年美國國防界內部最終從美國聯合出版物中刪除除戰爭以外的軍事行動的爭論幾乎同時發生，中國軍事思想家並未一致同意此概念的定義和用途。2010 年代，透過「非戰爭軍事活動」提高中國應對非傳統安全挑戰的能力達成了共識，但也存在一些微妙的擔憂，即過分強調軍事行動的「非戰爭」方面存在「軍隊非軍事化」的風險。[21]2009 年，解放軍最高智囊軍事科學院世界軍事研究部的研究人員強調，軍隊進行「非戰爭軍事活動」不僅是為了回應國內穩定問題，也是為了維護國家安全。塑造有利於中國戰略目標實現的外部戰略條件。[22]

解放軍國防大學副校長蕭天亮在其 2009 年出版的《軍事力量的非戰爭運用》書中指出，戰爭以外的軍事行動是提高作戰和戰術技能的有用概念，但他建議中國應該從戰略如何思考角度運用。蕭天亮於 2014 年、2021 年兩度在中

---

[14] Headquarters of Department of the Army, *FM 100-5: Operations* (Department of the Army, 1993), https://cgsc.contentdm.oclc.org/digital/collection/p4013coll9/id/49.

[15] Joint force commanders, *Stability*, 3 August 2016, https://irp.fas.org/doddir/dod/jp3_07.pdf.

[16] Joint force commanders, *Joint Operations*, 17 September 2006, https://www.globalsecurity.org/military/library/policy/dod/joint/jp3_0_2006.pdf.

[17] 中國人民解放軍軍事科學院軍隊政治工作研究中心，《非戰爭軍事行動中的政治工作》（軍事科學出版社，2009 年）。

[18] 中華人民共和國國務院新聞辦公室，〈二、國防政策〉，載於《2008 年中國的國防》（2009 年），http://big5.www.gov.cn/gate/big5/www.gov.cn/zhengce/2009-01/20/content_2615769.htm。

[19] 中國青年網，〈少將曝徐才厚賣官內幕：大軍區司令行賄兩千萬〉，2015 年 3 月 10 日，http://www.xinhuanet.com/politics/2015-03/10/c_127562610.htm。

[20] Xu Caihou, "Statesmen's Forum: General Xu Caihou," *CSIS*, 26 October 2009, https://www.csis.org/events/statesmens-forum-general-xu-caihou.

[21] Allen Carlson, "An Unconventional Tack: Nontraditional Security Concerns and China's 'Rise'," *Asia Policy*, No. 10 (July 2010), pp. 49-64.

[22] 劉琳，〈軍事力量的非戰爭運用〉，《光明日報》，2007 年 1 月 24 日。

共政治局集體學習中為領導人「講課」（中央集體學習），講授內容與世界軍事發展新趨勢和推進中共軍事創新有關，他於 2016 年晉升為中將，2023 年升任國防大學校長。[23]劉粵軍將軍（時任蘭州軍區司令）在 2013 年發表於《中國軍事科學》的長篇文章「論和平時期軍事力量的運用」中也提出了類似的觀點在考慮「和平時期使用武力」時，「對抗性軍事活動」至關重要，人民解放軍必須「堅決使用武力、先發制人」，以捍衛主權和領土完整的核心利益。[24]

　　劉粵軍的文章以及其他中國出版物含蓄地談到了「和平時期使用武力」的情況，但解放軍並沒有宣傳與美軍聯合作戰 JP3-0 中所描述的美國衝突光譜相當的情況。[25]然而，根據中國軍事文獻建立的粗略等效結果顯示，無論是強度還是邏輯，它們看起來幾乎相同。劉粵軍指出，打著「和平時期對抗性軍事行動」的幌子，活動可能升級為軍事摩擦、軍事對抗、武裝衝突，進而升級為局部戰爭。[26]與「大規模戰爭」相比，這些和平時期對抗性軍事行動的規模和範圍都有限。此構成了重建中國武力使用範圍的基礎，儘管它缺乏有用所需的特殊性或背景。但透過檢視其他解放軍消息來源如何描述具體事件，可以從規模和強度方面拼湊出這些不同軍事對抗活動的內容。

　　單獨使用中國軍事理論文本的固有問題之一是，這些文本大多是學術性質。沒有任何已知的中國軍事科學或中國軍事科學院出版物定義了什麼使事件成為「軍事對抗」而不是「武裝衝突」。2014 年夏，中國在南海爭議海域部署了海洋石油 981 鑽井平臺，可能代表著一場低端軍事對抗。[27]在內部，中國官

23　周曉輝，〈習新晉兩名上將有何說道〉，《大紀元》，2024 年 3 月 30 日，https://www.epochtimes.com/b5/24/3/29/n14213823.htm。

24　劉粵軍，〈論和平時期軍事力量的運用〉，《中國軍事科學》，第 5 期（2013 年），頁 42-51。

25　Joint force commanders, *Joint Campaigns and Operations*, 18 June 2022.

26　劉粵軍，〈論和平時期軍事力量的運用〉。

27　Michael Green, Kathleen Hicks, Zack Cooper, John Schaus, and Jake Douglas, "Counter-Coercion Series: China-Vietnam Oil Rig Standoff," *AMTI*, 12 June 2017, https://amti.csis.org/counter-co-oil-rig-standoff/.

員將此事件稱為「中建南安全行動」。[28]儘管此次活動並未涉及高端武器系統的示範使用或致命武力的使用，但中越軍隊卻發生了多起衝撞事件。

尋找未來填海造陸或島嶼入侵的解決方案相對容易。自 2014 年以來，美國國家安全界開展了一系列研究，探討中國在戰爭之外的脅迫性軍事手段，以及美國如何對抗這種手段。例如，戰略與國際研究中心的報告探討了對抗亞洲海上脅迫的方法，其中包括中國在海洋領域的軍事騷擾。[29]還有更多的著作建議如何擊敗對臺灣的全面入侵。值得注意的是，烏克蘭戰爭的經驗為臺灣如何保衛自己以及美國如何提供協助提供了教訓。[30]然而，儘管中國明確表示願意在該領域「以戰止戰」，但對兩點之間差距的討論卻較少。作為加強文化同理心的具體步驟，中國研究圈應該在可能的情況下追蹤解放軍如何學習西方概念和學說，而不僅僅是學習到什麼。如此的學術努力將有助於正確看待中國的軍事著作，從而使「灰色地帶戰略」等定義不明確的概念幾乎沒有渲染的擴散空間以及加劇西方對中國如何評估和實施其軍事戰略的誤解。

---

[28] Conor M. Kennedy and Andrew S. Erickson, "Riding A New Wave of Professionalization and Militarization: Sansha City's Maritime Militia," *CIMSEC*, 1 September 2016, https://cimsec.org/riding-new-wave-professionalization-militarization-sansha-citys-maritime-militia/.

[29] Michael Green, Kathleen Hicks, Zack Cooper, John Schaus, and Jake Douglas, Countering Coercion in Maritime Asia: The Theory and Practice of Gray Zone Deterrence (CSIS, May 2017), https://csis-website-prod.s3.amazonaws.com/s3fs-public/publication/170505_GreenM_CounteringCoercionAsia_Web.pdf.

[30] Jeffrey W. Hornung, "Ukraine's Lessons for Taiwan," *The War on the Rocks*, 17 March 2022, https://warontherocks.com/2022/03/ukraines-lessons-for-taiwan/.

參考文獻

〈中信衛星攜手中國電信實現南沙群島　3G 信號全覆蓋〉，《數字通信世界》，第 10 期（2013 年 11 月 26 日），https://m.fx361.com/news/2013/1126/20767306.html。

Erickson, Andrew S.，〈Official Music Video: 三沙海上民兵之歌 "The Song of the Sansha Maritime Militia"〉，《Andrew S. Erickson 以第一手資料研究中國》，2021 年 5 月 19 日，https://www.andrewerickson.com/2021/05/official-music-video-the-song-of-the-sansha-maritime-militia/。

三沙市人民政府，〈中國電信開通海南三沙市永暑礁、永興島 5G 基站〉，2019 年 7 月 25 日，https://www.sansha.gov.cn/sansha/mtjjs/201907/5c287a98d7df4f76a9a008c669b1d02a.shtml?ddtab=true。

中央通訊社，〈陸官媒：南海執法船驅離大批侵權外籍船〉，2015 年 5 月 29 日，https://www.cna.com.tw/news/acn/201505290273.aspx。

中國人民解放軍軍事科學院軍隊政治工作研究中心，《非戰爭軍事行動中的政治工作》（軍事科學出版社，2009 年）。

中國共產黨新聞網，〈耕耘「祖宗海」　造就新潭門〉，2013 年 12 月 16 日，http://dangjian.people.com.cn/BIG5/n/2013/1216/c372557-23854803.html。

中國青年網，〈少將曝徐才厚賣官內幕：大軍區司令行賄兩千萬〉，2015 年 3 月 10 日，http://www.xinhuanet.com/politics/2015-03/10/c_127562610.htm。

中國海洋發展研究中心，〈徐志良：三千里躍進「南門海」——中國南沙永暑礁海洋觀測站建立紀略（一）〉，2018 年 8 月 10 日，https://aoc.ouc.edu.cn/2018/0810/c9821a207621/pagem.psp。

中國廣播網，〈三沙海上民兵連成立　戰士肩挎 56 步槍宣誓〉，2013 年 7 月 23 日，https://www.chinadaily.com.cn/dfpd/2013-07/23/content_16817796_9.htm。

中華人民共和國中央人民政府，〈中國堅持通過談判解決中國與菲律賓在南海的有關爭議〉，2016 年 7 月 13 日，http://www.gov.cn/zhengce/2016-07/13/content_5090812.htm。

中華人民共和國外交部，〈「981」鑽井平台作業：越南的挑釁和中國的立場〉，2014 年 6 月 8 日，https://www.mfa.gov.cn/web/zyxw/201406/t20140608_328063.shtml。

中華人民共和國外交部，〈外交部條法司司長徐宏就菲律賓所提南海仲裁案接受中外媒體採訪實錄〉，2016 年 5 月 12 日，https://www.mfa.gov.cn/web/gjhdq_676201/gj_676203/yz_676205/1206_676452/1209_676462/201605/t20160512_7977721.shtml。

中華人民共和國外交部，〈中華人民共和國外交部關於應菲律賓共和國請求建立的南海仲裁案仲裁庭所作裁決的聲明〉，2016 年 7 月 12 日，https://www.mfa.gov.cn/nanhai/chn/snhwtlcwj/201607/t20160712_8521047.htm。

中華人民共和國國務院新聞辦公室，《2008 年中國的國防》（2009 年），http://big5.www.gov.cn/gate/big5/www.gov.cn/zhengce/2009-01/20/content_2615769.htm。

中華人民共和國國務院新聞辦公室，《2010 年中國的國防》（2011 年 3 月），http://big5.www.gov.cn/gate/big5/www.gov.cn/govweb/test/2011-03-31/content_1835465.htm。

中華人民共和國國務院新聞辦公室，《中國的軍事戰略》（2015 年 5 月），http://big5.www.gov.cn/gate/big5/www.gov.cn/zhengce/2015-05/26/content_2868988.htm。

中華人民共和國國務院新聞辦公室，《新時代的中國國防》（2019 年 7 月），http://big5.www.gov.cn/gate/big5/www.gov.cn/zhengce/2019-07/24/content_5414325.htm。

中華人民共和國駐瓜亞基爾總領事館，〈2011 年 9 月 15 日外交部發言人姜瑜舉行例行記者會〉，2011 年 9 月 15 日，http://guayaquil.china-consulate.gov.cn/fyrth/201109/t20110915_5046693.htm。

中華人民共和國駐菲律賓共和國大使館，〈關於中菲漁船相撞事故的聲明〉，2019 年 6 月 14 日，http://ph.china-embassy.gov.cn/sgdt/201906/t20190614_1215638.htm。

文宣，〈國家文物局水下考古南海基地掛牌〉，《新華社》，2023 年 2 月 22 日，https://news.cctv.com/2023/02/22/ARTITYfFHt1SjwUrGEv4dQ4h230222.shtml。

王子謙，〈海南三沙市推進南沙群島基層政權建設〉，《中國新聞網》，2014 年 3 月 26 日，http://politics.people.com.cn/n/2014/0326/c70731-24743063.html。

王子謙、侯坤，〈海南省三沙市 4 個基層人民武裝部掛牌成立〉，《中國僑網》，2015 年 1 月 7 日，http://military.people.com.cn/GB/n/2015/0107/c1011-26339396.html。

王治平、汪勇健，〈民兵參加海上維權鬥爭的幾點思考〉，《國防》，第 6 期（2013 年 6 月）。

王建剛，〈中國代表呼籲國際社會共同推進平等有序的世界多極化〉，《新華社》，2024 年 7 月 17 日，http://big5.www.gov.cn/gate/big5/www.gov.cn/yaowen/liebiao/202407/content_6963268.htm。

王斌、吳琦，〈中國電信在南沙群島開通多個光纜 4G 基站提升通訊服務品質〉，《中國新聞網》，2017 年 6 月 12 日，https://www.chinanews.com/cj/2017/06-12/8248316.shtml。

王新海，〈推進新型海防建設軍民深度融合發展的路徑選擇〉，《國防》，第 3 期（2014 年）。

王曉斌，〈三沙市推動軍警民聯防機制　構建三線海上維權格局〉，《中國新聞網》，2014 年 11 月 21 日，https://www.chinanews.com/gn/2014/11-21/6803776.shtml。

司李龍、臧晨雨，〈民兵隊伍轉型升級，成為遂行非戰爭軍事行動的重要力量〉，《中華人民共和國國防部》，2020 年 10 月 27 日，http://www.mod.gov.cn/power/2020-10/27/content_4873288.htm。

左貴東、李華真、余傳椿，〈「英雄基幹民兵營」加強海上專業分隊建設〉，《台州網》，2008 年 7 月 15 日，http://www.taizhou.com/cn/a/20080715/content_72021.html。

石江龍，〈2650 艘漁船分享 1.94 億燃油補貼〉，《奧一新聞》，2013 年 11 月 29 日。

任沁沁、王建華，〈中國核心利益不容挑戰〉，《新華網》，2015 年 5 月 25 日，http://www.xinhuanet.com//world/2015-05/25/c_1115401978.htm。

共產黨員網，〈習近平與鄉村振興的故事｜「造大船、闖深海、捕大魚」〉，https://www.12371.cn/2022/10/05/VIDE1664957041003451.shtml。

何志祥，〈談海上民兵建設「四納入」〉，《國防》，第 4 期（2013 年 4 月），頁 36-37。

何志祥，〈適應海防安全形勢——建強海上民兵組織〉，《國防》，第 1 期（2015 年 1 月），頁 48-50。

何炳文，〈萬安盆地大熊油田的勘探和開發〉，《海洋地質動態》，第 1 期（1994 年），頁 19-20。

何軍毅、趙繼承、奏景號，〈千船齊發，向著藍色國土〉，《國防部新聞》，2015 年 5 月 25 日，http://www.mod.gov.cn/mobilize/2015-05/25/content_4586486.htm。

吳廣晶、李永鵬，〈打造藍色大洋支前精兵〉，《解放軍報》，2013 年 11 月 29 日。

李勝華、薛盛屹，〈加快構建新型民兵力量體系〉，《中國軍網》，2016 年 4 月 7 日。

李華傑，〈越南海上民兵自衛隊解析〉，《國際研究參考》，第 12 期（2013 年）。

李慶芳、鄭光平、沙曉峰，〈航拍：三亞崖州中心漁港　可停放 1800 艘漁船〉，《南海網》，2016 年 6 月 21 日，https://v.hinews.cn/xinwen/show-948713.html。

李濱，〈「百年未有之大變局」：世界向何處去？〉，《人民論壇・學術前沿》，2019 年，https://china.chinadaily.com.cn/a/201905/24/WS5ce 7b0dba310e7f8b157e9d3.html。

周洪福，〈適應海洋強國要求　加強海上民兵建設〉，《國防》，第 6 期（2015 年 6 月），頁 47-48。

周曉輝，〈習新晉兩名上將有何說道〉，《大紀元》，2024 年 3 月 30 日，https://www.epochtimes.com/b5/24/3/29/n14213823.htm。

林瑞益、蔡雯如，〈太平島碼頭啟用　海巡官員唱獨角戲〉，《中時新聞網》，2024 年 3 月 27 日，https://www.chinatimes.com/newspapers/202403 27000670-260118?chdtv。

侯坤，〈資訊化民兵哨所落戶南海島礁〉，《解放軍報》，2015 年 7 月 30 日，http://cpc.people.com.cn/n/2015/0730/c83083-27383583.html。

侯坤、陽宗峰，〈南海三沙民兵處置侵入領海外籍漁船　部署美濟礁〉，《中國國防報》，2016 年 1 月 27 日，https://www.chinanews.com/mil/2016/01-27/7735164.shtml。

南方日報，〈廣東海上民兵綜合應急機動大隊成立〉，2013 年 7 月 2 日。

南海問題，〈中國外長王毅就所謂南海仲裁庭裁決結果發表談話〉，2016 年 7 月 12 日，https://www.mfa.gov.cn/nanhai/chn/wjbxw/201607/t20160712_ 8524569.htm。

南海戰略態勢感知計劃，《越南漁船跟蹤監視項目報告：越南漁船 3 月非法活動激增，在海南及整個南海》，2020 年 4 月 3 日，http://www.scspi.org/zh/ dtfx/1585922607。

南國都市報，〈將漁民編入民兵保家衛國〉，2013 年 1 月 27 日，http://ngdsb. hinews.cn/html/2013-01-27/content_5_6.htm。

軍事科學院軍事戰略研究部編著，《戰略學》（軍事科學出版社，2013 年）。

韋強，〈越南海上民兵自衛隊〉，《現代艦船》，第 4 期（2012 年）。

孫少龍，〈國務院批准海南省三沙市設立市轄區〉，《人民日報》，2020 年 4 月 19 日，http://politics.people.com.cn/BIG5/n1/2020/0419/c1001-31678946. html。

孫國祥，《論混合戰之概念與實踐：戰略的視角》（五南圖書，2022 年）。

孫蕊、林華、謝非，〈北斗衛星導航系統在海洋漁業生產中的應用〉，《漁業現代化》，第 44 卷第 6 期（2017 年），頁 94-100。

宮玉聰、倪大偉、丁紹學，〈上海警備區提高應急應戰支援保障能力見聞〉，《中國共產黨新聞網》，2017 年 12 月 8 日，http://cpc.people.com.cn/n1/2017/1208/c415067-29694737.html。

徐海峰，〈適應新形勢全面規範海上民兵建設〉，《國防》，第 2 期（2014 年 2 月）。

海洋委員會海巡署艦隊分署，〈南沙太平島港側浚深及碼頭整修工程計畫〉，2019 年 10 月 4 日，https://www.cga.gov.tw/GipOpen/wSite/ct?xItem=138407&ctNode=11258&mp=9997。

耿學鵬，〈越南撥款 2 億美元造遠海漁船　同時斥資 5 億造海警船〉，《搜狐網》，2014 年 7 月 4 日，http://news.sohu.com/20140704/n401801653.shtml。

國際船舶網，〈東海航保中心成功研發北斗 AIS 船載終端〉，2014 年 1 月 7 日，https://www.eworldship.com/html/2014/Manufacturer_0107/81287.html。

崔浩然，〈新形勢下越南南海政策的調整及中國的應對策略〉，《當代世界社會主義問題》，第 4 期（2018 年），頁 156-165。

崔浩然，〈公私合作視角下海上民兵參與國家海洋維權活動研究〉，《南洋問題研究》，第 3 期（2021 年），頁 72-83。

張玉良主編，《戰役學》（國防大學出版社，2006 年）。

張珈綺、苗鵬，〈探索新型民兵建設之路〉，《中國民兵》，第 7 期（2017 年），頁 27-30。

張惠寧，〈海南擬將漁民納入工傷險範疇　須衝破「身份」障礙〉，《海南日報》，2014 年 5 月 9 日，https://www.hinews.cn/news/system/2014/05/09/016655827.shtml。

張榮勝、陳明輝，〈關於組織動員海上民兵參與維權行動的幾點思考〉，《國防》，第 8 期（2014 年 8 月）。

曹佩弦，〈三沙民兵：南海長城守衛者〉，《新華網》，2016 年 9 月 28 日，
　　https://read01.com/LLA0zJ.html。

曹樹建、劉健，〈大海成為民兵練兵戰備主戰場〉，《中國國防報》，2014 年
　　11 月 3 日。

梁鵬、張永戰，〈南沙群島道明群礁庫歸沙洲脊槽地貌定量研究〉，《高校地
　　質學報》，第 28 卷第 5 期（2022 年），頁 768-775。

習近平，〈在紀念中國人民志願軍抗美援朝出國作戰 60 周年座談會上的講
　　話〉，《共產黨員網》，2010 年 10 月 25 日，https://news.12371.cn/2014/
　　10/24/ARTI1414112885770678.shtml。

習近平，〈在紀念中國人民志願軍抗美援朝出國作戰 70 周年大會上的講
　　話〉，《新華網》，2020 年 10 月 23 日，http://www.xinhuanet.com/
　　politics/2020-10/23/c_1126647316.htm。

陳相秒，〈南海的「黑洞」——越南海上民兵〉，《中國南海研究院網站》，
　　2020 年 4 月 30 日，http://www.nanhai.org.cn/review_c/432.html。

喬良、王湘穗，《超限戰》（解放軍文藝出版社，1999 年）。

喬良、王湘穗，《超限戰——中國人提出的新戰爭觀美國人如何應對》（長江
　　文藝出版社，2016 年）。

曾鵬翔、傅志剛、連榮華，〈科學構建海上民兵管控體系〉，《國防》，第 12
　　期（2014 年 12 月），頁 68-70，https://m.fx361.com/news/2014/0111/
　　14696701.html。

越通社，〈越南廣義省被中國漁檢力量攻擊的漁船已靠岸〉，2014 年 5 月 19
　　日，https://zh.vietnamplus.vn/越南廣義省被中國漁檢力量攻擊的漁船已靠
　　岸/-post25657.vnp。

鈞政，〈進行新時代軍事鬥爭的戰略指導——深入學習貫徹習近平強軍思想之
　　四〉，《解放軍報》，2022 年 9 月 2 日，http://dangjian.people.com.cn/
　　BIG5/n1/2022/0902/c117092-32517942.html。

黃國志，〈越南部署 EXTRA 火箭彈威脅我南海島礁，怎麼破〉，《澎湃新
　　聞》，2016 年 3 月 21 日，https://m.thepaper.cn/newsDetail_forward_1446441。

新華絲路，〈中國（海南）南海博物館開館〉，2018 年 5 月 2 日，
　　https://www.imsilkroad.com/news/p/93599.html。

新華網，〈浙江省加強海上民兵建設　突出應急處突策略訓練〉，2013 年 12
　　月 4 日，https://www.chinanews.com.cn/mil/2013/12-04/5580186.shtml。

新華網，〈三沙市委書記：拓展藍色經濟空間需陸海統籌〉，2016 年 3 月 14
　　日，　https://www.nanhai.org.cn/index.php/Index/Info/content/cid/21/id/2547.
　　html。

當代中國叢書編輯部，《當代中國民兵》（中國社會科學出版社，1988 年）。

董相宏、夏鵬飛、張志榮，〈海防民兵「船好兵強」守海疆〉，《中國國防
　　報》，2018 年 12 月 2 日。

解放軍報，〈體系作戰如何破網「點穴」〉，2017 年 5 月 2 日，
　　http://military.people.com.cn/n1/2017/0502/c1011-29247744.html。

解清，〈提高國防動員潛力轉化效率〉，《中華人民共和國國防部》，2017 年
　　7 月 11 日，http://www.mod.gov.cn/mobilization/2017-07/11/content_4785215.
　　htm。

壽曉松主編，《戰略學》（軍事科學出版社，2006 年）。

廖剛斌、王牌、熊睿，〈海上民兵分隊建設存在的問題與對策〉，《國防》，
　　第 8 期（2014 年）。

福建日報，〈福建：3800 艘漁船將裝北斗終端〉，2014 年 6 月 13 日，
　　http://www.beidou.gov.cn/attach/2014/07/25/20140725.pdf。

劉七虎、鄭一冰，〈依託海上民船民兵建立偵察信息體系〉，《國
　　防》，第 6 期（2007 年）。

劉宗峰，〈海上支前，向著深藍挺進——上海市支援保障海上作戰動員演練側
　　記〉，《國防部新聞》，2014 年 1 月 27 日，http://mod.gov.cn/mobilize/
　　2014-01/27/content_4487459.htm。

劉建東、張先國、管水鎖，〈「海上民兵分隊」揚帆啟航〉，《解放軍報》，
　　2006 年 3 月 13 日。

劉晉榮，〈海南潭門漁民為南海主權奠定基礎：開發即擁有〉，《瞭望東方週

刊》，第 29 期（2014 年），https://news.sina.com.cn/c/2014-07-28/105030589534.shtml。

劉逢安、黎雲，〈新一代「軍事訓練與考核大綱」頒發〉，《中國中央電視台》，2007 年 7 月 5 日，https://news.cctv.com/news_2007/20080724/107141.shtml。

劉琳，〈軍事力量的非戰爭運用〉，《光明日報》，2007 年 1 月 24 日。

劉粵軍，〈論和平時期軍事力量的運用〉，《中國軍事科學》，第 5 期（2013 年），頁 42-51。

劉賜貴，〈海南省政府工作報告〉，《海南政府網》，2016 年 1 月 26 日，http://district.ce.cn/newarea/roll/201601/29/t20160129_8641442_3.shtml。

蔡從燕，〈論「以國際法為基礎的國際秩序」〉，《中國社會科學》，第 1 期（2023 年），頁 24-43。

鄧偉余、趙繼承，〈「海上民兵」崛起在藍色國土〉，《國防》，第 2 期（2007 年 9 月）。

戴佳辰、耿躍亭，〈海上維權民船動員需求與對策研究〉，《國防》，第 10 期（2015 年 10 月），頁 41-44。

環球時報，〈專家：10 萬漁民民兵化　南海諸國都不是對手〉，2012 年 6 月 28 日，http://mil.huanqiu.com/Observation/2012-06/2862590.html。

環球網，〈積極支持國防建設　三沙市基層武裝部今掛牌〉，2015 年 1 月 6 日，https://china.huanqiu.com/article/9CaKrnJGrk6。

環球網，〈揭秘解放軍工資：陸軍少尉排長月薪約 3000 元〉，2015 年 1 月 19 日，http://finance.people.com.cn/n/2015/0119/c1004-26407047.html。

薛志亮、陳茂，〈加強黨對國防動員全面領導〉，《中國國防報》，2024 年 3 月 15 日。

韓玉平，〈夯實人民武裝的根基〉，《中國共產黨新聞網》，2017 年 11 月 5 日，http://theory.people.com.cn/n1/2017/1105/c40531-29627338.html。

叢黎明、馬紹惠，〈威海軍民推進海防建設融合發展〉，《國防部新聞》，2015 年 1 月 28 日，http://www.mod.gov.cn/mobilize/2015-01/28/content_

4567330.htm。

魏聯軍、焦景宏、王根成，〈形之變，備之變，訓之變，中國民兵從強大向精銳邁進〉，《新華網》，2018 年 12 月 17 日，http://www.xinhuanet.com/mil/2018-12/17/c_1210016924.htm。

Acosta, Rene, "Philippines Announce 4 New Locations to Host U.S. Troops," *U.S. Naval Institute*, 3 April 2023, https://news.usni.org/2023/04/03/philippines-announce-4-new-locations-to-host-u-s-troops.

Anand, R. P., "Maritime Practice in South-East Asia Until 1600 A.D. and the Modern Law of the Sea," *International and Comparative Law Quarterly*, Vol. 30, No. 2 (April 1981), pp. 440-454.

Aoi, Chiyuki, Madoka Futamura, and Alessio Patalano, "Introduction 'Hybrid Warfare in Asia: Its Meaning and Shape'," *The Pacific Review*, Vol. 31, No. 6 (2018), pp. 693-713.

Ásgeirsdóttir, Áslaug and Martin Steinwand, "Dispute Settlement Mechanisms and Maritime Boundary Settlements," *The Review of International Organizations*, Vol. 10, No. 2 (2015), pp. 119-143.

Asia Maritime Transparency Initiative (AMTI), "Airpower in the South China Sea," 29 July 2015, https://amti.csis.org/airstrips-scs/.

Asia Maritime Transparency Initiative (AMTI), "Another Piece of the Puzzle," 22 February 2016, https://amti.csis.org/another-piece-of-the-puzzle/.

Asia Maritime Transparency Initiative (AMTI), "Philippines v. China: Arbitration Outcomes," 12 July 2016, https://amti.csis.org/arbitration-map/.

Asia Maritime Transparency Initiative (AMTI), "Build It and They Will Come," 1 August 2016, https://amti.csis.org/build-it-and-they-will-come/.

Asia Maritime Transparency Initiative (AMTI), "China's New Spratly Island Defenses," 13 December 2016, https://amti.csis.org/chinas-new-spratly-island-defenses/.

Asia Maritime Transparency Initiative (AMTI), "China's Continuing Reclamation in the Paracels," 9 August 2017, https://amti.csis.org/paracels-beijings-other-buildup/.

Asia Maritime Transparency Initiative (AMTI), "A Constructive Year for Chinese Base Building," 14 December 2017, https://amti.csis.org/constructive-year-chinese-building/.

Asia Maritime Transparency Initiative (AMTI), "Comparing Aerial and Satellite Images of China's Spratly Outposts," 16 February 2018, https://amti.csis.org/comparing-aerial-satellite-images-chinas-spratly-outposts/.

Asia Maritime Transparency Initiative (AMTI), "An Accounting of China's Deployments to the Spratly Islands," 9 May 2018, https://amti.csis.org/accounting-chinas-deployments-spratly-islands/.

Asia Maritime Transparency Initiative (AMTI), "Exercises Bring New Weapons to the Paracels," 24 May 2018, https://amti.csis.org/exercises-bring-new-weapons-paracels/.

Asia Maritime Transparency Initiative (AMTI), "China Lands First Bomber on South China Sea Island," 18 May 2018, https://amti.csis.org/china-lands-first-bomber-south-china-sea-island/.

Asia Maritime Transparency Initiative (AMTI), "China Quietly Upgrades a Remote Reef," 20 November 2018, https://amti.csis.org/china-quietly-upgrades-bombay-reef/.

Asia Maritime Transparency Initiative (AMTI), "Under Pressure: Philippine Construction Provokes a Paramilitary Response," 6 February 2019, https://amti.csis.org/under-pressure-philippine-construction-paramilitary-response/.

Asia Maritime Transparency Initiative (AMTI), "Still Under Pressure: Manila Versus the Militia," 16 April 2019, https://amti.csis.org/still-under-pressure-manila-versus-the-militia/.

Asia Maritime Transparency Initiative (AMTI), "Failing or Incomplete? Grading the South China Sea Arbitration," 11 July 2019, https://amti.csis.org/failing-or-incomplete-grading-the-south-china-sea-arbitration/.

Asia Maritime Transparency Initiative (AMTI), "Signaling Sovereignty: Chinese Patrols at Contested Reefs," 26 September 2019, https://amti.csis.org/signaling-sovereignty-chinese-patrols-at-contested-reefs.

Asia Maritime Transparency Initiative (AMTI), "Seeking Clues in the Case of the Yuemaobinyu 42212," 15 October 2019, https://amti.csis.org/seeking-clues-in-the-case-of-the-yuemaobinyu-42212/.

Asia Maritime Transparency Initiative (AMTI), "Updated: China Risks Flare-Up over Malaysian, Vietnamese Gas Resources," 13 December 2019, https://amti.csis.org/china-risks-flare-up-over-malaysian-vietnamese-gas-resources/.

Asia Maritime Transparency Initiative (AMTI), "Malaysia Picks a Three-Way Fight in the South China Sea," 21 February 2020, https://amti.csis.org/malaysia-picks-a-three-way-fight-in-the-south-china-sea/.

Asia Maritime Transparency Initiative (AMTI), "Update: Chinese Survey Ship Escalates Three-Way Standoff," 30 April 2020, https://amti.csis.org/chinese-survey-ship-escalates-three-way-standoff/.

Asia Maritime Transparency Initiative (AMTI), "Vietnam's Major Spratly Expansion," 14 December 2022, https://amti.csis.org/vietnams-major-spratly-expansion/.

Asia Maritime Transparency Initiative (AMTI), "Hanoi in High Gear: Vietnam's Spratly Expansion Accelerates," 7 June 2024, https://amti.csis.org/hanoi-in-high-gear-vietnams-spratly-expansion-accelerates/.

Asia Maritime Transparency Initiative (AMTI), "Island Tracker,", https://amti.csis.org/island-tracker/.

Associated Press, "Pentagon Tests Long-Banned Ballistic Missile Over Pacific," *VOA*, 13 December 2019, https://www.voanews.com/a/usa_pentagon-tests-long-banned-ballistic-missile-over-pacific/6180991.html.

Australian Defence Force, *2020 Defence Strategic Update* (1 July 2020), https://www.defence.gov.au/about/strategic-planning/2020-defence-strategic-update.

Australian Defence Force, *Joint statement on inaugural India-Australia 2+2 ministerial dialogue* (11 September 2021), https://www.minister.defence.gov.au/statements/2021-09-11/joint-statement-inaugural-india-australia-22-ministerial-dialogue.

Australian Defence Force, "Australian, UK and US Partnership," 2022, https://www.defence.gov.au/about/taskforces/nuclear-powered-submarine-task-force/australian-uk-and-us-partnership/.

Australian Government Department of Foreign Affairs and Trade, *2017 Australian Foreign Policy White Paper* (November 2017), https://www.dfat.gov.au/sites/default/files/2017-foreign-policy-white-paper.pdf.

Axe, David, "China's Giant New Warship Packs Killer Long-Range Missiles," *The National Interest*, 31 December 2019, https://nationalinterest.org/blog/buzz/china%E2%80%99s-giant-new-warship-packs-killer-long-range-missiles-109786.

Azad, Tahir Mahmood, Muhammad Waqas Haider, and Muhammad Sadiq, "Understanding Gray Zone Warfare from Multiple Perspectives," *World Affairs*, Vol. 186, No. 1 (March 2023), pp. 81-104.

Barthwal-Datta, Monika and Priya Chacko, "The Politics of Strategic Narratives of Regional Order in the Indo-Pacific: Free, Open, Prosperous, Inclusive?," *Australian Journal of International Affairs*, Vol. 74, No. 3 (2020), pp. 244-263.

Baum, Aaron, Ania Zolyniak, and Nikhita Salgame, "Water Wars: Glimmers of Hope Alongside Further Tensions in the Indo-Pacific," *Lawfare*, 1 August 2024, https://www.lawfaremedia.org/article/water-wars--glimmers-of-hope-alongside-further-tensions-in-the-indo-pacific.

Baviera, Aileen S. P., "Arbitration Over, Time for China to Lead Responsibility," *Global Asia*, Vol. 11, No. 3 (Fall 2016), http://appfi.ph/publications/commentaries/865-arbitration-over-time-for-china-to-lead-responsibly.

BBC News, "Syria War: Why Was Shayrat Airbase Bombed?," 7 April 2017, https://www.bbc.com/news/world-us-canada-39531045.

Beckman, Robert and Leonardo Bernard, "Disputed Areas in the South China Sea: Prospects for Arbitration or Advisory Opinion," paper at the Third International Workshop, South China Sea: Cooperation for Regional Security and Development, Hanoi, 2011, November 15-16, http://cil.nus.edu.sg/wp/wp-content/uploads/2009/09/Beckman-Bernard-Paper-DAV-Conf-3-5-Nov-2011.pdf.

Beckman, Robert, "China's 'Island-Building' in the South China Sea: Implications for Regional Security," in Ron Huisken, ed., *Regional Security Outlook 2017* (Council for Security Cooperation in the Asia Pacific, 2017).

Bellflower, John W., "The Influence of Law on Command of Space," *Air Force Law Review*, Vol. 65 (2010), pp. 107-144.

Bisley, Nick and Benjamin Schreer, "Australia and the Rules-Based Order in Asia: Of Principles and Pragmatism," *Asian Survey*, Vol. 58, No. 2 (2018), pp. 302-319.

Blasko, Dennis, *The Chinese Army Today*, 2nd ed. (Routledge, 2012).

Blasko, Dennis J., "Walk, Don't Run: Chinese Military Reforms in 2017," *The War on the Rock*, 9 January 2017, https://warontherocks.com/2017/01/walk-dont-run-chinese-military-reforms-in-2017/.

Blumenthal, Dan. "China's Steps Backward Began Under Hu Jintao," *Foreign Policy*, 4 June 2020, https://foreignpolicy.com/2020/06/04/china-xi-jingping-hu-jintao-aggression-ideology/.

Bo Zhiyue, "The PLA and the Provinces," in *Civil-Military Relations in Today's China: Swimming in a New Sea* (Routledge, 2006).

Booth, Ken, *Navies and Foreign Policy* (Routledge, 2014 [1977]).

Brimelow, Benjamin, "Vietnam's Rare Commemoration of a Deadly South China Sea Battle Is a Quiet But Direct Message to Beijing," *Business Insider*, 24 May

2022, https://www.businessinsider.com/vietnam-marks-johnson-south-reef-battle-amid-tensions-with-china-2022-5.

Bueger, Christian, "What Is Maritime Security?," *Marine Policy*, 27 December 2014, https://www.sciencedirect.com/science/article/pii/S0308597X14003327.

Bueger, Christian and Timothy Edmunds, "Pragmatic Ordering: Informality, Experimentation, and the Maritime Security Agenda," *Review of International Security*, Vol. 47, No. 2 (January 2021), pp. 171-191.

Buszynski, Leszek and Do Thanh Hai, eds., The South China Sea: From a Regional Maritime Dispute to Geo-Strategic Competition (Routledge, 2020).

Byrne, Caitlin, "Securing the 'Rules-Based Order' in the Indo-Pacific: The Significance of Strategic Narrative," *Security Challenges*, Vol. 16, No. 3 (August 2020), pp. 10-15.

Caflisch, Luicus, "Les frontières, limites et délimitations internationales-quelle importance aujourd'hui?", *Recueils des Cours de l'Académie de Droit International de La Haye* (2013), pp. 9-46.

Carlson, Allen, "An Unconventional Tack: Nontraditional Security Concerns and China's 'Rise'," *Asia Policy*, No. 10 (July 2010), pp. 49-64.

Carlson, John and Neville Yeomans, "Whither Goeth the Law-Humanity or Barbarity," in M. Smith & D. Crossley, eds., *The Way Out-Radical Alternatives in Australia* (Lansdowne Press, 1975), http://www.laceweb.org.au/whi.htm.

Carpio, Antonio, "The Banyan Tree Leadership Forum with Antonio Carpio," *Center for Strategic and International Studies*, 5 October 2015, https://www.csis.org/events/banyan-tree-leadership-forum-antonio-carpio.

Carr, Andrew, "No Longer a Middle Power: Australia's Strategy in the 21st Century," *Focus stratégique*, No. 92 (September 2019), pp. 1-50.

Cavas, Christopher P., "China's 'Little Blue Men' Take Navy's Place in Disputes," *Defense News*, 2 November 2015, https://www.defensenews.com/naval/2015/11/03/chinas-little-blue-men-take-navys-place-in-disputes/.

Cavas, Christopher P., "China's Maritime Militia a Growing Concern," *Defense News*, 21 November 2016, https://www.defensenews.com/naval/2016/11/22/chinas-maritime-militia-a-growing-concern/.

Chan, Ryan, "US Ally Scrambles Jets Against Chinese Aircraft," *Newsweek*, 5 August 2024, https://www.newsweek.com/japan-scrambles-jets-against-chinese-aircraft-taiwan-1934462.

Chang, Agnes, "Hannah Beech, How China Rebuilt a Cambodian Naval Base," *New York Times*, 18 July 2024, https://www.nytimes.com/interactive/2024/07/14/world/asia/china-cambodia-military-warship-base.html.

China Daily, "President Pays Visit to Hainan Fishermen," 11 April 2012, http://usa.chinadaily.com.cn/2013-04/11/content_16394643.htm.

China Satellite Navigation Office, "Report on the Development of Beidou Navigation Satellite System (Version 4.0)," December 2019, http://www.beidou.gov.cn/xt/gfxz/201912/P020191227430565455478.pdf.

Chinese Society of International Law (CSIL), *The South China Sea Arbitration: A Critical Study* (Foreign Languages Press, 2018), https://academic.oup.com/chinesejil/article/17/2/207/4995682.

Chinese Submission to the UN Division for Ocean Affairs and the Law of the Sea; Notes Verbales CML/17/2009, http://www.un.org/Depts/los/clcs_new/submissions_files/mysvnm33_09/chn_2009re_mys_vnm_e.pdf.

Choi, Timothy, "Why the US Navy's First South China Sea FONOP Wasn't a FONOP," *CIMSEC*, 3 November 2015, http://cimsec.org/why-the-us-navys-first-south-china-sea-fonop-wasnt-a-fonop/19681.

Clark, James, "Forest City Malaysia—A New City on Man-Made Islands near Singapore," *Living In Asia*, 8 April 2020, https://livinginasia.co/forest-city/.

Cohen, Rachel S., "Congress Endorses Hypersonic Weapons as Development Ramps Up," *Air & Space Forces Magazine*, 2 January 2020, https://www.airandspaceforces.com/congress-endorses-hypersonic-weapons-as-development-ramps-up/.

Cole, J. Michael, "China Opens Large Fishing Port to 'Safeguard' South China Sea Claims," *The News Lens International*, 2 August 2016, https://www. andrewerickson.com/2016/08/china-opens-large-fishing-port-to-safeguard-south-china-sea-claims/.

Collins, Gabriel, "Foreign Investors and China's Naval Buildup," *The Diplomat*, 9 September 2015, https://thediplomat.com/2015/09/foreign-investors-and-chinas-naval-buildup/.

Cook, Damen, "China's Most Important South China Sea Military Base," *The Diplomat*, 9 March 2017, https://thediplomat.com/2017/03/chinas-most-important-south-china-sea-military-base/.

Cooley, Alexander, Daniel Nexon, and Steven Ward, "Revising Order or Challenging the Balance of Military Power? An Alternative Typology of Revisionist and Status-quo States," *Review of International Studies*, Vol. 45, No. 4 (March 2019), pp. 689-708.

Cornish, Paul, Julian Lindley-French, and Claire Yorke, "Strategic Communications and National Strategy," *Chatham House Report* (September 2011).

Cronin, Patrick M. and Ryan Neuhard, "Total Competition, China's Challenge in the South China Sea," *Center for a New American Security*, 8 January 2020, pp. 5-28, https://www.cnas.org/publications/reports/total-competition.

Cruz, Beatriz Marie D., "Philippines to build port on Nanshan Island in Spratlys," *Business World*, 14 January 2024, https://www.bworldonline.com/the-nation/2024/01/14/568837/philippines-to-build-port-on-nanshan-island-in-spratlys/#google_vignette.

C-SPAN, "Senate Armed Services Committee Hearing on Afghanistan Withdrawal," 28 September 2021, https://www.c-span.org/video/?514537-1/senate-armed-services-committee-hearing-afghanistan-withdrawal.

Đặng Huyền, "Nghị sỹ Mỹ: Hành động của Trung Quốc vi phạm chủ quyền của Việt

Nam," *Vietnam Plus*, 27 July 2019, https://www.vietnamplus.vn/ha-vien-my-hanh-dong-cua-trung-quoc-vipham-chu-quyen-cua-viet-nam/584712.vnp.

Davenport, Tara, "Chapter 4: Procedural Issues Arising from China's Non-participation in the South China Sea Arbitration," in S. Jayakumar, Tommy Koh, Robert Beckman, Tara Davenport, and Hao D. Phan, eds., *The South China Sea Arbitration* (NUS Centre for International Law, October 2018), pp. 65-99.

Davenport, Tara, "Island-Building in the South China Sea: Legality and Limits," *Asian Journal of International Law*, Vol. 8, No. 1 (2018), pp. 76-90.

Denyer, Simon, "How China's Fishermen Are Fighting a Covert War in the South China Sea," *Washington Post*, 12 April 2016, https://www.washingtonpost.com/world/asia_pacific/fishing-fleet-puts-china-on-collision-course-with-neighbors-in-south-china-sea/2016/04/12/8a6a9e3c-fff3-11e5-8bb1-f124a43f84dc_story.html?postshare=451460511139565.

Desiderio, Andrew, "Milley: Beijing's Fears of U.S. Attack Prompted Call to Chinese General," *Politico*, 28 September 2021, https://www.politico.com/news/2021/09/28/milley-china-congress-hearing-514488.

Distefano, Giovanni, "Time Factor and Territorial Disputes," in Marcelo G. Kohen and Mamadou Hébité, eds., *Research Handbook on Territorial Disputes in International Law* (Edward Elgar Publishing, 2018), p. 397.

Dowse, Andrew and Sascha-Dominik Bachmann, "Explainer: What Is 'Hybrid Warfare' and What Is Meant by the 'Grey Zone'?," *The Conversation*, June 2019, http://theconversation.com/explainer-what-is-hybrid-warfare-and-what-is-meant-by-the-grey-zone-118841.

Doyle, Timothy and Dennis Rumley, *The Rise and Return of the Indo-Pacific* (Oxford University Press, 2019).

Duncombe, Constance and Tim Dunne, "After Liberal World Order," *International Affairs*, Vol. 94, No. 1 (January 2018), pp. 25-42.

Dunlap, Charles J., "Law and Military Interventions: Preserving Humanitarian Values in 21st Conflicts," paper prepared for the Humanitarian Challenges in Military Intervention Conference, Carr Ctnter for Human Rights Policy, Kennedy School of Government, Harvard University, Washington, D.C., 2001, November 29, http://people.duke.edu/~pfeaver/dunlap.pdf.

Dunlap, Charles J., "Lawfare Amid Warfare," *The Washington Times*, 3 August 2007, https://www.washingtontimes.com/news/2007/aug/03/lawfare-amid-warfare/.

Dunlap, Charles J., "Lawfare Today: A Perspective," *Yale Journal of International Affairs* (Winter 2008), pp. 146-154.

Dupuy, Florian and Pieere-Marie Dupuy, "A Legal Analysis of China's Historic Rights Claim in the South China Sea," *American Journal of International Law*, Vol. 107, No. 1 (January 2013), pp. 124-141.

Duy Hồng, "Đảng viên trong lực lượng dân quân tự vệ tăng từ 13,8% lên 20,1%," *Thanh Niên*, 1 March 2020, https://www.dqtv.vn/2020/03/ang-vien-trong-luc-luong-dan-quan-tu-ve.html.

East Pendulum (@HenriKenhmann) Twitter account, 30 June 2019, https://twitter.com/HenriKenhmann/status/1145338072818544641.

Eckstein, Megan, "Marines Test 'Lightning Carrier' Concept, Control 13 F-35Bs from Multiple Amphibs," *U.S. Naval Institute*, 23 October 2019, https://news.usni.org/2019/10/23/marines-test-lightning-carrier-concept-control-13-f-35bs-from-multiple-amphibs.

Engel, Eliot, "Engel Statement on Chinese Interference in Vietnamese-Controlled Waters," *US Congress*, 26 July 2019, https://justfacts.votesmart.org/public-statement/1364032/engel-statement-on-chinese-interference-in-vietnamese-controlled-waters.

English, Trevor, "Kansai Airport: The World's Longest Airport," *Interesting Engineering*, 15 January 2016, https://interestingengineering.com/kansai-airport-the-worlds-longest-airport.

Erickson, Andrew S., "New U.S. Security Strategy Doesn't Go Far Enough on South

China Sea," *Wall Street Journal*, 24 August 2015, http://blogs.wsj.com/chinarealtime/2015/08/24/new-asia-pacific-maritime-security-strategy-necessary-but-insufficient/?mod=WSJBlog.

Erickson, Andrew S., "Making Waves in the South China Sea: A ChinaFile Conversation," *ChinaFile*, 28 October 2015, http://www.chinafile.com/conversation/making-waves-south-china-sea.

Erickson, Andrew S., "The China Maritime Militia Bookshelf," *Andrew S. Erickson. China Analysis from Original Sources*, 21 May 2019, https://www.andrewerickson.com/2019/05/the-china-maritime-militia-bookshelf-complete-with-latest-recommendations-fact-sheet-4/.

Erickson, Andrew S. and Conor M. Kennedy, "Meet the Chinese Maritime Militia Waging a 'People's War at Sea'," *Wall Street Journal*, 30 March 2015, https://www.wsj.com/articles/BL-CJB-26372.

Erickson, Andrew S. and Conor M. Kennedy, "China's Island Builders: The People's War at Sea," *Foreign Affairs*, 9 April 2015, https://www.foreignaffairs.com/articles/east-asia/2015-04-09/china-s-island-builders.

Erickson, Andrew S. and Conor M. Kennedy, "Tanmen Militia: China's 'Maritime Rights Protection' Vanguard," *The National Interest*, 6 May 2015, http://www.nationalinterest.org/feature/tanmen-militia-china%E2%80%99s-maritime-rights-protection-vanguard-12816.

Erickson, Andrew S. and Conor Kennedy, "Directing China's 'Little Blue Men': Uncovering the Maritime Militia Command Structure," *AMTI*, 11 September 2015, https://amti.csis.org/directing-chinas-little-blue-men-uncovering-the-maritime-militia-command-structure/.

Erickson, Andrew S. and Conor M. Kennedy, "Irregular Forces at Sea: 'Not Merely Fishermen — Shedding Light on China's Maritime Militia'," *CIMSEC*, 2 November 2015, http://cimsec.org/new-cimsec-series-on-irregular-forces-at-sea-not-merely-fishermen-shedding-light-on-chinas-maritime-militia/19624.

Erickson, Andrew S. and Conor M. Kennedy, "China's Daring Vanguard: Introducing Sanya City's Maritime Militia," *CIMSEC*, 5 November 2015, https://cimsec.org/chinas-daring-vanguard-introducing-sanya-citys-maritime-militia/.

Erickson, Andrew S. and Conor M. Kennedy, "Trailblazers in Warfighting: The Maritime Militia of Danzhou," *CIMSEC*, 1 February 2016, https://cimsec.org/trailblazers-warfighting-maritime-militia-danzhou/.

Erickson, Andrew S. and Conor M. Kennedy, "China's Maritime Militia," *CNA*, 7 March 2016, https://www.cna.org/cna_files/pdf/chinas-maritime-militia.pdf.

Esmaquel II, Paterno R. "China Chopper Harasses PH Rubber Boat in Ayungin Shoal—Lawmaker," *Rappler*, 31 May 2018, https://www.rappler.com/nation/203720-chinese-helicopter-harass-rubber-boat-ayungin-shoal-spratly-islands.

European Commission, "Maritime Security Strategy," 3 March 2021, https://oceans-and-fisheries.ec.europa.eu/ocean/blue-economy/other-sectors/maritime-security-strategy_en.

Fabey, Michael, "High Maintenance," *Jane's Navy International* (January/ February 2020), pp. 10-11.

Fang, Huacan and Menglan Duan, "Chapter 5 - Special Problems in Sea Petroleum Engineering for Beaches and Shallow Sea Areas," in *Offshore Operation Facilities* (2014), pp. 687-780, https://www.sciencedirect.com/topics/engineering/artificial-island.

Feng, Emily, "On a Remote Island, a Test of Wills between the Philippines and China," *NPR*, 11 April 2024, https://www.npr.org/2024/04/11/1242978053/philippines-china-south-china-sea-thitu-island.

Flockhart, Trine, "The Coming Multi-order World," *Contemporary Security Policy*, Vol. 37, No. 1 (2016), pp. 3-30.

Foreign, Commonwealth & Development Office, "UK Government's Position on Legal Issues Arising in the South China Sea," *data.parliament.uk*, September 2020, http://data.parliament.uk/DepositedPapers/Files/DEP2020-0516/UK_

govt_analysis_of_legal_issues_in_the_South_China_Sea.pdf.

Fox, Senan, *Mischief Reef: China, the Philippines and a Disputed Atoll in the South China Sea* (Palgrave MacMillan, 2021).

Franckx, Erik and Marco Benatar, "Dots and Lines in the South China Sea: Insights from the Law of Map Evidence," *Asian Journal of International Law*, Vol. 2, No. 1 (January 2012), pp. 89-118.

Fravel, M. Taylor, *Active Defense: China's Military Strategy since 1949* (Princeton University Press, 2020).

Fravel, M. Taylor and Christopher P. Twomey, "Projecting Strategy: The Myth of Chinese Counter-intervention," *The Washington Quarterly*, Vol. 37, No. 4 (Winter 2015), pp. 171-187.

Freedberg, Sydney J., "Army Wants Hypersonic Missile Unit by 2023: Lt. Gen. Thurgood," *Breaking Defense*, 4 June 2019, https://breakingdefense.com/2019/06/army-wants-hypersonic-missile-unit-by-2023-lt-gen-thurgood/.

Gao, Charlie, "Here's What Is Known About China's First Homemade Type 002 Aircraft Carrier," *The National Interest*, 17 September 2019, https://nationalinterest.org/blog/buzz/heres-what-known-about-chinas-first-homemade-type-002-aircraft-carrier-81221.

Gao, Zhuguo and Bing Bing Jia, "The Nine-Dash Line in the South China Sea: History, Status, and Implications," *Asian Journal of International Law*, Vol. 107, No. 1 (January 2013), pp. 98-124.

Garard, Olivia, "Geopolitical Gerrymandering and the Importance of Key Maritime Terrain," *The War on the Rock*, 3 October 2018, https://warontherocks.com/2018/10/geopolitical-gerrymandering-and-the-importance-of-key-maritime-terrain/.

Gau, Michael Sheng-Ti, "The U-Shaped Line and a Categorization of the Ocean Disputes in the South China Sea," *Ocean Development and International Law*, Vol. 43, No. 1 (January/March 2012), pp. 57-69.

Gershaneck, Kerry K., "China's 'Political Warfare' Aims at South China Sea," *Asia Times*, 3 July 2018, https://asiatimes.com/2018/07/chinas-political-warfare-aims-at-south-china-sea/.

Goddard, Stacie E., *When Right Makes Might: Rising Powers and World Order* (Cornell University Press, 2018).

Goldrick, James, "Grey Zone Operations and the Maritime Domain," *The Australian Strategic Policy Institute*, 30 October 2018, https://www.aspi.org.au/report/grey-zone-operations-and-maritime-domain.

Gomez, Jim, "Manila Protests 'Swarming' Chinese Boats Near Island," *Associated Press*, 1 April 2019, https://www.navytimes.com/news/your-navy/2019/04/01/manila-protests-swarming-chinese-boats-near-island/.

Gomez, Jim and Aaron Favila, "AP Exclusive: US Admiral Says China Fully Militarized Isles," *Associated Press*, 22 March 2022, https://apnews.com/article/business-china-beijing-xi-jinping-south-china-sea-d229070bc2373be1ca515390960a6e6c.

Gordon, Michael R. and Jeremy Page, "China Installed Military Jamming Equipment on Spratly Islands, U.S. Says," *Wall Street Journal*, 9 April 2018, https://www.wsj.com/articles/china-installed-military-jamming-equipment-on-spratly-islands-u-s-says-1523266320.

Green, Michael, Kathleen Hicks, Zack Cooper, John Schaus, and Jake Douglas, *Countering Coercion in Maritime Asia: The Theory and Practice of Gray Zone Deterrence* (CSIS, May 2017), https://csis-website-prod.s3.amazonaws.com/s3fs-public/publication/170505_GreenM_CounteringCoercionAsia_Web.pdf.

Green, Michael, Kathleen Hicks, Zack Cooper, John Schaus, and Jake Douglas, "Counter-Coercion Series: Second Thomas Shoal Incident," *AMTI*, 9 June 2017, https://amti.csis.org/counter-co-2nd-thomas-shoal/.

Green, Michael, Kathleen Hicks, Zack Cooper, John Schaus, and Jake Douglas, "Counter-Coercion Series: China-Vietnam Oil Rig Standoff," *AMTI*, 12 June

2017, https://amti.csis.org/counter-co-oil-rig-standoff/.

Grotius, Hugo, *The Freedom of the Sea (1608)* (CreateSpace Independent Publishing Platform, 2018).

Guilfoyle, Douglas and Edward Sing Yue Chan, "Lawships or Warships? Coast Guards as Agents of (in)Stability in the Pacific and South and East China Sea," *Marine Policy*, Vol. 140 (June 2022), https://doi.org/10.1016/j.marpol.2022.105048.

Harris, Harry B., "ADM, Spoken Remarks Delivered to the Australian Strategic Policy Institute," *U.S. Pacific Fleet*, 31 March 2015, http://www.cpf.navy.mil/leaders/harry-harris/speeches/2015/03/ASPI-Australia.pdf.

Harrison, James, *Saving the Oceans Through Law: The International Leal Framework for the Protection of the Marine Environment* (Oxford University Press, 2017).

Headquarters of Department of the Army, *FM 100-5: Operations* (Department of the Army, 1993), https://cgsc.contentdm.oclc.org/digital/collection/p4013coll9/id/49.

Hendrix, Cullen S., Sarah M. Glaser, Joshua E. Lambert, and Paige M. Roberts, "Global Climate, El Niño, and Militarized Fisheries Disputes in the East and South China Seas," *Marine Policy*, Vol. 143 (September 2022), https://doi.org/10.1016/j.marpol.2022.105137.

Hiến pháp, Điều 45 (28 November 2013), https://thuvienphapluat.vn/van-ban/Bo-may-hanh-chinh/Hien-phap-nam-2013-215627.aspx.

Hieu, Trung, "Exclusive: China Nearly Finishes Illegal Building on East Sea Reef," *Thanh Nien News*, 20 April 2016, http://www.thanhniennews.com/politics/exclusive-china-nearly-finishes-illegal-building-on-east-sea-reef-61403.html.

Honrada, Gabriel, "China's New Island-building Tech Sure to Churn South China Sea," *Asia Times*, 24 May 2024.

Hornung, Jeffrey W., "Ukraine's Lessons for Taiwan," *The War on the Rocks*, 17

March 2022, https://warontherocks.com/2022/03/ukraines-lessons-for-taiwan/.

Huang, Jing and Andrew Bilo, eds., *Territorial Disputes in the South China Sea: Navigating Rough Waters* (Palgrave Macmillan, 2014).

Hughes, Geraint, "War in the Grey Zone: Historical Reflections and Contemporary Implications," *Survival*, Vol. 62, No. 3 (May 2020), pp. 131-158.

Hurrell, Andrew, *On Global Order: Power, Values, and the Constitution of International Society* (Oxford University Press, 2008).

Hutchens, Michael E., William D. Dries, Jason C. Perdew, Vincent D. Bryant, and Kerry E. Moores, "Joint Concept for Access and Maneuver in the Global Commons: A New Joint Operational Concept," *JFQ*, Issue 84 (1st Quarter 2017), pp. 134-139, https://ndupress.ndu.edu/Media/News/Article/1038867/joint-concept-for-access-and-maneuver-in-the-global-commons-a-new-joint-operati/.

IISS, "China's Land Reclamation in the South China Sea," *Strategic Comments*, Vol. 21, Comment 20 (August 2015).

Ikeshima, Taisaku, "China's Dashed Line in the South China Sea: Legal Limits and Future Prospects," *Waseda Global Forum*, No. 10 (2013), pp. 17-50, https://core.ac.uk/download/pdf/144455129.pdf.

Indian Ministry of External Affairs, Government of India, "Joint Statement on a Comprehensive Strategic Partnership between Republic of India and Australia," 4 June 2020, https://www.mea.gov.in/bilateral-documents.htm?dtl/32729/Joint_Statement_on_a_Comprehensive_Strategic_Partnership_between_Republic_of_India_and_Australia.

Institut de droit international, Resolution: Obligation Erga Omnes in International Law, Krakow Session 2005, https://www.idi-iil.org/app/uploads/2017/06/2005_kra_01_en.pdf.

International Crisis Group, "Competing Visions of International Order in the South China Sea," *Asia Report*, N°315 (29 November 2021), https://www.crisisgroup.

org/asia/north-east-asia/china/315-competing-visions-international-order-south-china-sea.

International Law Blog, "Sailing Off the UNCLOS Radar: China's Responsibility for Maritime Militia Activities in International Waters," 27 May 2021, https://internationallaw.blog/2021/05/27/sailing-off-the-unclos-radar-chinas-responsibility-for-maritime-militia-activities-in-international-waters/.

International Maritime Organization (IMO), "International Shipping Facts and Figures," *Maritime Knowledge Centre*, 6 March 2012, http://www.imo.org/en/KnowledgeCentre/ShipsAndShippingFactsAndFigures/TheRoleandImportanceofInternationalShipping/Documents/International%20Shipping%20-%20Facts%20and%20Figures.pdf.

Jakhar, Pratik, "Analysis: What's so Fishy about China's 'Maritime Militia'?," *BBC Monitoring*, 15 April 2019, https://monitoring.bbc.co.uk/product/c200r2cr.

Jayakumar, S. et al., *The South China Sea Arbitration: The Legal Dimension* (Edward Elgar, 2018).

Jervis, Robert, *Perception and Misperception in International Politics*, new ed. (Princeton University Press, 2017).

Johnson, Jesse, "China Unveils Massive 'Magic Island-Maker' Dredging Vessel," *Japan Times*, 4 November 2017, https://www.japantimes.co.jp/news/2017/11/04/asia-pacific/china-unveils-massive-island-building-vessel/.

Joint force commanders, *Joint Operations*, 17 September 2006, https://www.globalsecurity.org/military/library/policy/dod/joint/jp3_0_2006.pdf.

Joint force commanders, *Stability*, 3 August 2016, https://irp.fas.org/doddir/dod/jp3_07.pdf.

Joint force commanders, *Joint Campaigns and Operations*, 18 June 2022.

Jorgensen, Malcom, "Equilibrium & Fragmentation in the International Rule of Law: The Rising Chinese Geolegal Order," *KFG Working Paper Series*, No. 21 (2018), https://d-nb.info/1217812881/34.

Jorgensen, Malcolm, "The Jurisprudence of the Rules-Based Order: The Power of Rules Consistent with but Not Binding under International Law," *Melbourne Journal of International Law*, Vol. 22, No. 2 (2021), pp. 221-258, https://www.proquest.com/scholarly-journals/jurisprudence-rules-based-order-power-consistent/docview/2671718562/se-2.

Junming, Li and Li Dexia, "The Dotted Line on the Chinese Map of the South China Sea: A Note," Ocean Development and International Law, Vol. 34, Issue 3-4 (July 2003), pp. 287-295.

Kania, Elsa B. *Battlefield Singularity: Artificial Intelligence, Military Revolution, and China's Future Military Power* (Center for a New American Security, November 2017), https://s3.us-east-1.amazonaws.com/files.cnas.org/documents/Battlefield-Singularity-Kania_November-2017.pdf.

Katz, Dan, "A Closer Look at Stealth, Part 4: Counterstealth Radars At Zhuhai 2016," *Aviation Week*, 17 January 2017, https://m.aviationweek.com/defense-space/closer-look-stealth-part-4-counterstealth-radars-zhuhai-2016.

Keck, Zachary, "Whit Air Defense Zone, China Is Waging Lawfare," *The Diplomat*, 30 November 2013, https://thediplomat.com/2013/11/with-air-defense-zone-china-is-waging-lawfare/.

Kelly-Herard, Amber R. "Valiant Shield 2020: Joint Force Training to Protect the Indo-Pacific," *U.S. Indo-Pacific Command*, 28 September 2020, https://www.pacom.mil/Media/News/News-Article-View/Article/2363711/valiant-shield-2020-joint-force-training-to-protect-the-indo-pacific/.

Kennedy, Conor M. and Andrew S. Erickson, "Model Maritime Militia: Tanmen's Leading Role in the April 2012 Scarborough Shoal Incident," *CIMSEC*, 21 April 2016, http://cimsec.org/model-maritime-militia-tanmens-leading-role-april-2012-scarborough-shoal-incident/24573.

Kennedy, Conor M. and Andrew S. Erickson, "From Frontier to Frontline: Tanmen Maritime Militia's Leading Role Part 2," *CIMSEC*, 17 May 2016, http://cimsec.

org/frontier-frontline-tanmen-maritime-militias-leading-role-pt-2/25260.

Kennedy, Conor M. and Andrew S. Erickson, "Riding a New Wave of Professionalization and Militarization: Sansha City's Maritime Militia," *CIMSEC*, 1 September 2016, https://cimsec.org/riding-new-wave-professional ization-militarization-sansha-citys-maritime-militia/.

Keyuan, Zou, "Scarborough Reef: A New Flashpoint in Sino-Philippine Relations?," *IBRU Boundary and Security Bulletin* (Summer 1999), pp. 71-81, https://www.durham.ac.uk/media/durham-university/research-/research-centres/ ibru-centre-for-borders-research/maps-and-databases/publications-database/ boundary-amp-security-bulletins/bsb7-2_keyuan.pdf.

Koh, Collin, "Cause for Optimism in the South China Sea," *Asia Times*, 2 January 2023, https://asiatimes.com/2023/01/cause-for-optimism-in-the-south-china-sea/.

Kolb, Robert, *Good Faith in International Law* (Hart Publishing, 2017).

Kraska, James, "Autonomous and Expendable Marine Instruments in U.S. and International Law," *Ocean Development & International Law*, Vol. 26 (1995), pp. 311-355.

Kraska, James, "The Law of Unmanned Naval Systems in War and Peace," *Journal Ocean Technology*, Vol. 5 (October 2010), pp. 44-68.

Kraska, James, "Maritime Confidence-building Measures for Navigation in the South China Sea," *International Journal of Marine and Coastal Law*, Vol. 32 (2017), pp. 1-30, https://maritimearchives.wordpress.com/wp-content/uploads/2017/08/ james-kraska-2017_maritime-confidence-building-measures-for-navigation-in-the-south-china-sea-signed.pdf.

Krisch, Nico, "International Law in Times of Hegemony: Unequal Power and the Shaping of the International Legal Order," *European Journal of International Law*, Vol. 16, Issue 3 (June 2005), pp. 369-408.

Kyoji Kawasaki, "The 'Injured State' in the International Law of State

Responsibility," *Hitotsubashi Journal of Law and Politics*, Vol. 28 (2000), pp.17-31, https://hermes-ir.lib.hit-u.ac.jp/hermes/ir/re/8152/HJlaw0280000170.pdf.

Lacey, Jim, "The 'Dumbest Concept Ever' Just Might Win Wars," *The War on the Rock*, 29 July 2019, https://warontherocks.com/2019/07/the-dumbest-concept-ever-just-might-win-wars/.

Lacey, Jim, "A Revolution at Sea: Old is New Again," *The War on the Rock*, 17 October 2019, https://warontherocks.com/2019/10/a-revolution-at-sea-old-is-new-again/.

Lacey, Jim, "Battle of the Bastions," *The War on the Rock*, 9 January 2020, https://warontherocks.com/2020/01/battle-of-the-bastions/.

LaGrone, Sam, "China Defends Deployment of Anti-Ship Missiles to South China Sea Island," *U.S. Naval Institute*, 31 March 2016, https://news.usni.org/2016/03/30/china-defends-deployment-of-anti-ship-missiles-to-south-china-sea-island.

Lai, Christina J., "Rhetorical Traps and China's Peaceful Rise: Malaysia and the Philippines in the South China Sea Territorial Disputes," *International Relations of the Asia-Pacific*, Vol. 19, Issue 1 (January 2019), pp. 117-146.

Lariosa, Aaron-Matthew, "Philippines to Restore Subic Bay Airfield for South China Sea Ops," *Naval News*, 11 June 2024, https://www.navalnews.com/naval-news/2024/06/philippines-to-restore-subic-bay-airfield-for-south-china-sea-ops/.

Levinger, Matthew and Laura Roselle, "Narrating Global Order and Disorder," *Politics and Governance*, Vol. 5, No. 3 (September 2017), pp. 94-98.

Li, Nan, *Chinese Civil-Military Relations: The Transformation of the People's Liberation Army* (Routledge, 2006).

Lin, Cheng-yi, "The Underestimated Crisis Surrounding Pratas Island," *Global Taiwan Brief*, Vol. 7, Issue 9 (21 September 2022), https://globaltaiwan.org/2022/09/the-underestimated-crisis-surrounding-pratas-island/.

Lin, Jeffrey and P. W. Singer, "Meet KJ-600, the Aircraft that Could Help China's

Navy Rival America's," *Air University*, 12 July 2017, https://www.airuniversity. af.edu/CASI/Display/Article/1604221/meet-kj-600-the-aircraft-that-could-help-chinas-navy-rival-americas/.

Liu, Xuanzun, "China's Meter Wave Anti-stealth Radar Capable of Guiding Missiles to Destroy Stealth Aircraft: Senior Designer," *Global Times*, 23 May 2019, https://www.globaltimes.cn/content/1151216.shtml.

Lowther, William, "US Ups Ante in South China Sea by Sending Destroyer," *Taipei Times*, 15 March 2009, http://www.taipeitimes.com/News/taiwan/archives/2009/03/15/2003438536/.

Luật Dân Quân Tự Vệ, Hà Nội, ngày 23 tháng 11 năm 2009, https:// thuvienphapluat.vn/van-ban/Bo-may-hanh-chinh/Luat-dan-quan-tu-ve-nam-2009-98743.aspx.

Luật Quốc phòng, Điều 2, Lawsoft (8 June 2018), https://thuvienphapluat.vn/van-ban/Bo-may-hanh-chinh/Luat-quoc-phong-340395.aspx.

Luicus Caflisch, «Les frontières, limites et délimitations internationales—quelle importance aujourd'hui?», *Recueils des Cours de l'Académie de Droit International de La Haye* (2013), pp. 9-46.

Luo, Shuxian, "The Rising Power's Audiences and Cost Trade-offs: Explaining China's Escalation and Deescalation in Maritime Disputes," *Asian Security*, Vol. 18, Issue 2 (21 December 2021), pp. 172-199.

Lusthaus, Jonathan, "Shifting Sands: Sea Level Rise, Maritime Boundaries and Inter-State Conflict," *Politics*, Vol. 30, Issue 2 (June 2010), pp. 113-118.

Macias, Amada, "China Quietly Installed Missile Systems on Strategic Spratly Islands in Hotly Contested South China Sea," *CNBC*, 2 May 2018, https://www.cnbc.com/2018/05/02/china-added-missile-systems-on-spratly-islands-in-south-china-sea.html.

Maitem, Jeoffrey, "South China Sea: Philippine Senators Launch New Project to Strengthen Presence on Disputed Pag-asa Island," *South China Morning Post*,

17 May 2024, https://www.scmp.com/week-asia/politics/article/3263106/south-china-sea-philippine-senators-launch-new-project-strengthen-presence-disputed-pag-asa-island?campaign=3263106&module=perpetual_scroll_0&pgtype=article.

Mangosing, Frances G., "China Military Planes Land on PH Reef," *Philippine Daily Inquirer*, 18 April 2018, https://globalnation.inquirer.net/165824/china-military-planes-land-ph-reef.

Mangosing, Frances G., "Chinese Militia Vessels Start Pull Out Near Pagasa Island — Mon Tulfo," *Philippine Daily Inquirer*, 6 June 2019, https://globalnation.inquirer.net/176005/chinese-militia-vessels-start-pull-out-near-pag-asa-island-mon-tulfo.

Mar, Katherine Del, "Evidence in Territorial Disputes," in Marcelo G. Kohen and Mamadou Hébié, eds., *Research Handbook on Territorial Disputes in International Law* (Edward Elgar Publishing, 2018).

Martinson, Ryan, "China's Great Balancing Act Unfolds: Enforcing Maritime Rights vs. Stability," *The National Interest*, 11 September 2015, https://nationalinterest.org/feature/chinas-great-balancing-act-unfolds-enforcing-maritime-rights-13821.

Mastro, Oriana S., "Signalling and Military Provocation in Chinese National Security Strategy: A Closer Look at the *Impeccable* Incident," *The Journal of Strategic Studies*, Vol. 34, Issue 2 (April 2011), pp. 219-244.

Mazarr, Michael J., *Mastering the Gray Zone: Understanding a Changing Era of Conflict* (US Army War College Press, 2015).

Mbengue, Makane Moïse, "The South China Sea Arbitration: Innovations in Marine Environmental Fact-Finding and Due Diligence Obligations," *American Journal of International Law*, Vol. 110 (2016), pp. 285-289.

McDorman, Ted L., "The South China Sea after 2009: Clarity of Claims and Enhanced Prospects for Regional Cooperation?," *Ocean Yearbook*, Vol. 24 (2010), pp. 508-509.

McDorman, Ted L., "The South China Sea Arbitration: Selected Legal Notes," *Asian*

Yearbook of International Law, Vol. 21 (2017), pp. 3-15.

McDorman, Ted L., "The South China Sea Tribunal Awards: A Dispute Resolution Perspective," *Asia-Pacific Journal of Ocean Law and Policy*, Vol. 3, Issue 1 (2018), pp. 134-145.

McLaughlin, Rob, "The Law of the Sea and PRC Gray-Zone Operations in the South China Sea," *American Journal of International Law*, Vol. 116, Issue 4 (October 2022), pp. 821-835.

McLaughlin, Robert, "The Legal Status and Characterisation of Maritime Militia Vessels," *Blog of the European Journal of International Law*, 18 June 2019, https://www.ejiltalk.org/the-legal-status-and-characterisation-of-maritime-militia-vessels/.

Medcalf, Rory, *Contest for the Indo-Pacific: Why China Won't Map the Future* (La Trobe University Press, 2020).

Mendoza, John Eric, "Coast Guard Unveils New Pagasa Island Station," *Inquirer*, 1 December 2023, https://globalnation.inquirer.net/223736/subject-pcg-on-new-station-in-pagasa-island.

Mesri, Gholamreza and J. R. Funk, "Settlement of the Kansai International Airport Islands," *Journal of Geotechnical and Geoenvironmental Engineering* (30 October 2014), https://ascelibrary.org/doi/full/10.1061/(ASCE)GT.1943-5606.0001224.

Michael Barnett, "International Progress, International Order, and the Liberal International Order," *The Chinese Journal of International Politics*, Vol. 14, Issue1 (Spring 2021), pp. 1-22.

Mirasola, Christopher, "What Makes an Island? Land Reclamation and the South China Sea Arbitration," *AMTI*, 15 July 2015, https://amti.csis.org/what-makes-an-island-land-reclamation-and-the-south-china-sea-arbitration/.

Miskimmon, Alister, Ben O'Loughlin, and Laura Roselle, eds., *Forging the World: Strategic Narratives and International Relations* (University of Michigan,

2017).

Mitchell Institute for Aerospace Studies, "Aerospace Nation: Gen Kenneth S. Wilsbach," *YouTube*, 15 March 2022,https://www.youtube.com/watch?v= GNPo6S5uwZQ.

Miyoshi, Masahiro, "China's 'U-Shaped Line' Claim in the South China Sea: Any Validity Under International Law?," *Ocean Development and International Law*, Vol. 43, Issue 1 (January 2012), pp. 1-17.

Montgomery, Scott L., "What's at Stake in China's Claims to the South China Sea?," *The Conversation*, 14 July 2016, https://theconversation.com/whats-at-stake-in-chinas-claims-to-the-south-china-sea-62472.

Morris, Lyle J., "Indonesia-China Tensions in the Natuna Sea: Evidence of Naval Efficacy Over Coast Guards?," *RAND*, 5 July 2016, https://www.rand.org/blog/2016/07/indonesia-china-tensions-in-the-natuna-sea-evidence.html.

Mossop, Joanna, "Can the South China Sea Tribunal's Conclusions on Traditional Fishing Rights Lead to Cooperative Fishing Arrangements in the Region?," *Asia-Pacific Journal of Ocean Law and Policy*, Vol. 3, Issue 2 (2018), pp. 210-213.

Muller, David G., *China as a Maritime Power* (Westview Press, 1983).

Municipal Government of Kalayaan, Palawan, "Brief Historical Timeline," *GOVPH*, https://kalayaanpalawan.gov.ph/history.php.

Murray, Jeremy A., *China's Lonely Revolution: The Local Communist Movement of Hainan Island*, 1926-1956 (State University of New York Press, 2017).

Natalie Klein, "Islands and Rocks after the South China Sea Arbitration," *Australian Year Book of International Law*, Vol. 34 (2016), pp. 21-29.

Negm, Namira, *2050 Africa's Integrated Maritime Strategy (2050 AIM Strategy)* (African Union, 2012), https://au.int/sites/default/files/newsevents/working documents/33832-wd-african_union_3-1.pdf.

Nguyen Hong Thao and Ton Nu Thanh Binh, "Maritime Militias in the South China

Sea," *Maritime Awareness Project*, 13 June 2019, https://map.nbr.org/2019/06/maritime-militias-in-the-south-china-sea/.

Nguyen Khac Giang, "Vietnam's response to China's Militarised Fishing Fleet," *East Asia Forum*, 4 August 2018, https://eastasiaforum.org/2018/08/04/vietnams-response-to-chinas-militarised-fishing-fleet/.

Nguyễn Phương Hòa, "Một số vấn đề về tổ chức và hoạt động của lực lượng dân quân tự vệ biển," *National Defence Journal*, 20 March 2017, http://tapchiqptd.vn/vi/nghien-cuu-trao-doi/mot-so-van-de-ve-to-chuc-va-hoat-dong-cua-luc-luong-dan-quan-tu-ve-bien/9901.html.

Nguyen The Phuong and Truong Minh Vu, "Vietnam Coast Guard: Challenges and Prospects of Development," *AMTI*, 2 January 2017, https://amti.csis.org/vietnam-coast-guard-challenges-prospects/?lang=zh-hant .

Nguyen The Phuong, "Vietnam's Maritime Militia is Not a Black Hole in the South China Sea," *AMTI*, 22 May 2020, https://amti.csis.org/vietnams-maritime-militia-is-not-a-black-hole-in-the-south-china-sea/.

Nguyễn Tú, "Đà Nẵng đầu tư cho các đội dân quân tự vệ trên biển," *Thanh Niên*, 5 January 2019, https://www.dqtv.vn/2019/01/a-nang-au-tu-cho-cac-oi-dan-quan-tu-ve.html.

Nguyễn Văn Dương, "Huyện Thuận Nam với việc xây dựng dân quân biển vững mạnh," *National Defence Journal*, 10 October 2018, http://tapchiqptd.vn/vi/tong-ket-thuc-tien-va-kinh-nghiem/huyen-thuan-nam-voi-viec-xay-dung-dan-quan-bien-vung-manh/12931.html.

Noone, Gregory P., "Lawfare or Strategic Communications?," *Case Western Reserve Journal of International Law*, Vol. 43, No. 1 (2010), pp. 73-85.

O'Sullivan, Naomi Burke, "The Case Law's Handling of Issues Concerning Third States," in Alex G. Oude Elferink, Tore Henriksen, and Signe Velerud Busch, eds., *Maritime Boundary Delimitation: The Case Law Is It Consistent and Predictable?* (Cambridge: Cambridge University Press, 2018), pp. 262-290.

Odom, Jonathan G., "A China in the Bull Shop? Comparing the Rhetoric of a Rising China with the Reality of the International Law of the Sea," *Ocean and Coastal Law Journal*, Vol. 17, No. 2 (2012), pp. 201-251, https://core.ac.uk/download/pdf/234108873.pdf.

Office of the Director of National Intelligence, "The Future of Indian Ocean and South China Sea Fisheries: Implications for the United States," *National Intelligence Council Report*, NICR 2013-38, 30 July 2013, https://www.dni.gov/files/documents/nic/NICR%202013-38%20Fisheries%20Report%20FINAL.pdf.

Ortagus, Morgan, "Chinese Coercion on Oil and Gas Activity in the South China Sea," *U.S. Department of State*, 20 July 2019, https://2017-2021.state.gov/chinese-coercion-on-oil-and-gas-activity-in-the-south-china-sea/.

Paik, Jin-Hyun, "South China Sea Arbitral Awards: Main Findings and Assessment," *Max Planck Yearbook of United Nations Law*, Vol. 20 (2016), pp. 367-407.

Pan, Chengxin, "The 'Indo-Pacific' and Geopolitical Anxieties about China's Rise in the Asian Regional Order," *Australian Journal of International Affairs*, Vol. 68, Issue 4 (2014), pp. 453-469.

Panda, Ankit, "South China Sea: What China's First Strategic Bomber Landing on Woody Island Means," *The Diplomat*, 22 May 2018, https://thediplomat.com/2018/05/south-china-sea-what-chinas-first-strategic-bomber-landing-on-woody-island-means/.

Patalano, Alessio, "When Strategy Is 'Hybrid' and Not 'Grey': Reviewing Chinese Military and Constabulary Coercion at Sea," *The Pacific Review*, Vol. 31, Issue 6 (2018), pp. 811-839.

Paul, Christopher, "Is It Time to Abandon the Term Information Operations?," *RAND*, 13 March 2019, https://www.rand.org/pubs/commentary/2019/03/is-it-time-to-abandon-the-term-information-operations.html.

PCA Case No 2013-19. The South China Sea Arbitration Award (Merits) (12 July

2016).

Peck, Michael, "Invasion: China Is More Ready Than Ever to Take Back Taiwan By Force," *The National Interest*, 5 October 2019, https://nationalinterest.org/blog/buzz/invasion-china-more-ready-ever-take-back-taiwan-force-85501.

Pedrozo, Raul, "Close Encounters at Sea: The USNS *Impeccable* Incident," *Naval War College Review*, Vol. 62, No. 3 (2009), pp. 101-111.

Permanent Court of Arbitration, *The South China Sea Arbitration (Philippines vs China)* (Permanent Court of Arbitration, 2016), https://pca-cpa.org/wp-content/uploads/sites/175/2016/07/PH-CN-20160712-Award.pdf.

Permanent Mission of Australia to the United Nations, *Submission to the United Nations N° 20/026* (23 July 2020), https://www.un.org/depts/los/clcs_new/submissions_files/mys_12_12_2019/2020_07_23_AUS_NV_UN_001_OLA-2020-00373.pdf.

Petrova, Margarita H., "Rhetorical Entrapment and Normative Enticement: How the United Kingdom Turned from Spoiler into Champion of the Cluster Munition Ban," *International Studies Quarterly*, Vol. 60, Issue 3 (September 2016), pp. 387-399.

Phan Anh, "Phát huy tốt vai trò của lực lượng dân quân tự vệ biển," *Đảng Cộng sản Việt Nam*, 17 June 2019, http://dangcongsan.vn/quoc-phong-an-ninh/phat-huy-tot-vai-tro-cua-luc-luong-dan-quan-tu-ve-bien-525759.html.

Phan, Hao Duy and Lan Ngoc Nguyen, "The South China Sea Arbitration: Bindingness, Finality, and Compliance with UNCLOS Dispute Settlement Decisions," *Asian Journal of International Law*, Vol. 8 (2018), pp. 36-50.

Pillsbury, Michael, *The Hundred-Year Marathon: China's Secret Strategy to Replace America as the Global Superpower* (ST. Martin's Press, 2016).

Poling, Gregory, "Potential New Runway Presents New Headaches," *AMTI*, 15 September 2015, https://amti.csis.org/new-imagery-release/.

Poling, Gregory B., "Illuminating the South China Sea's Dark Fishing Fleets,"

Stephenson Ocean Security Project, 9 January 2019, https://ocean.csis.org/spotlights/illuminating-the-south-china-seas-dark-fishing-fleets/.

Poling, Gregory B. and Murray Hiebert, "Stop the Bully in the South China Sea," *Wall Street Journal*, 28 August 2019, https://www.wsj.com/articles/stop-the-bully-in-the-south-china-sea-11567033378.

Poling, Gregory, "The Conventional Wisdom on China's Island Bases is Dangerously Wrong," *The War on the Rock*, 10 January 2020, https://warontherocks.com/2020/01/the-conventional-wisdom-on-chinas-island-bases-is-dangerously-wrong/.

Pollpeter, Kevin et al., "The Research, Development, and Acquisition Process for the Beidou Navigation Satellite Programs," *SITC Research Brief* (January 2014).

Pratson, Lincoln F., "Assessing Impacts to Maritime Shipping from Marine Chokepoint Closures," *Communications in Transportation Research*, Vol. 3 (December 2023).

Presidential Communication Office, "More Infra Projects to Boost Mimaropa's Economy—PBBM," 18 July 2024, https://pco.gov.ph/news_releases/more-infra-projects-to-boost-mimaropas-economy-pbbm/.

Price, Megan, "Norm Erosion and Australia's Challenge to the Rules-based Order," *Australian Journal of International Affairs*, Vol. 75, Issue 2 (2021), pp. 161-177.

Rahman, Fasi Ur, "Artificial Island Construction Methods, Design and Advantages," *The Constructor*, 11 March 2017, https://theconstructor.org/construction/artificial-island-construction-methods/16380/.

Rajagopalan, Rajesh, "Evasive Balancing: India's Unviable Indo-Pacific Strategy," *International Affairs*, Vol. 96, Issue 1 (2020), pp. 75-93.

Rebecca Strating, "A 'New Chapter' in Australia-Timor Bilateral Relations? Assessing the Politics of the Timor Sea Maritime Boundary Treaty," *Australian Yearbook of International Law* Vol. 36, No. 1 (October 2019), pp. 58-68.

Reyes, Maria T., "Balikatan 2024 Builds Philippine-U.S. Interoperability, Multilateral Partnerships," *Indo-Pacific Defense Forum*, 5 May 2024, https://ipdefenseforum.com/2024/05/balikatan-2024-builds-philippine-u-s-interoperability-multilateral-partnerships/.

Rivkin, David B., Jr. and Lee A. Casey, "The Rocky Shoals of International Law," *National Interest*, No. 62 (Winter 2000/2001), pp. 35-45.

Roach, J. Ashley, Malaysia and Brunei: An Analysis of their Claims in the South China Sea, A CNA Occasional Paper (CAN, August 2014), https://www.cna.org/reports/2014/iop-2014-u-008434.pdf.

Robles, Alfredo C., *The South China Sea Arbitration: Understanding the Awards and Debating with China* (Liverpool University Press, 2019).

Rogoway, Tyler, "Air Force Tests Tiny Personnel Footprint for Operating Fighters in Austere Combat Zones," *The Warzone*, 14 May 2019, https://www.twz.com/28013/air-force-tests-tiny-personnel-footprint-for-operating-fighters-in-austere-combat-zones.

Rolland, Nadège, *China's Vision for a New World Order* (National Bureau of Asian Research, Special Report, January 2020).

Ronzitti, Natalino, *The Law of Naval Warfare: A Collection of Agreements with Documents and Commentaries* (Brill - Nijhoff, 1988).

Roy, Denny, "How China Is Slow Conquering the South China Sea," *The National Interest*, 7 May 2020.

Royle IHC, "Contract for Third Beaver® 65 Further Strengthens Long-term Relationship with DACINCO," 20 July 2023, https://www.royalihc.com/news/contract-third-beaverr-65-further-strengthens-long-term-relationship-dacinco.

Sayler, Kelley, A World of Proliferated Drones: A Technology Primer (Center for a New American Security, June 2015), https://www.files.ethz.ch/isn/191911/CNAS%20World%20of%20Drones_052115.pdf.

Sayler, Kelley M. "Emerging Military Technologies: Background and Issues for Congress," *Congressional Research Service* (22 February 2024), pp. 2-10, https://crsreports.congress.gov/product/pdf/R/R46458/13.

Scanlon, Zoe and Robert Beckman, "Assessing Environmental Impact and the Duty to Cooperate: Environmental Aspects of the Philippines v China Award," *Asia-Pacific Journal of Ocean Law and Policy*, Vol. 3 (2018), pp. 5-30.

Schindler, Dietrich and Jiri Toman, *The Laws of Armed Conflicts* (Brill, 1988).

Schofield, Clive, Rasheld Sumaila, and William W. L. Cheung, "Fishing, Not Oil, Is at the Heart of the South China Sea Dispute," *The Conversation*, 15 August 2016, http://theconversation.com/fishing-not-oil-is-at-the-heart-of-the-south-china-sea-dispute-63580.

Scott, Shirley V., "The Decline of International Law as a Normative Ideal," *Victoria University Wellington Law Review*, Vol. 49, No. 4 (2018), pp. 627-644.

See, Aie Balagtas and Jeoffrey Maitem, "US Watching if Beijing Declares Air Defense Zone in South China Sea," *Benar News*, 24 June 2020, https://www.benarnews.org/english/news/philippine/ADIZ-South-China-Sea-06242020143810.html.

Sheridan, Greg, "Interview With Greg Sheridan of The Australian, Hillary Rodham Clinton, Secretary of State, Melbourne, Australia," *U.S. Department of State*, 8 November 2010, https://2009-2017.state.gov/secretary/20092013clinton/rm/2010/11/150671.htm.

Shuster, Carl O., "'Speed forward, fight close and hit hard'—How China won the Battle of the Paracel Islands," *Navy Times*, 15 March 2019, https://www.navytimes.com/news/your-navy/2019/03/14/speed-forward-fight-close-and-hit-hard-how-china-won-the-battle-of-the-paracel-islands/.

Sison III, Maximo Paulino T., "Universalizing the Law of the Sea in the South China Sea Dispute," *Ocean Development & International Law*, Vol. 49, Issue 2 (2018), pp. 157-175.

Smith, Nicola, "Aerial Photos Reveal True Extent of China's Military Build-up in Great Detail," *The Telegraph*, 1 November 2022, https://www.telegraph.co.uk/world-news/2022/11/01/aerial-photos-reveal-true-extent-chinas-military-build-up-great/.

South China Morning Post, "Philippines to Develop Airport on South China Sea Island, Amid Beijing Tensions," 18 July 2024, https://www.scmp.com/news/asia/southeast-asia/article/3270969/philippines-develop-airport-south-china-sea-island-amid-beijing-tensions.

Stavridis, Admiral James, "Maritime Hybrid Warfare Is Coming," *U.S. Naval Institute*, December 2016, https://www.usni.org/magazines/proceedings/2016/december/maritime-hybrid-warfare-coming.

Stavridis, James, "China Seeks New Islands to Conquer," *The Japan Times*, 22 February 2019, https://www.japantimes.co.jp/opinion/2019/02/22/commentary/world-commentary/china-seeks-new-islands-conquer/#.Xcmd6VdKiUk.

Stone, Alex and Peter Wood, *China's Military-Civil Fusion Strategy* (China Aerospace Studies Institute, 15 June 2020).

Strating, Rebecca, "Defending the Maritime Rules-Based Order: Regional Responses to the South China Sea Disputes," *East West Centre*, 24 April 2020, https://www.eastwestcenter.org/publications/defending-the-maritime-rules-based-order-regional-responses-the-south-china-sea.

Sulmasy, Glenn M. and Chris Tribolet, "The United Nations Convention on the Law of the Sea," in Paul Rosenzweig, Timothy J. McNulty, and Mary Ellen Shearer, eds., *National Security Law in the News: A Guide for Journalists, Scholars and Policymakers* (American Bar Association, 2012).

Sumaila, U. Rashid and William W. L. Cheung, "Boom or Bust: The Future of Fish in the South China Sea," *ADM Capital Foundation*, November 2015, https://www.admcf.org/research-reports/boom-or-bust-the-future-of-fish-in-the-south-china-sea/.

Sunak, Rishi, *Undersea Cables: Indispensable, Insecure* (Policy Exchange, 1 December 2017), https://policyexchange.org.uk/wp-content/uploads/2017/11/Undersea-Cables.pdf.

Suorsa, Olli Pekka, "China's Artificial Islands in South China Sea: Extended Forward

Presence," RSIS Commentaries, No. 42 (2020), https://www.rsis.edu.sg/wp-content/uploads/2020/03/CO20042.pdf.

Swaine, Michael D., "China's Assertive Behavior Part One: On 'Core Interests'," *China Leadership Monitor*, No. 34 (2011), https://www.hoover.org/sites/default/files/research/docs/CLM34MS.pdf.

Swanson, Bruce, *Eighth Voyage of the Dragon* (Naval Institute Press, 1982).

Symmons, Clive R., "Historic Waters and Historic Rights in the South China Sea: A Critical Appraisal," in Shicun Wu, Mark Valencia, and Nong Hong, eds., *UN Convention on the Law of the Sea and the South China Sea* (Ashgate, 2015).

Symmons, Clive R., "Rights and Jurisdiction over Resources and Obligations of Coastal States," in Tran Truong Thuy and Le Thuy Trang, eds., *Power, Law, and Maritime Order in the South China Sea* (Lexington Books, 2015), pp. 145-166.

Tams, Christian J., "Individual States as Guardians of Community Interests," in Fastenrach et al., eds., *From Bilateralism to Community Interest: Essays in Honour of Bruno Simma* (Oxford University Press, 2011), pp. 379-405.

Tanaka, Yoshifumi, "Reflections on Time Elements in the International Law of the Environment," *ZaöRV/Heidelberg Journal of International Law*, Vol. 73 (2013), pp. 139-175.

Tanaka, Yoshifumi, "Land-based Marine Pollution," in André Nollkaemper and Ilias Plakokefalos, eds., *The Practice of Shared Responsibility in International Law* (Cambridge University Press, 2017), pp. 294-315.

Tanaka, Yoshifumi, "The Impacts of the ITLOS Jurisprudence on the Development of International Law," in International Tribunal for the Law of the Sea, ed., *The Contribution of the International Tribunal for the Law of the Sea to the Rule of Law: 1996-2016* (Brill/Nijhoff, 2017).

Tanaka, Yoshifumi, "Reflections on Locus Standi in Response to a Breach of Obligations Erga Omnes Partes: A Comparative Analysis of the Whaling in the Antarctic and South China Sea Cases," *The Law and Practice of International*

Courts and Tribunals, Vol. 17 (2018), pp.527-554.

Tanaka, Yoshifumi, "The South China Sea Arbitration: Environmental Obligations under the Law of the Sea Convention," *Review of European, Comparative & International Law*, Vol. 27 (2018), pp. 90-96.

Tanaka, Yoshifumi, *The International Law of the Sea*, 3rd ed. (Cambridge University Press, 2019).

Tang, Tang, Yue Wang, Li-juan Jia, Jin Hu, and Cheng Ma, "Close-in Weapon System Planning based on Multi-living Agent Theory," *Defence Technology*, Vol. 18, Issue 7 (July 2022), pp. 1219-1231.

Taylor, Brendan, "Is Australia's Indo-Pacific Strategy an Illusion?," *International Affairs*, Vol. 96, Issue 1(January 2020), pp. 95-109.

Terry, Patrick C. R., "The Return of Gunboat Diplomacy: How the West has Undermined the Ban on the Use of Force," *Harvard National Security Journal*, Vol. 10 (2019), pp. 75-147, https://harvardnsj.org/wp-content/uploads/2019/02/Return-of-Gunboat-Diplomacy.pdf.

Thế Anh, "Khánh Hoà tổng kết thực hiện Luật Dân quân tự vệ," *Khánh Hòa Online*, 29 August 2017, https://baokhanhhoa.vn/chinh-tri/201708/khanh-hoa-tong-ket-thuc-hien-luat-dan-quan-tu-ve-8051322/.

The White House, "Remarks by President Obama and President Xi of the People's Republic of China in Joint Press Conference," *Office of the Press Secretary*, 25 September 2015, https://obamawhitehouse.archives.gov/the-press-office/2015/09/25/remarks-president-obama-and-president-xi-peoples-republic-china-joint.

The White House, "Quad Leaders' Joint Statement: 'The Spirit of the Quad'," 12 March 2021, https://www.whitehouse.gov/briefing-room/statements-releases/2021/03/12/quad-leaders-joint-statement-the-spirit-of-the-quad/.

The White House, "Joint Leaders Statement on AUKUS," 15 September 2021, https://www.whitehouse.gov/briefing-room/statements-releases/2021/09/15/joint-leaders-statement-on-aukus/.

The White House, *Indo-Pacific Strategy of the United States* (Executive Office of the President National Security Council, February 2022), https://www.whitehouse. gov/wp-content/uploads/2022/02/U.S.-Indo-Pacific-Strategy.pdf.

Thirlway, Hugh, "Territorial Disputes and Their Resolution in the Recent Jurisprudence of the International Court of Justice," *Leiden Journal of International Law*, Vol. 31, No. 1 (March 2018), pp. 117-146.

Thông tấn xã Việt Nam (TTXVN), "Dân quân tự vệ có vai trò nòng cốt trong nền Quốc phòng toàn dân," *Kinh tế & Đô thị*, 12 December 2019, http://kinhtedothi. vn/dan-quan-tu-ve-co-vai-tro-nong-cot-trong-nen-quoc-phong-toan-dan-360697. html.

Thư Viện Pháp Luật, *Pháp Lệnh, SỐ 45-L/ CỦA CHỦ TỊCH NƯỚC VỀ DÂN QUÂN TỰ VỆ, Hà Nội, ngày 09 tháng 1 năm 1996*, https://thuvienphapluat.vn/van-ban/Linh-vuc-khac/Phap-lenh-dan-quan-tu-ve-1996-45-LCTN-39604.aspx.

Tiefenbrun, Susan W., "Semiotic Definition of Lawfare," *Case Western Reserve Journal of International Law*, Vol. 43, Issue 1 (2011), pp. 29-60.

Tiezzi, Shannon, "Why China Is Stopping Its South China Sea Island-Building (For Now)," *The Diplomat*, 16 June 2015, https://thediplomat.com/2015/06/why-china-is-stopping-its-south-china-sea-island-building-for-now/.

Tran, Yen Hoang, "The South China Sea Arbitral Award: Legal Implications for Fisheries Management and Cooperation in the South China Sea," *Cambridge International Law Journal*, Vol. 6, Issue 1 (2017), pp. 87-94.

Treves, Tullio, "Law and Science in the Interpretation of the Law of the Sea Convention," *Journal of International Dispute Settlement*, Vol. 3, Issue 3 (November 2012), pp. 483-491.

Truyền hình Khánh Hòa, "Khánh Hòa: Xây dựng lực lượng dân quân tự vệ vững mạnh, toàn diện, rộng khắp," 28 September 2019, http://ktv.org.vn/tin-tong-hop/an-ninh-quoc-phong/khanh-hoa-xay-dung-luc-luong-dan-quan-tu-ve-vung-manh-toan-dien-rong-khap/.

Tsirbas, Marina, "Saving the South China Sea Fishery: Time to Internationalize," *Policy Options Paper*, No. 3 (National Security College, June 2017), https://nsc.crawford.anu.edu.au/sites/default/files/publication/nsc_crawford_anu _edu_au/2017-07/policy_option_3_v3.pdf.

Tsuruoka, Doug, "How World War III Could Start: Cut the 'Cable'," *The National Interest*, 7 January 2018, https://nationalinterest.org/blog/the-buzz/how-world-war-iii-could-start-cut-the-cable-23974.

Tuoi Tre News, "U.S. State Department Says Concerned by Reports of Chinese Interference in East Vietnam Sea," 21 July 2019, https://tuoitrenews.vn/news/politics/20190721/us-statedepartment-says-concerned-by-reports-of-chinese-interference-in-east-vietnam-sea/50729.html.

Turner, Oliver and Nicola Nymalm, "Morality and Progress: IR Narratives on International Revisionism and the Status Quo," *Cambridge Review of International Affairs*, Vol. 32, Issue 4 (2019), pp. 407-428.

U.S. Mission China, "Press Statement on Ambassador Branstad's Planned Departure," *U.S. Embassy & Consulates in China*, 14 September 2020, https://china.usembassy-china.org.cn/press-statement-on-ambassador-branstads-planned-departure/.

U.S. Naval Institute Staff, "Unmanned Campaign Framework," *U.S. Naval Institute*, 16 March 2021, https://news.usni.org/2021/03/16/document-department-of-the-navy-unmanned-campaign-framework.

U.S.-Asia Law Institute, "Maritime Dispute Resolution Project," https://usali.org/maritime-dispute-resolution-project.

UK Government, *Global Britain in a Competitive Age: The Integrated Review of Security, Defence, Development and Foreign Policy* (March 2021), https://assets.publishing.service.gov.uk/government/uploads/system/uploads/atta chment_data/file/975077/Global_Britain_in_a_Competitive_Age-_the_Integrated_ Review_of_Security__Defence__Development_and_Foreign_Policy.pdf.

US Department of Defense, "Freedom of Navigation (FON) Report for Fiscal Year (FY) 2016," 28 February 2017, http://policy.defense.gov/Portals/11/FY16% 20DOD%20FON%20Report.pdf?ver=2017-03-03-141349-943.

US Department of Defense, *Annual Report to Congress: Military and Security Developments Involving the People's Republic of China 2017* (Office of the Secretary of Defense, 15 May 2017), https://dod.defense.gov/Portals/1/ Documents/pubs/2017_China_Military_Power_Report.PDF.

US Department of Defense, *Summary of the National Defense Strategy of the United States of America 2018*, https://dod.defense.gov/Portals/1/Documents/pubs/ 2018-National-Defense-Strategy-Summary.pdf.

US Department of State, *United States Oceans Policy* (10 March 1983), https://www.state.gov/documents/organization/143224.pdf.

US Energy Information Agency, *Report on the South China Sea* (7 February 2013), https://www.eia.gov/beta/international/analysis_includes/regions_of_interest/So uth_China_Sea/south_china_sea.pdf.

US Department of State, Limits in the Seas No. 143 China: Maritime Claims in the South China Sea (5 December 2014).

Valera, Stephanie, "12 Amazing Artificial Islands of the World (PHOTOS)," *The Weather Channel*, 28 August 2013, https://weather.com/travel/news/amazing-artificial-islands-world-photos-20130827.

VGP News, "Đề xuất xây dựng Hải đội dân quân biển," 25 July 2018, http://baochinhphu.vn/Chinh-tri/De-xuat-xay-dung-Hai-doi-dan-quan-bien/ 342199.

Viray, Patricia Lourdes, "China Coast Guard Blocked Resupply Mission to Ayungin Shoal-DND," *Philippine Star*, 19 September 2019, https://www.philstar.com/ headlines/2019/09/19/1953204/china-coast-guard-blocked-resupply-mission-ayungin- shoal-dnd.

Wang, Dong, *China's Unequal Treaties: Narrating National History* (Rowman &

Littlefields Publishers, 2005).

Werner, Ben, "Secnav Modly Wants Navy 'All Ahead Full' on Hypersonic Weapons in 2020," *U.S. Naval Institute*, 18 February 2020, https://news.usni.org/2020/01/31/secnav-modly-wants-navy-all-ahead-full-on-hypersonic-weapons-in-2020.

Wertheim, Eric, "China's Luyang III/Type 052D Destroyer Is a Potent Adversary," *U.S. Naval Institute*, January 2020, https://www.usni.org/magazines/proceedings/2020/january/chinas-luyang-iiitype-052d-destroyer-potent-adversary.

Westcott, Ben, Ryan Browne, and Zachary Cohen, "White House Warns China on Growing Militarization in South China Sea," *CNN*, 4 May 2018, https://edition.cnn.com/2018/05/03/asia/south-china-sea-missiles-spratly-intl/index.html.

Whitaker, Bill, Aliza Chasan, Heather Abbott, and LaCrai Scott, "National Security Leaders Worry about U.S. Failure to Ratify Law of the Sea Treaty," *CBS News*, 24 March 2024, https://www.cbsnews.com/news/national-security-economic-concerns-us-law-of-the-sea-treaty-60-minutes/.

White, Matt, "Marines Will Inspect Every Barracks in the Force By Mid-March," *Task & Purpose*, 4 February 2024, https://taskandpurpose.com/news/marines-will-inspect-every-barracks-in-the-force-by-mid-march/.

Wirth, Christian and Nicole Jenne, "Filling the Void: The Asia-Pacific Problem of Order and Emerging Indo-Pacific Regional Multilateralism," *Contemporary Security Policy*, Vol. 43, No. 2 (2022), pp. 213-242.

Wittman, Rob, "The Greatest Risk to National Security You've Never Heard Of," *C4ISRNET*, 30 January 2020, https://www.c4isrnet.com/battlefield-tech/c2-comms/2020/01/30/the-greatest-risk-to-national-security-youve-never-heard-of/.

Wolfrum, Rüdiger, "Enforcing Community Interests Through International Dispute Settlement; Reality or Utopia?," in Ulrich Fastenrath et al., eds., *From Bilateralism to Community Interest: Essays in Honour of Bruno Simma* (Oxford University Press, 2011), pp. 1132-1146.

Wolfrum, Rüdiger, "Identifying Community Interests in International Law: Common Spaces and Beyond," in Eyal Benvenisti and Georg Nolte, eds., *Common Interests Across International Law* (Oxford University Press, 2018).

Wong, Edward, "Chinese Military Seeks to Extend Its Naval Power," *New York Times*, 23 April 2010.

Woody, Christopher, "Top US Military Commanders Are Worried About What China Is Up to Around the World's Most Important Waterways," *Business Insider*, 27 July 2022, https://www.businessinsider.com/us-military-worried-about-chinese-activity-near-maritime-chokepoints-2022-7.

Wright, Nicholas, "The UK and the International Rules-based System," *The Foreign Policy Centre*, 8 September 2020, https://fpc.org.uk/the-uk-and-the-international-rules-based-system/.

Wuthnow, Joel and Margaret Baughman, "Selective Engagements—Chinese Naval Diplomacy and US-China Competition," *Naval War College Review*, Vol. 76, No. 1 (2023), pp. 73-96.

Xu Caihou, "Statesmen's Forum: General Xu Caihou," *CSIS*, 26 October 2009, https://www.csis.org/events/statesmens-forum-general-xu-caihou.

Yeo, Mike, "China Deploys New Anti-submarine Aircraft to Fringes of South China Sea," *Defense News*, 23 June 2017, https://www.defensenews.com/space/2017/06/22/china-deploys-new-anti-submarine-aircraft-to-fringes-of-south-china-sea/.

Yeo, Mike, "China Ramps up Production of New Airborne Early Warning Aircraft," *Defense News*, 6 February 2018, https://www.defensenews.com/digital-show-dailies/singapore-airshow/2018/02/05/china-ramps-up-production-of-new-airborne-early-warning-aircraft/.

Yoshihara, Toshi and James R. Holmes, "Can China Defend a 'Core Interest' in the South China Sea?," *The Washington Quarterly*, Vol. 34, Issue 2 (2011), pp. 45-59.

Yoshihara, Toshi, "The 1974 Paracels Sea Battle: A Campaign Appraisal," *Naval War College Review*, Vol. 69, No. 2 (2016), pp. 46-51.

Zhang, Feng, "Assessing China's Response to the South China Sea Arbitration Ruling," *Australian Journal of International Relations*, Vol. 71, Issue 4 (2017), pp. 440-459.

Zhang, Hongzhou, *Averting Asia's Fishing Crisis: China's Fishing Policies Need to be Reformed* (RSIS, May 2015), https://www.rsis.edu.sg/wp-content/uploads/2015/06/PR150602_Averting-the-Fishing-Crisis.pdf.

Zhou, Laura, "What Is the South China Sea Code of Conduct, and Why Does It Matter?," *South China Morning Post*, 3 August 2017, http://www.scmp.com/news/china/diplomacy-defence/article/2105190/what-south-china-sea-code-conduct-and-why-does-it.

Zhou, Laura, "As Coastguard Boats Circle, Vietnam Prepares for Bigger Challenge in South China Sea," *South China Morning Post*, 1 2 October 2019, https://www.scmp.com/news/china/diplomacy/article/3032536/coastguard-boats-circle-vietnam-prepares-bigger-challenge.

Zou, Keyuan, "China's U-Shaped Line in the South China Sea Revisited," *Ocean Development and International Law*, Vol. 43, Issue 1 (February 2012), pp. 18-34.

Zou, Keyuan, "Peaceful Use of the Sea and Military Intelligence Gathering in the EEZ," *Asian Yearbook of International Law*, Vol. 22 (2016), pp. 161-176.

Zou, Keyuan and Liu Xinchang, "The U-Shaped Line and Historic Rights in the Philippines v China Arbitration Case," in Shicun Wu and Keyuan Zou, eds., *Arbitration Concerning the South China Sea: Philippines Versus China* (Routledge, 2016).

國家圖書館出版品預行編目資料

南海海洋灰色地帶/孫國祥著. -- 初版. -- 臺北市：
五南圖書出版股份有限公司, 2024.12
　面；　公分.
ISBN 978-626-393-894-6(平裝)

1.CST: 南海問題　2.CST: 地緣政治
3.CST: 國際關係

578.193　　　　　　　　　113016541

4P13

南海海洋灰色地帶

作　　　者 ― 孫國祥
編輯主編 ― 劉靜芬
校對編輯 ― 黃郁婷
封面設計 ― 封怡彤
出 版 者 ― 五南圖書出版股份有限公司
發 行 人 ― 楊榮川
總 經 理 ― 楊士清
總 編 輯 ― 楊秀麗
地　　　址：106 台北市大安區和平東路二段 339 號 4 樓
電　　　話：(02)2705-5066
網　　　址：https://www.wunan.com.tw
電子郵件：wunan@wunan.com.tw
劃撥帳號：０１０６８９５３
戶　　　名：五南圖書出版股份有限公司

法律顧問　林勝安律師

出版日期　2024 年 12 月初版一刷
定　　　價　新臺幣　450 元